최신사회문제론

| 지은구 · 장현숙 · 김민주 · 이원주 공저 |

CURRENT SOCIAL PROBLEMS

학지사

저 / 자 / 서 / 문

사회복지사집단은 사회문제를 예방하고 대처하는 집단으로서 사회문제 해결을 통한 복지국가 발전의 최일선에서 집단적으로 이에 대처하기 위한 과학적 대응방안을 모색하는 데 많은 노력을 기울인다. 사회문제에 대한 대처는 가장 우선적으로 현재 한국사회에서 시급하게 해결하여야 하는 사회적 위기상황에 대한 객관적 자료를 바탕으로 하는 이해와 분석을 필요로 한다. 사회문제는 갑자기 나타나는 것이 아니며 특정 사회 환경하에서 조그만 사회적 이슈나 조건 그리고 상황들이 매일매일 새롭게 양산되면서 복잡하게 분화, 발전되고 있다. 새롭게 양산되는 사회문제는 당연히 이에 대한 새로운 대처방안을 필요로 하고 있다. 사회복지사들이 지역사회에 개입하여 특정 지역사회복지환경의 개선과 국민들의 삶의 질 향상을 위해 노력하는 데 있어 가장 기초적인 토대는 바로 현실의 사회문제에 대한 이해이며, 국민들의 삶에 부정적인 영향을 미치는 사회문제에 대한 대책방안을 현실상황에 근거하여 모색하는 것이라고 할 수 있다.

사회문제가 하루아침에 등장하지 않는 것과 마찬가지로 이에 대한 해결 역시 하루아침에 이루어지지 않는다. 사회문제의 해결이나 대응은 오랜 시간 동안의 끊임없는 노력과 많은 자원의 동원을 필요로 한다. 예를 들어, 빈곤이라는 사회문제가 수 세기 동안 지속되고 있고 이에 대한 대처방안 역시 끊임없이 발전하고 있다는 점은 사회문제의 해결이 얼마나 어려운가를 단적으로 증명한다. 봉건주의와 같은 경제체제에 비해 자본주의의 역사는 짧지만 자본주의 경제체제는 수많은 사회문제를 새롭게 양상해 내고, 또한 기존의 사회문제를 더욱 복잡화되도록 하는 데 있어 많은 영향을 행사하고 있다. 사회문제는 사회구조적 측면과 함께 개인적 측면에 의해 복잡해지고 있으며, 이에 대한 대처방안은 정부와 민간조직이 모두 함께하는 범정부적 차원에서 체계적으로 모색되고 있다.

최신 사회문제의 원인과 현실 그리고 대처방안 등을 다루는 이 책은 사회문제 분석 및 대응에 있어 가장 최근의 한국 상황을 가장 객관적으로 분석할 수 있는 사회문제 이해의 틀을 제시하기 위해 기획되었다. 제1장에서는 사회문제의 개념 및 문제의 본질에 대한 이해와 해결과정을, 제2장에서는 사회문제를 이해할 수 있도록 해 주는 이론적 틀을 본격적으로 다루며, 제3장과 제4장에서는 빈곤과 불평등을, 제5장은 노동문제를, 제6장은 환경문제, 제7장에서는 가족문제, 제8장과 제9장에서는 중독문제와 정신건강문제를 다룬다. 제10장에서는 여성문제, 제11장에서는 장애인문제, 제12장은 노인문제, 제13장은 아동·청소년문제를 다루며, 제14장과 제15장은 다문화사회와 새터민 문제를 조명한다. 그리고 제16장에서는 성(性)과 사회문제를 다루며, 마지막으로 제17장은 최근의 사회문제라고 일컬어지는 신상털기 문제를 다루었다.

많은 사회문제를 다루는 저서가 있음에도 저자들이 다시 사회문제를 다루는 저서를 집필하는 가장 큰 이유는 사회문제가 시시각각 변화하고 이에 대한 대책방안도 새롭게 변화해야 한다는 필요성 때문이다. 이 책은 스마트폰중독을 포함하여 성과 사회문제 그리고 신상털기 문제 등 새롭게 등장한 사회문제를 집중적으로 조명하였으며, 빈곤과 불평등 같은 기존의 사회문제를 다루는 데 있어 가장 최근의 사회적 변화를 알 수 있도록 하는 최신 자료를 통하여 현실을 이해하고 이에 대한 대책방안을 모색하도록 기획되었다. 이 책이 사회복지학이나 사회학을 공부하는 학생들 또는 사회문제에 관심이 있는 독자들에게 조금이나마 도움이 되기를 기대한다.

2015년 8월 성서캠퍼스에서

저자들을 대표하여

지은구

차 / 례

제6장 환경문제 141

제7장 가족문제 155

제8장 중독문제 167

제1장 사회문제의 이해

제1절 개관

사회복지사는 사회문제를 집단적으로 해결하기 위해 실천행동을 수행하는 사회문제해결사라고 규정할 수 있다. 사회문제는 하나의 특정 조건이나 상황 그리고 이슈가 발전하여 문제로 규정되고 정의되며 정의된 문제를 해결하기 위한 일련의 과정을 거친다. 현대사회에서 사회복지사가 다루는 사회문제는 복잡성과 다양성으로 인해 문제의 본질에 대한 명확한 이해와 분석을 필요로 한다. 자본주의 시장경제체제의 발전은 한편으로는 경제적 부의 성장을 통해 국민들의 물질적 생활의 개선을 가져다주었지만 또 다른 한편으로는 개인주의, 물질만능주의, 경쟁주의, 계급주의, 성차별주의, 소외, 불평등 등 인간의 기본적 삶의 유지에 해를 끼치는 수많은 문제를 지속적으로 확대 재생산하였으며 이를 극복하기 위한 국가적 차원에서의 집단적 대응방안을 모색하도록 하였다.

사회구성원들의 삶에 부정적 영향을 주는 사회문제는 전통적인 사회문제라고 지칭되는 빈곤과 불평등, 실업 및 비정규직노동을 포함하는 각종 노동문제, 그리고 아동, 여성, 이주노동자, 이주여성, 노인 등에 대한 각종 폭력 및 학대 문제, 알코올중독을 포함하는 각종 중독문제, 자살 및 저출산 문제 그리고 학교폭력 및 사이버폭력 문제, 고독사 등의 노인문제 등 매우 다양한 영역에서 발생하고 있다. 이러한 문제를 일으키는 원인은 하나의 원인이 아닌 개인 및 사회구조적 원인이 복합적으로 영향을 주는 것으로 파악되고 있고, 이에 대한 국가적 차원에서의 대응은 곧 국민들의 삶을 결정하는 매우 중요한 요인으로 인식되고 있다. 사회문제를 해결하고 국민들의 삶의 질을 개선하는 일은 사회문제에 대한 인식으로부터 시작된다. 사회문제에 대한 인식은 곧 사회문제의 개념에 대한 이해, 사회문제의 복잡성 및 사회문제의 특성에 대한 이해 그리고 사회적 이슈나 조건 그리고 상황이 어떻게 사회문제로 발전하는가를 이해하기 위한 사회문제의 발달과정에 대한 포괄적 분석 등을 필요로 한다.

제2절 사회문제의 개념

1. 사회문제의 확인

사회문제를 해결하기 위한 가장 시급한 과제는 바로 사회에 만연해 있는 빈곤이나 불평등을 포함하여 노인, 장애인, 아동 및 청소년, 이주여성 등에 대한 각종 폭력이나 자살, 각종 중독문제 등과 같은 사회문제나 사회문제로 발전할 가능성이 있는 이슈나 상황, 조건 등을 확인하는 것이라고 할 수 있다. 사회문제는 하루아침에 발생하거나 나타나지 않으며 오랜 시간 동안 일정한 유형(pattern)을 유지하며 확대된다는 특징이 있다.

사회문제를 확인하기 위한 가장 일반적인 방법은 다양한 사회지표(social indicators)를 확인하는 것이다. 빈곤율, 실업률, 자살률, 학교폭력 피해발생률, 아동, 노인 및 부녀자 학대 발생률과 피해 건수 등과 같은 사회지표는 우리 사회구성원들의 삶의 질에 직간접적으로 영향을 주는 다양한 현상에 대해 국민들이 가장 확실히 이해하고 확인할 수 있도록 도와주는 길잡이 역할을 한다. 사회지표를 통해 나타나는 각종 사회 이슈나 현상은 사회문제를 연구하는 학자들이나 이의 해결을 위해 노력하는 정책결정자들이나 사회복지사들의 주의 깊은 관심과 관찰을 요구한다. 즉, 사회현상이나 사회조건들을 알기 쉽게 나타내 주는 각종 사회지표의 분석을 통해서 우리들은 우리 사회가 안고 있는 각종 사회 이슈나 조건들이 국가가 대응하여야 하는 사회문제로 변화될 가능성이 있음을 깊이 인식하여야 한다.

2. 사회문제의 복잡성

미시사회복지실천분야에서 임상사회복지사들이 클라이언트(client)의 문제를 다룰 때에 클라이언트를 둘러싸고 있는 다양한 측면들 중에서 오직 한 측면만을 보지 않는 것과 같이 사회문제 또한 많은 측면을 포함하고 있는 사회적 정황 속에서 다루어져야만 한다. 예를 들어, 특정 지역사회에서 활동하고 있는 사회복지사가 그 지역이 가지고 있는 문제들로 주택문제, 높은 범죄율, 오염, 사회복지시설의 부족, 교육여건의 열악 등을 지적한다고 했을 때 이 문제들이 그 나라 전체가 가지고 있는 주택문제나 사회복지시설의 부족 등의 문제들과 각각 동일한 내용을 가지고 있는지 또는 아닌지를 확인해야 한다. 이는 특정 지역사회가 가지고 있는 문제는 그 지역의 사회 · 경제 · 정치적 정황 속에서 그 내용이 상이하게 채워질 수 있음을 의미하는 것이다. 사회문제의 복잡성은 특정 지역에 따라 문제의 내용이 상이할 수 있다는 가능성 외에도 사회문제 자체가 갖게 되는 복잡성에도 기인한다. 현대사회는 복잡성의 사회다. 따라서 어떤 문제를 일으키는 원인이 다양할 수 있고 복잡할 수 있다는 것을 인식하여야 한다. 사회문제가 복잡성을 띠고 있다는 것은 그 사회문제들을 해결하기 위해 다양하고 복잡한 내용의 정책이나 제도 그리고 사회복지프로그램이 필요할 수밖에 없음을 의미한다.

과거 빈곤의 원인이 개인적 책임이라고 규정되었을 때, 빈곤문제의 극복은 그 개인이 가지고 있는 문제를 해결함으로써 그리고 집단이나 개인의 자선, 시혜 등을 통해서 극복될 수 있다고 간주되었다. 그렇지만 자본주의의 발전과 함께 빈곤문제는 해결되지 않고 폭발적으로 확대 재생산되었고 결국 빈곤문제의 복잡성과 본질에 대한 새로운 해석을 낳게 하였다. 결국 빈곤문제는 개인적 문제와 사회구조적 문제가 복합적으로 작용한 결과라는 인식과 함께 이에 대한 처방 역시 개인적 문제와 사회구조적 문제를 해결하는 다양하고 복잡한 내용을 지닌 빈곤퇴치프로그램들을 양산하였다.

3. 사회문제의 본질

사회문제는 특정 지역에서만 나타날 수도 있고 전체 사회에 걸쳐 나타날 수도 있다. 이는 특정 지역을 포함하는 전체 국가가 가지고 있는 문제가 있듯이 어떤 한 지역만이 가지고 있는 특정 문제도 있음을 의미한다. 따라서 정책결정자들이나 사회복지사들은 어떻게 하나의 조건이나 이슈 등이 그 지역 주민으로부터 주의와 관심을 받게 되었는지에 대해 조사해야만 한다. 이를 위한 첫 번째 과업은 누가 그리고 어떻게 사회 이슈나 조건을 사회문제로 규정 또는 정의하였는지를 확인하는 것이다.

사회문제를 정의하고 결정하는 데 있어 누구의 힘이 일정 정도 역할을 하였는지 그리고 누구의 입장에서 문제가 제기되었는지, 누구의 세계관 또는 가치관이 문제를 정의하는 데 수용되었는지 등이 명확히 분석되어야 하며 문제에 대한 대책이 지역을 하나로 묶기 위해 이용되는지 등도 명확히 제시되어야 한다. 이러한 질문들에 대하여 적절하게 대응하기 위해 사회문제의 본질은 다음의 측면을 고려해야 한다(Hardcastle, Wenocur, & Powers, 1997).

- 사회문제의 정의: 어떻게 사회문제가 정의되는가?
- 사회문제의 주관적 관점과 객관적 관점: 어떻게 사회문제가 경험되는가?
- 사회문제의 해결: 어떻게 사회문제가 조사되고 해결되는가?

4. 사회문제의 정의

사회문제에 대한 정의는 많은 학자들에 의해서 제시되었다. 이들의 견해를 살펴보고 이들이 제시하는 사회문제의 정의를 정리해 보면 다음과 같다. 먼저 Merton과 Nisbet(1976)은 사회문제란 사회질서의 상당부분이 일반적으로 받아들여지고 있는 하나 혹은 그 이상의 규범을 위배하고 있다고 간주되는 행동양식이라고 정의하였으며 Weinberg(1970)는 사회문제를 첫째, 사회구성원들에 의해 바람직하지 못하다고 받아들여지는 상황 또는 행동양식으로, 둘째, 사회구성원들이 그 바람직하지 못한 행동에 대한 자신들의 불만이나 관심을 회합, 서신교환, 시위 그리고 기타 항의의 형태로 표현하지만, 셋째, 이러한 사회문제를 통제하기 위한 자신들의 의도된 혹은 적용된 조치들이 아직 효과를 거두지 못한 상태에 있는 것이라고 정의하였다. Horton과 Leslie(1970)는 사회문제란 바람직하지 않은 방식으로 많은 사람들에게 영향을 주는 조건 그리고 집합적 사회행동을 통해 해결되어야 한다고 느끼는 것이라고 정의한다. 이는 사회문제와 사회운동을 연결하는 시각으로 보인다. Maris(1988)는 사회문제란 많은 사람들, 힘 있는 사람들, 카리스마가 있는 사람들에 의해서 사회에 위협을 주는 것으로 간주되고 해결되고 치료될 수 있는 인간행동 또는 사회조건들의 일반적 유형이라고 한다. Barker(1991)에 따르면, 사회문제는 사람들의 가치와 규범을 침범하여 사람들을 사회적 대응으로 이끌고 감정적 · 경제적 어려움으로 이끄는 조건이라고 정의하였다. 그리고 Ginsberg(1994)는 사회문제란 지역에 또는 더 큰 사회에 심각한 위협을 나타내고 사람들이 그것을 위해 무엇인가를 해야 한다는 의지를 제공하는 공유된 신념이라고 정의하였다.

Zastrow(2000)는 영향력 있는 어떤 집단이 어떤 조건을 많은 사람들에게 영향을 미친다고 확신하여 문제로 규정하고 또 집단행동에 의해 해결될 수 있다고 생각하는 것이라고 하였다. 최성재(2000)는 사회문제를 어떤 사회현상이 사회적 가치를 벗어나고, 상당수의 사람들이 그 현상으로 인하여 부정적인 영향을 받으며, 그 원인이 사회적인 것이며, 다수의 사람들이나 영향력 있는 사람들이 문제로 판단하고, 사회가 개선을 원하고, 개선을 위하여 집단적 · 사회적 행동이 요청되는 것이라고 정리하였다. 또한 Mooney, Knox 그리고 Schacht(2002)는 사회구성원의 일부가 사회에 해가 된다고 판단하여 치료가 필요하다고 생각하는 조건이라고 정의하였다. 결국 사회문제란 다음과 같이 종합해서 정의할 수 있다.

첫째, 많은 사람들에게 부정적인 영향을 미치고
둘째, 사회를 위협하며
셋째, 사회적 대응을 불러일으키는 것이다.

5. 사회문제의 특성

사회문제는 그것만이 갖는 특징적 성격을 내포하고 있다고 한다. 사회문제의 특성으로 지적될 수 있는 것들은 다음과 같다.

첫째, 사회문제는 상당기간 지속된다.
둘째, 사람들이 내놓은 사회문제의 해결책은 매우 다양하며 종종 갈등관계에 있는 문제의 해결책이 제시되기도 한다.
셋째, 사회문제의 인식에는 가치가 개입된다. 즉, 무엇이 옳은 것인지 그리고 그른 것인지에 대한 판단이 필요함을 의미한다.
넷째, 사회문제를 규정하는 기준은 항상 변한다. 과거에는 사회문제였던 것이 지금은 사회문제라고 하지 않는 것들이 있을 수 있다. 예를 들어, 결핵은 과거에 사회문제로서 국가의 적극적인 대책을 필요로 하였지만 지금은 사회문제로 인식되지 않는다.
다섯째, 사회문제는 문화적 상대성에 기초해야 한다. 예를 들어, 미국과 같은 경우 흑백 간의 인종갈등이 사회문제가 될 수 있지만 상대적으로 우리나라에서 흑백 간의 갈등은 사회문제라고 볼 수 없다. 따라서 사회문제는 특정 문화의 상대성에 기초한다고 볼 수 있다.

또한 사회문제의 특징적 성격에 대한 Schneider, Stephan, Zurcher, 그리고 Ekland-Olson(1981)의 견해를 살펴보면 그들은 사회문제가 다음과 같은 특성을 지니고 있다고 강조한다.

첫째, 원인이 사회적이라는 점
둘째, 사회구성원들의 가치지향에 비추어 문제로서 정의되고 평가된다는 점
셋째, 광범위한 시민적 관심을 불러일으킨다는 점
넷째, 그 문제의 직접적 피해자 이외의 다른 많은 사람들에게도 영향을 미친다는 점
다섯째, 그 문제에 대처하기 위한 행동이나 개입을 만들어 낸다는 점

결국 사회문제의 특성으로 지적될 수 있는 것들은 문제가 오랫동안 지속되어야 하며 많은 사람들로부터 관심을 불러일으켜야 하고 가치판단이 필요하며 문제 해결을 위한 대책을 수반하여야 하고 또한 문제 해결을 위한 대책은 다양할 수 있다는 점이라고 정리할 수 있다.

6. 사회문제를 바라보는 객관적 관점과 주관적 관점

사회문제는 입장에 따라 주관적으로도 형성될 수 있고 객관적으로도 형성될 수 있다. 객관적 관점으로서의 사회문제는 특정 사회나 지역에 현재 존재하고 있는 빈곤이나 실업 등과 같은 기존의 사회문제를 의미하며 주관적 관점에서의 사회문제는 요구 수립에 따른 새로운 사회문제의 건설을 의미한다. 즉, 이론적 입장에서 본다면 사회문제는 첫째, 현재 사회의 상황으로, 둘째, 요구를 수립하는 행동(claim-making activities)으로 살펴볼 수 있다(Hardcastle, Wenocur, & Powers, 1997). 사회문제를 바라보는 이러한 관점은 문제를 객관적 관점으로 보는가 아니면 주관적 관점으로 보는가에 달려 있다. 다시 말해, 어떤 사람들은 문제 그것 자체가 사회에 존재해 있는 것이라고 주장하는 반면, 어떤 사람들은 사회문제는 어떤 사회적 이슈나 조건 그리고 상황을 사회문제로 인식하여 사회문제의 해결을 요구하는 행동을 통해서 사회문제로 건설되는 것이라고도 한다.

사회문제를 주관적으로 보든 객관적으로 보든 중요한 것은 문제를 해결하기 위한 사회복지사들의 역할 중 가장 우선 되어야 하는 것은 그들 나름대로 그 문제에 대한 시각과 이해에 바탕을 두고 문제를 해결하기 위한 일정을 수립해하는 것이라는 사실이다. Netting, Kettner, 그리고 McMurtry(2004)가 강조한 것과 같이 사회문제가 지역이나 조직의 행동을 위한 일정과 함께 제휴되는 인지된 조건으로 정의된다면 사회문제는 결국 행동을 이끌게 되며, 이 행동은 사회문제를 해결하기 위한 대응으로서의 행동이 된다. 이것이 정책기획가나 사회프로그램기획가에게는 사회문제 해결을 위한 정책 및 제도, 나아가 사회프로그램개발이라는 구체적 실천행동을 의미한다고 볼 수 있다.

7. 왜 사회문제의 학습이 중요한가

Shepard와 Voss(1978)는 사회문제를 학습하고 연구하는 이유가 첫째, 사회문제를 이해하고 그 문제에 대처하는 데에 있어서 사회과학의 역할에 보다 친숙해지며, 둘째, 사회문제에 관한 지식은 바람직하지 못한 사회상황이 어떻게 일상생활에 나쁜 영향을 주는가에 대한 이해를 증진시키고, 마지막으로 사회문제의 원인에 대한 이해의 폭(개인적 일탈이나 사회구조 등)을 넓히는 것에 있다고 한다. 또한 최성재(2000)는 사회문제를 연구하는 이유에 대해 첫째, 사회문제에 대한 지속적인 관심을 유발시키기 위해서, 둘째, 사회문제에 대한 일반적 이해를 증진시키기 위해서, 셋째, 사회문제를 설명해 주는 이론과 실제의 관계 확인 및 이해를 위해서, 넷째, 사회문제 해결을 위한 필요한 지식을 제공하기 위해서, 다섯째, 개인적 호기심이나 관심을 해결하기 위해서라고 제시하였다.

결국 이들의 견해에 기초해서 본다면 사회문제에 대한 이해와 연구는 다음과 같은 이유에서 필요하다고 볼 수 있다(지은구, 2005).

첫째, 사회문제를 이해하고 대처하는 데에 있어 그 사회나 지역에 대한 이해를 보다 깊고 넓게 해 준다.
둘째, 사회문제에 대한 지식은 사회나 지역을 둘러싸고 있는 사회 · 정치 · 경제 상황이 어떻게 사람들의 일상생활에 영향을 주는지에 대한 이해를 증진시킨다.
셋째, 사회문제의 원인을 개인적 요인으로부터 사회구조적 요인으로 확대하고 이해할 수 있는 근거를 제공해 준다.

제3절 사회문제의 해결

사회문제를 해결하기 위해서 사회복지사들은 문제를 명확히 정의하고 문제에 개입하는 방식을 이해하는 것이 중요하다. 또한 사회문제의 본질과 환경과 해결책들에 대한 잠재적 관계를 명확히 하는 것도 중요하다. 이러한 기술이나 지식이 사회문제 해결을 위한 정책이나 제도 그리고 사회프로그램의 개발과 설계를 위한 실제적이고 살아 있는 지식이자 이해라고 할 수 있다. 사회문제에 대한 명확한 정의를 내리고 사회문제의 근본 원인 및 대처방안에 대한 숙고를 하기 위한 시간은 사회문제 해결을 위한 가장 기본적인 행동이라고 할 수 있다. 대부분의 사회문제는 단 시간 내에 해결되지 않는다. 사회문제를 해결하기 위해서는 거쳐야 하는 단계들이 존재한다. 사회문제를 해결하기 위한 구체적인 단계로서 사회복지사들은 다음의 단계들을 취할 수 있다(지은구, 2005).

1단계: 사회에서 일어나고 있는 특정 이슈나 현상 또는 조건을 사회문제로 정의한다.
2단계: 해결되어야 하는 사회문제를 건설한다.
3단계: 사회문제를 공식화(formulation)한다.
4단계: 사회문제에 대해 사회구성원들이 동일한 인식을 갖도록 한다.
5단계: 사회문제를 해결한다.

이 단계들을 차례로 살펴보도록 하자.

1. 사회문제로 정의하기

어떤 현상이나 조건이 사회문제인지 아닌지를 명확히 알 수 있기 위해서 먼저 사회문제를 구성하고 있는 요소들을 분석해야 한다. 이는 우리 사회에서 발생하고 있는 이슈, 현상 또는 조건이 사회문제인가 아닌가를 결정하는 데 도움을 주며, 누구에게 문제가 되는지를 알 수 있게 도와주고, 왜 이슈나 현상 또는 조건들이 사회문제인가를 설명해 주며, 사회개입을 위한 잠재성을 결정할 수 있도록 돕는다. 어떤 현상이나 조건이 사회문제인지를 확인하기 위해 이성적 방식으로 살피기 위한 틀(framework)로서 또는 사회문제를 분석하기 위한 틀로서 반드시 고려하여야 하는 여섯 가지 요소가 있는데 그 요소들은 다음과 같다(지은구, 2005; Hardcastle, 1992).

첫째, 표준이나 기준으로부터의 일탈

둘째, 규범이나 가치 또는 이데올로기
셋째, 사회적 인과관계
넷째, 범위
다섯째, 사회적 비용
여섯째, 개선에 대한 기대

이 요소들은 어떻게 사람들이 사회에서 발생하고 있는 현상이나 조건을 사회문제로 정의 또는 개념화하는지 그리고 사회문제를 해결하기 위해서 우리들은 어느 입장에 있어야 하는지를 이해하는 데 도움을 준다. 사회문제를 정의하는 기준으로 활용되는 여섯 가지 요소들을 살펴보면 다음과 같다.

1) 표준이나 기준으로부터의 일탈

표준 행동이란 한 집단이나 지역 안에서 바람직하고, 수용할 수 있으며, 일상적인 것으로 간주되는 행동을 말한다. 그러나 한 상황이 사회나 국가가 정한 기준이나 표준으로부터 벗어난다면 그것은 일탈로 정의될 수 있다. 왜 어떤 상황이 일탈로 규정되는가를 이해하기 위해서 사회복지사, 실천가 그리고 정책분석가들은 그 상황이 특정 사회에서 어떤 의미를 가지고 있는가를 알아야 한다. 결국 한 상황이나 이슈 또는 조건이 사회문제로 인식되기 위해서 특정 집단이나 조직 또는 사회구성원들이 그 이슈 또는 조건, 상황을 기준이나 표준에서 벗어난 일탈이라고 규정해야 한다. 예를 들어, 빈민이라고 한다면 국가가 정한 규범이나 표준인 최저빈곤선 또는 최저생계비 이하 또는 중위가구소득의 50% 이하 소득을 가지고 있는 사람들로서 우리는 그런 기준을 적용하여 기준으로부터 일탈되어 있는 사람들을 빈민이라고 규정한다.

2) 규범이나 가치 또는 이데올로기

이데올로기는 가치의 일괄성 있는 집합(set)이고 그리고 하나의 단위를 형성하는 통합된 신념체계를 의미한다. 또한 이데올로기는 어떻게 세계가 건설되어야 하는지를 결정하는 하나의 이상이라고 한다(Hardcastle, Wenocur, & Powers, 1997). 따라서 이데올로기는 가치와 연관이 있다. 가치는 어떤 특정 이슈가 허용될 수 있는지 아니면 금지되어야 하는지를 구분할 수 있게 해 준다고 한다. 예를 들어, 한 사회의 가치나 사회를 관통하는 도덕적 규범에 따라 자유로운 성관계나 마리화나 흡연 또는 가벼운 음주가 허용되기도 하고 가치나 규범에 어긋난다고 금지될 수도 있다. 즉, 음주가 허용되지 않는 사회에서 가벼운 음주는 일탈로서 규정되고 문제로 정의될 수 있다. 아이들이 어른 앞에서 반말을 하거나 맞담배를 피는 것이 그 사회의 통념이나 규범에 어긋나는 행동이라면 그러한 행동들은 규범이나 가치에 어긋나는 행동으로서 사회문제로 발전될 가능성이 있는 사회적 이슈가 될 수 있다.

3) 사회적 인과관계

사람들은 대부분의 사회문제에 사회적 원인이 있다고 생각한다. 이러한 원인에 대한 생각은 문제가 될 수 있는 조건이 전적으로 생물학적 또는 육체적 힘의 결과라기보다 사회적 뿌리에도 기인한다고 하는 인식에 기초한다. 천재지변이 원인으로 발생하는 경우에는 일반적으로 사회문제라고 규정하지는 않는다. 예를 들어, 지진이나 홍수가 일어나 많은 인명 및 재산피해를 입었다고 해도 지진이나 홍수가 발생하는 것 자체는 사회문제라고 할 수 없다. 사회문제는 반드시 사회적 인과관계가 성립되어야 한다. 사회문제의 원인이 사회적이어야 한다는 점은 이미 앞에서 사회문제의 특성으로도 지적되었다.

4) 범위

범위는 어떤 조건이나 이슈에 의해서 영향을 받은 사회구성원들의 수나 비율의 측면을 다루는 것이다. 범위는 보통 발생률과 확산률(또는 보급률)로 나타나는데, 발생률과 확산률은 사회적 이슈나 상황이 사회문제로 발전할 수 있는가를 결정짓는 중요 요소가 된다. 일반적으로 사회문제로 규정될 수 있는 조건은 한 사람 이상에게 부정적 영향을 미쳐서 지속적으로 발생의 정도가 증가하여야 하며 한 지역에서 다른 지역으로 지속적으로 확산하는 경향이 있어야 한다. 예를 들어, 어떤 지역에서 한 아이가 우물에 빠졌다고 해서 그것을 사회문제라고 하지는 않는다(Hardcastle, Wenocur, & Powers, 1997). 통상 사회문제는 많은 사람들에게 부정적인 영향을 줌으로써 발생률과 확산률이 지속적으로 증가하는 속성이 있다.

5) 사회적 비용

사회문제를 규정하는 또 하나의 중요 요소는 비용에 대한 책임성이다. 즉, 어떤 현상이나 조건을 해결하기 위해 전적으로 개인의 비용이 들어가는 경우는 그 현상이나 조건을 사회문제로 규정하기 어렵다. 사회적 비용은 특정 현상이나 조건을 해결하기 위해 전체 국민들이 모두 부담하여야 하는 또는 국가가 부담하는 비용이다. Hardcastle, Wenocur, 그리고 Powers(1997)는 사회적 비용이라는 것은 개입이나 개선을 향해서 사회의 부분들을 나아가게 하는 것이며 이를 위해 사회적 비용은 조건을 개선하는 데 들어가는 적당한 비용일 수 있다고 한다.

6) 개선에 대한 기대

개입이 이루어지기 위해서는 조건이나 상황을 사회문제로 그리고 사회문제가 바뀔 수 있고 개선될 수 있다는 신념으로 정의하는 집단이 있어야 한다. 만약 어떠한 기대나 신념도 없다고 한다면 가능한 개선이나 변화는 당연히 있을 수 없다. 만약 한 조건이 개선이 이루어지지 않는다고 간주된다면 그것은 사회문제라고 정의할 수 없다. 예를 들어, 죽음 자체는 사회문제라고 할 수 없는데 이는 모든 인간이 죽음 자체를 예방하고 죽음을 치료하며 죽음을 극복할 수 없기 때문이다. 하지만 암은 치료나 개선에 대한 기대를 할 수 있기 때문에 수많은 사람들을 위험에 빠지게 하지만 개선을 기대하는 사회문제가 될 수 있다.

> 만약 어떤 한 지역에서 30명의 주민들에게 부정적 영향을 주는 공통의 조건이나 상황이 있다고 한다면 이것이 사회문제의 출발점이라고 할 수 있을까? 이것을 결정하기 위한 고려사항으로 이 조건을 다룰 수 있는 가능성의 관점과 해결을 위해 호의로운 상황(언론의 보도, 대중들의 지지 등)이 있는지 없는지 등이 포함될 수 있다(Mazmanian & Sabatier, 1981).

하지만 앞에서 살펴본 것과 같이 특정 상항이나 조건을 문제로 정의하여 개입을 통해 해결하는 과정은 일탈과 규범을 구분하고 정의하여, 지역의 규범 그리고 일탈과 비교한 후 문제의 범위와 조건이 지속되는 경우 들어가게 되는 사회적 비용을 고려하고, 마지막으로 개선을 위한 확신이나 신념을 가지게 되는 단계들을 거치게 된다.

2. 사회문제의 건설

하나의 조건이나 상황, 이슈가 사회문제로 형성되는 과정은 축적을 통해서 이루어진다고 할 수 있다. 다시 말해, 문제에 대한 깨달음이 커지게 되고, 문제로 정의되고, 문제 해결을 위한 개입전략이 뒤따르는 과정을 의미한다(Cartwright, 1977). 일단 집단이나 사람들이 문제가 있는 조건을 지적하면 그 조건은 요구가 필요한 상태로 전환하게 된다. 조건이 위치하게 되고 그 조건이 문제로 정의되도록 하는 요구수립(claim making)과정이 뒤따른다. 다시 말해, 문제에 개입하기에 앞서 조건이나 상황이 문제로서 정의되도록 요구하게 되는 과정을 거치게 되는데, 이 과정을 사회문제의 건설과정이라고 한다. 어떤 상황이나 조건을 사회문제라고 정의하고 국가적 대응을 필요로 하는 사회문제라고 규정하기 위해서는 특정 상황이나 조건이 사회문제라고 인식할 수 있도록 요구하는 요구수립과정이 반드시 필요하다.

3. 사회문제의 공식화

사회문제를 공식화하는 과정에서 대중매체(신문이나 방송 등)의 영향은 중요한 역할을 수행한다. 즉, 대중매체는 우리들이 문제에 관심을 갖기 전에 일련의 이슈나 문제들을 주민들이나 시민들에게 알려 주는 중요한 역할을 수행한다. 사회문제의 공식화는 특정 조건이나 상황이 국가적 차원에서의 대응을 필요로 하는 사회문제임을 대중들에게 알리고 공식화하는 과정을 의미한다.

4. 사회문제에 대해 동일한 인식 갖기

전체 사회구성원들이 공감하도록 특정 조건이나 상황을 집단적으로 사회문제로 정의하기 위해서는 사회구성원들과 사회문제에 대한 의미를 공유하는 것이 필요하다. 사회구성원들이 바라보는 사회에 대한 현실인식이 동일하지 않다면 같은 현실을 놓고 서로 다른 시각과 대책이 존재하기 때문에 사회문제를 정의하는 데 있어 불일치나 차이가 존재하게 되고 문제를 사회적으로 건설하지 못하게 된다. 한 조건이나 상황이 사회문제로 정의된다는 것은 대다수 사람들에 의해서 문제가 사회적으로 건설된다는 것을 의미하며 사회적으로 건설되지 못한 어떤 조건은 집단적 대응을 필요로 하는 사회문제라기보다 개인적 또는 어떤 특정한 집단만의 문제일 가능성이 크다.

5. 사회문제의 해결

Tallman(1976)에 따르면 사회문제를 해결하기 위해 가장 중요한 첫 번째 요소는 인지력 또는 인식력(perception)이고 두 번째로 중요한 요소는 행동(action)이라고 한다. Tallman에 따르면 사회문제해결사들은 사회문제에 대한 대응을 증가시키고, 발전시키고, 그리고 인지하는 사람들이라고 한다. 그에 따르면 사회문제의 해결에 영향을 미치는 가장 중요한 요소들 중의 하나는 사회복지사 또는 문제해결사들이 가지고 있는, 어떻게 사회가 그 구성원들을 다루어야 하는가에 대한 기대(expectations)라고 한다. 그는 또한 문제 해결을 위해서는 문제에 응답하고 행동을 주도하는 사람들의 감정(emotion)이 중요하고 사회에 있는 다른 사람들로부터의 지원(support)도 문제 해결을 위해서 중요하다고 한다. 사회문제의 다양한 측면을 고려한다면, 문제해결사들은 논리적으로 문제를 확인하고 접근할 수 있어야 하는데 이를 위해서 다음과 같은 행동들이 필요하다.

첫째, 조건을 서술한다(왜 그 조건이 파괴적인지, 해를 끼치는지, 비윤리적인지 등을 서술한다).

둘째, 조건의 원인이 무엇인지를 확인한다.

셋째, 그것을 해결하기 위해 행해졌던 것을 서술한다.

넷째, 어떻게 사람들이 그것을 행하기 시작했는지를 설명한다.

어떤 하나의 조건이 주민들에 의해서 문제로 정의되었다고 해서 다른 모든 사람들이 그것을 사회문제로 인정한다는 것을 의미하지는 않는다고 한다. 따라서 사회복지사 또는 문제해결사들은 문제가 정의되고 해결되는 과정을 획득하기 위해서 외부에 있는 다른 사람들로부터 상호 지지와 원조 또는 지원을 획득하는 것이 중요하다. 이는 사회복지사들이나 문제해결사들이 문제의 요소들을 논리적으로 생각해야 한다는 것을 기본으로 한다. 이러한 문제를 구성하는 요소들에 대한 논리적인 사고는 결과적으로 그들의 태도, 감정, 행동들이 목적적이고 성공적으로 되는 데 일조하게 된다.

사회문제를 바라보는 기본적인 틀에 있어 해결을 위한 개입만큼이나 문제의 정의가 중요하다는 것은 문제를 정의하는 과정인 문제분석과정이 성공적이어야 문제 해결을 위한 개입이 성공적일 수 있기 때문이다. 따라서 사회복지사들이나 문제해결사들이 사람들에게 문제에 대한 공통의 관점을 가질 수 있도록 하는 것이 가장 중요한 역할이라고 볼 수 있다. 즉, 많은 사람들과의 상호작용을 통해 함께 일한다면 사회문제 해결을 위한 개입도 직접적이고 효율적으로 이루어질 수 있으며, 이는 곧 사회문제 해결을 위한 제휴나 연합행동을 위한 기초로서 작용하게 될 것이고 나아가 사회구성원들이 통합하는 데 일조하게 된다는 것을 의미한다.

사회에 개입하는 사회복지사들은 대체로 어떤 특정한 객관적 상황에 있는 문제를 해결하기 위해서 노력하게 된다. 사회가 변하는 것과 같이 사회문제도 함께 변화하며 그에 따라 지역문제도 함께 꾸준히 변화되어 왔다. 따라서 사회복지사들에게는 문제 해결을 위한 행동과 동시에 항상 변화하는 체계를 받아들이고 이에 능동적으로 대처할 수 있는 능력도 중요하다고 할 수 있다. 이는 사회복지사들이 사회문제를 정의하는 사람들인 한편 사회문제를 해결하는 사회적 집단이기 때문이다.

제4절 소결

사회문제는 하루아침에 발생하지 않으며 여러 요인들이 복잡하게 영향을 미쳐 어떤 작은 사회 이슈나 조건 또는 사회현상들이 축적되어 나타난다. 즉, 사회문제의 등장은 자연발생적으로 나타나는 현상이 아니고 사회구성원들에 의해 의식적으로 요구되어 이루어짐으로써, 사회문제의 건설은 장기적인 사회적 과정을 거치면서 등장한다고 할 수 있다. 사회문제는 현상적으로 모든 사회구성원들에게 사회문제로 인식되는 빈곤이나 실업, 자살 그리고 노동자, 장애인, 노인, 아동, 여성, 이주여성 등에 대한 각종 차별 및 배제 등으로 존재하지만 현대사회의 복잡한 구조 속에서 새롭게 이슈화되어 누군가 또는 어떤 집단들의 노력에 의해서 새롭게 사회문제로 인식되는 경우도 존재한다. 따라서 사회문제를 파악하고 그에 대한 대책을 수립하는 것과 마찬가지로 중요한 것이 사회문제로 발전하기 전에 나타나는 어떤 사회적 이슈나 조건 그리고 사회적 상황을 사회문제로 정확하게 그리고 명확하게 인식하여 이러한 조건이나 이슈 그리고 현상을 국가적 대응을 필요로 하는 사회문제로 건설하는 것이라고 할 수 있다. 따라서 사회문제는 사회문제의 수립 또는 건설과정에 대한 명확한 이해와 사회문제의 해결이라는 두 영역이 매우 중요한 영역임을 알 수 있다. 사회문제의 해결은 첫째, 사회문제의 현상 및 본질에 대한 이해, 둘째, 사회문제를 일으킨 원인에 대한 분석, 그리고 셋째, 사회문제 해결을 위한 적절한 제도적이고 정책적인 해결방안의 수립을 필요로 한다.

참고문헌

지은구(2005). 사회복지프로그램개발과 평가. 청목출판사.

최성재(2000). 사회문제의 정의와 접근방법. 사회문제와 사회복지(최일섭, 최성재 편역). 나남출판사.

Barker, R. L. (1991). *The social work dictionary* (2nd ed.). Silver Spring, MD: NASW Press.

Cartwright, T. J. (1977). Problems, solutions and strategies: A contribution to the theory and practice of planning. In N. Gilbert & H. Specht (Eds.), *Planning for social welfare: Issues, models and tasks.* Englewood Cliffs, NJ: Prentice-Hall.

Ginsberg, L. (1994). *Understanding social problems, policies, and programs.* South Carolina: University of South Carolina Press.

Hardcastle, D. A. (1992). *SOWK 631: Social work practice with communities and social service networks: A manual of readings, concepts, and exercises.* Baltimore, MD.

Hardcastle, D. A, Wenocur, S., & Powers, P. R. (1997). Community practice: Theories and skills for social workers. New York: Oxford University Press.

Horton, P. B., & Leslie, G. R. (1970). *The sociology of social problems.* New York: Appleton Century-Crofts.

Maris, R. W. (1988). *Social problems.* Belmont, CA: Wadsworth.

Mazmanian, D. A., & Sabatier, P. A. (1981). The implementation of public policy: A framework of analysis. In D. A. Mazmanian & P. A. Sabatier (Eds.), *Effective policy implementation.* Lexington, MA: Lexington Books.

Merton, R., & Nisbet. R. (1976). *Contemporary social problems* (4th ed.). New York: Harcourt Brace Jovanovich.

Mooney, L. A., Knox, D., & Schacht, C. (2002). *Understanding social problems* (3rd ed.).

Netting, F. E., Kettner, P. M., & McMurtry, S. L. (2004). *Social work macro practice* (3rd ed.). London: Oxford University Press.

Schneider, L., Stephan, C. W., Zurcher, L., & Ekland-Olson, S. R. (1981). *Human resources to social problems.* Homewood, Illinois: The Dorsey Press.

Shepard, J. M., & Voss, H. L. (1978). *Social problems.* New York: Macmillan.

Tallman, I. (1976). *Passion, action, and politics: A perspective on social problems and social problem solving.* San Francisco: W. H. Freeman.

Weinberg, S. (1970). *Social problems.* New York: Macmillan.

Zastrow, C. (2000). *Social problems: Issues and solutions* (5th ed.). Belmont: Wadsworth.

제2장 사회문제의 이론적 관점

제1절 개관

이론은 사회문제 해결을 위한 실천행동의 개념적인 뼈대로서 우리가 직면하는 사회현상 및 사회문제에 관해 생각하고 이해하는 것을 도우며, 어떻게 개입하여 문제 해결을 위해 노력할 것인지에 대한 결정을 수립하는 데 도움을 준다(지은구, 2003; Hardcastle, Wenocur, & Powers, 1997). 또한 이론이란 왜 어떤 것(사물, 제도, 규범, 규칙, 구조, 사회체계 등)은 작동 또는 기능을 하고 어떤 것은 작동 또는 기능을 하지 않는지를 설명하는 상호 연관된 개념의 집합체라고 할 수 있다(Netting, Kettner, & McMurtry, 2004). 일반적으로 이론이란 어떤 사회현상의 원인과 효과의 상호 관련성을 이해하고 설명하는 데 사용된다. 즉, 경험적 조사를 통하여 유효한 것으로 설정된 원인과 효과의 상호 관련성에 대한 가정을 이론이라고 할 수 있다(Hardina, 2002). Silver(1980)에 따르면 다음의 이유로 이론이 필요하다.

첫째, 이론은 인간 개개인들의 행동을 이해할 수 있도록 돕는다.
둘째, 이론은 집단과 조직의 행동을 이해할 수 있도록 돕는다.

셋째, 이론은 개인, 집단 그리고 조직 사이의 교환과 힘의 관계를 이해할 수 있도록 돕는다.
넷째, 이론은 개개인들과 집단의 사상이나 사고를 이해할 수 있도록 돕는다.

앞에서 제시한 이론이 필요한 이유를 사회문제 영역에 적용하여 보면 사회문제 영역에서 이론은 사회의 구성요소인 조직이나 집단 그리고 주민 개개인의 행동을 이해하는 데 도움을 주며, 사회 안에서 이루어지는 모든 교환행동과 힘의 관계를 이해하는 데 도움을 주고, 조직과 집단 그리고 주민 개개인이 가지고 있는 가치와 이념 또는 사상을 이해하는 데도 도움을 준다. 이론은 사회문제에 개입하기 위한 행동방법이나 해결방법 등 구체적인 실천행동을 위한 방법을 직접적으로 제시하지는 않지만 사회현상을 설명하는 이론을 통해서 우리는 사회문제를 어떻게 이해하여야 하고 사회문제 예방 및 해결을 위해서 무엇을 어떻게 해야 할 것인가에 대한 지침을 얻을 수 있다. 즉, 사회문제 영역에서 사회문제의 원인을 설명하고 이해하도록 돕는 이론은 사회문제가 어떻게 국민들에게 이해되고 보이는지를 지배하는 기능을 한다고 할 수 있다.

결국 사회문제 영역에서 이론은 어떻게 사회가 기능하는지, 사회문제가 발생하는 원인은 무엇인지, 사회구성원들은 사회문제에 순응하고 문제를 해결하기 위한 변화에 어떻게 순응하는지, 정부의 사회문제 해결을 위한 정책결정에 어떻게 영향을 미칠 것인지, 힘(또는 권력)을 갖기 위해 사회구성원들은 어떻게 대응하여야 하는지 등에 대한 이해를 할 수 있도록 도우며 궁극적으로는 사회문제 해결을 위한 개입실천을 어떻게 수행할 것인지를 설명하는 구체적인 개입방법 및 해결방안을 모색하는 데 도움을 준다. 따라서 이론은 사회문제 해결을 위한 실천행동가들이 사회에 개입하여 특정 사회를 어떻게 바라볼 것인지, 또한 그 사회의 힘의 구조 및 사회문제에 영향을 미치는 다양한 요소와 그 요소들 사이의 관계를 이해하고 나아가 사회구성원들의 삶의 질을 개선 또는 향상시키기 위하여 어떤 실천방안을 사용할 것인지를 결정하는 안내자 역할을 한다.

사회현상과 사회문제의 원인을 이해하는 데 도움을 주는 이론으로는 기능주의, 갈등이론, 상징적 상호행동주의(작용주의) 그리고 포스트모더니즘 등이 대표적이다. 이 이론들의 특징 및 사회문제와의 연관성에 대해서 살펴보도록 한다.

제2절 기능주의

1. 기능주의란

기능주의(functionalism)는 구조기능주의(structural functionalism)라고도 불린다. 기능주의는 갈등주의나 기타 이론에 앞서서 등장한 역사가 가장 오래된 이론으로 알려져 있으며 사회를 복잡체계(complex system)로 바라본다는 특징이 있다(Macionis & Gerber, 2010). 즉, 기능주의는 사회가 하위체계와 상위체계의 복잡한 구조로 이루어졌다고 보는데, 특히 상위체계의 안정은 하위체계들의 연대와 안정을 위한 작동에 의존한다고 본다. 하위체계들이 각자의 기능을 유지하면서 상호 연대하여 작동하면 상위체계는 자동적으로 잘 기능하게 된다고 보는 것이 기능주의의 이론적 특징이다. 또한 기능주의는 사회를 잘 작동하는 하위체계들로 구성된 하나의 복잡한 체계라고 봄과 동시에 사회가 유기체(organism)와 같이 진화한다고 본다(DeRosso, 2003). 즉, 사회를 체계로 본다는 측면(사회구조)과 사회가 유기체와 같이 진화(사회기능)한다는 측면에서 기능주의는 사회구조와 사회기능을 결합한 구조기능주의라고 불린다.

기능주의에 따르면 사회는 규범, 문화, 전통과 관습 그리고 제도와 같은 요소들로 구성된 하나의 체계다. Herbert Spencer에 따르면 규범과 같이 사회를 구성하는 부분들은 인간의 장기(organ)와 같다. 즉, 각각의 장기들이 인간의 몸(body)을 잘 유지되고 기능하도록 하기 때문이다(Urry, 2010). 기능주의는 사회가 유지되고 사회를 지탱하는 데 필요로 하는 것이 사회를 구성하는 각각 체계들의 내적 통합과 안정이라는 점을 가장 강조한다. 사회는 유기체와 같이 기능하는 구성요인들에 의해서 이루어져 있으며 구성요인들(하위체계 또는 부분)이 인간의 장기와 같이 각각의 영역에서 상호 관계를 맺고 각자의 기능을 잘 유지하는 것으로 전체 사회는 잘 기능하고 잘 유지된다. 따라서 사회구조는 사회구조를 형성하는 각각의 요소들의 관련된 역할에 의해 연계되어 있는 네트워크라고 할 수 있다.

기능주의는 정치적으로는 보수주의(conservatism)와 관련이 있으며 안정과 통합체계를 강조한다는 측면에서 사회문제와 사회갈등을 강조하는 갈등이론과는 대척점에 있다고 할 수 있다. 기능주의이론에 영향을 미친 대표적인 학자들로는 August Comte, Herbert Spencer, Talcott Parsons, Kingsley Davis, Wilbert Moore, Robert Merton, Gabriel Almond 그리고 Bingham Powell 등이 있다.

2. 기능주의의 한계

기능주의는 1940년대와 1950년대 사회현상을 이해하고 해석하는 데 있어 가장 정점에 있던 이론이었지만 1960년대부터는 쇠락의 길을 걷게 된다. 1960년대 기능주의의 가장 결정적인 몰락의 이유는 기능주의가 사회변화 그리고 사회의 구조적 모순이나 갈등을 적절하게 설명하지 못한다는 점에 있다. 특히, 기능주의가 사회의 긴장과 갈등을 유발하는 인종, 성, 계급을 포함하는 사회불평등 구조를 무시한다는 점은 큰 이론적 약점으로 지적되었다. 기능주의는 사회변화보다는 균형, 유지 그리고 사회질서로의 빠른 복귀를 증진하는 것을 강조한다. 특히, 갈등주의자들은 기능주의가 사회를 구성하는 부분들이 통합에 역행하는 경향을 설명하지 못하는 등 사회구조적 모순을 등한시하며 독립성과 갈등을 무시하는 대신에 통합과 동의를 지나치게 강조한다고 비판하였다(Holmwood, 2005). 안정과 순응(적응) 그리고 조화를 강조하는 기능주의의 한계점들을 정리하면 다음과 같다.

첫째, 자연적인 적응과 안정, 조화만을 강조함으로써 어떻게 순응할 것인지, 어떻게 변화할 것인지 등의 구체적인 방법이나 기술이 부재하다.

둘째, 개개인들의 기회를 제한하는 힘 또는 권력에 대한 분석이 부재하다.

셋째, 사회문제는 사회 안에 내재해 있으며 문제는 순응과 통합 등의 과정을 거쳐 자연적으로 해결된다고 보아 사회문제의 원인과 효과를 분석하는 데 너무 좁은 시각으로 해석하는 한계를 내포한다.

이러한 문제점들을 극복하기 위한 이론으로서 힘(power)의 분석을 강조하는 이론들이 등장하게 된다. 가장 대표적인 힘과 관련된 이론인 갈등이론은 인간은 힘이 없어 재화나 자원, 정책결정 권한을 얻는 데 제한된 능력을 가질 수밖에 없다는 점과 사회 안에서 불균등한 힘의 배분 때문에 사회가 발전할 수 없다는 점을 강조한다는 특징이 있다.

3. 기능주의와 사회문제

기능주의는 전체 사회가 상위체계이고 상위체계는 부분들의 집합, 즉 하위체계들로 구성되어 있으며, 하위체계들이 각각의 기능을 올바르게 수행하지 못한다면 전체 상위체계의 기능이 올바르지 못하게 되고 이는 곧 사회의 기능저하를 일으키는 원인이 된다고 본다. 따라서 기능주의 입장에서는 하위체계들이 각자의 기능을 유지하면서 상호 연대하여 작동하면 상위체계가 자동적으로 잘 기능할 것으로 보기 때문에 집단 간 사회갈등이 존재한다기보다는 사회기능 저하를 일으키는 하위체계의 문제가 곧 사회문제가 된다. 사회를 구성하는 하위체계, 곧 개인의 일탈이나 아노미(anomie)현상 등은 모두 기능주의 입장에서 사회문제의 원인이 되는 요인들이다. 아노미는 사회구성원의 행위를 규제하는 공동의 가치나 규범, 규제 등이 상실된 혼돈상태를 나타내므로 개인의 일탈은 곧 아노미현상으로 이해될 수 있다. 즉, 허약해진 사회적 결속(social bonds)과 규범이나 규칙의 부재는 사회문제로서 증가하는 자살을 설명하는 근본적 원인이 된다. 따라서 기능주의는 사회구조적인 사회문제보다는 개인이나 집단의 사회부적응이나 기능저하현상이 곧 사회문제의 원인이라고 바라보므로 자살이나 빈곤의 원인은 온전히 개인의 문제에 의해서 나타나는 사회현상이라는 관점을 유지한다.

자본주의의 발전에 따른 급속한 경제적 변화는 사회구성원들의 물질적 삶을 풍요롭게 만들었지만, 다른 한편으로 사회구성원들은 채워도 채워지지 않는 무한의 욕망을 함께 가지게 되었다. 사회구성원들이 무한의 욕망을 추구하는 데 있어 기존의 전통적인 규범이나 도덕적 가치들은 사회구성원들의 무한의 욕망을 채우려는 노력을 막지 못해 사회구성원들을 혼란에 빠뜨리게 되고, 그 혼란을 경험한 인간들은 사회규범으로부터의 일탈 및 아노미상태를 느끼게 된다. 그리하여 개인적으로 또는 같은 경험을 한 사람들끼리 집단적으로 일탈행동(폭력, 중독이나 학대 등과 같은)을 하거나 나아가 자살을 행동으로 옮기게 된다.

제3절 갈등이론

1. 갈등이론이란

갈등이론은 갈등이 사회발전의 원동력임을 강조하며 안정과 질서 그리고 조화를 중요시하는 기능주의이론과 달리 무질서 또는 부조화도 인간생활의 피할 수 없는 부분이며 자연스러운 것으로 본다. 갈등이론(conflict theory)은 사회집단의 사회적 · 정치적 · 경제적 불평등을 강조한다. 특히, 갈등주의 이론가들은 힘의 차이에 관심을 가지며 사회현상 및 사회문제에 대한 분석에 있어 거시적 수준의 분석을 수행한다.

갈등이론의 선구자인 Marx, 북미 갈등이론의 대표주자인 Dahrendorf 그리고 현대 갈등이론의 기초자라고 불리는 Mills는 우리가 사회체계를 역동적인 실체로 볼 수 있게 도와준 갈등이론의 대표적 이론가들이며, 그들의 갈등이론을 종합하면 다음과 같은 이론적 특징을 내포하고 있다(지은구, 조성숙, 2012).

첫째, 사회는 체계적으로 갈등을 유발하며 갈등은 사회의 만연된 특징이다.
둘째, 갈등은 사회구조상 피할 수 없는 서로 대립되는 집단이나 개인들의 상이한 관심사들에 의해서 유발된다.
셋째, 대립되는 관심은 지배집단과 피지배집단 간의 힘과 희소자원의 불평등 분배에 기인하며, 따라서 모든 사회는 한 성원과 다른 성원들과의 긴장에 의존한다.
넷째, 상이한 관심들은 두 갈등집단으로 양분된다.
다섯째, 갈등은 변증법적이다. 즉, 한 갈등의 해결은 또 다른 갈등의 대립적인 관심을 일으키고 그것은 또 다른 갈등으로 발전한다.
여섯째, 계속적인 갈등의 결과로서의 사회변화는 사회의 만연하는 특징이다.

최근 Sears(2008)는 갈등이론이 다음과 같은 가정에 기초함을 제시하였다.

첫째, 사회는 질서와 동의를 만들어 낸다기보다는 갈등을 유발하는 불평등으로 정의될 수 있다. 갈등은 오로지 사회 안에 실재하는 관계의 근본적인 변형과 새로운 사회적 관계의 생성을 통해 극복될 수 있다.

둘째, 불이익집단은 사회적 변화를 인도하고 현재의 상태를 극복하는 데 관심을 가지고 있다. 따라서 그들을 냉담함을 가진 대상이 아니라 변화의 주체로 바라보아야 한다.

셋째, 인간의 잠재성(예를 들어, 창조를 위한 능력)은 노동의 불평등한 분업에 기인하는 착취와 탄압에 의해서 억압받았다. 창조성은 경제적 발전과 변화를 위해 실제적으로 중요한 기제다.

넷째, 이론의 역할은 힘의 구조를 유지하는 것이 아니라 사회를 변화시키고 인간의 잠재성을 실현하는 것이다.

다섯째, 동의는 사회 안에서 더 힘이 있는 집단이 그들의 사고나 생각을 다른 사람들에게 강요하는 것이고 그들의 얘기를 받아들이도록 하는 것에 불과하다. 동의는 사회질서를 유지하기 위해 있는 것이 아니다.

여섯째, 국가는 가장 힘이 있는 특정 집단의 이익을 대변한다.

일곱째, 전 지구적 차원에서 불평등은 제3세계 국가의 저개발로 이해될 수 있다. 국제통화기금(IMF)이나 세계은행(World Bank)과 같은 국제기구는 개발이 필요한 국가보다는 가장 힘이 있는 국가와 다국적 기업들에게만 혜택을 가져다준다.

Marx는 갈등을 사회의 경제구조에 기초한다고 보았으며 이 경제구조는 사적 소유와 그것을 포함한 계급구조를 포함한다고 생각하였다. Marx에게 있어서 생산은 중요한 개념이며 생산이 문화적 가치, 종교, 신념, 사회관계, 계급구조 등에 영향을 미치는 것으로 간주되었다. 그는 자본주의하에서 생산수단이 자본가에 의해서 소유되어 있기 때문에 노동자는 자본가에 의존해야 하고 결국은 힘이 없어 착취당한다고 생각하였다. 그는 자본의 요구에 의해서 노동자는 팔리고 살 수 있는 상품(노동의 상품화)이 되며 결국 노동자는 빈곤화될 수밖에 없다고 생각하였다(자본주의적 축적의 일반적 법칙에 따른 궁핍화법칙). 그러나 그는 자본주의 자체가 변화할 수 있는 씨를 내포하고 있다고 보았다. 즉, 노동자들의 소외 그리고 계급의식의 성장은 노동자들이 자본가계급에 도전할 수 있도록 하며 결국에는 자본주의체제가 사회주의체제로 이행할 수 있다고 보았던 것이다.

한편, Dahrendorf(1959)는 현대 자본주의하에서 산업 갈등을 유일한 갈등영역이라고 규정하였다. 그는 산업사회 내에서 집단의 갈등과 이익을 분석하였고, 힘과 권위를 강조하였다. 그에 따르면 갈등은 하나의 작은 집단이나 공식 조직에서부터 한 사회 또는 지역사회에 이르기까지 조직화된 사회적 체계 안에 있는, 사회적 규칙들을 동반하는 지배와 굴종의 관계에 구조적 기원을 가지며 갈등이 만연해 있다고 보았다. 그에 따르면 다양한 힘을 포함하는 하나의 권위를 가진 구조가 존재하며 이러한 사회구조를 그는 절대적으로 조정된 협의체라고 불렀다. 그는 절대적으로 조정된 협의체에서의 상이한 규칙들이 서로 잠재적으로 반대의 이익을 갖고 있는 두 개의 준집단을 이끌어 낸다고 생각하였다. 이러한 준집단들이 조직화되어 있지 않고 이들이 상호 입장들을 인식하고 있다면, 이 준집단들은 힘과 자원을 위해 갈등하는 이익집단을 조직할 것이라고 보았다. 그는 이 갈등이 곧 사회관계의 구조에 있어서의 변화를 유발시킨다고 보았으며 이러한 변화의 빠른 속도나 쇠퇴 등의 본질은 사회 내에서의 사회적 이동이나 유동(mobility)과 지배집단이 부가하는 제재 등과 같은 다양한 조건에 의해 결정된다고 보았다(지은구, 조성숙, 2012).

Mills는 사회구조가 상이한 이익과 상이한 자원을 소유한 사람과 사람 사이의 갈등을 통해서 유발된다고 보았다(Knapp, 1994). 그에 따르면 개인과 자원은 갈등을 유발하는 사회구조에 의해서 그리고 힘과 자원의 불평등한 분배에 의해서 영향을 받는다. 그는 파워엘리트라는 용어를 사용하여 미국 사회의 파워엘리트(군산복합체[1])가 그들의 이익을 실현하기 위해서 일반대중들을 억압한다고 주장하였다. 그는 파워엘리트의 정책들이 점증하는 갈등 및 대량파괴를 위한 무기의 생산으로 인류의 소멸을 초래하는 결과를 가져올 수 있다고 주장하였다.

갈등론자들은 변화를 위해 같은 의식을 가진 개개인들을 하나의 집단으로 변형시키는 것 또는 묶는 것이 중요하다고 생각하였다. 그들에 따르면 변형은 힘을 가지고 있는 지배집단 또는 파워엘리트의 불법적인 지위와 박탈의 상대적 상태에 대한 인식 및 의식의 발전으로 보인다. 결국 이 의식의 성장은 피지배집단이 지배받고 있는 조건을 이해하기 위해 그리

1) 1960년대 미 국무부와 방위산업체 사이의 밀착되어 있는 관계를 나타내는 용어.

고 그 조건을 변화시키기 위해 정치적으로 행동하게 되는 하나의 방법으로서 정의된다. 다시 말해, 각각의 집단들이 그들 스스로에 대해 자각하는 것이 중요하다는 것을 의미한다. 이는 곧 억압과 억압을 방조하는 사회구조에 대한 대중 스스로의 의식의 성장을 나타내는 것이다.

2. 갈등이론의 한계

갈등이론은 힘이나 자원 없이 개인, 집단, 조직, 나아가 국가는 제한된 능력을 가질 수밖에 없다는 점을 강조하여 힘의 불균형관계 개선이나 자원 획득이나 동원 등을 강조하는 특징을 가지고 있다. 갈등이론은 첫째, 힘이 있는 사람이나 사회지배계층이 지역사회에 부정적인 영향을 끼친다는 것을 전제하며, 둘째, 소외된 집단은 그들의 욕구를 해결하기 위해서 반드시 힘을 가져야 한다는 점을 전제한다.

이러한 전제는 결과적으로 사회문제 해결을 위한 전략과 전술의 채택에 있어 사회적 동의나 합의를 이루려는 노력보다 기존 힘의 구조와의 갈등을 유발하고 갈등의 해결에 있어 대항전략과 같은 급진적인 전략을 사용하도록 한다. 즉, 힘을 얻기 위한 조정이나 합의에 필요한 전략이나 전술의 사용을 불가능하게 하여 사회문제를 해결하기 위해 다양한 정책적 노력이나 대안들을 사용하는 데 한계를 갖게 된다.

3. 갈등이론과 사회문제

갈등이론은 사회문제의 원인 및 해결을 위한 행동에 다음과 같은 영향을 미쳤다.

첫째, 사회문제는 개인적인 원인이라기보다는 사회구조적인 원인에 기인한다.

둘째, 사회문제는 곧 사회구조적 문제인 힘 및 자원의 불평등 구조에 기인하며 힘의 상실이 곧 소외를 야기하므로 불평등과 소외는 사회문제 원인의 핵심적 요인이 된다.

셋째, 가진 자와 가지지 못한 자 사이(또는 힘이 있는 집단과 힘이 없는 집단)의 갈등이 사회발전의 원동력이라는 관점을 제공해 주었으며 또한 사회문제가 사회구조에 원인이 있다는 인식과 국민 개개인이 이의 해결을 위해 노력하여야 한다는 의식의 성장이 기존의 힘의 구조를 변형시키는 데 있어 중요한 역할을 한다는 것을 인식시켜 주었다.

불평등과 소외는 갈등이론이 강조하는 사회문제의 가장 강력한 요인이다. 불평등한 자원 배분은 소득 상위 10%와 소득 하위 10% 간의 소득격차 확대를 설명하는 기본적인 틀이며 불평등한 자원 배분 및 정보 불균형은 경쟁시장에서 교환능력을 가지지 못하고 정보가 부족한 국민들을 지속적으로 배제하는 데 결정적 요인을 제공한다.

Marx는 자본주의하에서 팔 것이라고는 자신의 노동력밖에 없는 노동자들이 생산수단으로부터 그리고 생산물로부터 서서히 소외되기 시작하여 결국에는 노동자들에게 소외는 사회의 만연된 하나의 현상으로 자리 잡게 된다고 강조하였다. Marx는 자본주의하에서 노동자들의 소외를 첫째, 노동 생산물로부터의 소외, 둘째, 노동과정으로부터의 소외, 셋째, 인간 본성으로부터의 소외, 그리고 동료로부터의 소외로 분류하여 설명하였다. 자본주의하에서 노동자들은 그들의 노동을 통해서 산출한 생산물(상품)이 더 이상 노동자 자신의 소유가 아니라 고용주들의 소유가 되며 나아가서는 노동자들이 지출할 수 있는 소비의 능력을 넘어서는 고가의 상품들이 생산되어 노동자들은 노동생산물로부터 소외되기 시작하였다. 생산물을 생산해 내기 위해 수행하는 노동과정은 더욱 분업화된 작업으로 분화 · 발전되었고 노동자들은 특정 단순작업만을 반복함으로써 그들이 만든 최종 생산물에 대해 일부 과정으로만 참여하게 되어 노동과정으로부터 소외되었으며, 나아가 단순 작업대에서 반복적으로 일상적인 직무만을 수행함으로써 의식적이고 창조적인 노동을 수행하는 인간 본성은 사라지게 되어 인간 본성으로부터의 소외가 나타나게 되었다. 또한 자본주의가 강조하는 경쟁주의는 인간의 연대성과 집합적 이익을 등한시하는 경향을 낳았으며 이는 결국 개인적 이익만을 추구하는 이기적 인간상을 낳았다. 이타적 인간과의 연대 또는 집합적 이익의 추구는 자본주의하에서 가치 없는 행동으로 자리 잡게 되어 자기 자신만을 위하는 이기적 인간들이 등장하도록 만들었고, 이는 결국 인간들이 동료로부터 소외되는 현상을 가져다주었다(지은구, 2005). 결국 소외는 인간들을 경쟁시장으로부터, 소비력으로부터, 동료나 친구들로부터, 이타주의라는 인간 상호행동을 위한 기본 가치로부터 점점 멀어지게 하여 각종 사회문제의 등장에 원인을 제공하게 되었다고 할 수 있다.

제4절 상징적 상호행동주의

1. 상징적 상호행동주의란

상징적 상호행동주의(symbolic interactionism)는 상징적 상호작용주의라고도 불리며 미국의 실용주의(pragmatism)[2]와 특히 Mead에 의해서 발전된 이론이라고 알려져 있다. 상징적 상호행동주의자들은 사람들이 의미(meaning)에 기초해서 행동한다고 믿었으며 의미는 사회적 상호행동과 해석을 통해서 수정되고 건설된다고 생각하였다. 또한 의미는 고정적이고 보편적이며 절대적인 것이 아니라 시간, 공간 그리고 생애의 경험 속에서 변화한다고 생각하였다. 따라서 상징적 상호행동주의자들에게 의미는 불명확한 것이고 당연하게 받아들여지지 않는 것으로 이해되었다. 상징적 상호행동주의자들은 의미는 그것이 나타나는 대로 또는 집단 사이에서 타협되는 대로 탐구되어야 한다고 생각하였다.

상징적 상호행동주의라는 용어는 인간 행동과 인간의 삶에 대한 연구에서 이름이 붙여졌다고 알려져 있다(Blumer, 1969). 대부분의 상징적 상호행동주의자들은 현실을 타인과의 상호행동을 발전시키는 사회적인 것으로 이해하였다. 상징적 상호행동주의의 중심 사고는 다음과 같다(Charon, 2004).

첫째, 인간은 사회적 인간으로 이해되어야 한다. 개인적 성격에 초점을 두거나 어떻게 사회 또는 사회적 상황이 인간행동에 영향을 주는가에 초점을 두는 대신에 상징적 상호행동주의는 행위자 사이에 발생하는 행동에 관심을 둔다. 상호행동은 연구의 기본

2) 실용주의는 1870년대 미국에서 시작된 철학적 전통이다. 실용주의는 사고의 기능이 현실을 묘사하고 기술하며 반영하는 것이라는 생각을 거부한다. 실용주의자들은 사고는 유기체와 환경 사이의 상호행동의 산물이라고 생각했다. 따라서 실용주의자들에게 사고는 예측하고 행동하며 문제를 해결하는 도구로서 작동한다(http://plato.stanford.edu/entries/prgmatism/).

단위이며 개개인들은 상호행동을 통해서 창조되었고 사회 역시 사회적 행동을 통해서 창조되었다. 사회적 상호행동은 우리가 하는 일의 중심이며 우리가 이에 대한 원인을 알고 싶다면 사회적 상호행동에 초점을 두어야 한다.

둘째, 인간은 사고하는 존재로 이해되어야 한다. 우리 인간들은 생각하는 동물이며 항상 타인과의 상호행동으로 우리 자신들과 교류한다. 만약 원인을 알고 싶다면 인간의 사고에 초점을 두어야 한다.

셋째, 인간은 직접적으로 그들의 환경을 감지하는 것이 아니고 그들이 소속된 환경 안의 상황을 인지한다. 상황은 우연하게 일어나는 것이 아니라 지속적인 사회적 상호행동과 사고의 결과다.

넷째, 인간 행동의 원인은 우리의 현 상황에서 발생하는 것에 대한 결과로 현재의 사회적 상호행동, 사고, 상황에 의해 펼쳐져 있다. 즉, 원인은 과거의 행동에 기반하는 것이 아니고 과거 사회와의 만남도 아니다. 원인은 현재 발생하는 상황에 대한 정의, 사고 그리고 사회적 상호행동이다.

다섯째, 인간은 그들의 환경과의 관계에서 행동하는 존재로 묘사된다. 즉, 인간은 그들을 둘러싼 상황과의 관계에서 수동적 존재로 인식되는 것이 아니라 인간 행동이 능동적으로 개입된다는 것이다.

2. 상징적 상호행동주의의 한계

상징적 상호행동주의는 사회현상이나 인간 행동에 대한 조사방법에 있어 전반적으로 질적조사방법을 선호하므로(특히, 참여관찰이나 심층면접) 너무 인상적이라는 비판과 함께 이론이 대체적으로 체계적이지 못하다는 비판을 받는다. 또한 권력, 구조, 역사를 무시하고 지나치게 사회심리적인 측면만을 강조한다는 비판도 존재한다. 사회심리적인 측면만을 강조한다는 것은 상징적 상호행동주의가 사회현상을 사회구조가 아니라 인간 행동에서 분석하고 사회문제의 원인을 찾으려고 함으로써 현상에 영향을 준 사회는 무시하고 개인의 행동만을 강조한다는 것이다. 이러한 비판은 이 이론이 갖는 가장 결정적인 한계라고 할 수 있다.

3. 상징적 상호행동주의와 사회문제

상징적 상호행동주의는 사회를 정형화되고 고착화되어 있다고 바라보지 않고 훨씬 유연하다고 간주한다. 이는 상징적 상호행동주의자들이 매일매일의 사회행동을 통해서 사회를 다시 건설할 수 있음을 강조하였다는 점에서도 입증된다. 이러한 상징적 상호행동주의에 입각하면 사회문제는 사회구조 안에서 고착화 또는 정형화되어 있기보다 매일 새롭게 건설된다고 할 수 있다. 이러한 이론적 관점에 따르면 사회문제 또는 사회문제에 영향을 받는 개인들의 문제는 사회구조적 변화 없이도 해결될 수 있으며 수정될 수 있다.

상징적 상호행동주의는 인간들(사회구성원들)이 그들의 삶에 영향을 주는 사건들을 어떻게 정의하고 인지하는가를 강조하므로, 어떤 사회문제는 사회문제일 수 있지만 어떤 사회문제는 그들이 인지하지 않고 달리 해석한다면 사회문제가 아닐 수도 있게 된다. 따라서 상징적 상호행동주의자들은 일탈이라는 것, 즉 무엇을 위반하여야 일탈인가에 대한 기준이 없고, 고정화되고 자연적으로 발생하는 것이 아니며, 일시적이고 사회적이며 정치적인 협상의 산물로서 어떻게 해석하는가에 의존한다고 생각하였다. 따라서 특정 집단이 일탈행위자를 규정하면 그 규정에 맞는 행동을 하는 사람들은 일탈행위자가 된다.

상징적 상호행동주의는 사회문제를 사회적으로 건설한다고 본다. 즉, 왜 어떤 사회적 조건이나 이슈들은 사회문제가 되고 어떤 사회적 조건이나 이슈들은 사회문제가 되지 않는가에 대한 대답으로, 힘이 있는 특정 집단이 기준을 적용하여 특정 조건이나 이슈를 사회문제라고 정의하면 그 조건이나 이슈가 사회문제가 된다고 바라보며, 이를 사회문제의 사회적 건설이라고 지칭한다. 방송이나 신문과 같은 대중매체와 같은 의미개척가들도 조건이나 이슈를 사회문제로 건설하는 것에 영향을 미칠 수 있다.

예를 들어, Parrillo(2002)에 따르면 미국 사회는 인종범죄보다 일반범죄를 더욱 심각한 사회문제라고 바라보는 경향이 있다고 한다. 그에 따르면, 그 이유는 각종 대중매체나 연방수사국(FBI)이 인종범죄보다 일반범죄에 대한 정보를 더 많이 언론에 유출하고 언론들도 일반범죄를 더욱 많이 다루기 때문이다. 따라서 발생률은 비슷하지만 인명피해가 더 큰 인종문제가 일반범죄보다 더 심각한 사회문제로 인식되지 못하고 있음을 지적하였다.

제5절 포스트모더니즘

1. 포스트모더니즘이란

포스트모더니즘은 20세기 중반(1960년대)에 등장하였으며 주로 예술, 건축 그리고 비평주의에서의 모더니즘에 대한 반기에서부터 시작하였다. 주로 포스트모더니즘은 문화, 문학, 철학, 예술, 경제학, 역사 등에 대한 냉소적인 해석을 포함한다. 모더니즘은 현대주의(또는 근대주의)라는 의미로 기존에 가지고 있는 낡은 관습을 탈피하고 현대적인 것을 받아들이자는 의미이지만 현대주의가 시기적으로 1900년대를 의미하므로, 1960년대에 이러한 현대주의를 비판하는 포스트모더니즘이 탄생하게 되었다고 할 수 있다. 포스트모더니즘은 냉소적이고 탈역사적인 이데올로기에 기반하며 20세기 후기 구조적 사고와 같은 시기에 중요성을 확보하였다는 점 때문에 탈구축(deconstruction)과 후기구조주의(post-structuralism)와 깊은 연관이 있다고 알려져 있다.

포스트모더니즘의 대표적인 개념인 탈구축은 Jacques Derrida에 의해서 개발된 개념으로 탈구축적 접근방법에 기초하는데 탈구축적 접근방법은 기존에 이미 구축된 사고나 생각에 의문을 갖고 분석하는 방법을 의미한다. 따라서 탈구축은 과거와의 단절 그리고 탈역사를 강조하는 개념이라고 볼 수 있다.

구조주의는 프랑스학파에 의해서 1950년대 시작된 철학운동이었으며 주로 실존주의에 대한 반감에서 시작되었다. 즉, 실존주의가 인간 중심의 사유를 강조하였지만 구조주의는 인간 주체에 앞선 구조를 강조한다. 구조주의는 어떤 사물의 의미가 개별로서가 아니라 전체 체계 안에서 다른 사물과의 관계에 의해서 규정된다고 보며 개인의 행위나 인식 등을 궁극적으로 규정하는 총체적인 구조와 체계에 대한 탐구를 지향한다. 반면, 후기구조주의는 구조주의적 사고의 엄격한 해석과 적용을 거부한다는 측면에서 포스트모더니즘과의 연관성이 강조되기도 한다. 후기구조주의는, 특히 한 사물의 본질이 다른 사물과의 관계에 의해 규정된다는 구조주의적 사고에 의문을 제기한다. 즉, 후기구조주의자들은 기본적 관계의 형성에 대한 개념을 거부한다.

포스트모더니즘 학자들은 사회에 대한 과거의 모든 개념이 의미가 없으며 변화는 진화적이지 않고 파괴적이라고 바라보았다. 또한 그들은 과학적 분석과 객관성이라는 개념을 거부하였으며 새로운 기술은 현재의 정치적 경계나 사회적 조정장치들을 낡고 쓸모없는 것으로 만든다는 점을 강조하였다. 〈표 2-1〉은 모더니즘과 포스트모더니즘의 차이를 정리한 것이다.

표 2-1 모더니즘과 포스트모더니즘 비교

모더니즘	포스트모더니즘
• 객관적 증거의 조사	• 객관성은 불가능함
• 세계는 원인과 결과에 의해서 조직되고 구조화되었다. 과학적 조사를 통해 우리는 균형과 평형상태를 이해할 수 있다.	• 세계는 극도로 복잡하고 혼란하다. 변화는 규칙적이거나 진화적이지 않으며 파괴적이다. 균형은 결코 일어나지 않으며 성취될 수 없다.
• 사회의 규범과 가치는 개개인들이 그들에게 적합한 장소를 찾을 수 있는 평형상태를 향해서 서서히 발전할 것이다.	• 인종에 의한 분리와 특권에 의한 위계가 사회적 정황하에서 존재하며 사회적 정황 속에서만 이해된다. • 나아가 객관적인 과학적 진술들은 진술자의 사회적 배경이 어떻게 건설되었는가를 살펴봄으로써 이해된다.
• 자연은 인간을 위한 환경을 창조하기 위하여 이성적으로 개발되었다.	• 환경은 근시안적인 과잉개발에 대한 욕심으로 활용되었으며 기술은 좁은 방향의 경로에서 현재 발전하고 있다. • 인터넷은 전통적인 국가와 법을 위험에 빠트리고 있으며 현재의 사회적 조정장치들은 낡은 것이 되었다.
• 친밀함과 상호 지원은 계속 향상될 것이며 기술은 사람들이 그들의 가족이나 친밀한 것들을 완성할 때까지 더욱 많은 시간을 필요로 할 것이다.	• 후기산업사회의 직업들은 부모들을 집 밖으로 나오도록 할 것이다. • 상징이나 이미지 그리고 명성은 현실을 대체할 것이며 나아가 삶의 방식으로 대중 소비자주의를 발전시킬 것이다.

• 개인주의, 통합된 정체성, 자아 중심	• 분파, 탈중앙화된 자아, 다중적이고 갈등하는 정체성
• 가족이 사회질서의 중심 단위, 중간계급, 핵가족 중심	• 양육과 부부에 대한 다중적 정체성, 중간계급 결혼에 대한 대안, 대안 가족 단위
• 위계, 질서, 중앙화된 통제가 구조적 자산임	• 뒤집힌 질서, 탈중앙화된 통제, 분파가 새로운 현실임
• 거대 정치에 있어 개인적 투자와 믿음을 유지(거대 정당정치)	• 미시 정치에 대한 투자와 신뢰, 지역 정치

자료: Parrillo(2002). p. 44 재인용.

2. 포스트모더니즘의 한계

포스트모더니즘에 대한 비판은 포스트모더니즘이 의미가 없다는 것에서부터 애매주의(의도를 애매하게 표현하는 기법)를 강조한다는 것에 이르기까지 매우 다양하다. 예를 들어, Noam Chomsky는 포스트모더니즘이 분석적이거나 경험적 지식에 아무런 도움이 되지 않는 무의미한 이론이라고 주장하였다. 또한 William Lane Craig는 포스트모던이론은 신화(myth)이며 사실상 포스트모던문화는 불가능함을 강조하였다. 즉, 그에 따르면 사람들은 과학이나 기술이나 공학의 문제에 직면할 때 관계적이지 않지만 종교나 윤리의 문제에서는 관계적이고 다원적이다. 따라서 한 사물의 본질이 다른 사물과의 관계에 의해 규정된다는 것을 부정하는 포스트모더니즘은 결국 현실을 포괄하지 못하는 이론이 된다.

3. 포스트모더니즘과 사회문제

포스트모더니즘은 전통에 대한 강한 부정 및 객관적 사실이나 현실에 대한 부정을 강조하는 이론으로 우리의 시대를 새로운 혼란의 시대로 규정한다. 특히, 낡은 규칙이나 제도를 더 이상 용납하지 않으며 우리의 문제를 해결하기 위해 과학의 객관성에 의존하는 것은 의미가 없음을 주장한다. 인간은 급격히 발전하는 과학기술의 혼돈 속에서 길을 잃고 있다는 것을 강조한다(Parrillo, 2002). 포스트모더니즘의 관점에서 인간 개개인들에 대해 갖는 질문은 다음과 같다.

첫째, 현대의 복잡한 사회 속에서 우리는 어디에 위치하는가?
둘째, 거대한 변화의 흐름 속에서 당신은 그 흐름의 한 부분이라고 느끼는가?
셋째, 당신은 낙관적인가? 또는 당신은 포스트모던 비관주의의 피해자인가?

포스트모더니즘은 사회문제를 사회구조적 측면에서 찾지 않으며 사회문제가 과학기술의 발전과 함께 갈 길을 잃은 개개인들이 상실감을 갖는 데서 기인한다고 본다. 특히, 자기후퇴, 가족해체, 비인간성, 그리고 급속하게 변화하는 기술사회는 공동체주의를 쇠락시키며 불만과 의미상실감을 만들어 낸다고 강조한다. 따라서 많은 현대인들에게 삶 자체가 사회문제가 된다. 특히, 아무도 돌보지 않는 복잡한 사회에 의해 그들은 압도당하고, 혼자 남겨져 있음을 느끼고, 환멸을 느끼게 된다. 스트레스를 받은 사람들은 약물과 음주 그리고 도박에 물들게 되며 깊은 우울감에 빠지게 되고 나아가 자살에 대한 충동을 느끼고 실제로 자살을 하게 된다.

제6절 소결: 사회이론의 사회문제로의 적용

이론은 사회 제 현상을 이해하고 해석하는 등대와 같은 역할을 한다. 우리가 사회의 이슈나 사회 속에서 발행하는 모든 현상이나 조건, 나아가 사회문제를 이해하고 해석하기 위해서는 사회조건이나 사회현상을 설명해 주는 이론 또는 관점에 의지하여야 한다. 기능주의적 관점이건, 갈등주의적 관점이건, 상징적 상호행동주의적 관점이건 또는 포스트모던적 관점이건, 사회현상이나 사회문제를 설명하고 이해하는 기본적 틀을 제공해 주는 이론은 사회문제의 원인과 결과를 바라보는 시각 그리고 그 해결을 위한 대책 등에 결정적인 영향을 미친다.

2013년을 기준으로 우리나라의 자살률은 OECD 34개 회원국 중 불명예스럽게도 1위(연간 인구 10만 명당 28.5명, 자살률이 가장 낮은 국가는 그리스로 2008년 기준으로 10만 명당 2.8명)

를 차지하였다. 자살을 국가가 적극적으로 개입하여 해결하여야 하는 사회문제라고 본다면 지살이 발생하는 원인에 대한 철저한 분석과 이해가 필수적이다. 사회현상을 설명하는 제 이론들을 적용하여 자살에 대한 원인을 분석한다면 다음과 같은 해석이 가능하다.

첫째, 기능주의적 관점에서 본다면 허약한 사회적 결속(social bonds)의 부족이나 규범이나 규칙의 부족이 자살을 증가시키는 데 영향을 준다.
둘째, 갈등주의적 관점에서 본다면 자살은 인간의 소외와 힘의 결핍(또는 자원의 불평등)에 의해서 설명된다.
셋째, 상징적 상호행동주의적 관점에서 본다면 자살은 자기 자신에 대한 의미의 부재로서 이해된다.
넷째, 포스트모더니즘의 관점에서 본다면 자살은 실제적인 친밀감의 감소와 현재 존재하는 자살예방을 위한 사회적 조정장치의 낡고 쓸모없음에 기인한다.

이와 같이 사회문제의 원인에 대한 이론적 관점은 상호 간에 상이한 해석을 내놓았다. 자살의 원인에 대한 상이한 해석은 결국 자살이 단순히 하나의 이유만으로 증가하지 않으며 또한 자살문제의 해결은 하나의 대책으로는 가능하지 않음을 보여 주는 것이라고 할 수 있다. 자살문제, 나아가 모든 사회문제를 이해하고 해결하기 위해서는 이에 대한 종합적이고 통합적인 관점에서의 대책이 필요함을 제기하는 것이라고 할 수 있다.

참고문헌

지은구(2003). 지역복지론. 청목출판사.
지은구(2005). 사회복지행정론. 청목출판사.
지은구, 조성숙(2012). 지역사회복지론. 학지사.

Blumer, H. (1969). *Symbolic interactionism: Perspective and method.* Englewood Cliffs, NJ: Prentice-Hall.

Charon, J. M. (2004). *Symbolic interactionism: An introduction, an interpretation, an integration.* Boston: Pearson.

Dahrendorf, R. (1959). *Class and class conflict in industrial society.* Stanford, CA: Stanford University Press.

DeRosso, Deb. (2003). The Strutural Functional Theoretical Approach, [1] (http://www.wisc-online.com/Object.aspx?ID=I2S3404).(2014년 2월 24일 검색).

Hardcastle, D. A., Wenocur, S., & Powers, P. R. (1997). *Community practice: Theories and skills for social workers.* New York: Oxford University Press.

Hardina, D. (2002). *Analytical skills for community organization practice.* New York: Columbia University Press.

Holmwood, J. (2005). Functionalism and its Critics. In A. Harrington (Ed.), *Modern Social Theory: An introduction.* London: Oxford University Press.

Knapp, P. (1994). *One World-Many Worlds: Contemporary Sociological Theory* (2nd ed.). New York: Harper Collins.

Macionis, J., & Gerber, L. M. (2010). *Sociology* (7th Ed.). Toronto, Ontario: Pearson.

Netting, F. E., Kettner, P. M., & McMurtry, S. L. (2004). *Social work macro practice* (3rd ed.). London: Oxford University Press.

Parrillo, V. (2002). *Contemporary social problems* (5th ed.). Boston: Allyn and Bacon.

Sears, A. L.(2008). *A Good Book, In Theory: A Guide to Theoretical Thinking.* North York: Higher Education University of Toronto Press.

Silver, M. (1980). *Social infrastructure organizing technology.* Unpublished doctoral dissertation: University of California at Berkeley.

Urry, J. (2000). "Metaphors". Sociology beyond societies: mobilities for the twenty-first century(http:books.google.co.uk/books?id=ogyDBobOHVEC&pg=PA23). Routledge.

제3장 빈곤

제1절 개관[1)]

빈곤은 복지국가가 해결하여야 하는 중요한 정책적 일순위이고 다양한 빈곤정책이 사회복지영역에서 제공되고 있으므로 사회복지경제를 분석하는 데 있어 중요한 영역이다. 빈곤은 복지국가가 해결하고자 하는, 가장 오래되었지만 여전히 해결되지 않고 있는 핵심적인 사회문제다. 빈곤예방과 퇴치를 위한 각종 빈곤프로그램을 통하여 국가는 빈민들을 포함한 국민들에게 다양한 사회복지 재화와 서비스를 제공하고 있지만 미국을 포함한 주요 선진국들과 우리나라에서도 빈곤율은 여전히 낮아지지 않고 있으며 상대적 빈곤율은 오히려 지속적으로 상승하고 있다. 특히, 절대적 빈곤율을 채택하고 있는 우리나라의 경우 많은 국가들이 채택하고 있는 상대적 빈곤율을 적용하여 중위 소득가구의 50%를 빈곤선으로 규정할 때 2013년 말을 기준으로 전체 국민의 약 15%가 빈곤선 이하에서 생활하고 있다.[2)] 특히, 소득 상위 10%와 하위 10% 사이의 격차는 국민총소득이 증가되고 한국경제의 규모가 발전하고

1) 이 장은 지은구(2013). 『사회복지경제분석론』의 제6장을 수정 · 보완하였다.

있지만 여전히 줄어들지 않고 지속적으로 확대되고 있어, 빈곤에 대한 국가적 차원에서의 정책적 노력은 더욱 세심하게 이루어져야 할 필요성이 제기되고 있다. 특히, 자본주의경제 하에서 전체적인 사회의 부가 증대함에도 불구하고 빈곤이 지속적으로 확대 재생산되는 것은 빈곤 퇴치나 예방에 대한 정책적 전환이 필요하다는 것을 의미하는 것이라고 볼 수 있다.

여기서는 빈곤의 정의와 빈곤이론을 비교분석하며 빈곤이 줄어들지 않고 확대 재생산되는 이유, 즉 빈곤의 원인을 다양한 시각에서 검토하며 빈곤과 자본주의와의 관계를 비판적으로 분석한다. 즉, 자본주의를 유지 · 발전시키기 위해 소수의 집단이 빈곤을 활용하고 있음을, 빈곤의 기능에 대한 분석을 통하여 제시한다. 또한 사회문제의 가장 고전적 형태이면서 사라지고 있지 않고 오히려 확대 재생산되고 있는 빈곤의 한국적 현실 및 대응방안을 살펴본다.

제2절 빈곤의 정의

빈곤을 정의한다는 것은 현실적으로 불가능한 작업이라고 할 수 있다. 이는 빈곤에 대한 정의가 너무 광범위하며 아직 합의된 빈곤에 대한 정의가 존재하지 않기 때문이다(Barr, 1998). 일반적으로 빈곤은 다양한 영역에서 나타나는 현상이며 하나의 방법을 가지고는 해결하지 못하는 것으로 인식되고 있다. 최근 세계은행(World Bank, 2000)은 빈곤을 번영으로부터의 박탈이라고 정의하였다. 빈곤을 번영으로부터의 박탈이라고 한다면 번영은 무엇이고 박탈은 무엇인가에 대한 합의된 정의가 존재하여야 하지만, 빈곤과 관련하여 번영과 박탈에 대한 합의된 정의를 이끌어 내는 것은 어려운 작업이므로 이 역시 올바른 정의라고는 할 수 없다.

빈곤에 대한 정의의 가장 고전적 분류는 빈곤을 절대적 빈곤과 상대적 빈곤으로 구분하는 것이다. 절대적 빈곤은 설정된 기준선(예를 들어, 빈곤선)을 중심으로 기준선 이하의 기본

2) 우리나라는 2015년부터 국민기초생활보장제도로부터 혜택을 받을 수 있는 자격기준을 최저생계비기준에서 중위 소득기준으로 전환하였다.

적 삶을 의미하기도 하며 또한 생활하기에 가장 기본적인 필수품이 부족한 상태를 나타내기도 한다. 하지만 기본적인 삶을 영위하기 위해 필요한 필수품이 무엇인가에 대해서는 개인적 차이가 있다. 예를 들어, 초기의 빈곤연구에서 절대적 빈곤은 기본적인 영양물 부족을 나타내었지만 사람들에 따라 필요한 영양물이 다르므로 모든 사람이 인정할 수 있는 객관적인 기준의 한 방편으로 빈곤선과 같은 기준선이 등장하였다고 할 수 있다. 일반적으로 빈곤을 규정하는 기준선은 기본적인 필수품으로 생활하는 데 필요한 물질적 부분을 의미한다. 하지만 절대적 빈곤의 개념은 사회가 더욱 발전하면서 개인들이 필요로 하는 물질적인 필수품보다 정신적이고 문화적인 필수품의 중요성이 더욱 증대하면서 논란이 되고 있다(Barr, 1998).

상대적 빈곤 개념은 간단히 말해, 사람들이 자신들이 빈곤하다고 생각하면 빈곤한 것으로 간주하는 것을 의미한다. 예를 들어, 남들은 오페라를 보러 가는데 자신은 보러 가지 못한다고 하면 자신을 빈곤한 사람으로 간주할 수 있다. 절대적 빈곤이 물질적인 생활필수품을 주로 강조한다면 상대적 빈곤은 생활하는 데 전반적으로 필요한 것들을 의미하므로 문화적이고 감정적인 것들을 포함하는 개념이라고 할 수 있다.

제3절 빈곤이론

왜 사람들은 빈곤한가? 빈곤은 어디에서 기인하는가? 빈곤은 영원히 해결할 수 없는가? 빈곤이론은 사람들이 왜 빈곤한가를 설명해 주기 위해 존재한다고 볼 수 있다. 왜 사람들이 빈곤한가에 대한 원인이 규명된다면 빈곤은 해결될 수 있다는 측면에서 빈곤의 원인을 규명하는 데 도움을 주는 빈곤이론에 대한 이해는 매우 중요하다고 할 수 있다. 빈곤의 원인을 설명해 주는 이론은 크게 빈곤이 개인의 실패나 특성으로부터 온다는 것을 강조하는 이론과 사회구조적인 문제로부터 빈곤이 발생함을 강조하는 이론으로 나뉜다. 개인의 특성으로는 게으름이나 교육수준 등을 의미하며, 사회구조적 요인으로는 적절한 수의 일자리를 제공하지 못하는 노동시장의 실패나 사회적 안전망의 부족 등이 지적되고 있다.

빈곤이론을 구체적으로 살펴보면, 돌발치 못한 사건이 빈곤을 야기한다고 하는 예상치 못한 사건이론이 있고, 개개인의 상이한 특성이 빈곤의 원인이 된다고 하는 개인적 차별성 이론 등이 있으며(Rejda, 1999), 개개인의 생산능력으로 빈곤을 설명하는 인적자본이론 그리고 빈곤을 문화적 특성으로 이해하는 빈곤문화이론이 있는데 이 이론들은 모두 빈곤을 기능주의적 관점으로 해석한다.

또한 정부의 정책이 사회적 장벽을 만들어서 사람들이 빈곤해진다는 사회장벽이론, 사회구조적인 측면을 보다 강조하여 자본주의 경제구조 자체가 자본의 축적과 노동의 착취를 기본으로 하기 때문에 한쪽에는 빈민과 다른 한쪽에는 부자가 양산된다고 하는 궁핍화이론, 일차 노동시장에 있는 노동자들은 열심히 일하면 일정 소득 이상을 보장받을 수 있지만 이차 노동시장에 있는 노동자들은 아무리 열심히 일한다고 해도 빈곤한 상태를 면하기 어렵게 된다는 이중노동시장이론 등이 있다. 사회장벽이론, 궁핍화이론과 이중노동시장이론 등은 모두 빈곤을 사회구조적 문제 때문에 발생한다고 보며, 예상치 못한 사건이론, 개인적 차별성이론, 인적자본이론, 빈곤문화이론 등은 넓게 보면 빈곤을 개인의 문제로 바라본다는 특징이 있다.

1. 예상치 못한 사건이론

예상치 못한 사건이론(또는 우연성이론, random events theory)은 빈곤을 자연적으로 일어나는 것으로 보기 때문에 사회구조적 문제들이 빈곤의 원인에 직접적인 영향력을 행사한다고 보지는 않는다. 즉, 예상치 못한 사건이론은 개인이나 가족이 그들이 통제할 수 없는 또는 그들의 통제권 밖에서 일어나는 사건들 때문에 빈곤해진다는 이론이다. 예를 들어, 한 가족의 소득을 책임지는 가장이 사망하였거나 또는 장애를 당하였을 경우 이것이 그 가족이 빈곤하게 되는 하나의 원인을 제공하게 된다. 또한 부부가 이혼을 하였을 경우에도 양쪽이 모두 경제적 능력을 가지고 있는 경우를 제외하고 어느 한쪽이라도 경제적 능력을 가지고 있지 못하다면 빈곤해질 가능성이 매우 높다고 할 수 있다. 또한 1997년 우리나라와 같이 갑작스런 경제적 위기로 인해 기업이 파산하고 많은 가족들이 그 여파로 빈곤해지는 경우도 존재하며, 개인적 경쟁력의 상실로 인해 직장에서 해고를 당하는 경우도 빈곤의 원인이라고 지적될 수 있다. 여기서 제기된 모든 예상치 못한 사건들은 개인이나 가족들이 통제할 수 없는 통제권 밖에서 일어나는 사건들로서 미혼모나 이혼, 사별, 장애, 장기간의 실직, 여성가장가족 등에서 빈곤의 빈도가 왜 높은지를 설명하는 데 도움을 준다고 볼 수 있다.

예상치 못한 사건이론의 단점은 빈곤을 사회구조적 요인과는 관련이 없이 자연적으로 발생하는 것으로 보기 때문에 빈곤의 인과관계를 밝히는 데 있어 매우 제한적이라는 점이다. 즉, 빈곤을 자연적으로 발생하는 예상치 못한 사건에 의해서 결정된다고 하는 결정주의적 시각으로 바라본다는 단점을 갖는다.

2. 개인적 차별성이론

개인적 차별성이론(personal differences theory)은 빈곤의 원인을 자연적으로 예상치 못한 사건에 의해서 일어난다고 하는 예상치 못한 사건이론과 마찬가지로 빈곤의 원인을 사회구조적 문제에 기인한다고 보기보다는 빈곤이 일어나는 원인을 순전히 개인적 책임으로 돌리는 특징을 갖는 이론이다. 개인적 차별성이론은 빈곤을 개인이 지니는 상이한 속성에 의해서 나타난다고 강조하는 이론으로서, 낮은 교육 정도나 기술수준, 낮은 생산성이나 낮은 동기유발, 작업습관 또는 도박, 게임, 약물이나 알코올 중독 등이 모두 빈곤이 일어나도록 하는 요인으로 작동하게 된다. 개인적 차별성이론은 임금이 개인적 생산성에 의해 좌우되며 낮은 생산성은 빈곤을 야기하게 된다는 인적자본이론을 포함한다고 볼 수 있다(김태성, 손병돈, 2002). 개인적 차별성이론은 빈곤의 원인을 전적으로 개인의 동기부여나 능력의 부족 등 완전히 개인적 책임으로 돌린다는 단점을 갖는다.

3. 인적자본이론

인적자본이론(human capital theory)은 빈곤의 원인을 설명해 주는, 기능주의적 관점에서의 대표적인 이론이다. 인적자본이론에 의하면 임금은 인간 개개인의 생산성에 의해 결정되고 인간 개개인의 생산성은 숙련된 기술과 지식의 여부에 의해서 결정되며 숙련된 기술이나 지식은 공식적 · 비공식적 훈련과 교육 같은 인적자본에 대한 투자를 통해 이루어지므로 개인이 빈곤하다는 것은 결국 인적자본에 대한 투자를 하지 않아 생산성이 낮고 이로 인해 낮은 임금을 받는 결과라고 해석된다. 따라서 인적자본이론에 따르면 인적자본을 형성하는 교육에 대한 개인의 노력의 결과가 빈곤의 여부를 결정한다고 볼 수 있다.

인적자본이란 경제적 가치를 생산하기 위해 노동을 수행하는 능력에 내재되어 있는 지식, 사회적 그리고 개인적 속성이나 창조성과 경쟁력을 모두 포함하는 것이라고 할 수 있다. Smith(1776)에 따르면 인적자본이란 노동의 분업과 깊은 연관이 있는데 이는 노동생산성의 개선이 노동의 분업에 영향을 미치는 기술이나 솜씨 그리고 판단의 개선을 가져다주는 인적자본에 영향을 받기 때문이다. Becker(1964)에 따르면 교육이나 훈련과 같은 인적자본은 추가적 투자를 통해 추가적 산출을 가져다주는 생산수단이다. 결국 인적자본에 투자를 하지 않는 개인은 분업화된 노동에 적합하지 않으며 추가적 산출을 가져다주는 생산수단을 가지지 못하므로 낮은 임금에 고착화되어 빈곤 상태에서 벗어나지 못하게 된다.

인적자본에 대한 투자를 통해 노동생산성을 향상시켜 소득이 증대되면 빈곤이 극복된다고 하는 인적자본이론은 1960년대 미국이 '빈곤과의 전쟁'을 선포하고 빈곤 퇴치를 위해 다양한 교육 및 훈련프로그램을 지역에 제공하게 한 결정적 요인이었다. 그러나 결과적으로 인적자본에 대한 투자가 미국 시민들의 빈곤을 퇴치하였다는 증거가 없고 노동시장에서 노동자들의 경쟁이 날로 격화되고 있으며 노동시장 내에 불완전한 정보가 존재하고, 노동시장의 분절 등이 현실적으로 존재하여 인적자본에 대한 투자가 곧 빈곤 퇴치를 의미하지 못한다는 비판에 직면하게 되었다(김덕호, 1996). 교육과 같은 인적자본의 형성이 국민들의 소득을 증가시켜 빈곤을 퇴치할 수 있다고 보는 인적자본이론에 대한 비판은 다음과 같다.

첫째, 인적자본이론이 교육을 하나의 도구로 보고 있다는 비판으로, 교육의 본질적 기능이 인간 교육에 있지 노동생산성 향상을 위한 도구가 아니라는 점이다. 즉, 교육을 경제발전의 수단으로 보기 때문에 인간을 수단시하고 도구시하는 결과를 낳아 교육의 본질을 왜곡한다는 것이다.

둘째, 개인의 소득은 노동생산성과 관련 없이 노동시장의 분절구조에 의해 결정된다는 것이다. 이중노동시장이론에 따르면 이차 노동시장에 속해 있는 노동자들은 교육과 연수에 상관없이 승진의 기회가 전혀 주어지지 않는다. 즉, 개인의 소득은 생산성과 상관없이 노동시장의 분할구조에 의해서 결정된다.

셋째, 개인의 소득 격차는 고학력자들에 대한 고용주들의 선호만을 반영한다는 것이다. 교육이 노동생산성에 직접적인 영향을 주지 않으며 교육의 수준이나 정도는 고용주 입장에서 더 경쟁력 있는 노동자들을 선택하는 선별장치로만 활용된다.

넷째, 교육의 수준이나 정도와 상관없이 사회에는 차별과 소외 등 장벽이 존재한다는 것이다. 사회장벽이론에 따르면 노동시장에는 성차별, 나이차별, 장애인차별, 인종차별 등 각종 차별이 존재하며 이러한 차별이 철폐되지 않는 한 빈곤은 퇴치될 수 없다.

4. 빈곤문화이론

빈곤문화이론은 1960년대 등장한 이론으로 기능주의적 관점에서 빈곤이 세습되고 유지되며 지속된다는 것을 설명해 주는 이론이다. 빈곤문화이론은 특히 미국이 빈곤과의 전쟁을 통해 수많은 반빈곤정책을 수행하였음에도 불구하고 왜 빈곤이 지속되는지를 설명하는 이론으로 주목을 받았지만, 빈곤의 원인을 빈민들의 개인적 속성으로 돌린다는 한계로 인하여 2000년대 이후부터는 학자들로부터 외면 받게 된다(Bourgois, 2001; Goode & Eames, 1996; Small, Harding, & Lamont, 2010).

빈곤문화란 물질적 부족과 연관된 박탈의 문제가 아니라 저소득층에게 삶에 대한 적응기능을 수행하고 생활계획과 다양한 문제에 대한 해결방식을 제공하는 빈민의 고유한 생활방식이라고 할 수 있다(이진숙, 2004). 빈곤문화이론에 따르면, 빈곤문화는 임금노동, 이윤 추구적 생산, 높은 실업률과 잠재실업률, 저임금, 비숙련 노동 등과 같은 경제체제에서 사회가 빈민들에게 사회적 · 정치적 · 경제적 조건을 제공하지 못할 때 그리고 핵가족 중심의 친족체제와 사회지배계급이 하층민의 경제적 지위를 개인적 부적응이나 열등감에 기인하는 것으로 간주하는 가치관이 강조될 때 발생한다.

빈곤문화이론에 따르면 빈민들은 단순히 자원이 부족한 사람들이 아니라 빈곤이 지속된다는 가치체계를 가지고 있다. 빈곤문화이론의 대표적 학자인 Oscar Lewis는 빈민들의 하위문화가 빈곤을 지속시키는 메커니즘을 발전시키며 빈곤지역의 아이들에게도 영향을 미쳐 빈곤이 세습된다고 강조하였다. Oscar Lewis(1996, 1998)는 빈곤문화가 가지고 있는 속성을 크게 일반 사회와의 관계(실업과 저임금, 자산과 저축의 부족, 불충분한 음식, 현금부족), 빈곤지역의 속성(열악한 거주상태와 과밀한 집단거주형태, 이웃과 경계가 뚜렷한 격리된 생활, 싼 집값, 인종적 · 언어적 · 민족적 집단형성), 가족의 속성(사생활 노출, 자녀폭력, 조기 성경험, 모계중심의 가족경향), 그리고 개인적 속성(운명주의, 무력감, 의타심, 열등감, 열악한 자아구조, 남성우월주의, 병리현상에 대한 높은 관용, 역사인식의 부재, 강한 현재지향성, 지역적인 생각, 계급의식의 부재, 높은 알코올 의존도)으로 구분하여 총 70개 항목으로 제시하였다.

빈민들에 대한 실제 자료를 분석한 결과, 빈곤문화이론에 대한 비판은 빈곤문화가 존재하지 않는다는 점(Goode & Eames, 1996), 빈곤의 구조적 측면은 등한시하고 빈민들을 비난만 한다는 점(Bourgois, 2001) 등이 핵심이다. 빈곤문화이론에 대한 비판은 빈곤문화의 실제 존재 여부에 집중되어 있는데 구체적으로 살펴보면 다음과 같다.

첫째, 빈곤문화이론에서 주장하는 빈곤문화의 속성은 단지 전체 사회에서 행해지는 사회화 과정의 특성과 같으며 빈민들이 무질서하다는 인식은 단지 세대 간에 걸친 경험에서 나온 현실적인 인식과 평가에 불과하다. 대부분의 빈민들은 극도의 어려움과 박탈 그리고 역경 속에서도 인간으로서의 기능을 유지하는데 이것은 인간성의 내부적인 힘과 융통성의 증거다.

둘째, 빈곤층의 문화는 독립적인 하위문화가 아니며 지배계급 또는 지배적인 문화에 종속되어 있는 하위문화로서 빈민들에 대한 낙인의 결과일 뿐이다.

셋째, 빈민들에게 나타나는 심리적 속성이 빈민들의 개선이나 향상을 억제하거나 부모에게서 자녀에게로 빈곤의 의존성을 전수하는 역할을 한다는 실제 증거는 존재하지 않으며 빈민들에게 나타나는 차이는 박탈된 배경에 기인한다.

5. 사회장벽이론

사회장벽이론(social barriers theory)은 사회가 공식적 또는 비공식적 정책을 통해서 빈민들이 빈곤으로부터 탈출하는 것을 어렵도록 할 수도 있고 다른 한편으로는 빈곤해지도록 할 수도 있다는 이론이다. 예를 들어, 장애인에 대한 차별, 노인에 대한 차별, 여성에 대한 차별 등의 각종 차별이 사회적 장벽이 되어 결국 그들을 빈곤하게 하는 한 요인으로 작동한다는 점이다. 비정규직 노동도 결국 사회장벽이론에 따르면 하나의 사회적 장벽으로 존재하여 비정규직 노동자들을 빈곤하게 하는 하나의 요인으로 작동하게 된다. 빈곤지역에 대한 사회적 격리나 소외 등도 결국 하나의 장벽으로서 작동하여 그들만이 갖게 되는 하나의 문화를 형성하게 된다는 측면에서 빈곤문화도 사회장벽이론에 의해서 설명될 수 있다.

6. 궁핍화이론

마르크스주의자들을 비롯하여 많은 좌파 이론가들은 자본주의가 기본적으로 빈곤을 양산해 내는 구조적 모순을 가지고 있다는 점을 강조한다. Marx는 자본주의가 한쪽으로는 부의 양산과 다른 한쪽으로는 임금노동자들의 빈곤의 심화를 만들어 낸다는 점을 강조하였으며, 이러한 빈곤에 대한 그의 이론은 궁핍화이론으로 발전하였다. 빈곤에 대한 Marx의 견해는 빈곤이 곧 착취에 의한 결과라는 점이다. 즉, 자본주의 생산관계에서 노동자는 자본가에 의해 잉여노동이 착취되어 빈곤하게 되고 또한 기계의 자동화에 의해 노동소외가 일어나 노동자들의 궁핍화는 사회에 만연하게 된다. 빈곤을 착취의 형태로 바라보는 Marx는 빈곤의 원인이 자본주의제도 자체에 의해서 비롯된다고 보았다. 자본주의제도는 생산수단의 사적 소유권이 인정되고 시장이라는 기구에 의해서 소득과 자원이 분배되기 때문에 생산수단을 가지지 못한 노동자계급은 자본가계급에 의해 착취당하고 또한 노동시장에서 동기 및 생산성이 낮은 노인이나 실업자는 저임금을 받게 되어 빈곤이 고착화된다.

궁핍화이론은 Marx의 빈곤이론에 영향을 받아 계승 · 발전된 이론으로 빈곤의 원인을 자본주의라는 경제체제하에서 노동자들의 생활조건과 노동조건의 총체 속에서 찾는다는 특징이 있다. Marx의 빈곤이론과 궁핍화이론의 구체적인 내용을 살펴보면 다음과 같다.

1) Marx의 빈곤이론

Marx는 그의 저술에서 빈곤이론을 규정하지는 않았지만 '소외된 노동', 『자본론』, 『공산당선언』 등에서 노동자들의 빈곤에 대해 서술하였다. Marx의 빈곤이론의 특징은 다음과 같다(지은구, 2010b).

첫째, 자본주의 생산양식에서 노동자들의 빈곤은 '적대적 분배관계'에 기인한다. 적대적 분배관계는 자본과 임금노동 관계에 내재해 있는데 더 많은 잉여가치에 대한 욕망을 채우기 위해 자본가들이 임금노동자에 대한 착취를 증대시킴으로써 나타나게 된다. 자본과 임금노동의 적대적 분배관계하에서 임금노동자가 생산한 노동생산물의 일부는 잉여가치로 나타나게 되고 이 잉여가치는 이윤 및 자본가의 수익으로 나타나며 노동자에게는 지불되지 않는 부불노동화되어 노동자들에 대한 착취가 고착화되고 결국 노동자들에 있어 빈곤은 축적된다. 즉, 자본의 임금노동에 대한 착취가 노동자계급의 빈곤화를 촉진시키는 가장 결정적인 요인인데, 이는 자본가계급의 잉여가치에 대한 욕망과 축적이 곧 노동자계급에게는 빈곤화를 초래한다는 것을 나타낸다. 따라서 자본주의 생산양식하에서 임금노동과 자본 간의 적대적 분배관계는 자본가에게는 부의 축적을 그리고 노동자계급에는 빈곤의 축적을 가져다준다. 결국 적대적 분배관계에 의한 노동자들의 빈곤의 축적은 곧 임금노동자들의 임금이 노동력의 가치에 절대적으로 미치지 못하게 하여 노동자들을 절대적 빈곤상태에 머무르게 한다는 것을 의미한다.

둘째, Marx에게 있어 '노동의 소외' 역시 노동자들의 빈곤을 설명하는 중심 주제다. 노동의 소외는 임금노동자들이 자신이 생산한 노동생산물로부터 소외되는 현상을 의미하는데, 이로 인해 노동자들은 생산물로부터 소외되어 빈곤이 만연하게 된다. 생산물로부터의 노동자들의 소외는 결국 상대적 빈곤을 의미하는 것이다.

2) 궁핍화이론

Marx의 빈곤이론은 자본주의 생산양식의 특징인 임노동과 잉여가치의 생산에서 빈곤의 원인을 찾으며, 궁핍화이론은 Marx의 빈곤이론을 발전시켜 현대 자본주의하에서 빈곤이 확대·발전하는 원인을 생활조건과 노동조건의 총체 속에서 찾는다는 차이가 있다(지은구, 2010b).

궁핍화이론에 따르면 자본주의는 자본과 임금노동의 관계에 의해서 구성되어 있는 경제체제로서 자본은 더 많은 이윤을 창출하기 위해서 노력하며 이러한 자본의 의도는 팔 것이라고는 자신의 노동력밖에 없는 임금노동자들을 통해서 실현된다. 즉, 자본가는 더 많은 이윤의 창출을 더 많은 노동시간과 높은 노동강도, 낮은 임금 그리고 노동생산성의 향상을 강조함으로써 이루려 하고, 자본가의 이러한 이윤 창출에 대한 의지는 끊임없이 이루어지기 때문에 노동자들에 대한 착취와 수탈은 자본주의하에서는 필연적일 수밖에 없게 된다. 또한 자본가는 언제라도 노동자들을 손쉽게 공급받기 위하여 항상 산업예비군을 확보하려고 하기 때문에 결국 노동자들은 저임금과 실업상태에 머무를 수밖에 없게 되고 자기 자신과 노동생산물 그리고 가족 등으로부터 소외되는 노동소외현상이 만연하게 된다. 따라서 임금노동자들은 자본주의 경제체제하에서는 경제적으로나 육체적으로 그리고 정신적으로 궁핍할 수밖에 없게 된다. 결국 자본주의 시장경제에서 노동자들이 자신이 가지고 있는 노동력의 상품화에 실패하거나 또는 노동력재생산에 실패하는 경우에 그들의 임금 가치는 추락하게 되고 소득은 줄어들게 되며 경우에 따라서는 일자리를 잃게 되어 노동시장으로부터 소외된다. 따라서 자기상품화와 노동력재생산의 실패 그리고 노동시장으로부터의 배제가 노동자들을 절대적 빈곤상태로 떨어지게 하는 궁핍화의 결정적인 원인을 제공하게 된다. 궁핍화이론의 특징은 다음과 같이 설명될 수 있다(지은구, 1991, 2010b).

첫째, 자본축적의 일반적 법칙(자본과 임금노동의 관계에 의해서 구성되어 있는 자본주의 경제체제하에서 자본은 더 많은 이윤을 축적하기 위해 노력하고 임금노동자들은 노동력을 지속적으로 착취당한다는 법칙)은 노동자들의 빈곤, 노동고, 노예상태, 억압, 예속, 타락 등을 설명하는 궁핍화이론의 내재적 법칙이다.

둘째, 과학기술혁명에 의해 자본주의 경제체제하에서 새로운 기계가 지속적으로 도입됨과 동시에 노동 인구의 증가와 유휴노동력의 증대는 결국 수확체감의 법칙(the law of diminishing returns)[3]에 의해 노동자들의 실질임금을 더욱 낮아지게 하여 노동자들은 점점 가난해지는데, 이러한 현상은 곧 노동자들의 궁핍화현상을 의미한다.

셋째, 자본의 유기적 구성의 고도화(즉, 기계의 발전에 의해 노동자들이 생산현장으로부터 유리되는 현상이 증가하는 것)는 필연적으로 상대적 과잉인구를 생산하고 이 상대적 과잉인구, 즉, 산업예비군은 자본축적의 진행이 발전됨에 따라 자본에 억압·예속되며 생산과정에서 유리되어 절대적으로 빈곤화된다.

넷째, 노동자계급의 궁핍화는 노동자들의 절대적 빈곤과 상대적 빈곤을 동시에 진행되도록 하는데 상대적 빈곤이 절대적 빈곤을 낳고 절대적 빈곤이 또한 상대적 빈곤을 심화 · 발전시킨다. 절대적 빈곤이란 자본주의가 발전하면서 노동자계급과 근로대중의 생활조건과 노동조건이 악화되는 것을 의미하며, 생활조건과 노동조건의 악화는 실질임금저하, 실업자 수 증대, 해고, 노동재해의 증대, 노동강도 강화, 조세부담률 증가, 주택상황 악화를 의미한다. 상대적 빈곤이란 노동자 열악한 상태에 비해 자본가들은 더욱 부유화되고 노동자들은 더욱 빈곤화되는 것으로, 국민소득분과 사회적 총생산물 속에서 차지하는 노동자계급의 취득분 감소 그리고 소득양극화의 격차가 더욱 벌어지는 경향을 의미한다.

결국 궁핍화이론에 따르면 노동자의 절대적 그리고 상대적 빈곤화는 자본축적이 발전하면 할수록 노동자의 생활조건과 노동조건의 절대적 악화를 수반하게 된다.

7. 이중노동시장이론

이중노동시장이론(Reich, David, & Edward, 1973)은 빈곤을 사회구조적 문제로 바라본다. 즉, 빈곤이 노동시장의 구조적 문제에 기인한다고 본다. 이중노동시장이론에 따르면 노동시장은 일차 노동시장과 이차 노동시장으로 분절되어 있다. 일차 노동시장은 고용안정성이 보장되고 높은 임금과 보다 나은 노동조건을 갖는 시장을 의미하며 주로 대기업이나 공공기업들을 포함하고 있다. 이차 노동시장은 불안정한 고용관계와 저임금 그리고 열악한 노동조건으로 특징지어지는 시장을 의미하며 기업생존을 위한 경쟁이 극심한 시장을 나타낸다. 이중노동시장이론에 따르면, 이차 노동시장의 노동력은 열악한 노동시장을 벗어나기 위해 높은 이동잠재력을 가지고 있지만 일차 노동시장으로의 전환은 사실상 불가능한데, 이는 두 시장 간에 높은 장벽이 존재하기 때문이다. 일차 노동시장으로의 전환이 불가능한 이유는 일차노동시장에 있는 노동자들은 이직에 따른 기업의 손실이 크기 때문에 기업에서 고용안정, 높은 임금, 좋은 작업환경, 진급의 기회 등 다양한 유인방법을 사용하지만, 이차 노동시장에

3) 일정한 농지에서 작업하는 노동자 수가 증가할수록 1인당 수확량은 적어진다는 법칙.

있는 노동자들은 이직에 따른 기업의 손실이 크지 않으므로 노동시장 유인방법을 사용하지 않게 되어 낮은 임금, 열악한 노동조건 등이 구조화되어 있기 때문이다. 이중노동시장이론에 따르면 노동시장은 [그림 3-1]과 같이 크게 양분되어 노동시장의 분절을 보여 준다.

결국, 일차적 부분(일차 노동시장)에는 임금이 높고, 부가혜택이 좋으며, 승진과 교육훈련을 수시로 제공하는 양질의 직장이 존재하며 이차적 부분(이차 노동시장)에는 임금이 낮고, 사회복지혜택과 같은 부가혜택도 없으며, 안정적이지 못하고, 단순한 노동력이 주로 강조되는 직장들이 존재한다. 이중노동시장이론에 따르면 일차 노동시장에 있는 노동자들은 열심히 일하면 일정소득 이상을 보장받을 수 있지만 이차 노동시장에 있는 노동자들은 아무리 열심히 일한다고 해도 빈곤한 상태를 면하기 어렵게 된다. 따라서 열심히 일하지만 가난한 '일하는 빈곤층(working poor)'이 사회에 만연하게 된다.

하지만 이중노동시장이론은 이차 노동시장이 낮은 임금과 불완전고용, 열악한 노동조건 등으로 구조화되어 있어 이차노동시장에 소속되어 있는 노동자들이 빈곤으로부터 벗어나

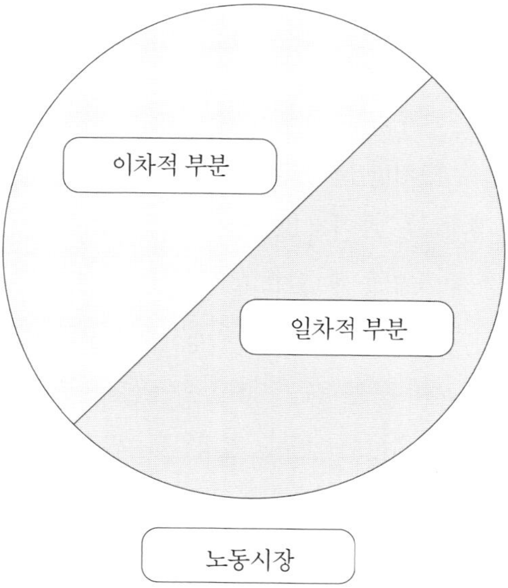

[그림 3-1] 이중노동시장

자료: Rycroft(2009). p. 237 재인용.

기가 사실상 불가능하다고 바라보는 결정주의적 시각을 가지고 있다는 점이 한계로 지적되고 있다. 이러한 이중노동시장이론의 결정주의적 시각은 이차 노동시장을 벗어나려고 하는 인간의 동기부여에 대한 의지 자체를 평가절하한다는 점을 의미한다.

제4절 빈곤 결정요인

빈곤이론과 연관하여 빈곤이 발생하도록 하는 결정요인들 역시 매우 다양하다고 할 수 있다. 단순히 평균소득부족을 빈곤으로 정의한다면 소득부족이 빈곤을 결정하는 결정요인이 될 수 있지만 왜 소득부족이 일어나는가를 살펴보면 매우 다양한 요인들이 소득부족의 원인이 되므로 소득부족의 다양한 요인에 의해서 빈곤이 발생한다고 할 수 있다. 하지만 현실적으로 소득부족만이 빈곤을 결정하는 요인이라고 생각할 수는 없다. 또한 낮은 임금이 빈곤을 결정하는 요인이라고 한다면 왜 임금이 낮은가를 설명하는 요인들은 다양할 수 있으므로 단지 낮은 임금만이 빈곤을 결정하는 요인이라고 할 수도 없다. 빈곤의 결정요인을 일자리부족 또는 고용부족으로 바라보는 것도 빈곤을 지나치게 경제적 결정요인으로만 바라본다는 것을 의미한다.

빈곤을 결정하는 요인들은 매우 다양하며 하나의 요인이 다른 요인에 비해 빈곤에 보다 많은 영향을 미쳤다고는 할 수 있지만 전적으로 하나의 요인이 빈곤을 결정짓는다고는 할 수 없다. 예를 들어, 빈곤을 결정하는 개인적 요인들로 지적되는 것들은 교육의 부족, 가족기능 장애, 질병이나 나쁜 건강 등이 있을 수 있으며 사회구조적 요인들로는 각종 공공기관이나 유치원, 학교 등과 같은 사회시설부족, 각종 사회복지정책과 경제정책의 부실 또는 상호 신뢰나 믿음과 같은 사회적 자본의 부실 등을 지적할 수 있다. 이러한 빈곤 결정요인들은 하나 이상의 요인들이 복합적으로 작용하여 빈곤을 결정한다. 빈곤 결정요인을 영역특성, 지역특성 그리고 가정과 개인특성으로 구분하였다. 그들이 제시한 빈곤을 결정하는 요인들을 표로 나타내면 〈표 3-1〉과 같다.

영역특성에서 시장안정성은 경제불황이나 급격한 인플레이션이나 디플레이션 등 시장구조의 급격한 변화에 대한 정부의 대응정책 등을 나타내며 인구통계적 요인에서 가족부담

비율은 노동을 하는 가구원이 노동을 하지 않는 가족구성원 몇 명을 부담하여야 하는가를 나타낸다. 지역특성에서 비공식적 연결망은 가족관계나 친인척관계 그리고 친구관계 등을 의미하며 공식적 연결망은 학교, 종교시설, 사회복지기관 등을 의미한다. 사회적 요인에서 거주지의 수준은 거주지의 상태나 환경적 요소, 거주지의 위생상태 그리고 거주지의 소유여부 및 접근성 등을 포함하며 구체적으로는 자가, 월세, 전세의 여부, 상하수도 등의 위생수준, 수도, 전기, 가스의 활용, 거주지로부터 직장까지의 거리, 교통수단의 접근성, 거주지의 범죄율 등을 포함한다. 〈표 3-1〉에서 보는 바와 같이 빈곤을 결정하는 요인은 매우 다양한 영역에서 나타나며 하나 이상의 요인들이 결합하여 개인 또는 가정의 빈곤을 결정한

● 표 3-1 ● 빈곤 결정요인

영역특성		• 지진, 태풍이나 홍수 등과 같은 날씨나 환경적 특성 • 지역적 격리(시장이나 각종 서비스에 대한 접근 부재) • 정부의 경제 · 정치 · 사회 정책 • 치안상태, 경제적 안정이나 시장안정성 • 성 · 인종 · 민족적 불평등구조
지역특성		• 도로, 상하수도, 전기와 같은 하부구조의 부실 또는 부재 • 보건, 사회복지, 교육과 같은 공공 및 사회서비스의 부재 • 상호 신뢰와 같은 사회적 자본의 부재 • 사회복지기관을 포함하는 공식적 그리고 비공식적 연결망의 부재
가정과 개인특성	인구통계적 요인	• 가구의 크기나 가구의 구성(예, 가구구성원의 나이) • 노동을 하지 않는 가족구성원에 대한 가구원 부담비율 • 가구주의 성별(가구주가 남성인가, 여성인가?)
	경제적 요인	• 고용상태(정규직, 비정규직, 임시직, 계절직 등) • 빌딩, 토지, 농기계와 같은 유형자산과 주식, 저금 등과 같은 재정자산
	사회적 요인	• 건강상태(질환 여부) • 영양상태(비만 정도, 몸무게 대비 신장 수준, 신장 대비 몸무게 수준, 나이 대비 몸무게나 신장 정도 등) • 의료시설 활용가능성(성별과 나이에 맞는 다양한 보건의료시설의 설치 여부) • 교육 수준 • 거주지의 상태 및 수준

다고 할 수 있다.

제5절 한국의 빈곤 실태와 대책방안

1. 빈곤의 실태

절대적 빈곤율은 매년 정부서 발표하는 최저생계비 이하 수준에 있는 사람들의 수를 의미하는 것으로 2015년 4인 가구 기준 최저생계비는 1,668,329원(1인 가구의 최저생계비는 617,281원)으로 책정되어 있다.[4] 최저생계비는 건강하고 문화적인 생활을 유지하기 위해 소요되는 최소한의 비용을 의미하므로 최저생계비 수준 이하의 소득을 가지는 가구들은 모두 빈곤선 이하에 있는 절대적 빈곤층이라고 할 수 있다. 우리나라는 2000년 10월부터 시행된 국민기초생활보장제도를 통해서 생계유지가 어려운 사람들의 최저생활을 보장하고, 근로능력이 있는 수급자들의 자활 및 자립을 돕고 있다. 국민기초생활보장제도의 수급자 선정을 위한 기준으로 최저생계비를 사용하고 있으며, 최저생계비 이하의 소득수준의 경우에만 수급자로 선정된다. 이러한 최저생계비는 소득의 수준으로 사용되고 있으며, 빈곤을 측정하는 절대적 기준으로 사용되고 있다. 최저생계비는 매년 물가를 반영하여 변화되고 있으며, 개인이 아닌 가구의 단위로 빈곤을 측정하는 기준으로 사용되고 있다.

2000년 4인 가구 최저생계비는 928,398원이며 2015년은 1,668,329원으로 2000년에 비해서 2015년 최저생계비는 약 1.8배가 증가한 것으로 나타났다(〈표 3-2〉 참조).

1인 가구를 대상으로 최저생계비의 변화 추이를 비교해 보면 2000년에 324,011원에서 2015년에는 617,281원으로 약 1.9배 증가하였다.

국민기초생활보장제도의 혜택을 받고 있는 절대적 빈곤층인 수급대상자들의 수는 2013년 12월 말을 기준으로 1,285,582명인 것으로 나타났다.

상대적 빈곤율은 전체 사회의 소득분포를 대표하는 값의 일정비율을 빈곤선이라고 정하

4) 2015년 1인 가구 617,281원을 기준으로 구성원 한 명이 추가될 때마다 308,641원이 증가한다.

● 표 3-2 ● 2000~2015년 가구원 수별 최저생계비

(단위: 원/월)

연도 / 가구 규모	1인	2인	3인	4인	5인	6인
2000	324,011	536,514	738,076	928,398	1,055,588	1,191,134
2001	333,731	552,712	760,218	956,250	1,087,256	1,226,868
2002	345,412	572,058	786,827	989,719	1,125,311	1,269,809
2003	355,774	589,219	810,431	1,019,411	1,159,070	1,307,904
2004	368,226	609,842	838,796	1,055,090	1,199,637	1,353,680
2005	401,466	668,504	907,929	1,136,332	1,302,918	1,477,800
2006	418,309	700,849	939,849	1,170,242	1,353,242	1,542,382
2007	435,921	734,412	972,866	1,205,535	1,405,412	1,609,630
2008	463,047	784,319	1026,603	1,265,848	1,487,878	1,712,186
2009	490,845	835,763	1,081,186	1,326,609	1,572,031	1,817,454
2010	504,344	858,747	1,110,919	1,363,091	1,615,263	1,867,435
2011	532,583	906,830	1,173,121	1,439,413	1,705,704	1,971,995
2012	553,354	942,197	1,218,873	1,495,550	1,772,227	2,048,904
2013	572,168	974,231	1,260,315	1,546,399	1,832,482	2,118,566
2014	603,403	1,027,417	1,329,118	1,630,820	1,932,522	2,234,223
2015	617,281	1,051,048	1,359,688	1,668,329	1,976,970	2,285,610

주) 1. 2000~2006년까지는 강신욱, 임완섭(2006). 기초생활보장제도 수급자 변동추이 분석. 한국보건사회연구원
2. 2007~2015년까지는 보건복지부. 국민기초생활보장사업안내. 각 연도.

고 경제력(소득)이 이러한 수준에 미달하면 빈곤으로 정의하여 나타내는데, OECD 회원국들은 절대적 빈곤 개념보다는 상대적 빈곤 개념을 적용하여 대체적으로 중위소득의 50%를 상대적 빈곤선 기준으로 가장 많이 사용한다. 중위소득이란 사람들을 소득 순서에 따라 일렬로 배치하고 그 사람들 중 한가운데 있는 사람이 갖는 소득을 나타난다. 우리나라의 경우 2015년 7월부터 기초생활보장수급자선정기준이 최저생계비인 절대적 빈곤 개념에서 상대적 빈곤 개념으로 전환되면서 정부가 제시한 4인 가구 중위소득은 4,222,533원이다. 따라서 OECD 회원국들이 대체적으로 수용하는 중위소득 50% 이하를 빈곤층이라고 한다면 우

● 표 3-3 ● 국민기초생활수급자 현황

(단위: 명)

구분		2001	2002	2003	2004	2005	2006	2007	2008	2009	2010	2011	2012	2013
계		1,345,526	1,275,625	1,292,690	1,337,714	1,425,684	1,449,832	1,463,140	1,444,010	1,482,719	1,458,198	1,379,865	1,300,499	1,258,582
성별	남자	567,025	533,167	541,233	562,074	604,255	616,511	622,400	617,015	638,061	626,798	594,955	562,115	547,323
	여자	778,501	742,458	751,457	775,640	821,428	833,311	840,740	826,995	844,658	831,400	784,910	738,384	711,258
가구특성별	합계	698,075	691,018	717,861	753,681	809,745	831,692	852,420	854,205	882,925	878,799	850,689	821,879	810,544
	1인 가구	353,437	371,166	399,220	426,701	463,181	482,842	511,975	525,078	547,931	549,341	544,206	540,924	543,295
	2인 가구	149,106	144,295	146,655	152,454	161,044	163,478	164,300	160,918	164,856	163,983	156,799	147,736	143,392
	3인 가구	105,980	98,189	98,532	101,200	108,067	108,631	104,564	100,546	101,774	99,248	90,321	80,900	75,510
	4인 가구	62,126	54,151	51,997	52,094	55,050	54,510	50,843	47,698	48,047	46,424	41,472	36,494	33,549
	5인 가구	19,966	16,865	15,636	15,516	16,444	16,269	15,111	14,555	14,798	14,373	12,804	11,272	10,406
	6인 가구	5,492	4,624	4,248	4,153	4,304	4,278	4,061	3,888	3,923	3,840	3,514	3,168	3,027
	7인 가구 이상	1,968	1,728	1,573	1,563	1,655	1,684	1,566	1,522	1,596	1,590	1,573	1,385	1,365

자료: 보건복지부. 국민기초생활보장수급자현황. 각 연도.

리나라의 경우 2015년을 기준으로 4인 가구 중위소득의 50%선인 약 211만 원 이하의 소득을 가진 4인 가구는 모두 빈곤가구라고 할 수 있다.

통계청의 e-나라지표를 보면 2인 이상 가구를 대상으로 하여 2012년 12월 말을 기준으로 우리나라의 절대적 빈곤율은 6%이고 상대적 빈곤율은 12%이다. 이는 100명의 국민 중 12명이 상대적 빈곤선에 머물러 있음을 의미하는 것이다. 그리고 2002년과 비교하였을 때 상대적 빈곤선 이하에 있는 국민들의 수가 지속적으로 증가하고 있음을 알 수 있다. 2008년을 기준으로 복지선진국이라고 할 수 있는 스웨덴의 상대적 빈곤율은 8.4, 노르웨이는 7.8 그리고 프랑스는 7.2로 우리나라는 복지선진국에 비해 빈곤층이 상대적으로 많은 것으로 나타나고 있다(통계청, e-나라지표에서 재인용).

● 표 3-4 ● 절대적 빈곤율과 상대적 빈곤율 차이

(단위: %)

연도	2002	2005	2006	2007	2008	2009	2010	2011	2012
절대적 빈곤율		6.8	6.8	7.0	7.0	7.0	6.4	6.3	6.0
상대적 빈곤율	10.0	12.8	12.8	13.1	12.9	12.8	12.1	12.3	12.0

자료: 임완섭, 노대명(2013), 빈곤통계연보; 통계청, 가계동향조사. 각 연도.
주) 농어가구는 제외, 2인 이상 전 가구.

하지만 이 자료는 1인 가구를 제외한 수치이므로 1인 가구를 포함한다면 당연히 빈곤율은 더욱 악화될 것으로 예측할 수 있다. 예를 들어, 〈표 3-5〉에서 나타난 바와 같이 1인 가구를 포함한 전체가구를 대상으로 조사한 상대적 빈곤율은 더 높은 것으로 나타났다. 따라서 전체가구를 대상으로 하여 복지선진국과의 상대적 빈곤율을 비교하면 우리나라는 복지선진국에 비해 약 두 배의 빈곤층이 존재하는 것으로 나타나고 있으며, 2013년 말을 기준으로 우리나라의 인구를 5천만 명으로 간주하여 상대적 빈곤율(14.6%)을 적용하면 우리나라의 경우 전 국민의 약 730만 명이 빈곤선 이하의 생활을 하고 있는 것으로 추정할 수 있다.

● 표 3-5 ● 전체가구 상대적 빈곤율 추이

(단위: %)

연도	2006	2007	2008	2008	2009	2010	2012	2013
상대적 빈곤율	14.3	14.8	15.2	15.3	14.9	15.2	14.6	14.6

자료: 통계청. 가계동향조사. 각 연도.

2. 빈곤의 대책방안

현존하는 자본주의 사회에서 빈곤으로부터 자유로운 국가는 존재하지 않는다. 자본주의 경제체제하에서 빈곤을 사회에서 영원히 추방한다는 것은 불가능하기 때문에 빈곤문제에 있어서 가장 중요한 핵심은 빈곤을 추방하는 것보다는 사람들이 더 이상 빈곤하지 않도록 예방하고 빈곤한 사람들의 삶의 질을 개선할 수 있도록 돕는 것에 있다. 빈곤은 특히 자본주의 사회가 발전하면 할수록 심화 · 확대되었기 때문에 자본주의 경제체제는 빈곤문제를 치료 및 예방하는 사회체계의 발전을 또한 가져다주었다고 할 수 있다. 가장 대표적인 빈곤예방과 빈곤층의 생활안정 및 소득보장을 위한 제도는 공적부조제도다. 우리나라 역시 공적부조제도로서 국민기초생활보장제도를 2002년부터 과거의 「생활보호법」을 전면적으로 개편하여 시행하고 있다.

생계유지가 어려운 사람들의 최저생활을 보장하고, 근로능력이 있는 수급자들의 자활 및 자립을 돕는 것을 목적으로 하는 국민기초생활보장제도는 건강하고 문화적인 생활을 유지할 수 있는 정도의 최저생활보장과 자립자활지원이라는 제도적 목적을 성취하기 위하여 생계보호, 주거보호 등 다양한 현금혜택과 자립자활을 돕는 지역자활센터 등을 통한 지원 등이 핵심적 내용이다. 따라서 국가의 핵심적인 빈곤대책인 국민기초생활보장제도가 핵심으로 하는 최저생활보장과 근로능력이 있는 저소득층의 자립자활지원이 원활히 이루어지는가를 확인하는 것이 중요하다고 할 수 있다. 즉, 2015년 최저생계비로 책정된 1인 가구 기준 617,281원이 과연 1인 가구의 건강하고 문화적인 최저생활을 보장할 수 있는 수준의 액수인가 그리고 노동능력을 가진 저소득층이 국민기초생활보장제도에서 제공하는 자립지원정책을 통해서 탈빈곤을 할 수 있는가를 확인하는 것이 중요하다고 할 수 있다.

현재 2015년 최저생계비로 책정된 1인 가구 기준 617,281원은 현물로 지급되는 교육비, 의료비, 그리고 타법지원액인 TV수신료 등과 같은 액수를 제외하면 실질적으로 1인 가구 수급자들이 제공받는 현금급여액의 최대 액수는 499,288원으로 이 액수는 1인 가구가 소득이 전혀 없음을 가정하여 받을 수 있는 최대 급여액이다. 즉, 교육을 받지 않는 성인의 경우 주거비를 포함하여 한 달에 약 50만 원이 과연 건강하고 문화적인 생활을 영위할 수 있는 수준인가에 대해서는 논란의 여지가 있을 수 있다. 1인 가구 국민기초생활보장제도의 현금급여액 최대 액수인 월 499,288원을 최저임금과 비교해 보면 정부가 고시한 2015년 최저임금은 일급 8시간 기준 44,640원[5]으로 20일 일을 한다고 가정하여 약 월 892,800원이 되는데 이를 현금급여액 499,288원과 비교해 보면 최저임금의 약 55%에 해당하는 액수임을 알 수 있다.

● 표 3-6 ● 1인 가구 기준 최저생계비와 최저임금 비교

최저생계비	현금급여 월 최대 액수	최저임금(월)
617,781원	499,288원	최저임금 일급 44,640원×20일=892,800원

또한 4인 가구를 기준으로 2015년 최저생계비는 1,668,329원인데 반해 도시근로자 4인 가구 월평균소득은 5,224,645원으로 현재 4인 가구를 기준으로 최저생계비는 도시근로자 월평균소득의 약 31% 수준인 것으로 나타났다. 〈표 3-6〉의 국민기초생활보장제도 현금급여 최대액수와 최저임금 그리고 도시근로자 월평균소득 등과 비교해 보면 결국 현실적으로 공적부조제도의 수급기준인 최저생계비가 너무 적게 책정되어 있음을 알 수 있다.

결국 최저임금액도 현실수준을 반영하지 못하고 낮게 책정되어 있다는 비판으로부터 자유롭지 못하다는 점에서 보면 최저생계비가 최저임금보다 약 55% 수준으로 낮게 책정되어 있어, 생계보호를 받는 빈곤층들이 과연 현 수준의 현금급여액으로 건강하고 문화적인 생활을 영위하고 자립할 수 있는가에 대한, 공적부조혜택의 적절성에 대한 의문이 존재할 수 있음을 알 수 있다.

물론 대부분의 복지국가에서 실업수당이나 공공부조제도의 현금혜택은 최저생활의 보장이라는 원칙과 함께 근로소득보다 낮게 책정되어야 한다는 원칙을 적용하고 있지만 우리나라의 경우는 공적부조제도의 현금급여혜택이 너무 낮게 책정되어 있어 수혜자들을 빈곤의 덫에 빠지게 할 수밖에 없도록 한다는 것이 현실이다. 현재 국민기초생활보장제도는 대부분의 수혜자들이 노인이거나 세대주가 가족을 돌보아야 하는 한부모가정인 경우, 장애를

5) 2015년 최저임금 시급은 5,580원이다.

가지고 있거나 알코올중독이나 도박중독, 약물중독, 그리고 우울증 등과 같은 정신치료나 보호를 받아야 하는 경우 등 일을 할 수 없거나 일자리를 찾을 수 없는 경우가 대부분이다. 또한 일을 할 능력을 가지고 있다고 하더라도 자립은 고사하고 기본적인 생활을 보장할 수 없는 저급한 일자리도 일하는 빈곤층을 양산하여 공공부조혜택을 받도록 하는 한 요인이다(지은구, 2014). 〈표 3-7〉은 국민기초생활보장제도에 의해 생계급여를 제공받는 수급자들의 인구통계분석을 나타낸 것이다.

● 표 3-7 ● 국민기초생활보장제도 일반수급자 현황(2010년과 2013년 비교)

연도	계	남자	여자	비경제 활동인구	경제활동 인구	영유아 및 아동인구 (0~19세)	성인인구 (20~64세)	노인인구 (65세 이상)
2010	1,458,198	626,798	831,400	1,173,009	285,189	384,158	682,826	391,214
2013	1,258,582	547,324	711,258	1,148,553	110,029	276,268	606,202	376,112

자료: 보건복지부(2010, 2013).

〈표 3-7〉을 보면 우리나라 공공부조제도인 국민기초생활보장제도의 수급자들은 여자가 남자보다 많으며 비경제활동인구가 91.34%를 차지하고 있고 또한 근로능력이 있어 경제활동에 참여하고 있는 수급자들의 경우도 상시고용은 0.2%에 지나지 않고 대부분 임시고용이나 일일고용 등에 종사하고 있고 실직자와 미취업자도 약 5만 명에 육박하고 있는 것으로 나타나고 있다. 따라서 임금소득이 복지혜택보다 동일하거나 낮아서 실업 덫[6]이 나타날 수 있다. 결국 우리나라 공공부조제도는 국민들을 실업 덫에 빠트리기보다는 빈곤 덫에 빠트리게 할 가능성이 크다고 볼 수 있다.

현재 공공부조제도의 변화 중 가장 핵심적인 사항은 2015년 7월부터 국민기초생활제도의 혜택이 개별급여로 전환되면서 급여기준이 현 최저생계비기준에서 중위소득수준으로

6) 실업 덫은 근로소득과 복지혜택 사이의 격차가 좁아 발생하는데, 이는 복지혜택의 소득대체비율(income replacement ratio)이 높은 경우 나타나게 된다(지은구, 2014).

전환되어 생계보호비를 받는 사람들의 소득기준이 달라진다는 점이다. 예를 들어, 정부는 중위소득 개념을 도입하면서 2015년 7월부터 생계보호, 주거보호, 의료보호, 그리고 교육보호 등을 포괄적으로 묶어서 지급하던 정책에서 급여기준에 따라 개별적인 급여를 받을 수 있도록 급여내용기준을 전환하였다. 2015년 7월부터 생계보호비를 제공받기 위한 기준으로 복지부가 제시한 소득기준은 다음과 같다.

중위소득의 50%, 4인 가족 기준 월 약 211만 원 이하 = 교육급여 제공

중위소득의 40%, 4인 가족 기준 월 약 168만 원 이하 = 교육, 주거, 의료급여 제공

중위소득의 28%, 4인 가족 기준 월 약 118만 원 이하 = 교육, 주거, 의료, 생계급여 제공

*복지부가 제시한 2015년 4인 가구 월 평균 중위소득은 4,222,533원

이와 같이 제시된 대로 급여기준이 수정되면 현재 현금급여 제공 기준인 4인 가구 기준 최저생계비 1,668,329원과 2015년 7월 이후 중위소득 28%인 118만 원 사이에 생계급여기준 격차가 벌어지게 되어 생계급여를 받는 대상자들의 수가 2015년 7월 이후 감소하게 된다.

결국 빈곤에 대한 정부의 대책으로 제공되는 국민기초생활보장제도는 첫째, 수급자 선정의 현실화, 즉 현실에 맞는 수급자격조건의 수정으로 더 많은 저소득층에게 급여혜택을 제공하여야 하며, 둘째, 노동능력을 가지고 있으면서 자립 의지가 높은 근로빈곤층에게는 빈곤 덫으로부터 벗어날 수 있는 양질의 일자리가 제공되도록 직업훈련 및 금융지원을 포함한 다양한 정책적 지원을 제공하여야 한다. 또한 마지막으로 공적부조제도의 혜택으로부터 벗어나 있지만 빈곤한 생활을 영위하는 근로빈곤층(최저생계비 150% 이하의 절대적 빈곤층 및 비정규직, 시간직, 계절직을 포함한 임시직 노동자)에 대한 정부의 적극적인 정책적 지원 역시 필요하다고 볼 수 있다.

제6절 소결

자본주의적 축적의 법칙에 따르면, 빈곤은 국가가 자본의 축적을 보장하는 한에서 영원히 줄어들지 않고 확대 재생산될 것이다. 빈곤은 다양한 경로를 통해 개인적 그리고 사회구조적 원인으로부터 유발된다고 볼 수 있지만 자본주의가 지속적으로 발전함에도 빈곤이 줄어들지 않고 확대 재생산되는 것은 자본주의 발전이 빈곤 퇴치나 예방보다는 빈곤의 유지, 나아가 확대 재생산을 방조한다는 것을 나타내 준다고 할 수 있다. 이는 자본주의 발전에 따른 생산력의 급속한 발달과 이에 따른 생산의 확대가 저소득 빈곤층의 삶의 질 개선과는 관련이 없음을 나타내 주는 것이라고 할 수 있다. 즉, 자본주의가 발전하여 부가 증대하면 부는 일부 자본가에게만 집중되는 현상이 나타나며 이는 결국 소수에게로 부가 집중 및 집적되는 현상을 나타낸다고 볼 수 있다.

만약 빈곤이 소득보장을 통해서 극복될 수 있다고 믿는다면 빈곤은 빈민들에 대해 소득을 보장해 주는 국가적 정책의 제공을 통해서 퇴치될 수 있지만, 이러한 단순한 사고로는 빈곤이 영원히 퇴치 및 예방되지 않는다는 점을 역사가 보여 주고 있는 한 빈곤에 대한 해결은 원인만큼이나 복잡하고 다양한 정책을 필요로 한다. 사회복지 재화와 서비스의 제공을 통해서 빈곤을 예방 및 퇴치하기 위해서 개인적 차원의 노력만을 강조하는 기능주의적 관점의 빈곤이론들로는 빈곤이 사회에 고착화되는 현상을 설명할 수 없다. 자본주의사회에서 빈곤은 사회구조적으로 확대 재생산되는 경향이 강하므로 빈곤에 대한 정책은 자본주의 축적구조에 대한 수정과 변화를 필요로 하며 국가의 시장에 대한 강력한 개입을 필요로 한다. 즉, 빈곤의 존재가 특정 집단에게 낮은 비용으로 자본주의를 유지·확대할 수 있는 사회적 체계를 보장받을 수 있도록 하므로, 빈곤의 퇴치 및 예방은 자본의 축적구조에 대한 수정과 시장에 대한 국가적 책임성 강화의 실현을 통해 이루어질 수 있다.

참고문헌

강신욱, 임완섭(2006). 기초생활보장제도 수급자 변동추이 분석. 한국보건사회연구원.

김덕호(1996). 빈곤과의 전쟁을 통해서 본 1960년대 미국의 복지정책. 서양사론, 55, 171-201.

김태성, 손병돈(2002). 빈곤과 사회복지정책. 청목출판사.

보건복지부(2010, 2013). 국민기초생활보장 수급자현황.

보건복지부. 국민기초생활보장사업안내. 각 연도.

이진숙(2004). 빈곤문화 실태에 대한 탐색적 연구: 긴급구호시설 종사자들을 개상으로. 한국사회복지학, 56(4), 149-172.

임완섭, 노대명(2013). 2013년 빈곤통계연보. 한국보건사회연구원.

지은구(1991). 마르크스 빈곤론과 그 논쟁. 사회정책연구, 13, 27-76.

지은구(2010a). 사회복지재정연구. 집문당.

지은구(2010b). 마르크스의 빈곤론. 빈곤이론 빈곤정책. 고헌출판부.

지은구(2013). 사회복지경제분석론. 청목출판사.

지은구(2014). 사회복지경제와 측정. 도서출판 민주.

통계청. 가계동향조사. 각 연도.

Barr, N. (1998). *The economics of the welfare state* (3rd ed.). London: Oxford University Press.

Becker, G. S. [1964, 1993(3rd ed.)]. *Human capital: A theoretical and emperical analysis.* Chicago: University of Chicago Press.

Bourgois, P. (2001). "Culture of Poverty". *International Encyclopedia of the Social & Behavioral Sciences.* Waveland press.

Goode, J., & Eames, E. (1996). "An Anothropological Critique of the Culture of Poverty". In G. Gmelch & W. Zenner, *Urban Life.* Waveland Press.

Haughton, J., & Khandker, S. R. (2009). *Handbook of poverty and inequality.* Washington D.C.: The World Bank.

Lewis, O. (1996). "The Culture of Poverty". In G. Gmelch and W. Zenner, (eds.), *Urban Life.* Waveland Press.

Lewis, O. (1998). "The Culture of Poverty". *Society, 35*(2), 7. doi:10.1007/BF02832122.

Reich, M., David, M., & Edward, R. (1973). A theory of labor market segmentation. *American Economic Review, 63*(3), 65-71.

Rejda, G. (1999). *Social insurance and economic security.* Saddle River, NJ: Prentice Hall.

Rycroft, R. S. (2009). *The economics of inequality, discrimination, poverty and mobility.* New York: M. E. Sharpe.

Small, M. L., Harding, D., & Lamont, M. (2010). "Reconsidering culture and poverty". *Annals of the American Academy of Political and Social Science, 629*(1), 6-27.

Smith, A. (1776). An inquiry into the nature and causes of thee wealth of nations book 2- Of the nature, accumulation, and employment of stock.

World Bank (2000). World development report 2000/2001: Attacking poverty. Washington D.C.: The World Bank.

제4장 불평등[1)]

제1절 개관

빈곤과 달리 불평등은 특정 계층이 아닌 모든 국민들에게 나타날 수 있는 사회적 현상이며 복지국가가 반드시 해결하여야 하는 사회문제다. 복지국가의 발전과 함께 사회불평등을 해결하기 위해 다양한 사회복지프로그램을 통하여 재화와 서비스가 제공되고 있지만 빈곤과 마찬가지로 불평등 역시 그 원인이 다양하여 정책적 개선 노력 역시 매우 복잡하게 이루어지고 있다. 그러나 자본주의가 발전하면서 불평등은 줄어들지 않고 지속적으로 확대 재생산되고 있다.

사회적 차별과 배제는 불평등을 의미하는 것이라고 할 수 있으므로 사회적 차별과 배제를 완화하고 개선하기 위해 제공되는 사회복지 재화와 서비스의 정책적 목적의 실현은 곧 불평등 완화라는 결과를 가져다주어야 한다. 따라서 사회복지경제는 사회적 차별과 배제가 사회복지를 제공해서 얼마나 완화되었는가를 통해 측정되고 평가받을 수 있다. 즉, 사회복

1) 이 장은 지은구(2013). 『사회복지경제분석론』의 제7장을 수정 보완하였다.

지경제는 사회복지 재화와 서비스의 제공을 통해 국민들의 불평등을 완화 개선하는 것을 목적으로 한다고 볼 수 있으므로 불평등은 사회복지경제가 다루는 주요 영역이다. 일반적으로 불평등을 측정하는 지수로 지니계수를 많이 활용하는데 우리나라의 불평등을 나타내는 지니계수는 2013년 0.302로 불평등의 정도가 외국에 비해 상대적으로 높은 것으로 나타나고 있다. OECD(2014)에 따르면 우리나라는 35개 회원국 중 2010년을 기준으로 지니계수가 0.31로 20위를 차지하였다.

지니계수는 0과 1 사이의 수를 나타내는데 1은 한 사람이 모든 소득을 독차지하는 것으로 완전한 불평등을 나타내는데 1에 가까우면 가까울수록 불평등이 심화됨을 의미한다. 통계청의 가계동향조사에 따르면 우리나라 지니계수는 전국 1인 가구 이상(농가 포함)을 기준으로 2006년 0.306에서 2009년 0.314로 불평등이 심화되었다가 2013년 0.302로 불평등의 심화 정도가 약화되고 있지만 소득 10분위 비율이나 10분위 분배율을 살펴보면 저소득층과 고소득층의 소득격차는 여전히 심화 확대되고 있는 것으로 나타나고 있다.

여기서는 불평등을 다룬다. 불평등에 대한 개념 정리와 불평등을 설명하는 다양한 이론적 틀을 비교분석하며 불평등을 가져다주는 다양한 요인과 불평등을 완화시킬 수 있는 요인들에 대해 살펴본 후 한국 불평등의 현실과 그 대책에 대해서 살펴보기로 한다.

제2절 불평등의 개념

빈곤을 정의하는 것도 어렵지만 불평등을 정의하는 것은 더욱 어렵다고 할 수 있는데, 이는 불평등이 빈곤보다 더 광범위한 개념이기 때문이다. Haughton과 Khandker(2009)는 불평등이 빈곤과 같이 기준선 이하의 사람이 아닌 전체 사회구성원(또는 전체가구나 총인구) 등을 대상으로 하기 때문에 정의하는 것이 어렵다고 강조한다. 왜냐하면, 절대적 빈곤이 기준선 이하의 삶의 수준이라고 한다면 불평등은 그것을 의미하는 것이 아니고 집단구성원 사이의 차이를 나타낸다고 할 수 있기 때문이다. 예를 들어, 소득불평등은 구성원 사이의 소득의 차이를 나타내므로 빈곤과 불평등은 상이한 개념임을 알 수 있다(Barr, 1998). 하지만 불평등은 차이와는 다른 개념이라고 할 수 있는데 이는 차이가 수직적 · 수평적 차이를 모두 고려하는 반면에 불평등은 수직적 차이만을 의미하기 때문이다. 즉, 불평등은 단순한 차이가 아니라 어떤 것이 더 낫고 어떤 것이 더 못하다고 하는 상태에 대한 가치판단의 평가가 들어 있다. 따라서 불평등은 차이이긴 하지만 상대적 비교 개념을 가진다고 볼 수 있다.

평등과 불평등은 상호 대칭적인 의미인데 평등을 동일한 기회를 갖는 것으로 본다면 불평등은 동일한 기회를 가지지 못하는 상태라고도 할 수 있다. 이 경우 평등은 동일한 기회, 즉 기회의 평등을 의미하고 불평등은 동일하지 않은 기회, 즉 기회의 불평등을 나타낸다고 할 수 있다. Le Grand(1982)는 평등을 최종소득의 평등, 공적 지출의 평등, 사용의 평등, 비용의 평등, 결과의 평등으로 구분하였다. 이 개념을 불평등에 대입하면 첫째, 사람들은 같은 수준의 현금이나 현물이 없으면 불평등하며, 둘째, 모든 사람들에게 똑같은 공적 지출이 제공되지 않으면 불평등하고, 셋째, 모든 사람들에게 같은 양의 서비스가 제공되지 않으면 불평등하며, 넷째, 모든 사람들이 똑같은 서비스를 같은 비용으로 이용하지 않으면 불평등하고, 마지막으로 모든 사람들은 같은 결과를 갖지 않으면 불평등하게 된다.

불평등을 구성원 사이의 차이로 해석한다면 소득이나 부의 차이는 경제적 불평등이라고 할 수 있다. 또한 동일한 서비스나 혜택을 제공받는가 그리고 동일한 대접을 받는가 등에서 발생하는 구성원 사이의 차이는 사회적 불평등이라고 할 수 있다. 따라서 불평등은 사회경제적 불평등을 의미한다고 할 수 있다. Wilkinson과 Pickett(2009)에 따르면 짧은 기대수명, 높은 질병율, 자살률, 영유아사망률, 비만, 십대 청소년들의 임신, 우울증, 교도소 수감자의 수 등은 사회경제적 불평등과 밀접한 연관이 있는 것으로 나타났다.

불평등을 측정하는 데 있어 중요한 점은 첫째, 무엇이 불평등한가를 나타내는 것이다. 즉, 불평등의 내용을 의미한다. 둘째, 불평등의 단위로서 개인이나 가정을 기본 불평등 단위로 보는지 아니면 전체 사회를 불평등 단위로 보는지를 구분하는 것이다. 일반적으로 불평등을 전체 사회를 기본 단위로 하여 측정하는 경우 측정단위는 전체 사회구성원이고 측정은 소득이나 지출을 통하여 이루어진다(Barr, 1998). 따라서 전체 구성원들이 동일한 소득을 가지고 있다면, 즉 소득의 차이가 없다면 불평등은 제로(0)가 되고 만약 한 사람이 모든 소득을 차지하고 있다면 불평등은 1이 된다. 이러한 차이를 나타내 주는 대표적인 불평등측정지수가 지니계수라고 할 수 있다. 가정의 불평등을 소득이나 지출을 중심으로 측정하는 경우 많이 활용하는 방법이 균등화지수다. 균등화지수는 성인을 1로 하고 배우자와 자녀들의 소득이나 지출을 그보다 적게 잡아 측정하는 방식이다.

제3절 불평등이론

1. 고전 불평등이론

1) Marx의 불평등이론

Marx는 자본주의하에서 불평등을 소유권, 계급 그리고 생산수단과의 관계 등을 이용하여 설명하였고 자본주의하에서 불평등은 피할 수 없으며 불평등의 극복은 혁명을 통한 계급 없는 사회에 의해서 가능하다고 강조하였다. 그에 따르면 본래 초기 사회는 토지에 대한 공동의 소유에 기초하는 계급 없는 사회였으나, 사유권이 계급의 발전을 초래하였고 계급은 생산수단에 대한 관계에 의해서 정의된다고 한다. 그는 불평등이 일어나도록 하는 기본적인 원천은 생산수단에 대한 개인적 관계에 기인한다는 점을 강조하였다. 생산수단은 생산을 위해 사용되는 기계나 기구 등을 의미하며 생산에 대한 관계(사회적 관계)는 경제체제 안에서 개개인들 사이의 소유와 힘의 관계를 의미한다. 따라서 자본주의라는 경제체제 안에서 부르주아는 생산수단의 소유자이고 임금노동자의 고용주인 자본가계급을 의미하며 프롤레타리아는 생산수단을 소유하지 않고 생존을 위해 자신의 노동을 파는 임금노동자계급이 된다. Marx는 계급의 사적 소유에 따른 상이한 관계에 의해서 계급사회에서 갈등은 피할 수 없는 것으로 바라보았다. 결국 Marx의 불평등이론에 따르면 불평등은 이러한 소유권을 기본으로 하는 계급구조에 내재해 있다고 볼 수 있다.

자본주의의 발전은 안정된 노동력을 필요로 하지만 기본적으로 모든 노동력을 흡수하지 못하고 산업예비군을 양성하여 언제든지 노동력을 보충받을 수 있는 노동구조를 필요로 한다. 또한 자본주의의 발전은 생산수단의 발전을 동반하며 상품생산의 비용을 줄이기 위해 새로 개발된 기계들은 노동자들의 노동을 덜 중요한 것으로 대체하였으며 결국 인간노동의 가치를 떨어트리는 결과를 초래하여 노동자들의 불평등은 자본주의의 발전과 함께 더욱 심화된다고 Marx는 생각하였다. 자본가계급의 이익을 위한 경쟁은 결국 자본가와 노동자 사이의 불평등을 더욱 심화시키고 노동자들의 소외의 심화 그리고 빈곤의 심화에 따른 사회적 양극화의 원천이 된다고 할 수 있다. Marx는 이러한 불평등의 심화로 인해 자본주의 사회는 자본가와 집합적 힘을 갖는 노동자 사이의 계급투쟁을 야기하고 결국 프롤레타리아 혁명에 의해 계급구조는 해체되고 프롤레타리아는 불평등으로부터 해방된다는 것을 강조하였다. 이러한 Marx의 이론은 [그림 4-1]과 같이 나타낼 수 있다.

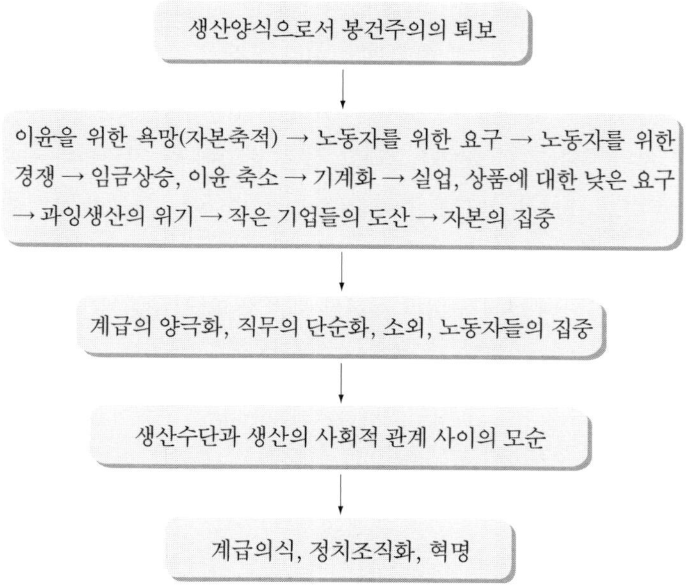

[그림 4-1] Marx의 불평등이론

Marx의 불평등이론은 인간의 불평등을 계급구조와 사회와의 연관하에서 분석하고 있다는 장점을 가지고 있다. Marx는 인간이 기본적으로 사심이 없다는 것을 강조함으로써 인간은 기본적으로 오류를 범할 수 있고 죄를 지을 수 있는 본성을 가지고 있다는 점과 인간 스스로 불평등을 조장할 수 있다는 점, 인간이 불평등을 스스로 조정할 수 있는 능력을 가지고 있다는 점을 너무 과소평가한다는 것이 그의 이론의 문제점이라고 할 수 있다.

2) Weber의 불평등이론

Weber는 다원론적인 입장에서 불평등을 설명한다. 즉, Marx가 강조하는 불평등의 계급주의적인 입장에서, 나아가 불평등이 경제적 요소 이외에 신앙, 윤리, 가치관 등과 같은 관념적인 요소들에 영향을 미친다고 보았다. 특히, 불평등이 자본주의적 생산과정에서 자본가에 의한 잉여노동의 착취에 기인한다는 Marx의 입장 대신 분배의 불평등을 더욱 강조하였다.

특히, Weber의 불평등이론은 힘(power)과의 관련성에 기초한다. Weber는 힘이 다양한 유형을 갖는다고 강조하였는데 그에 따르면 힘이란 사람의 지위(status), 계급(class) 그리고 정당(party) 안에서 나타난다고 한다. 즉, 그는 힘이란 사회적, 경제적 그리고 정치적으로 규정될 수 있으며 지위(사회), 계급(경제) 그리고 정당(정치)이 한 지역이나 사회 안에서 힘의 분배를 나타내 준다고 생각하였던 것이다. 즉, 자산의 차이는 계급의 차이를 나타내고, 힘의 차이는 상이한 정당을, 그리고 위신(또는 위세, prestige)의 차이는 상이한 지위집단을 만들어 내는데, 이러한 차이에 의해서 어떤 사회든 사회적 위계(서열)가 형성된다고 보았다.

한 사회에서 사회적 질서(social order)는 사회적 위세의 분배와 관련이 있으며 위세의 상이한 수준은 그 사회에서의 다양한 지위집단(status group)을 구성하게 된다. 결국 한 사회에서 위세가 어떻게 분배되어 있느냐에 따라 위세가 많은 사람과 위세가 없는 사람으로 구분되고 이러한 사회적 지위의 정도가 사회적 불평등을 나타낸다. 또한 경제적 질서(economic

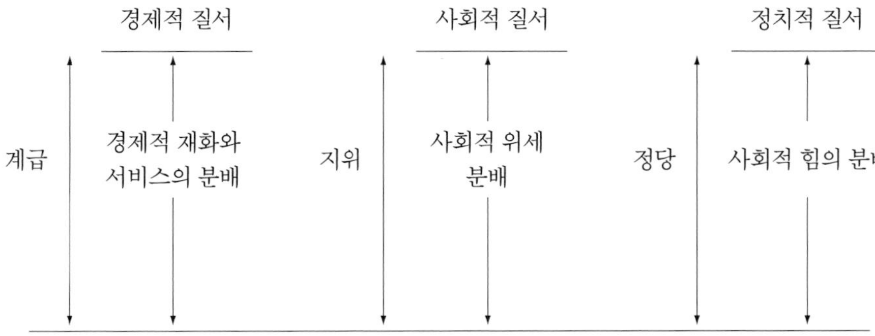

[그림4-2] Weber의 불평등이론

자료: Hurst(1995). p. 226에서 재인용.

order)는 경제적 재화와 서비스의 분배로 구성되며 재화와 서비스가 어떻게 분배되느냐에 따라 경제적 불평등 정도가 결정된다. 그리고 정치적 질서(political order)는 결정에 영향을 미치는 힘의 분배를 의미하며 결정에 많은 영향을 행사하면 정치적 힘이 많은 것을 의미하기 때문에 이러한 정치적 힘이 정치적 불평등을 나타내게 된다. [그림 4-2]는 Weber의 불평등이론을 그림으로 나타낸 것이다.

결국 Weber의 불평등이론의 본질은 경제적 불평등, 사회적 불평등 그리고 정치적 불평등이 사회에 존재한다는 것이며 모든 불평등을 설명하는 데 있어 가장 기초적인 단어는 힘이라고 할 수 있다. 특히, Weber의 불평등이론은 경제적 질서를 구성하는 계급, 사회적 질서를 구성하는 지위 그리고 정치적 질서를 구성하는 정당에 대한 이해에 기초한다.

❖ Marx와 Weber의 불평등이론 비교

Marx는 불평등이론에서 경제적 측면의 불평등만을 강조하였지만 Weber는 경제적 불평등과 함께 사회적 불평등과 정치적 불평등을 동시에 강조하였다. 하지만 이러한 차이점에도 불구하고 Weber와 Marx의 불평등이론은 다음과 같은 점에서 유사점을 지닌다.

첫째, Weber와 Marx는 모두 자본주의 사회가 하나의 계급사회라는 점을 강조하였다. 자본주의는 시장경제체제하에 자본가와 노동자라는 두 계급으로 나누어지고 자본가는 시장을 확대하려고 하는 동시에 노동자를 비인간화하려고 시도한다.

둘째, Weber가 계급불평등, 지위불평등, 정당불평등으로 불평등을 유형화하여, 계급과 함께 정당과 지위를 언급하고 있지만 자본주의와 같은 합리적인 시장 사회에서 계급이 지배적이라는 점을 인정하였다는 점이다.

결국 Weber와 Marx의 불평등이론의 합의점은 두 이론가 모두 자본주의 사회에서 계급의 중요성을 인정하였다는 점이라고 할 수 있다. 계급은 경제적 불평등을 설명해 주는 용어다. Weber에 따르면 한 사회의 재화와 서비스를 사용할 기회를 가질 때 사람은 계급의 한 구성원이 된다고 한다. 따라서 그에 따르면 노예는 계급의 구성원이 될 수 없다. Weber는 계급을 세 유형으로 구분하였는데 첫 번째 유형의 계급은 자산계급이고 두 번째 계급은 사회적 계급이며 마지막 계급은 상업적 계급(commercial class)이다. Marx에 있어서 계급은 알려져 있듯이 자본가계급과 노동자계급으로 이분된다.

3) Pareto의 불평등이론

Pareto의 불평등이론은 지배엘리트(governing elite)와 비지배엘리트(non-governing elite)에 대한 분석에 기초한다. 그는 엘리트이론의 창시자 중의 한 사람으로서 경제적 계급보다는 정치적 계급이라는 개념에 더 많은 주안점을 두었으며 정치구조의 상층집단과 하층집단 사이에서 집단들이 끊임없이 이동한다는 것을 강조하였다. 특히, 그는 인간의 본성이 회의적이고 신뢰할 수 없다는 매우 부정적인 관점을 유지하였다.

Pareto는 정부 안에서 중요한 역할을 하는 사람들의 집단, 즉 지배하는 계급을 지배엘리트로, 그리고 지배엘리트 이외의 사람들을 비지배엘리트로 양분하여 구분하였다. 그리고 지배하는 계급(governing class)은 다른 사람을 지배할 수 있는 능력과 특성을 가진 자질이 있는 사람들과 지배할 자질은 없지만 지배에는 참여하는 지배하는 비엘리트(지배비엘리트, governing nonelite)로 구분하였다. 따라서 그에 따르면 지배하는 계급에는 지배하는 엘리트와 지배하는 비엘리트가 존재하며 지배받는 계급 역시 지배받는 엘리트와 지배받는 비엘리트로 구분된다. 이를 〈표 4-1〉과 같이 나타낼 수 있다.

● 표 4-1 ● 지배하는 계급의 안과 밖에 있는 엘리트와 비엘리트

지배하는 계급	→	지배하는 엘리트	지배하는 비엘리트
지배받는 계급	→	지배받는 엘리트	지배받는 비엘리트

Pareto는 한 사회가 안정적이기 위해서는, 즉 균형(equilibrium)을 이루기 위해서는 엘리트들의 순환에 의존한다고 하였다. 그에 따르면 지배받는 계급은 지배하는 계급의 힘과 끊임없는 생존능력을 위한 자원으로 작용하며 시간이 지나면서 한 엘리트는 다른 엘리트에 의

해 대체되고 그리고 이 과정은 끊임없이 이어진다고 한다. 엘리트 순환의 중요성은 지배받는 엘리트가 지배하는 엘리트가 될 수 있는 필요한 자질을 갖게 된다는 점이며 이 자질은 다른 사람을 지배할 수 있는 그들의 능력에 영향을 미치는 감성(sentiments)과 기본적인 개개인들의 성질(또는 성향)을 의미한다. 재배(하는)계급의 쇠퇴는 더 이상 그들이 그들의 권위를 보호할 수 있는 힘이 없을 때 일어나며 새로운 엘리트들이 지배받는 계급으로부터 나타나게 된다. 엘리트의 순환이론은 [그림 4-3]으로 나타낼 수 있다.

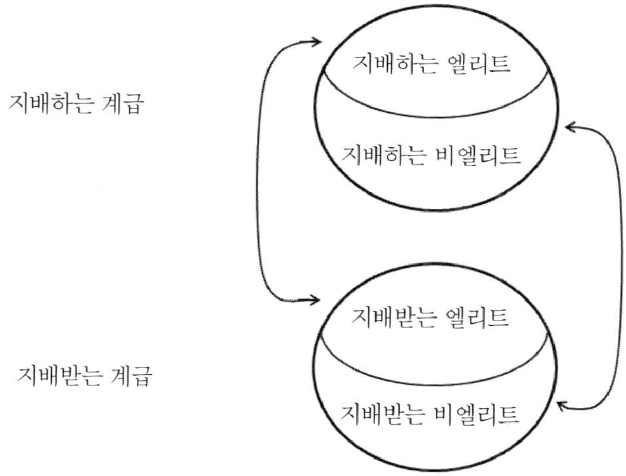

[그림 4-3] 엘리트 순환

자료: Hurst(1995). p. 235에서 재인용.

Pareto의 엘리트의 순환이론은 불평등이 기본적으로 집단 안에 있는 감성의 분배에 의존하며, 엘리트라는 용어를 사용하여 그의 이론을 정치적 의미로 해석하는 경향을 나타내었기 때문에 불평등에 있어서도 정치적 힘의 불평등을 강조하였다고 볼 수 있다. 또한 Pareto는 중앙화(centralization)와 탈중앙화(decentralization)의 순환을 강조하였는데 그에 따르면 앞에서 지적하였던 감성의 분배가 불평등을 일으킨다고 한 것과 함께 정치적 힘의 중앙화와 탈중앙화가 불평등을 일으키는 원인이 된다고 강조하였다. 그에 따르면 중앙화된 힘은 사람들을 지배하기 위한 도구로서 개성(personality)과 힘(force)에 대한 지나친 의존을 나타내며 이러한 지나친 의존은 혁신, 유연성 그리고 변화를 거부하고 불안정을 이끌며 궁극적으로 탈중앙화를 유도한다고 한다. 또한 힘의 탈중앙화는 힘의 분산, 사회 안에서의 상이한 요소들의 협력 등을 이끌어 내고 궁극적으로는 통제의 부족을 유도하게 된다. 결국 극도의 중앙화와 탈중앙화는 불안정성과 힘의 쇠퇴를 이끌게 되어 불평등을 유도하게 된다. 그에 따르면 가장 안정적인 정권은 이 두 극단 사이에 있는 정권이라고 한다.

❖ Pareto와 Marx 그리고 Weber의 비교

Pareto는 보수적 경제학자로서 자유무역과 반국가개입주의의 열렬한 신봉자였다. 그는 사회를 균형을 향해서 나아가는 체계로서 바라보았으며 행동은 감성에 의해서 일차적으로 동기부여 받는다는 점을 강조하였다. 그에 따르면 감성의 분배는 엘리트의 순환에 영향을 미치고 엘리트의 순환은 사회의 균형에 영향을 미친다고 한다. Marx와 Weber와 같이 Pareto는 경제적 · 정치적 부분이 사회를 구성하는 구성요인이라는 점을 인정하였지만 그들과는 달리 기본적인 심리적 특성(psychological characteristics) 안에서 정치적 불평등과 이동(mobility)의 기원을 찾았다. 또한 그는 Marx 그리고 Weber와 같이 사회적 조건과 역사적 사건들이 사회구조에 영향을 미친다는 점을 인정하였다. 그는 Marx와 같이 계급투쟁을 역사의 중요한 이동자로서 인식하였지만 Weber와 마찬가지로 계급이 사라질 것이라고는 생각하지 않았다. 그의 불평등이론의 배경은 Marx의 불평등이론과 다음과 같은 점에서 차이를 내포하고 있다.

첫째, 개개인은 논리적 또는 경제적 입장에서 독단적으로 행동하지 않으며 오히려 비논리적 감성(또는 의견)이 인간 개개인에게 행동에 대한 동기를 부여한다.

둘째, 인간은 기본적으로 이타적이지 않고 이기적이기 때문에 프롤레타리아는 계급의 이익보다는 개인의 이익 때문에 행동한다.

셋째, 사적 재산은 영속적으로 폐지될 수 없고 계급사회는 오직 신화일 뿐이다.

넷째, 계급투쟁은 자본가계급과 노동자계급 사이에서만 발생하지 않으며 오히려 다양한 집단들 사이에서 발생하는데, 특히 지배엘리트와 비지배엘리트 사이에서 발생한다.

다섯째, 자본가를 모두 한패로 보는 것은 잘못된 것이며 자본가들의 의견은 다양하다. 특히 재산에서 나오는 이자로 먹고사는 재산소유자와 기업가를 구분하여야 할 필요가 있는데, 이는 이들 두 집단이 상이한 관심을 가질 수 있기 때문이다.

4) Durkheim의 불평등이론

Durkheim에게 사회적 불평등은 주된 관심사가 아니었다. 그의 대부분의 논문들은 사회의 질서, 통합 그리고 응집 등에 집중되어 있어서 그를 기능주의 관점의 기초자라고 할 수 있다. 특히, 그는 사회를 균형을 위해 나아가는 하나의 체계로 바라보았다. 하지만 Durkheim에게 사회적 불평등이 주된 관심사는 아니었을지라도 그는 1933년 출판된 『노동의 분업(The division of labor)』이라는 책에서 사회적 불평등에 대해 나름대로의 관점을 제시하였다. 그는 Marx와 마찬가지로 공장의 발달과 노동의 분업으로 개개 노동자들이 더욱 소외되고 있으며 노동자들은 노동과정에서 그들의 역할에 대한 중요성 없이 판에 박히고 반복적인 과업을 수행하는 기계가 되고 있다고 강조하였다.

하지만 Durkheim은 Marx와 달리 노동의 분업에 대해 극히 비정상적인 노동의 분업을 제외하고는 현대 산업사회에서 통합을 위한 중심적인 토대이며, 사회가 발전하는 것과 같이 노동의 분업도 복잡화하기 때문에 산업사회의 필수품이라고 바라보았다. Marx는 노동의 분업을 자본주의 사회가 가지고 있는 기본적인 문제의 원천이라고 보았고 계급투쟁은 노동의 분업과 연관되어 있는 사회적 관계와 소유의 문제 때문에 발생한다고 바라보았다. 반면, Durkheim은 계급투쟁을 노동자와 고용주 사이의 도덕적 규정(rules)에 대한 협의나 공유의 부족 때문에 발생하는 아노미상태의 표면적인 증상 중 하나로 바라보았다. 따라서 그는 현대사회의 문제가 자본주의 사회의 모순 때문이 아니라 기계적 연대로부터 유기체적 연대로의 이행 사이에 내재해 있는 긴장에 의해서 나타난다고 강조하였다. 그는 때때로 계급간의 전쟁이 일어나는 이유는 노동의 분업을 지배하는 규정이 개인적인 재능이나 이익 그리고 직무기능(work functions) 사이의 일치를 만들어 내지 못하기 때문이라고 강조하였다. 즉, 노동의 분업이 도덕적 규정에 대한 협의나 공유에 기초한 응집과 통합 대신에 불만족과 고통을 만들어 내는 것은 사회적 구조가 더 이상 자연적인 재능의 분배에 의존하지 않기 때문이며 이것이 사회적 불평등을 일으키는 원인이라고 그는 강조하였다. 그는 불평등이 불공평한 개개인들 사이의 내재적 차이에 기초하는 것이 아니라 상속 등과 같은 외재적 차이에 의해서 나타난다고 생각하였다. 따라서 그는 상속 등과 같은 외재적 불평등이 사회적 연대를 위협하기 때문에 반드시 제거되어야 한다고 믿었다. 결국 그는 탄생에 기인하여 개인적인 자원의 차이를 가져다주는 불평등, 즉 탄생과 함께 부자가 되고 빈민이 되는 것은 불공평한 것이라고 강조하였다. Durkheim은 노동의 분업에 따라 노동자들이 갖게 되는 불공평(또는 불평등)은 계급혁명에 의해서가 아니라 문제를 제거하는 데 필요한 개혁적인 변화를 통해서 극복될 수 있다고 생각하였다.

고전 불평등이론을 종합하여 보면 Pareto와 Weber는 인간을 자기 본위의 이기적인 속성이 있는 것으로 바라보았으며, Marx는 이기심이 없는 것으로 생각하였고, Durkheim은 인간이 규정과 안내를 필요로 한다고 생각하였다. Marx와 Durkheim은 경제적 계급을 강조하였으며, Pareto는 정치적 계급을 강조하였고, Weber는 지위, 경제적 계급 그리고 정당을 강조

● 표 4-2 ● 고전 불평등이론의 개요

	주요 관심	불평등의 유형	불평등의 원인	불평등을 피할 수 있는가	불평등의 미래
Marx	자본주의 사회에서의 계급화	역사적 계급구조	사유화	없음	혁명, 계급 없는 사회
Weber	불평등의 영역 우수성으로의 변화	계급, 지위, 정당	- 시장상황 - 정치적 힘 - 부여된 지위	있음	계급이 성장하는 탁월성과 사회의 이성화
Pareto	엘리트의 순환	정치적 그리고 경제적 엘리트, 지배받는 그리고 지배하는 계급	중앙화/탈중앙화의 순환, 감성의 분배	있음	엘리트와 순환의 지속
Durkheim	노동의 분업의 비상식적인 유형	숙련자(masters)와 노동자	변칙적이고 강제된 노동의 분업	피할 수도 있고 없을 수도 있음	산업사회에서의 계급갈등의 퇴조

자료: Hurst(1995). p. 240 참조.

하였다. 불평등의 원천에 대해 Marx는 생산수단에 대한 개인의 관계에 기인한다고 강조하였고, Pareto는 계급들 속에서의 순환과 계급이해를 위한 구조적인 형상과 계급의 기초적인 심리적 특성에 기인한다고 생각하였다. Weber는 불평등이 시장 상황, 생활양식(lifestyle), 의사결정의 힘을 포함하는 다양한 원인에 기초한다고 강조하였고, Durkheim은 노동의 분업 안에 있는 비정상이 불평등의 원인이라고 강조하였다. Pareto와 같이 Weber는 불평등이 미래에 사라질 것이라고 생각하지 않았으며 Marx와 Durkheim은 좀 더 낙관적으로 생각하여 불평등이 사라질 것이라고 생각하였다. Marx, Weber 그리고 Pareto는 계급과 계급투쟁이 사회 안에서 중요한 요소라는 점을 인정하였으며, Weber와 Marx는 자본주의가 계급구조로 되어 있고 인간성을 빼앗는 측면이 있다는 것을 인정하였다. 〈표 4-2〉는 고전 불평등의 네 가지 이론의 특징을 나타낸 것이다.

2. 현대 불평등이론

1) 기능주의이론: 계층화이론

사회적 불평등에 대한 기능주의 관점은 계층화이론(stratification theory)에 집약되어 있으며 처음 계층화이론을 발전시킨 학자들은 Davis와 Moore(1945)로 알려져 있다. 기능주의 관점은 생존하기 위해서 해결하여야 하는 기초적 문제들을 가진 체계로서 사회를 바라보며 해결하여야 하는 기초적인 문제들 중의 하나가 사회구성원들의 자극(또는 동기부여)이며, 자극이 결여된 사회는 생존할 수 없음을 강조한다(Aberle et al., 1950). 그리고 사회가 계속해서 생존하기 위해 중요한 과업들이 분명하게 서술되어 있어야 하며 과업수행을 위한 수단이 창조되어 있어야 한다는 점이 강조된다. 기능주의 관점에 따르면 사회에 존재하는 자원이 부족하기 때문에 부족한 자원의 상이한 할당을 위해서 사회적 체계는 반드시 필요하다는 점이 강조된다. 특히, 상이한 할당의 결과, 계층화가 일어나며 계층화는 사회구성원 사이에 받아들여지고 정당화된다고 한다. 계층화이론을 발전시킨 Davis와 Moore(1945)는 그들의 계층화이론을 다음의 두 가지 측면에서 강조하였다.

첫째, 어느 사회에서도 계층화를 필요로 한다는 것을 기능주의 용어로 설명하기 위해서

둘째, 왜 지위(positions)가 사회의 보상체계 안에서 상이하게 자리 잡게 되는지를 설명하기 위해서

Davis와 Moore(1945)가 제시한 계층화의 원칙은 다음과 같다.

첫째, 작은 규모의 원시공동체를 제외하면 계층화되지 않은 사회는 존재하지 않는다.
둘째, 보다 능력 있는 사람이 중요하고 어려운 일을 수행할 수 있도록 좀 더 큰 보상을 제공해 주어 동기를 부여할 필요가 있다.
셋째, 보상의 크기는 그 직업의 기능적 중요성과 그 일을 담당할 수 있는 인재의 상대적 희소성에 의해서 결정된다.
넷째, 모든 자리가 동등한 중요성을 가지는 것이 아니고 보다 책임 있는 자리에 모두가 같은 정도의 자격을 갖는 것이 아니기 때문에 불평등은 불가피하다.

Davis와 Moore(1945)는 사회구조가 노동의 분업에 따라 상이한 지위와 역할로 분류되는 것과 같이 모든 사회는 사회구조 안에 그들의 구성원들을 자리 잡게 하기 위한 수단을 가지고 있다고 강조하였다. 계층화이론에서 핵심 사항은 사회에 있는 개개인들이 특정한 지위를 차지하도록 하기 위해서 자극해야 한다는 것이고, 일단 그들이 지위를 차지하면 적절한 역할을 수행하도록 자극받는다는 것이다. 그리고 자극에 따른 과업에 있어 어떤 과업은 다른 과업보다 수행하기가 더 어렵고 시간이 많이 소요되며 성가시고 사회를 위해 더욱 중요하기 때문에 개개인들이 그 과업을 수행할 수 있도록 하기 위해 그에 따른 보상이 필요하게 된다. 따라서 사회적 보상과 보상에 따른 분배는 사회질서의 한 부분이며 이것이 사회적 계층화가 되도록 하는 데 결정적 원인이 된다. 이상적인 산업사회에 대한 Durkheim의 관점과 마찬가지로 Davis와 Moore는 개개인들에 대한 보상의 분배가 개개인들의 기술과 능력의 내재적인 불평등을 반영하기 때문에 사회가 안정적으로 굴러 갈 것이라고 확신하였다.

Davis와 Moore는 보상의 양을 결정하는 세 가지 기준을 제시하였는데 그 기준은 다음과 같다. 첫째는 과업의 기능적 중요성이고, 둘째는 필요한 훈련의 양이나 과업을 수행할 수 있는 인력의 희소성이며, 셋째 기준은 경제적 힘 또는 자원에 대한 통제다. 이러한 세 가지 기

준이 보상체계(즉, 계층화체계) 안에서 주어진 지위의 자리를 결정하게 된다. 그들은 경제적 힘, 즉 화폐를 많이 소유하는 것이 개인이 더 높은 지위를 차지하는 데 있어 이점으로 작용할 것이라고 강조하였기 때문에 힘과 위신(prestige)은 소유권에 기초할 수 있고 상품 소유의 한 형태에는 다른 사람의 노동에 대한 권리도 포함된다는 것을 인정하였다. 결국 계층화이론에 따르면 가장 중요한 직위는 가장 자질이 있는 사람들에 의해서 채워지는 사회적 보상장치가 작동하기 때문에 모든 사회는 계층화되며 사회적 불평등은 자연적이고 필연적인 결과가 된다.

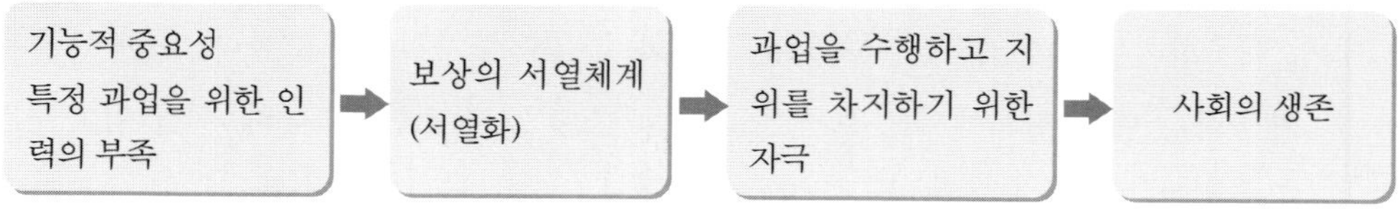

[그림 4-4] Davis와 Moore의 계층화이론

하지만 Davis와 Moore의 계층화이론은 다음과 같은 문제점들을 내포하고 있다.

첫째, 과업의 기능적 중요성에 대한 문제점이 지적된다. 계층화이론은 과업들이 각기 상이하고 어떤 과업은 중요하고 어떤 과업은 중요하지 않음을 기정사실화하지만 과업이 중요하고 중요하지 않다는 것을 어떻게 결정할 수 있는지에 대한 문제에 적절한 대답을 하지 못한다는 한계점을 내포하고 있다. 즉, 어떤 과업은 사회의 영속성에 중요한 기여를 하기 때문에 중요할 수 있으며 또한 상이한 사회적 가치가 적용되면 상이한 과업에 대한 중요성 정도가 결정될 수도 있다는 점이 무시된다.

둘째, 계층화이론은 실제적 사회를 반영하지 못하고 있다는 문제점이 지적된다. 즉, 계층화이론은 실제 사회의 운영을 무시하고 매우 추상적인 사회체계를 다룬다는 점이다. 계층화이론에 따르면 가장 중요한 직위는 가장 자격 있는 사람에 의해서 채워진다고 강조하지만 현실적으로 낮은 지위에 있는 사람은 자격의 유무와 상관없이 기회가 제한되어 있고 사회가 완전히 자유경쟁적이지 않으며 현실적으로 우리는 사회 안에서 우리가 가지고 있는 재능을 완전히 사용하지 못한다는 점이 지적된다(Tumin, 1953).

셋째, 계층화이론은 계층화의 기능장애를 무시한다는 점이다. 계층화의 기능장애는 ① 성층화가 재능의 발견을 억제한다는 점, ② 생산적인 자원이 확대될 수 있다는 것을 제한한다는 점, ③ 상층부에 있는 사람들의 힘을 합리화하고 정당화하여 준다는 점, ④ 하층부에 있는 사람들의 자아상을 약화시키고 그들의 심리적 발전을 방해한다는 점, ⑤ 사회의 모든 사람들에게 완전하게 받아들여지지 않는다면 적의와 분열을 만들어 낸다는 점, ⑥ 사회구성원들이 모두 참가자라는 생각을 할 수 없게 만든다는 점, ⑦ 사회에 대해서 충성심을 덜 갖게 한다는 점, ⑧ 사회 참여에 더 적은 동기유발을 한다는 점 등을 의미한다(Tumin, 1953).

넷째, 계층화이론을 강조하는 학자들은 계층화가 필수 불가결하다고 한다. 또한 그들은 계층화가 어느 사회에서든 보편적으로 발견된다고 강조한다. 특히, 이들 학자들은 불평등이 사회에 미치는 부정적인 결과를 과소평가하고 사회적 불평등의 긍정적인 면만을 부각시킨다.

2) 사회재생산이론

사회적 불평등을 설명하는 사회재생산이론(social reproduction theory)은 기본적으로 갈등주의 관점에 기초하며 Marx의 불평등이론에 밀접해 있지만 Marx 이론보다는 불평등에 대해 더 많은 주의를 기울였다고 볼 수 있다. 사회재생산이론은 사회의 계급구조가 유지되는 과정을 강조하며 구체적으로 어떻게 계급구조가 세대 간에 재생산되는가에 관심을 갖는다. MacLeod(1987)에 의하면 사회재생산이론은 어떻게 사회제도가 자본주의 사회에 실존하는 생산관계를 유지하기 위해 필요한 사회적 관계와 태도를 영속시키는가를 설명하는 이론이라고 한다. 따라서 재생산이론은 자본주의 사회에서 불평등이 영속적으로 재생산된다는 점을 강조한다.

특히, Bowles와 Gintis(1976)는 재생산을 해 내는 기관으로 교육기관을 지목하였다. 그들은 자본주의 사회에서 계급관계를 재생산하는 데 어떻게 교육기관이 도움을 주는가에 관심을 가졌으며 교육이 자본주의 질서를 유지하고 확대하는 것을 돕는 수단임을 강조하였다. 그들은 학교가 불평등을 수정하기보다 불평등을 재생산하고 정당화시켜 준다고 주장하였으며, 성공이 개인적 재능이나 노력에 전적으로 의존하고 있다는 기본적인 틀을 제공함으로써 학교는 가장 공적이 많은 학생에게 보상을 제공한다는 점을 강조하였다. 즉, 학교는 특정 행동이나 태도에는 보상을 하고 그렇지 않은 행동은 처벌을 한다는 것이다. 또한 그들은 학교가 자본주의경제를 위해 적합한 노동자들을 생산해 내는 것뿐만 아니라 자본주의 이윤을 보장할 수 있는 영속적인 제도와 사회적 재생산의 장기적 목적을 위해 노력한다는 점을 강조하였다. 그들은 이러한 목적을 성취하기 위해서 교육체계가 다음과 같은 네 가지 방식으로 노력한다는 점을 강조하였다.

첫째, 교육체계는 직무를 수행할 수 있는 적절한 기술을 제공한다.
둘째, 교육체계의 구조와 커리큘럼을 통해서 교육체계는 사회에 현존하는 경제적 그리고 직업적 불평등을 정당화하는 것을 돕는다.
셋째, 교육체계는 개개인들이 수행해야 하는 경제적 역할에 적합한 자기개념과 태도의 내면화와 발전을 고취시킨다. 상을 받을 만한 일을 수행한 사람은 보상을 받으며 그렇지 못한 사람은 부정적인 인식을 받게 된다.
넷째, 교육체계는 사회의 계급과 지위의 성층화를 고착시키도록 돕는다.

교육기관의 재생산 기능을 강조하였던 Bowles와 Gintis의 이론에 대해 MacLeod(1987)는 그들의 이론이 너무 단순하며 기계적이라고 비판하였으며, Giroux(1983)는 Bowles와 Gintis의 이론이 학교나 경제의 구조적 틀 안에서 인간의 역동적인 요소를 무시하고 있다고 비판하였다. 즉, 인간은 교육구조하에서 수동적으로 재생산된다는 점보다 학교와 선생님의 권위를 받아들이기도 하지만 저항하기도 한다는 점이 무시된다는 것이다.

Bourdieu(1977a; 1977b)는 재생산이론에 문화적인 측면이 보다 강화된 이론을 강조하였다. 그에 따르면, 교육이 지배계급의 문화를 재창조하고 정당화한다. 그의 재생산이론에서 문화(culture)는 계급구조와 매일매일의 삶이나 행동 사이를 중개하는 요소라는 점이 강조된다. 즉, 그에 따르면 학교는 지배문화의 이익을 대변하기 때문에 학교는 하층계급보다는 지배계급의 문화적 자본(cultural capital)에 가치를 둔다고 한다. 문화적 자본이란 한 계급의 세대에서 다음 계급의 세대로 이전되는 신뢰, 실천, 사고방식, 지식, 기술 등의 총체를 의미하는데, 학교는 특권계급의 특성인 문화적 자본을 조장한다고 그는 주장하였다. Bourdieu는 또한 습관(habitus)이란 용어를 사용하였는데 그는 습관을 한 개인의 구조적 상황의 한 산물이라고 강조하였다. 그는 사회구조가 습관에 영향을 미치고 습관은 태도나 실천행위에 영향을 미치며, 태도 또는 실천행위는 다시 사회구조에 영향을 미쳐서, 같은 사회구조를 만들어 낸다는 점을 강조하였다. 이를 그림으로 나타내면 [그림 4-5]와 같다.

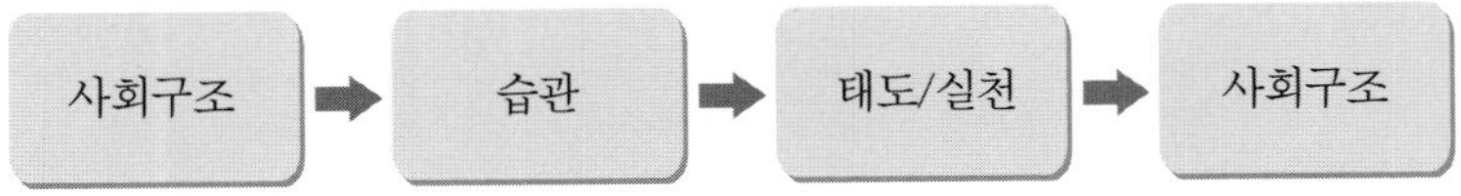

[그림 4-5] Bourdieu의 재생산이론

사회구조가 같은 사회구조를 만들어 낸다는 [그림 4-5]는 다음과 같은 예로 설명이 가능하다. 하찮은 직무만이 주어지는 부모를 둔 청소년은 성공은 극히 제한적이며 교육도 어떤 차이를 가져다주지 않는다는 경험을 하게 되어, 그를 하찮은 직무를 받아들이도록 하는 행동으로 인도한다. 따라서 어떤 변화도 일어나지 않도록 하여 처음과 같은 사회구조를 만들어 내도록 한다. 이처럼 사회적 불평등은 변화 없이 기존의 사회계급구조하에서 계속적으로 재생산된다.

불평등을 설명하는 사회재생산이론은 교육이 사회경제적 불평등을 정당화하고 지배계급의 지위를 재생산하는 기능을 담당함을 강조함으로써 학교교육과 경제구조 사이의 관계에 대한 이해의 폭을 넓히는 데 기여하였다. 그러나 다른 한편으로는 교육이 불평등을 결정한다고 강조함으로써 불평등의 재생산에 영향을 미치는 다른 구조적 요인들이나 개인적 특성을 지나치게 고려하지 않는 점 등이 한계로 지적되었다.

3) Lenski의 종합이론

Lenski(1966)의 불평등이론은 기능주의이론과 갈등주의이론을 모두 수용한 종합이론이라고 할 수 있다. Lenski는 부족한 자원이 어떻게 불평등하게 분배되는지에 관심을 가졌다(즉, 불평등의 과정). 그의 종합이론은 다음과 같은 전제에 기초한다.

첫째, 인간은 본질적으로 사회적이다. 따라서 사회의 한 구성원으로서 다른 사람과 함께 산다. 협조적 행동이 생존을 위하여 중요하다.

둘째, 이타적 행동은 사소한 문제가 개입될 때 대체적으로 나타난다. 따라서 중요한 결정을 내려야 하고 이익갈등이 존재하는 경우 개개인들은 항상 다른 사람보다는 자신에게 유리한 결정을 한다.

셋째, 대부분 사람들이 갖기를 원하는 것은 공급이 부족한데, 돈이나 지위에 싫증 내는 사람이 없기 때문에 돈이나 지위는 항상 수요가 많다.

넷째, 모든 인간 사회에는 보상을 위한 투쟁이 존재한다.

다섯째, 보상을 위한 투쟁에서 성공하기 위해 필요한 도구는 본질적으로 불평등하게 인간에게 부여되어 있다.

여섯째, 인간은 분배체계에 안정을 주는 습관과 문화에 의해 강력하게 영향을 받는다.

이와 같은 전제에 덧붙여서 Lenski는 인간의 행동이 기본적으로 목적을 추구하는데 인간의 기본적 목적은 생존, 건강, 자기존경, 안락, 구제 그리고 애정이며, 돈, 교육, 직무는 기본적 목적을 성취하는 데 도움을 주는 도구적 목적이라고 강조하였다. 그리고 그는 인간이 탄생과 함께 갖게 되는 자원(시작 자원, starting resources)이 도구적 목적을 성취하는 데 도움을 준다고 하였다. 기본적 목적, 도구적 목적, 그리고 시작 자원의 관계를 그림으로 나타내면 [그림 4-6]과 같다.

[그림 4-6] 기본적 목적, 도구적 목적, 그리고 시작 자원의 관계

Lenski의 불평등에 대한 전제는 두 개의 분배원칙으로 구성되는데, 첫 번째 분배원칙은 욕구법칙이고 두 번째 분배원칙은 힘의 법칙이다. 그에 따르면 인간은 이기적으로 동기부여되고 생존의 기본적 목적을 만족시키기 위해서 다른 사람을 필요로 하지만 인간은 생존을 보장하기 위해 필요한 범위 내에서 자신의 노동생산물을 공유할 수 있고 자신들에게 혜택이 되는 또는 필요한 행동을 하는 사람들의 생산물을 공유할 수 있다고 한다. 즉, 그는 생존의 기본적 목적을 충족시키기 위한 욕구가 생산물을 만들어 내고 생산물은 필요한 범위 내에서 공유될 수 있다는 욕구법칙을 제시하였다.

또한 생존을 위해 필요한 최소한의 것을 분배한 후에 남아 있는 재화와 서비스를 어떻게 분배할 것인가에 대해서 그는 힘이 모든 초과분의 분배를 결정할 것이라면서 분배의 두 번째 법칙으로 힘의 법칙을 강조하였다. 그는 분배의 본질은 사회에서의 기술수준과 정치적 조건에 따라 다양할 수 있으며, 기술이 발달한 사회에서는 힘이 분배과정에서 더욱 중요한 결정요인이 된다고 강조하였다. 그리고 그는 대중 의견이나 선전 그리고 법에 의해서 정의된 권리로서의 그리고 강제로서의 힘이 불평등체계를 보호하고 이를 만들어 낼 수 있다고 강조하였다. 즉, 그는 부족한 자원이 불평등하게 분배되는 것은 힘에 의해서 가능하다는 점을 지적하였다. 그는 힘이란 다른 사람에 의해서 거부당하더라도 개인이나 집단의 의지를 수행하려고 하는 가능성이라고 정의하였으며 특권은 일차적으로 힘의 결과이고 명성은 힘과 특권의 한 기능이라고 강조하였다.

결국 Lenski의 불평등이론에 따르면 인간은 기본적 욕구를 충족시키기 위해 생산을 하고 생산물을 공유하지만 기본적 욕구를 충족시키고 남은 잉여생산물에 대한 분배는 힘에 의해서 이루어지므로, 힘이 인간의 불평등을 조장하게 되고 잉여생산물이 많으면 불평등은 더욱 심화된다고 할 수 있다.

4) 노동시장이론

최근 불평등을 노동시장과 관련하여 소득과 수입으로 설명하려는 이론들이 등장하였는데 이러한 이론들을 노동시장이론이라고 부른다. 노동시장이론은 노동시장과 소득 또는 수입을 연계하여 불평등을 설명하려는 시도로서 크게 고전노동시장이론과 이중노동시장이론으로 나눌 수 있다.

(1) 고전노동시장이론

고전노동시장이론(classical labor market theory)은 다음과 같은 기본 전제에 기초한다.

첫째, 개개인들이 직위(positions)를 향해 경쟁할 수 있는, 상대적으로 자유롭고 열려 있는 시장이 존재한다는 전제

둘째, 시장에 있는 직위는 개개인들의 노력, 능력, 경험, 훈련 또는 인적 자본에 상당부분 의존한다는 전제

셋째, 인적 자본(투입)과 임금(보상) 사이의 불균형을 균형 있게 회복하는 것을 보장하기 위해 시장에서 작동하는 자동화된 메커니즘이 있다는 전제

고전노동시장이론은 또한 인간이 사회에 기여하는 만큼 보상을 받는다는 점과 자유경쟁이 존재하는 사회에서 자원을 기여하는 인간은 그들의 기여에 대한 보상만큼의 임금을 받는다는 점을 강조한다. 결국 노력한 것만큼 임금으로 보상을 받는다는 것을 강조하는 고전노동시장이론에 따르면, 불평등은 개인적인 기여나 노력이 없기 때문에 존재하게 되며 교육이나 기술, 훈련, 지식 등은 모두 개인의 임금격차를 설명하는, 결정적인 생산을 위한 구성요소가 된다(Hurst, 1995). 따라서 고전노동시장이론에 따르면 빈민들이 상대적으로 낮은 임금을 받는 것은 그들이 교육에 덜 투자를 하였기 때문이고 직무경력이 덜하기 때문인 것으로 설명된다. 따라서 고전노동시장이론은 훈련을 많이 하면 더 많은 것을 얻을 수 있고 지불한 것만큼 보상 받는다는 점이 강조된다(Atkinson, 1975; Okun, 1975). 결국 불평등의 원인을 설명하는 임금격차는 노동자들이 소유하고 있는 기술의 유형과 그들이 그 기술을 사용하

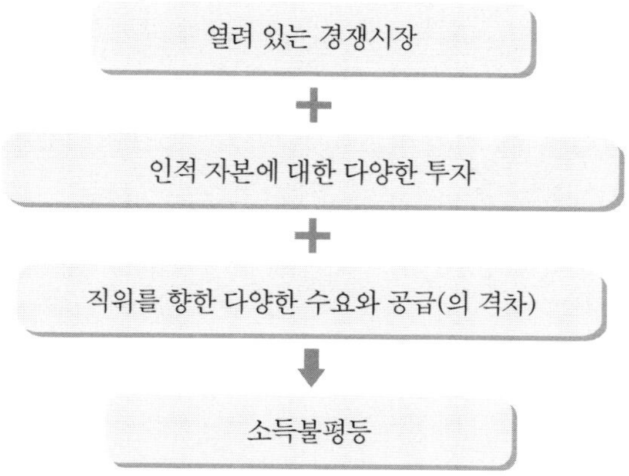

[그림 4-7] 고전노동시장이론

는 데 얼마나 재능이 있는가로 결정된다고 볼 수 있다. 따라서 열린 시장에서 사람의 임금을 결정하는 것은 그 사람의 자원(인적 자본에 대한 투자)과 시장에서의 수요와 공급의 조합이라고 할 수 있다(Cain, 1976). [그림 4-7]은 고전노동시장이론을 나타낸다. 인력시장에서의 수요와 공급은 임금이 적정선 이하인 경우 공급이 줄어들고 공급이 줄어들면 수요가 증대하고 수요가 증대하면 임금이 증대하여 수요와 공급이 균형을 찾게 되고 반대의 경우도 마찬가지라는 점을 의미한다.

결국 고전노동시장이론에 따르면 불평등을 극복하기 위해서 개개인들은 더 높은 교육, 더 많은 훈련기회뿐만 아니라 개개인들이 가지고 있는 기술이나 그들의 기술수준에 따른 임금수준에 대한 적절한 평가를 강조할 수밖에 없게 된다.

(2) 이중노동시장이론

이중노동시장이론(dual labor market theory)은 경제적 불평등을 이해하는 데 있어 가장 중요한 요소로 인적 자본에 대한 투자와 자유시장에 따른 소득불평등을 강조하는 것이 적절하지 못하다는 점을 강조한다. 이중노동시장이론가들은 고전노동시장이론가들이 강조하는 것과 같이 시장은 단순하게 작동하지 않는다는 점을 강조하며 불평등은 오히려 자본주의경제의 분열과 일(workings) 사이에 깊게 놓여 있다고 지적한다. Cain(1976)은 시장이 해결하지 못하는 어려운 문제로 첫째, 빈곤의 영속, 둘째, 계속되는 소득의 불평등, 셋째, 불평등을 제거하기 위해 고안된 교육과 훈련프로그램의 비효과성, 넷째, 자격 있는 사람보다는 문화적으로 수용할 수 있는 사람을 획득하기 위해 고용주가 교육을 활용한다는 점, 다섯째, 노동시장에서의 소수자에 대한 차별, 여섯째, 허약해진 경쟁시장에 대한 노동조합의 힘, 고용주 독점, 그리고 정부개입, 일곱째, 시장 밖으로부터가 아니라 시장 자체로부터 결과하는 작업에 대한 나쁜 태도, 여덟째, 경쟁적이고 균형적인 경제가 고전노동시장이론가들이 강조하는 것과 같이 안정적으로 작동하지 않음으로써 나타나는 노동자들의 극도의 소외 등이라고 지적하였다.

이중노동시장이론가들은 계속적인 빈곤과 소득불평등을 설명하기 위해서 다음의 네 가지를 강조한다.

첫째, 민간경제는 핵심 또는 독점 부문(core or monopoly sector)과 주변 또는 경쟁 부문(peripheral or competitive sector)으로 이분화된다.

둘째, 노동시장도 일차 노동시장(primary labor market)과 이차 노동시장(secondary labor market)으로 이원화된다.

셋째, 이동, 소득, 그리고 노동자들을 위한 기타 다른 성과들은 노동시장에 부속되어 있다.

넷째, 인종, 성, 그리고 노동시장에서의 직위 사이에 체계적 관계가 존재한다.

이중노동시장이론은 노동시장을 특히 일차 노동시장과 이차 노동시장으로 양분하여 불평등을 설명한다는 특징을 지닌다. 일차 노동시장에서의 직장은 안정적이며 높은 임금과 좋은 노동조건을 갖추고 있고 노동조합이 설립되어 있으며 좋은 경력체계(career system)를 나타낸다는 특징을 갖는다. 반대로 이차 노동시장에서의 직장은 경력을 쌓을 수 있는 직무구조를 가지고 있지 않고 열악한 노동조건, 낮은 임금, 고용의 불안정성을 특징으로 하며, 대부분의 빈민들이 이러한 이차 노동시장에 편입되어 있다. 안정성, 경력체계, 높은 임금을 가진 일차 노동시장은 민간경제에서 독점 부문에 해당되며 이차 노동시장은 경쟁 부문에 해당된다. 독점 부문에서 기업은 대체적으로 거대하며 자본집약적이고 1인 노동자가 높은 생산성을 나타내고 국내외에 시장을 확보하고 있으며 일반적으로 전자, 자동차, 철강, 항공 관련 기업들이 포함된다. 반면에 경쟁시장에 있는 기업은 훨씬 규모가 적으며 노동집약적이고 1인 노동자가 낮은 생산성을 나타내고, 시장이 협소하다는 특징을 가지며 레스토랑, 슈퍼마켓, 주유소 등이 포함된다. 이차 노동시장에 있는 노동자들의 일차 노동시장으로의 이동은 극히 제한적이며, 일차 노동시장과 이차 노동시장으로 구분되어 있는 이중노동시장이 소득불평등과 빈곤을 영속시키는 결정적 요소가 된다. 따라서 노동시장이론이 인적 자본 또는 인간에게 강조점을 두었다고 한다면, 이중노동시장은 불평등을 낳는 경제 부문과 노동시장을 보다 강조한다는 특징이 있다. [그림 4-8]은 소득불평등에 대한 이중노동시장의 영향을 나타낸 것이다.

이중노동시장이론을 빈곤에 적용한다면 사람들이 빈곤한 이유는 그들이 고용되어 있지 않다거나 경제에 참여하지 않고 있기 때문이라기보다는 경제에 참여하고 있는 그들의 방식 때문이라는 점(어떤 경제 부문에 참여하고 있는가 하는 점)이 강조된다(Piori, 1977). 이중노동시

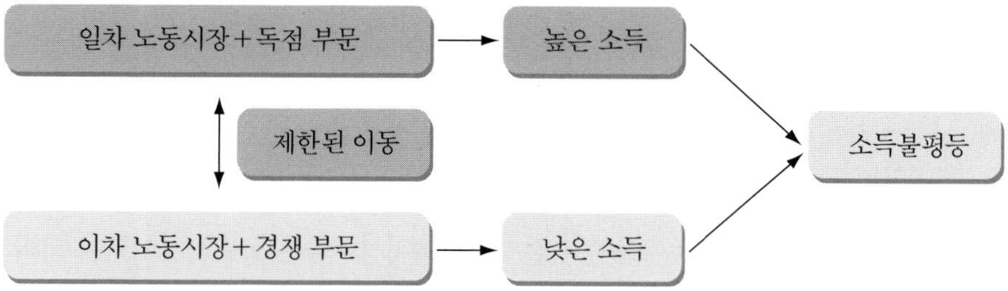

[그림 4-8] 소득에 대한 이중민간경제의 효과

장은 불평등을 설명하는 데 있어 시장과 경제의 역할을 강조하였다는 특징을 가지고 있지만 노동시장에 대한 구분이 인위적이고 민간경제를 독점 부문과 경쟁 부문으로 단순히 이원화시키는 것도 현실적으로 무리가 따른다는 단점을 지닌다.

불평등을 설명해 주는 고전 불평등이론과 현대 불평등이론은 모두 불평등이 자본주의 사회에서의 희소한 자원의 분배에 기인함을 강조하며, 자원으로 정치적 힘, 경제적 힘 또는 양자 모두를 지적한다. 기능주의론자들이나 노동시장이론가들은 사회를 대체적으로 자유롭고 경쟁적이며 조직화된 압박이나 갈등이 적다고 바라보며, 사회재생산이론가들이나 이중노동시장이론가는 사회를 집단과의 갈등이 존재하고 억압적인 구조로 바라본다는 점이 서로 다르다고 할 수 있다.

제4절 불평등 결정요인

빈곤 결정요인과 마찬가지로 불평등을 결정하는 결정요인들은 매우 다양하다고 할 수 있다. 앞의 불평등이론들에 기초하여 불평등 결정요인으로 지적되고 있는 요인들을 살펴보면 가장 먼저 지적되는 불평등 결정요인은 노동시장이다. 즉, 불평등은 노동시장의 다양한 직업유형의 수요와 공급의 차이 때문에 발생하게 된다. 따라서 수요는 적은데 공급이 많은 직업은 임금이 적으며, 수요가 많지만 공급이 적은 직업은 임금이 높으므로 불평등이 발생하게 된다(Hazlitt, 1988). 즉, 수요와 공급의 차이가 임금의 차이를 가져오고 임금의 차이는 한 사회 안에서의 소득불평등을 의미한다.

두 번째로 지적할 수 있는 불평등 결정요인은 타고난 능력이다. 지능이 높은 사람과 지능이 낮은 사람, 동기부여가 강한 사람과 동기부여가 약한 사람, 카리스마가 있는 사람과 카리스마가 없는 사람 등 많은 사람은 태어날 때부터 서로 다른 다양한 능력을 가지고 태어나며 이러한 타고난 능력의 차이가 사람과 사람 사이의 불평등을 초래하게 된다. 물론 지능이 높다고 해서 그 사람들의 소득이 반드시 높은 것은 아니지만, Lynn과 Vanhanen(2002)의 연구에 따르면 지능과 소득의 상관계수가 0.82로 상호 간에 연관이 있음을 나타내 주고 있다.

세 번째 불평등 결정요인은 신기술이다. 급속하게 발전하고 있는 컴퓨터기술과 같은 신기술은 인간의 힘을 전산화기술로 대체시키고 있다. 따라서 신기술을 다룰 수 있는 고급기술의 숙련노동자와 신기술을 다루지 못하는 비숙련노동자 사이에 임금의 격차가 발생하게 되고 이는 결국 소득불평등을 일으키는 요소가 된다.

네 번째 불평등 결정요인은 교육이다. 교육을 많이 받은 사람과 교육을 제대로 받지 못한 사람, 즉 고등학교를 졸업한 사람과 대학원을 졸업한 사람 사이의 소득의 격차는 현실적으로 매우 크며 이러한 소득의 격차는 경제적 불평등을 일으키게 된다.

다섯 번째 불평등 결정요인은 신자유주의다. 미국으로 대표되는 신자유주의의 경제적 특징은 바로 사회적 배제라고 할 수 있다. 높은 수준의 소득불평등, 높은 수준의 절대적 그리고 상대적 빈곤, 동등하지 않은 그리고 질 낮은 교육, 질 낮은 의료서비스나 사회서비스, 높은 수준의 범죄율 등은 모두 신자유주의 국가의 사회적 배제가 낳은 현상으로 사회경제적 불평등을 초래하는 결정적 요인이 되고 있다(Schmitt & Zipper, 2006).

여섯 번째 불평등 결정요인은 세계화다. 세계화로 대표되는 무역자유주의는 전 세계적 차원에서부터 한 국가의 경제에 이르기까지 불평등을 초래하고 있다(Economic Focus, 2008). 가난한 국가와 무역하는 부유한 국가의 노동자들은 가난한 국가의 값싼 노동자들이 만든 상품으로 인하여 그들의 상품경쟁력이 하락하므로 실업에 처하거나 또는 임금이 줄어들 수 있다. 또한 특정 상품을 싸게 수입하는 국가는 특정 상품을 만드는 그 국가의 농민이나 노동자들이 가격경쟁력 저하로 더 이상 그 상품을 만들지 못하게 되므로 소득감소나 실업을 경험하게 될 수 있다. 세계화는 특정 국가나 특정 집단에게는 이익을 가져다주는 반면에 특정 국가나 특정 집단들의 불평등을 초래하는 요인으로 작동할 수 있다.

일곱 번째 불평등 결정요인은 성, 인종, 문화, 종교다. 같은 교육을 받은 남성과 여성의 임금격차는 현실적으로 존재하고 있으며, 인종차별 역시 불평등을 일으키는 주요 요인으로 지적되고 있다. 예를 들어, 미국의 정규직 직원의 평균임금이 여성의 경우 남성의 임금에 77% 수준에 머물고 있는 것으로 나타났으며, 비정규직 역시 남성보다 여성이 많은 것으로 나타나 성적 불평등이 사회경제적 불평등의 주요 요인으로 역할하고 있음을 알 수 있다. 또한 문화나 종교적 상이성 역시 불평등을 일으키는 주요 요인으로 지적되고 있다. 어떤 한 사회의 문화가 가장 보편적인 문화일 수 없으며 종교 역시 문화적 상이성과 함께 특정 사회를 이해하는 하나의 요소로 보아야 한다. 특정 문화나 종교가 어떤 종교나 문화보다 우월하거나 다른 종교나 문화를 지배할 수 없다.

여덟 번째 불평등 결정요인은 개인 간 선호(preference)의 상이성이다. 예를 들어, 같은 능력을 가진 사람이 돈을 더 벌기 위하여 더욱 많이 일하는 경우와 적당히 일하고 많은 여가를 취하는 경우 간의 차이는 단지 선호 또는 생각의 차이일 수 있다. 또한 위험이나 모험을 싫어하여 사업을 벌이기보다는 안정적인 직장에서 안정적인 수입을 원하는 사람과 위험을 감수하여 사업을 일으켜 엄청난 수입을 올리는 사람 간의 경제적 불평등은 존재할 수 있다. 결국 더 많이 벌고 더 적게 벌어 생기게 되는 경제적 불평등은 개인 간 선호의 차이에서 발생할 수 있다.

아홉 번째 불평등 결정요인은 부의 집중이다. 부의 집중은 이미 부를 축적하고 있는 사람이 더 많이 부를 축적하는 경우를 나타낸다. 예를 들어, 특정 주식이 10% 상승하였다고 가정하면 그 주식에 일억 원을 투자한 사람과 백만 원을 투자한 사람 간의 투자이익 차이는 십만 원과 천만 원으로 일억 원을 투자한 사람이 훨씬 많은 투자이익을 올리게 되어 부의 집중이 나타나게 된다. 즉, 부자의 경우는 기본적인 지출 이외의 재산을 모두 투자하여 더 많은 이익을 창출할 수 있지만 가난한 사람은 기본적인 지출을 제외하면 이익을 창출할 수 있을 정도의 재산을 가지고 있지 못하기 때문에 부자는 계속 부자가 되고 가난한 사람은 계속 가난한 사람이 될 수밖에 없다. 따라서 부의 집중은 한 사회에서 만연하는 불평등의 지속성을 나타낸다고 할 수 있다. 또한 이는 세대 간 불평등을 일으키는 주요한 요인이라고도 할 수 있다. 예를 들어, 부자들은 그 자녀들에게 보다 질 좋은 교육을 받도록 지원하여 그 자녀들이 사회에서 경제적으로 더 많은 임금을 받는 직종이나 직업을 가질 수 있으며 또한 재벌들은 자녀들에게 자신의 기업을 상속하도록 하여 부가 세대 간 지속적으로 전이된다.

마지막으로 지적될 수 있는 불평등 결정요인은 인플레이션이다. 오스트리안 경제학파는 국가의 화폐정책에 기인하는 인플레이션이 불평등의 요인이 된다고 강조하였다(Balac, 2008). 즉, 화폐의 공급과잉으로 나타나는 인플레이션이 봉급생활자나 이자로 생활하는 사람들에게는 소득축소를 나타내므로 불평등을 초래한다는 것이다. 〈표 4-3〉은 불평등 결정요인으로 지적된 것들을 정리한 것이다.

● 표 4-3 ● 불평등 결정요인

노동시장	노동시장의 다양한 직업의 수요와 공급의 불일치
타고난 능력	지능이 높은 사람과 지능이 낮은 사람 등
신기술	인간의 힘을 대체하는 기술을 보유한 숙련노동자와 비숙련노동자 사이의 격차
교육	고등교육을 받은 사람과 그렇지 못한 사람
신자유주의	사회적 배제 현상: 높은 수준의 소득불평등, 높은 수준의 절대적 · 상대적 빈곤, 동등하지 않은 그리고 질 낮은 교육, 질 낮은 의료서비스나 사회서비스, 높은 수준의 범죄율 등
세계화	국가 간의 무역자유주의로 인한 상품경쟁력 강화가 부유한 국가와 가난한 국가 모두에 불평등을 심화시킴. 특히, 세계화는 경제적 비교우위에 있는 국가보다 경제적 비교우위에 있지 못한 국가 간의 불평등을 심화시키고 가난하고 경제적 비교우위에 있지 못한 농업 및 산업 부문을 피폐화시킴
성, 인종, 문화, 그리고 종교	남성과 여성의 차이, 인종이나 문화, 나이 그리고 종교적 차이가 사회경제적 불평등을 일으킴
개인 간 선호의 상이성	경제적 부나 위험에 대한 개인 간의 선호나 생각의 차이가 경제적 불평등을 일으킴
부의 집중	이미 부를 축적하고 있는 사람이 더 많이 부를 축적하는 경우 그리고 부가 세습되는 경우 등으로 불평등이 고착화됨
인플레이션	화폐 공급과잉으로 봉급생활자나 이자로 생활하는 사람의 소득축소가 불평등을 일으킴

제5절 불평등의 현실과 대책방안

1. 한국의 불평등

사회복지영역에서 통상적으로 불평등은 사회적 불평등과 경제적 불평등으로 구분된다. 사회적 불평등은 사회에서 국민 개개인이나 집단구성원들의 사회적 지위나 사회적 계급 그리고 사회적 연계(social circle)2)를 해치거나 제한하는 것을 나타내며 대표적으로 나이불평등, 성불평등, 인종불평등, 계급불평등, 건강불평등 등을 포함한다. 특히, 사회적 불평등은 투표권, 집회 및 언론의 자유, 교육이나 건강서비스에 대한 접근, 주택, 여행, 운송 그리고 다른 사회적 재화와 서비스(공공재나 사회복지재화)에 대한 접근에 있어서의 제한을 포함한다(Cohen et al., 1981). 경제적 불평등은 빈민과 부자 사이의 차이, 소득불평등, 부의 불균형, 부와 소득의 차이 등을 나타내며 자산, 소득, 부의 분배에 있어서의 개인 또는 집단 간의 차이를 나타낸다. 경제적 불평등과 사회적 불평등은 상호 간에 연관이 있다. 특히, 사회적 불평등은 경제적 자산이나 소득에 있어서의 불균형을 의미하지만 경제적 불평등은 부의 불공평한 축적에 의해서 나타남이 강조된다(지은구, 2014).

경제적 불평등은 소득불평등의 정도를 나타내 주는 다양한 측정 척도를 통해서 확인할 수 있다. 일반적으로 소득불평등 연구에서 가장 많이 활용하는 불평등척도는 지니계수(Gini Coefficient)다. 지니계수는 이탈리아 통계학자이자 사회학자인 Corrado Gini가 1912년 발표한 논문에서 처음 등장한 측정도구다(지은구, 2014). 최근에 국가에서 소득분배 개선정책을 도입한 후에 지니계수의 변화를 이용하여 소득분배 개선의 정도를 표현하려는 시도는 많은 곳에서 발견된다. 국내의 연구에서는 성명재와 박기백(2009), 유항근(2004), 유경준(2007) 등에게서 지니계수의 이용을 볼 수 있다. 지니계수는 극빈층의 소득점유율 변화에 별로 반응하지 않고, 중산층의 소득분배의 변화를 잘 묘사한다. 지니계수 소득이 완전히 동일하게 분배되면 지니계수는 0이 되며 한 사람이나 한 가구가 모든 소득을 가진다면 지니계

2) 사회적 연계(social circle)는 사회적으로 상호 연계된 사람들의 집단을 의미함.

수는 1이 된다. 따라서 지니계수가 1에 가까우면 가까울수록 불평등의 정도는 심하다고 할 수 있다. 일반적으로 지니계수는 0.3에서 0.5 사이에 위치하는 것으로 알려져 있다 (Haughton & Khandker, 2009: 지은구, 2014에서 재인용).

〈표 4-4〉의 2004년부터 2013년까지 우리나라의 지니계수를 살펴보면, 2004년 전국 2인 이상의 비농가의 경우 0.283으로 나타났으며, 2008년에는 0.296으로 나타나 지니계수가 0보다는 1에 가까워지는 것을 볼 수 있어 불평등이 점차 심화되고 있음을 알 수 있다. 이러한 경제적 불평등은 2007년과 2011년 사이에서 가장 높게 나타나는 것을 알 수 있다. 물론 최근 지니계수는 약간 개선된 것으로 나타나고 있지만 국제적으로 비교해 보면 아직 우리나라의 소득불평등 정도는 열악한 것으로 나타나고 있다. OECD(2014)에 따르면 우리나라는 35개 회원국 중 2010년을 기준으로 지니계수가 0.31로 20위를 차지하였다. 소득불평도가 가장 낮은 국가는 아이슬랜드로 지니계수는 0.24이었다.

● 표 4-4 ● 2004~2013년 지니계수

연도	2004	2005	2006	2007	2008	2009	2010	2011	2012	2013
전국(1인 및 농가 포함)	-	-	0.306	0.312	0.314	0.314	0.31	0.311	0.307	0.302
전국(2인 이상 비농가)	0.283	0.287	0.291	0.295	0.296	0.294	0.288	0.288	0.285	0.280

자료: 통계청. 가계동향조사. 각 연도.

소득불평등 정도, 나아가 빈곤층의 생활실태를 파악하기 위해서 소득 분위별 분류를 바탕으로 빈곤층 내부 소득의 분배 상태를 살펴보는 것도 의미가 있다. 일반적으로 소득 분위별 분류를 파악하기 위한 수단으로는 10분위 비율과 10분위 분배율이 사용되는데, 10분위 비율은 10분의 1에 해당하는 가난한 사람들의 평균소득 대비 상위 10분의 1에 해당하는 부자의 평균소득 간의 비율을 나타낸다. 일반적으로 10분위 비율은 '상위 10%의 부자들이 하위 10%의 가난한 사람들에 비해 몇 배의 소득을 가지고 있다.'라고 표현된다. 10분위 분배율이란 한 나라의 모든 가구를 소득의 크기 순으로 배열하고 이를 10등급으로 분류하여 상위소득 20%의 소득합계에 대한 하위소득 40%의 비율을 계산한 지표다. 10분위 분배율 공식은 다음과 같으며, 수치해석에 의하면 분배율이 높으면 소득격차가 작고 반대로 낮으면 소득격차가 큼을 나타낸다. 따라서 분배율이 낮으면 낮을수록 소득이 불평등하게 분배되었음을 나타낸다(지은구, 2014). 통계청 자료를 분석한 〈표 4-5〉를 보면 10분위 비율은 전체가구를 기준으로 2000년 약 8.2에서 2013년 10.2로 빈부격차가 벌어지고 있음을 알 수 있으며, 10분위 분배율도 2000년 0.5575에서 2013년 0.5308로 낮아져 소득이 불평등하게 분배되었음을 나타내 주고 있다.

〈10분위 분배율=최하위 40% 소득계층의 점유율/최상위 20% 소득계층의 점유율〉

$$10\text{분위 분배율} = \frac{\sum_{l=1}^{4} n}{\sum_{l=9}^{10} n}$$

$$n = l\text{등급소득합계}(l = 1, 2, \cdots, 10)$$

구체적으로 빈곤의 격차를 나타내 주는 통계청(http://kostat.go.kr)의 소득 10분위별 가구당 소득가계수지를 보면, 우리나라의 소득 10분위 분배율의 격차는 매년 악화되고 있는 것으로 나타났다. 2003년 최하소득인 1분위의 소득은 710,124원이고 소득상위 10%의 소득은 5,923,162원으로 격차는 약 8.4배였지만 2013년 최하소득인 1분위의 소득은 924,897원이고 소득상위 10%의 소득은 9,388,074원으로 격차는 10배 이상으로 벌어져 빈부 간의 격차가 줄어들지 않고 지속적으로 커지고 있는 것으로 나타났다.

● 표 4-5 ● 2000~2013년 10분위 비율 및 10분위 분배율

월소득 10분위별		1분위	2분위	3분위	4분위	5분위	6분위	7분위	8분위	9분위	10분위	10분위 비율	10분위 분배율
2000	전체가구	614,988	1,083,796	1,366,801	1,608,621	1,853,417	2,116,288	2,405,260	2,776,679	3,337,625	5,040,060	8.1954	0.5579
	근로자가구	824,536	1,219,038	1,477,379	1,719,195	1,972,556	2,240,729	2,560,005	2,948,900	3,544,217	5,362,081	6.5031	0.5884
2001	전체가구	680,374	1,162,103	1,462,282	1,735,299	2,005,022	2,296,530	2,617,505	3,046,857	3,664,394	5,583,095	8.2059	0.5450

	근로자가구	917,223	1,320,230	1,605,246	1,874,619	2,166,244	2,489,340	2,851,379	3,319,360	3,948,467	6,080,676	6.6294	0.5701
2002	전체가구	681,044	1,221,342	1,566,243	1,855,972	2,142,496	2,457,971	2,804,832	3,273,089	3,955,261	5,955,660	8.7499	0.5372
	근로자가구	976,607	1,445,788	1,746,713	2,042,954	2,329,245	2,651,237	3,037,362	3,543,202	4,234,908	6,338,519	6.4903	0.5875
2003	전체가구	710,124	1,301,033	1,677,990	2,001,328	2,309,668	2,640,664	2,993,723	3,446,559	4,106,615	5,923,162	8,3410	0.5674
	근로자가구	975,026	1,525,554	1,898,999	2,194,183	2,498,674	2,804,513	3,171,346	3,661,918	4,324,282	6,247,214	6,4072	0.6237
2004	전체가구	737,739	1,344,352	1,727,875	2,061,599	2,408,262	2,777,017	3,169,597	3,676,676	4,377,075	6,394,975	8.6683	0.5451
	근로자가구	998,420	1,548,258	1,919,608	2,260,251	2,623,256	2,998,955	3,420,365	3,922,241	4,649,113	6,776,781	6.7875	0.5887
2005	전체가구	726,228	1,349,849	1,756,190	2,130,682	2,500,163	2,885,650	3,294,103	3,799,424	4,552,963	6,731,895	9.2697	0.5284
	근로자가구	1,017,412	1,586,241	2,004,139	2,410,577	2,775,929	3,144,232	3,545,742	4,070,639	4,871,241	7,082,810	6.9616	0.5871
2006	전체가구	741,989	1,399,754	1,823,358	2,189,997	2,587,380	3,005,483	3,483,677	4,058,094	4,812,765	7,058,191	9.5125	0.5185
	근로자가구	1,097,721	1,703,618	2,095,355	2,499,555	2,907,960	3,341,840	3,826,152	4,382,969	5,130,706	7,440,187	6.7778	0.5884
2007	전체가구	732,551	1,426,843	1,898,564	2,316,196	2,711,445	3,146,778	3,629,980	4,227,521	5,107,248	7,629,576	10.4151	0.5005
	근로자가구	1,110,326	1,748,629	2,195,964	2,638,179	3,073,141	3,513,291	4,019,404	4,627,194	5,541,026	8,081,036	7.2781	0.5648
2008	전체가구	774,414	1,510,515	2,000,011	2,432,330	2,875,027	3,333,562	3,854,607	4,484,338	5,462,397	8,159,532	10.5364	0.4931
	근로자가구	1,213,087	1,888,671	2,362,728	2,823,876	3,284,868	3,749,973	4,275,309	4,917,442	5,935,856	8,532,270	7.0335	0.5729
2009	전체가구	737,357	1,482,612	1,997,254	2,440,870	2,885,883	3,354,699	3,858,125	4,496,544	5,403,852	8,025,311	10.8839	0.4958
	근로자가구	1,158,654	1,851,487	2,334,220	2,767,636	3,243,512	3,713,404	4,248,713	4,876,556	5,834,368	8,493,892	7.3308	0.5662
2010	전체가구	816,758	1,586,918	2,158,579	2,654,300	3,093,255	3,537,403	4,075,993	4,718,845	5,682,849	8,362,964	10.2392	0.5138

	근로자 가구	1,264,306	1,979,069	2,509,256	2,965,453	3,393,823	3,870,097	4,397,055	5,051,094	6,000,556	8,634,049	6.8291	0.5957
2011	전체 가구	844,311	1,687,499	2,299,012	2,833,260	3,300,692	3,778,773	4,324,336	4,974,604	6,003,510	8,877,313	10.5143	0.5150
	근로자 가구	1,307,662	2,093,182	2,670,874	3,140,363	3,598,561	4,101,449	4,659,910	5,342,304	6,382,653	9,172,045	7.0141	0.5922
2012	전체 가구	915,578	1,814,128	2,474,200	3,013,291	3,484,648	3,988,052	4,571,115	5,292,216	6,350,800	9,356,485	10.2192	0.5231
	근로자 가구	1,396,821	2,255,107	2,836,228	3,315,140	3,796,928	4,316,764	4,900,608	5,620,887	6,718,294	9,752,866	6.9822	0.5952
2013	전체 가구	924,897	1,857,448	2,555,778	3,089,249	3,548,609	4,066,845	4,676,154	5,425,970	6,487,491	9,388,074	10.1504	0.5308
	근로자 가구	1,453,461	2,363,583	2,938,026	3,429,799	3,897,869	4,428,911	5,060,323	5,809,134	6,826,227	9,843,532	6.7725	0.6110

자료: 통계청. 소득 10분위별 가구당 소득가계수지(http://kostat.go.kr).

결론적으로 우리나라의 불평등을 분석해 보면 소득의 양극화현상으로 인해 빈곤층의 생활생태는 더욱 악화되고 있음을 알 수 있다.

물론 불평등은 교육 및 건강불평등을 포함하는 사회적 불평등에 대한 연구도 동시에 중요하지만 교육불평등이나 건강불평등의 정도를 측정하는 불평등척도는 현실적으로 개발되어 있지 않다. 하지만 한국보건사회연구원이 2013년 암환자 4만 3,000여 명의 소득계층별 생존율을 분석한 「우리나라 건강 형평성 현황 및 대책」 보고서에 따르면, 똑같이 암에 걸려도 고소득층의 생존율은 저소득층에 비해 뚜렷하게 높았으며, 학력 격차에 따른 사망률은 8배 이상 차이가 나는 것으로 나타났다. 소득상위 20% 남성 환자의 5년 생존율은 37.84%로 소득하위 20%의 24.04%보다 13.80%나 높았다. 또 경제적 이유 때문에 몸에 이상이 있지만 병원을 방문하지 못했거나 치료를 중도에 포기한 환자의 비율도 상층(6.2%)보다 하층(29.9%)에서 월등히 높았다. 이러한 연구결과는 우리나라의 저소득층의 경우 고소득층에 비해 건강불평등이 심각하다는 것을 잘 나타내 준다.

우리나라의 교육불평등 역시 매우 심각한 수준인 것으로 파악되고 있다. 김천기(2001)와 서울대학교 대학생활문화원(2001)은 서울대학교 신입생 가운데 서울출신이 차지하는 비율이 1998년 40%, 1999년 43%, 2000년 45% 그리고 2001년에는 47.3%를 차지하여 지역 간 교육불평등이 심각한 수준임을 보고하였다. 보고에 의하면 서울출신 서울대학교 입학생들 가운데 강남, 서초, 송파와 같은 옛 8학군 소재 고교출신이 무려 50.6%이고 신입생 학부모의 50% 가까이가 상류계층으로 분류되는 고급공무원, 기업체 사장이나 간부, 변호사, 의사, 교수, 언론인 등 전문직 출신(한겨레신문, 2000. 11. 25)으로 나타나 교육의 계층 간 불평등 수준이 심각함을 보여 주고 있다. 특히, 소득계층별 월평균 교육비 비율을 살펴보면 소득상위 20% 계층은 월평균소득에서 교육비가 차지하는 비율이 27.6%로 약 63만 3,263원을 지출하지만 소득하위 20%의 월평균소득 교육비가 차지하는 비율은 단지 5.4%로 13만 5,425원을 지출하여 소득계층 간 교육비지출이 약 5배의 격차가 나는 것으로 나타나 소득계층 간 교육불평등은 매우 심화되어 있음을 알 수 있다(경향신문, 2007. 5. 10).

한국 사회의 성불평등 정도는 성불평등지수를 통해서 확인할 수 있다. 성불평등지수는 2010년 UNDP(United Nations Development Programme)가 개발한 것으로 0에 가까우면 평

● 표 4-6 ● 우리나라의 성불평등지수

연도		2012	2013
순위		27	17
대상		148	152
점수		0.153	0.101
생식건강	모성사망비	16.0	16.0
	청소년 출산율(%)	5.8	2.2
여성권한	여성의원비율(%)	15.7	15.7
	중등 이상 교육받은 여성인구(%)	79.4	77.0
	중등 이상 교육받은 남성인구(%)	91.7	89.1
노동참여	경제활동 참가율 여성(%)	49.2	49.9
	경제활동 참가율 남성(%)	71.4	72.0

자료: 통계청, e-나라지표.

등한 것이고 1에 가까우면 완전 불평등한 것으로 해석된다. 우리나라의 경우 2012년 총 148개국 가운데 27위로 성불평등지수는 0.153이었으며, 2013년에는 총 152개국 가운데 17위로 0.101을 나타내어 성불평등이 스위스, 독일, 덴마크, 스웨덴과 같은 북유럽 선진복지국가들에 비하면 낮은 순위이지만 약간 개선되었음을 알 수 있다(e-나라지표에서 재인용). 〈표 4-6〉은 우리나라의 성불평등지수를 나타낸다.

하지만 성불평등지수는 남녀 간의 임금격차, 노동시장 직종격리 및 남녀 간 시간사용 등의 영역이 제외되어 있어 이를 반영하면 현실적으로 성불평등은 더욱 악화되어 있다고 예측할 수 있다.

● 표 4-7 ● 남녀 간 임금격차

연도	2000년	2011년	2012년
OECD 평균	19.2	14.8	
한국 (OECD 1위국)	40.4	37.5	37.4
일본	33.9	27.4	26.5
미국	23.1	17.8	19.1

자료: 한겨레신문(2014. 8. 4)

〈표 4-7〉과 같이 한국의 남녀 간 임금격차는 OECD 자료를 보면 한국은 11개 회원국 중 1위를 차지하였으며 2000년부터 2012년까지 13년 동안 줄곧 임금격차가 가장 큰 것으로 조사되었다. 남성노동자의 임금을 100으로 가정한다면 2012년을 기준으로 여성노동자들은 약 37.4 포인트가 낮은 62.6%에 불과하다는 것을 나타내어 남녀 간 성불평등도는 매우 심각한 수준임을 알 수 있다.

2. 불평등의 대책방안

불평등을 완화하는 방법으로 주로 고려되는 것은 정부개입과 정부개입 이외의 방법이 존재한다. 불평등을 완화하기 위해서 정부가 추진할 수 있는 정부정책은 다음과 같다.

첫째, 공교육의 강화
둘째, 누진세의 강화
셋째, 최저임금의 상향
넷째, 특정 상품에 대한 가격보조나 국유화
다섯째, 사회복지서비스의 강화

특정 소득 이하 집단의 구성원들의 교육적 차이에 의해서 나타나는 불평등을 축소하기 위한 정부의 교육 강화정책은 그들의 기술력향상을 가져와 소득향상에 이바지할 수 있으며 가난한 사람들에 대한 세금축소와 부자들에 대한 세금강화는 역시 불평등을 완화할 수 있다. 특히, 무상보육, 무상교육, 무상급식 등 교육현장에서 불평등을 완화하는 보편적 복지서비스의 확대 역시 교육불평등을 개선시키는 데 일정한 역할을 할 수 있다. 노동시장에 진입한 노동자들의 기본적인 삶을 유지할 수 있도록 현실적 수준에 맞추어 최저임금을 조정하는 것 역시 불평등완화에 도움이 될 것이며 무역자유주의에 의해 일어날 수 있는 불평등을 완화하기 위하여 특정 영역의 상품에 대해 국가가 가격보조정책(예: 쌀)을 취할 수 있다. 더 나아가 모든 국민들에게 반드시 필요한 특정 재화나 서비스에 대해 국유화를 강화하여 값싸고 자유롭게 사용할 수 있도록 하고 안정적 공급을 통해 불평등을 완화할 수 있으며(예: 주택이나 의료서비스), 실업자나 맞벌이 가정, 한부모 가정 등 위기 가정을 위한 국가의 각종 사회복지서비스 정책의 강화 역시 사회경제적 불평등을 완화하는 역할을 수행할 수 있다.

정부개입을 통한 불평등완화 방법 이외의 불평등완화 방법으로는 소비성향의 변화와 노동조합의 강화를 들 수 있다. 소득이나 부가 많으면 많을수록 더 많은 지출을 하게 되고 더 많은 지출은 불평등을 일으키는 요소이므로 소득증가에 따른 지출증가 성향을 막기 위하여 부의 집중현상을 축소하는 것도 한 방법이다. 부의 집중현상을 완화하게 되면 그만큼 불평등은 줄어들게 된다. 하지만 부의 집중을 막기 위한 정부개입은 논란을 불러일으킬 수 있으므로 개인적 소비를 지역사회나 가난한 사람들을 위하여 사용할 수 있도록 소비성향을 전환시키는 방법도 불평등을 완화할 수 있다.

노동조합의 힘을 강화하는 것 역시 불평등을 완화하는 방법이다. 노동조합의 협상력 강화를 통해 임금과 같은 노동조건의 개선은 노동자들의 경제적 불평등을 완화할 수 있다. 만약 노동조합의 힘이 약화되고 개인의 임금이 개인의 성과와 관련되는 성과급임금으로 전환된다면 성과를 개선하지 못하거나 만족할 만한 성과를 산출하지 못하는 노동자들의 불평등은 심화될 수 있다.[3)]

제6절 소결

구성원들의 차이라는 상대적 비교 개념을 가진 불평등은 단순한 차이를 나타내는 것이 아니라 불평등 상태에 대한 가치판단의 평가가 필요한 개념이다. 일반적으로 불평등은 전체 사회를 기본 단위로 하여 측정할 수도 있고 가구를 중심으로 측정할 수도 있다. 불평등을 설명해 주는 이론은 크게 고전 불평등이론과 현대 불평등이론으로 구분될 수 있으며 이론적으로는 기능주의 관점의 이론과 갈등주의 관점의 이론으로 구분된다. 먼저 고전 불평등이론은 Marx의 이론, Weber의 이론, Pareto의 이론 그리고 Durkheim의 이론으로 구분된다. Marx의 이론은 갈등주의 관점으로, 그리고 Pareto의 이론과 Durkheim의 이론은 기능주의적 관점으로 구분되며, Weber의 이론은 갈등주의 관점과 기능주의 관점을 동시에 내포하고 있는 이론으로 구분할 수 있다.

현대 불평등이론으로는 부족한 자원이 상이하게 할당되어 사회계층화가 형성되고 이러한 계층화는 당연한 사회구조임을 강조하는 계층화이론, 교육구조에 의해서 불평등이 재생산됨을 강조하는 사회재생산이론, 사회생산물의 분배에 있어 힘에 의해 불평등이 초래됨을 강조하는 Lenski의 종합이론 그리고 노동시장 자체의 구조적 문제점으로 불평등이 초래됨을 강조하는 노동시장이론 등이 있다. 계층화이론은 기능주의 관점으로 불평등을 해석하

3) 2007년 6월 10일 『*New York Times*』에 따르면 미국의 경우 1976년부터 1993년까지 성과급임금이 남성노동자들의 임금불평등을 25% 증가시켰다고 한다(http//www.nytimes.com/2007/06/10/business/yourmoney/10view.html). 이러한 결과는 성과급이 직장 내 노동자들의 임금불평등을 심화시켰음을 나타내 준다.

며, 노동시장이론과 사회재생산이론은 갈등주의 관점으로 불평등을 이해하고, Lenski의 종합이론은 기능주의 관점과 갈등주의 관점을 모두 포함하는 이론이라고 할 수 있다.

빈곤과 같이 사회경제적 불평등은 하나의 요인이 영향을 준다기보다 여러 요인들이 복합적으로 작용한 결과라고 할 수 있다. 즉, 이중노동시장이론이 불평등을 설명하는데, 구조적으로 모든 노동자들이 낮은 소득을 구성하는 이차 노동시장으로부터 벗어날 수 없다고 단정할 수 없는 것에서 이해될 수 있다. 이는 불평등을 결정주의적 관점으로 바라보는 것에 한계가 있음을 설명해 준다. 지위나 상속, 교육, 문화나 습관 등의 개인적 속성이 불평등을 초래하는 요인이 될 수 있으며, 노동시장, 인플레이션, 신자유주의나 세계화, 인종이나 성 그리고 종교적 차이와 같은 사회구조적 속성 역시 불평등을 초래하는 요인이 되므로 불평등은 개인의 노력뿐만 아니라 사회적 노력에 의해서 개선될 수 있다. 특히, 사회적 소외집단이나 배제집단 그리고 사회에서 힘을 가지지 못한 집단들에 대한 불평등의 해소는 개인적 속성에 대한 변화보다 사회구조적 변화, 즉 불평등을 완화하기 위한 사회정책의 제공을 통해서 해결될 수 있으므로 사회구조적 불평등을 해소하기 위한 사회복지 재화와 서비스의 제공은 무엇보다도 중요한 불평등해소를 위한 정책적 과제라고 할 수 있다(지은구, 2014).

참고문헌

김천기(2001). 한국사회적 맥락에서 본 수준별 교육과정: 불평등재생산기제. 교육사회학연구, 11(3), 39-56.

서울대학교 대학생활문화원(2001). 2001년 신입생 특성조사. 서울대학교.

성명재, 박기백(2009). 인구구조변화가 소득분배에 미치는 영향. 경제학연구, 57(4), 5-37.

유경준(2007). 소득불평등도와 양극화. 한국개발연구원.

유항근(2004). 지니계수, 상대적 지니계수 및 타일의 엔트로피지수를 이용한 소득불평등분석. 응용경제, 6(3), 5-30.

지은구(2013). 사회복지경제분석론. 청목출판사.

지은구(2014). 사회복지경제와 측정. 도서출판 민주.

통계청. e-나라지표.

통계청. 가계동향조사. 각 연도.
통계청. 소득 10분위별 가구당 소득가계수지(http://kostat.go.kr).
경향신문(2007년 5월 10일).
한겨레신문(2000년 11월 25일).
한겨레신문(2014년 8월 4일).

Aberle, D. F., Cohen, A., Davis, A., Levy, M., & Sutton. F. (1950). "The Functional Prerequisites of a Society". *Ethics, 60*, 100–111.

Atkinson, A. B. (1975). *The Economics of Inequality.* London: Oxford University Press.

Balac, Z. (2008). Monetary inflation's effect on wealth inequality: An Austrian analysis. *Quarterly Journal of Austrian Economics,. 11,* 1–17(2009/1/21).

Barr, N. (1998). *The economics of the welfare state* (3rd ed.). London: Oxford University Press.

Bourdieu, P. (1977a). Cultural Reproduction and Social Reproduction. In J. Karabel & A. H. Halsey (Eds.). *Power and Ideology in Education* (pp. 487–510). New York: Oxford University Press.

Bourdieu, P. (1977b). *Outline of a Theory of Practice.* Cambridge: Cambridge University Press.

Bowles, S., & Gintis, H. (1976). *Schooling in Capitalist America.* New York: Basic Books.

Cain, G. G. (1976). December. "The Challenge of Segmented Labor Market Theories to Orthodos Theory". *Journal of Economic Literature,* 1215–1257.

Cohen, L., Kluegal, J., & Land, K. (1981). Social inequality and predatory crimonal victimization: An exposition and test of a formal theory. *American Sociological Review, 46*(5), 505–515.

Davis, K., & Moore, W. (1945). Some Principles of Stratification. *American Sociological Review, 10*, 242–249.

Economic Focus (2008). *The Economist.* London: The Economist Group.

Giroux, H. A. (1983). *Theory & Resistance in Education: A Pedagogy for the Opposition.* South Hadley, MA: Bergin & Garvey.

Haughton, J., & Khandker, S. R. (2009). *Handbook on poverty and inequality.* Washington, D.C.: The World Bank.

Hazlitt, H. (1988). *Economics in one lesson.* London: Three River Press.

Hurst, C. E. (1995). *Social inequality: Forms, causes, and consequences* (2nd ed.). Boston: Allyn and Bacon.

Le Grand, J. (1982). *The stratege of equality.* London: Allen & Unwin.

Lenski, G. (1966). *Power and Privilege*. New York: McGraw-Hill.

Lynn, R., & Vanhanen, T. (2002). *IQ and the wealth of nations*. Westport, CT: Praeger.

MacLeod, J. (1987). *Ain't No Makin' It: Leveled Aspirations in a Low-Income Neighborhood.* Boulder, CO: Westview.

OECD (2014). Society at a glance. OECD.

Okun, A. (1975). *Equity vs. efficiency: The big tradeoff.* Washington, D.C.: Brookings Institution.

Piori, M. J. (1977). The Dual Labor Market: Theory and Implications. In D. M. Gordon (Ed.). *Problems in Political Economy: An Urban Perspective*. Lexington, MA: D.C. Heath.

Sayer, A. (1995). *Radical political economy.* Oxford: Blackwell.

Schmitt, J,. & Zipper, B. (2006). Is the U. S. a good model for reducing social exclusion in Europe? (http//www.cepr.net/documents/social_exclusion_2006_08.pdf). *Post-autistic Economic Review*, 40.

Tumin, M. M. (1953). Some Principles of Stratification: A Critical Analysis. *American Sociological Review, 18*, 387-394.

Wilkinson R., & Pickett, K. (2009). *The spirit level: Why more equal societies almost always do better.* New York: Allen Lane.

http//www.nytimes.com/2007/06/10/business/yourmoney/10view.html.

제5장 노동문제

제1절 개관

우리나라 노동문제는 노사불안 문제에서 시작하여 고용불안 문제, 근로계층의 복지악화 문제로 확대되고 있다. 이와 함께 노동시장은 한편으로는 노동운동의 충격을 받아 왔으며, 다른 한편으로는 세계화와 정보화의 충격에 부딪혀 왔다. 이러한 세계화로 대변될 수 있는 경제질서 변화와 정보화로 대변되는 기술변화가 본격화되기 시작한 1990년대 중반 이후 고용불안은 더욱 악화되었고 이는 다시 근로빈곤계층의 확산을 야기하게 되었다. 이러한 변화에 대해서 경영계는 인건비 절감으로 대응해 왔고, 노동계는 기득권의 강화를 위한 투쟁을 선택해 왔다. 이것은 노동계와 경영계 간 죄수의 딜레마[1] 하에 놓여 있는 것과 유사하다. 대립과 협력이라는 두 개의 선택에 있어서 노동계와 경영계 모두 대립을 선택하는 것이 사

1) 게임 이론의 유명한 사례로, 두 명이 참가하는 비제로섬 게임(non zero-sum game)의 일종이다. 이 게임은 용의자의 딜레마 또는 수인의 번민(囚人의 煩悶)이라고도 불린다. 이 사례는 협력할 경우 서로에게 가장 이익이 되는 상황인데도 개인적인 욕심으로 서로에게 불리한 상황을 선택하는 것을 보여 주고 있다(Thurow, 2001).

전적으로 볼 때 합리적이지만, 사후적으로 볼 때 대립을 피해야 하는 비합리적인 선택이 되는 상황에 빠져 있다.

제2절 노동과 노동문제의 개념

노동(勞動, labor)이란 인간이 자기의 내부에 있는 육체적이고 정신적인 능력을 사용하여 목적의식적으로 외부의 자연에 작용함으로써 자연을 인간에게 도움이 되도록 변화하게 하는 활동을 말한다. 노동을 통하여 인간은 생존에 필요한 다양한 생활수단을 획득할 수 있다. Marx는 노동에 대해서 노동은 무엇보다 먼저 인간과 자연 사이의 한 과정, 즉 인간이 자연의 질료변환을 그 자신의 행위에 의하여 매개하고, 규제하고, 통제하는 과정이라고 말하고 있다. 노동의 활동과 작용에는 세 가지가 있다. 첫째, 목적을 가진 인간의 활동, 예컨대 노동 그 자체가 있고, 둘째, 노동에 있어서의 대상, 셋째, 인간이 대상에 작용을 가할 때 사용하는 생산도구로서의 노동이 있다. 이러한 세 가지 작용을 통해 인간은 자신을 새롭게 만들어 간다. 자연에 대한 인간의 의식들, 자연에 작용함에 있어서의 목적의 확정들, 자연에 작용하는 인간의 행위들 등 일련의 인간활동이 바로 노동이다. 인간은 노동 없이는 생활할 수 없으나 노동이 인간 생존을 위해 반드시 필요한 수단으로서의 의미로 한정되는 것은 아니다. 따라서 노동은 단순히 먹고사는 문제를 해결하기 위한 생산활동에 있는 것이 아니라 스스로의 가치를 창조하는 매우 창조적인 활동이다(Marx, 1989).

노동은 이중성을 가진다. 상품을 만들어 내는 구체적 노동과 그것의 다른 한편인 추상적 노동이다(http://www.laborsbook.org). 이러한 이중성 때문에 상품의 이중성—구체적 노동은 상품의 사용가치로, 추상적 노동은 상품의 가치로—을 야기한다. 노동의 이중성은 상품생산에서의 사람들 간의 생산관계와 상품생산에 내재하는 실재적 모순들의 표현이다. 단순상품생산의 단계에서 추상적 노동과 구체적 노동 간의 모순은 사적 노동과 사회적 노동 간의 적대관계로서 존재한다. 이것은 소상품생산자의 분화와 단순상품생산의 자본주의적 생산으로의 전화(轉化)를 가져오고, 자본주의적 생산에서 사회적 노동과 사적 노동 간의 적대관계는 정점에 도달하게 된다. Marx는 노동자가 자신의 구체적 노동으로 생산수단의 가치를 자신의 노동의 생산물에 이전하고, 자신의 추상적 노동으로 자신의 노동력 가치를 초과하는 새로운 가치를 창조한다는 것을 보여 주었다. 자본주의하에서 사회적 노동과 사적 노동 간의 모순은, 특히 부르주아와 프롤레타리아 간의 화해가 불가능함을 표현해 주는 자본주의의 구조적 모순으로, 노동문제를 야기할 수 있다.

노동문제는 산업화가 진전되면서 본격적으로 시작되었다. 특히, 자본주의가 발달하면서 이윤 추구를 주된 목적으로 하는 자본가와 종속적 위치에 있었던 임금노동자 사이의 갈등은 자본주의 사회의 구조적 모순으로 인식되었다. 그리고 노동문제는 다양한 형태로 나타나고 있다(김영화, 2002). 즉, 자본과 임금노동 사이의 관계에서 발생하는 모든 문제가 노동문제이고, 자본주의 생산관계에서 노동자의 노동력이 상품으로 간주됨으로써 발생하는 문제라 볼 수 있다. 노동문제는 대다수 국민의 생계 및 자아실현과 밀접한 관계가 있고, 다양한 사회문제에도 직간접적으로 연계되어 있다. 또한 빈곤을 비롯한 다른 사회문제와도 많은 측면에서 관계가 있으므로 노동문제는 노동자 자신에게만 있는 문제가 아니다. 따라서 노동문제는 단순히 노동자의 문제가 아니고 가족, 더 나아가 국가 전체의 문제라고 볼 수 있다. 적어도 자본주의의 변천과정에서 노동문제가 사회복지정책의 한 축을 형성하였고, 노동자의 권익을 보장하는 기틀을 마련하였다. 노동자 보호의 확대, 사회보장제도의 구축, 적극적 노동시장정책의 수립 등을 통해 시장경제의 구조적 모순과 경제적 강요에 대한 해답을 찾아가고 있다.

제3절 노동문제의 원인

1. 기능주의적 관점

사회를 상호 관련되고 의존적인 부분들로 이루어진 체계로 파악하고 각 부분들이 전체 체계의 작동에 기여하는 가운데 전체 체계가 균형 상태를 유지해 나가는 것으로 가정하는 기능주의적 관점에서는 노사관계도 그 기능의 일부로 파악된다(Sulivan, 1980). 기능주의적 관점은 전체 체계의 안정을 위해 현실을 인정하고 유지하는 균형성, 통합성, 안정성을 강조하는 것으로 일정한 기능을 담당하고 있는 하위체계의 불평등 구조 역시 그 자체로서 긍정적인 기능이 있기 때문에 필요한 것으로 본다.

전체 체계로서의 사회는 규범을 공유하고, 목표성취를 위한 수단을 규제하며, 효과적으로 사회를 통제하고, 역할을 적절하게 배분함으로써 스스로 존속시켜야 하고 각 부분은 그것을 가능하게 하는 기본적 요건을 충족시켜야 하는데, 이것이 원활하게 작동하지 않았을 때 사회문제가 발생하는 것으로 본다.

다음의 예시는 의사의 진료 행위가 환경 미화원의 청소 업무보다 더 전문적인 능력이 있어야 하고 중요하므로 더 많은 보상이 주어져야 한다고 주장하는데 이는 사회계층현상을 기능주의적 관점에서 바라보는 것이다.

> 예시) 환경미화원 청소 업무는 특별한 기술이 필요치 않고 누구나 쉽게 할 수 있지만, 의사의 진료 행위는 더 중요하고 또한 전문적인 지식과 기능을 요구하므로 당연히 더 나은 보상을 해 주어야 합니다. 만약 의사와 환경미화원에게 동일한 보상을 해 준다면 누가 많은 대가를 치르고 기술과 지식을 쌓아야 하는 의사와 같은 직업을 가지려 하겠습니까?
>
> – zum학습백과 홈페이지(http://study.zum.com/book/11927)

2. 갈등주의적 관점

갈등주의적 관점의 시각을 가진 사람들은 사회문제는 어느 사회에나 두루 존재한다고 본다. 그리고 이러한 사회문제를 사회변동의 주요한 요인으로 보고, 사회문제가 잘 해결되면 사회는 한층 더 발전할 수 있을 것이라고 생각한다. 따라서 사회문제 그 자체가 중요한 것이 아니라, 그 문제를 유발하는 사회구조적 상황을 문제 삼는다. 갈등주의적 관점에서는 사회의 속성을 대립과 갈등의 연속으로 보며, 이것이 심해질 때에 사회문제가 발생한다고 본다. 산업현장에서 근로자와 사용자가 서로의 주장을 관철하기 위해 노사 분규를 일으키거나 이익 단체들 사이에 갈등이 생기는 것이 갈등주의적 관점에서 주목하는 사회문제들이다. 이와 같이 갈등주의적 관점에서는 이익을 추구하는 각 집단들이 자기들이 추구하는 가치나 이익을 얻지 못했거나, 또는 희소 자원의 배분에서 제외되었을 때에 사회문제가 나타난다고 보며, 그 원인을 사회구조의 결함 또는 사람들 간의 대립 관계에서 찾는다. 따라서 사회문제를 해결하기 위해서는 사회구조를 변화하거나 또는 개선해야 한다고 제안한다.

갈등주의적 관점의 핵심은 지배층과 피지배층이 사회적으로 희소 자원의 배분을 둘러싸고 어떠한 갈등 구조를 보이는가 하는 점이다(Dahrendorf, 1959). 즉, 사회불평등에 의해 집단 간 갈등과 반목이 커지고, 전체 사회의 불안정을 유발한다고 본다. 이는 집단 간의 갈등을 필연적으로 유발하여 사회문제를 일으키며, 결국은 사회통합까지 저해하게 된다.

다음의 예시는 환경 미화원의 청소 업무가 의사의 진료 행위 못지않게 사회적으로 중요한 기능을 하고 있음에도 낮은 대우를 받는 것은 지배집단의 가치가 반영되어 있고 불공정한 분배 방식에 따라 이루어진다고 주장하는데 이는 사회계층현상을 갈등주의적 관점에서 바라보는 것이다.

> 예시) 환경미화원이 의사보다 중요하지 않다는 것은 과연 누가 정했나요? 공중위생을 책임지는 환경미화원이 없다면 오히려 사람들의 건강이 더 위협받게 되지 않을까요? 또한 간호사나 약사, 병원의 일용 근로자의 도움 없이 과연 의사 혼자서 진료 행위를 잘할 수 있을까요? 결국 의사의 일이 다른 일보다 더 중요하다고 볼 수는 없습니다.
>
> - zum학습백과 홈페이지(http://study.zum.com/book/11927)

제4절 노동문제의 실태

1. 임금문제

노동력이라는 상품의 특수성 때문에 상품과 상품의 판매자는 서로 떨어질 수 없으므로 노동력의 거래가 노동자의 생활을 구속하게 된다. 상품거래의 계약이 고용계약이라는 형태를 취하며 단순한 경제적 관계 이외에 사회적 관계가 생겨 사회문제로서의 노동문제가 생기는 것이다. 노동시장에 있어서 이런 기초적 관계 이외에 노동시장에서는 보다 중요한 노동문제가 있다. 그것은 임금문제다.

표 5-1 연도별 최저임금

연도	시급	최저임금
1988	(1군)462.5원 (2군)487.5원	(1군)111,000원 (2군)117,000원
1989	600원	144,000원
1990	690원	
1991	820원	
1992	925원	
1993	1,085원	
1994.1~1994.8	1,005원	
1994.9~1995.8	1,170원	
1995.9~1996.8	1,275원	
1996.9~1997.8	1,400원	
1997.9~1998.8	1,485원	
1998.9~1999.8	1,525원	
1999.9~2000.8	1,600원	
2000.9~2001.8	1,865원	
2001.9~2002.8	2,100원	
2002.9~2003.8	2,275원	
2003.9~2004.8	2,510원	
2004.9~2005.8	2,840원	
2005.9~2006.12	3,100원	
2007	3,480원	727,320원(주 40시간제) 786,480원(주 44시간제)
2008	3,770원	787,930원(주 40시간제) 852,020원(주 44시간제)
2009	4,000원	836,000원(주 40시간제) 904,000원(주 44시간제)
2010	4,110원	858,990원(주 40시간제) 928,860원(주 44시간제)
2011	4,320원	902,880원(주 40시간제) 976,320원(주 44시간제)
2012	4,580원	957,220원(주 40시간제) 1,035,080원(주 44시간제)
2013	4,860원	1,015,740원(주 40시간제) 1,098,360원(주 44시간제)

2014	5,210원	1,088,890원(주 40시간제) 1,177,460원(주 44시간제)
2015	5,580원	1,166,220원(주 40시간제) 1,261,080원(주 44시간제)

자료: 위키백과사전 재구성.

임금(賃金)은 노동의 대가로 받는 삯이다. 노동자는 임금에 의하여 자기의 생계를 유지할 수 있으므로 임금은 종업원에게 협력의식을 유인하는 가장 중요한 요소가 된다. 따라서 노동자로서는 많은 임금을 받아 윤택한 생활을 할 수 있기를 바라게 된다. 그러나 임금은 경영자에게는 비용의 중요한 일부를 구성하므로 경영자는 경영목적의 달성을 위하여 가급적이면 임금을 인하하려고 한다. 그 결과 임금문제를 중심으로 하여 항상 노사 간의 충돌이 일어나고, 복잡한 사회문제가 야기되며, 따라서 문제의 적절한 처리는 중요한 과제가 되고 있다. 그리고 이러한 임금을 어떻게 체계화하여 합리적으로 지급하느냐 하는 것이 극히 중요한 관리 문제다.

1986년 12월 31일 「최저임금법」을 제정하였고 1988년 1월 1일부터 최저임금제를 시행하였다. 경제 대호황이었던 1988년 당시 정부가 정한 최저임금은 실제 노동자들의 임금의 30%에도 미치지 못하였다. 우리나라 고용노동부의 최저임금은 〈표 5-1〉과 같다.

우리 사회의 노동시장에서 임금격차는 여러 가지 형태로 존재하고 있으며 학력별, 직종별, 성별 임금격차는 상당히 크다고 할 수 있다. 특히, 외환위기 이후 기업의 노동 유연성 추구로 인해 비정규직이 늘어났으며, 저임금 및 임금격차 현상이 가속화되었다. 저임금 비정규직 노동자들은 낮은 임금수준으로 생계를 유지하고 있기 때문에 빈곤의 문제에 직면하게 될 가능성이 높다. 비정규직은 저임금 하층구조 정착에도 결정적인 역할을 한다. 비정규직 문제는 단순히 임금에만 국한되지 않는다. 대부분이 기본적인 사회보험제도의 범주 밖에 있다. 법정 임금과 사회보험제도에서 제외된 저임금 계층이 퇴직금이나 유급휴가, 근로계약 서면 작성 등 기본적인 노동조건의 혜택을 받지 못하고 있다. 이처럼 경영자는 지불노동의 비중을 줄이기 위해 가능한 한 낮은 임금을 추구하게 된다. 그리고 이것은 임금노동자의 생활을 규정하게 된다. 따라서 이러한 노동력의 상품으로서의 특수성에 기인하는 여러 조건들은 임금이 노동력의 가치 이하로 절하될 수밖에 없게 만든다. 임금이 노동력의 가치 이하로 절하되는 것은 임금노동 자체의 재생산을 불가능하게 하는 것이고 임금노동자에게는 사활을 건 중대한 문제가 된다. 노동시장에서 임금문제는 자본-임금노동관계의 쌍방 당사자에게 가장 중요한 문제가 아닐 수 없다.

2. 노동시간

우리나라 국민들은 OECD 평균 1,770시간보다 무려 393시간 이상 노동을 하고 있다. OECD에 따르면 지난해 한국인의 연간 노동시간은 OECD 34개 회원국 중 멕시코(2,237시간)에 이어 2위를 기록했다. 한국은 통계치가 있는 1980~2007년까지 27년간 줄곧 노동시간 1위를 차지하다 2008년부터 멕시코에 1위 자리를 넘겨줬다.

장시간 노동이 그토록 오랫동안 지속된 이유는 무엇일까? 가장 직접적인 이유는 기업들이 최대한 적은 인원을 채용하여 최대한 오랫동안 일을 시킨다는 것이다. 하지만 그것은 전 세계 모든 자본의 꿈이다. 중요한 것은 왜 한국에서 유독 그러한 방법이 성공할 수 있었느냐다.

첫째, 앞에서도 언급한 임금의 문제다. 한국의 노동자들은 시간당 임금이 적으며, 기본급이 낮은 임금 구조다. 게다가 복지제도는 열악하다. 따라서 잔업 · 특근을 동반한 장시간 노동을 통해서만 비로소 생활을 영위할 수 있다. 먹고살기 위해서는 장시간 노동을 할 수밖에 없는 것이다. 많은 연구들은 고임금 노동자도 잔업 · 특근을 한다는 것을 근거로 장시간 노동의 원인이 저임금 때문이라는 것을 부인하기도 한다. 하지만 이는 고임금이 잔업 · 특근의 결과라는 점, 즉 장시간 노동을 해야만 고임금이 된다는 것을 간과하고 있다. 장시간 노동을 해도 저임금과 낮은 기본급을 받는 노동자들로 인한 착시효과일 뿐이다.

둘째, 법 · 제도와 사회적 규범 역시 장시간 노동을 가능하게 한다. 명목상으로 법정 노동시간은 존재하지만 초과노동에 대한 규제는 거의 이루어지지 않고 있다. 법 · 제도 자체가 허술할 뿐만 아니라 그나마 실질적인 제재까지 미약한 것이다.

셋째, 여기에 장시간 노동을 미덕이자 의무로 여기는 사회적 분위기가 더해진다. 약속된

시간만큼 일하는 것은 이른바 '칼퇴근'이라 불리며 비정상적인 것으로 치부된다. 휴가 일수 자체가 다른 선진국들에 비해 크게 부족하지만, 그마저도 전부 사용하지 못하고 반납하는 것이 당연하게 여겨진다. 많은 연구들은 노동자들이 휴가를 사용하지 않는 것을 두고, 돈을 더 받기 위해서라고 해석하기도 한다. 이처럼 장시간 노동이 노동자들의 자발적 선택이라고 보는 관점은 노동시간 단축을 위해서 노동자들의 의식이 바뀌어야 한다는 결론으로 이어진다. 하지만 사회적 규범이 확고하게 자리 잡고 있는 상황에서 이를 거스를 수 있는 개인은 많지 않다는 점을 간과하고 있다. 게다가 한국의 경우 일터에서 자본과 노동의 힘 차이가 매우 크다는 점까지 감안해야 한다.

넷째, 소비가 점점 더 중요한 삶의 요소가 되고 있다. 많은 사람들에게 삶의 낙은 갖고 싶은 물건들을 '지르는' 것이다. 원하는 상품을 사려면 돈을 더 벌어야 하고 그러기 위해선 더 많이 일해야 한다. 그렇게 열심히 일하다 힘들 때면, 물건을 사고 다시 행복해진다.

한국의 장시간 노동 체제를 강요하는 요소로 사회구조 차원의 문제가 있다. 즉, 장시간 노동 없이는 생존이 힘겨운 사회구조 자체가 문제다. 〈표 5-2〉에서 보면, 우리나라 국민들은 2013년 한 해 동안 1인당 2,163시간 일한 것으로 나타났다. OECD 회원국 가운데 두 번째로 긴 노동시간이다. OECD 회원국 중 연간 노동시간이 2,000시간을 넘는 곳은 멕시코와

● 표 5-2 ● OECD 주요국 연 평균 근로시간(2013년 기준)

자료: 한국일보(2014. 8. 25).

우리나라를 제외하면 그리스(2,037시간), 칠레(2,015시간)가 전부였고, 그다음은 폴란드(1,918시간), 헝가리(1,883시간) 순이었다. 한국인은 하루 평균 8.7시간꼴로 일한 셈이다. 같은 기준을 적용하면 네덜란드인은 5.5시간, 일본인은 7시간, 미국인은 7.1시간쯤 일한다.

3. 산업재해

산업재해는 주로 노동자 당사자의 과로나 기기 상태의 열악 등 불완전한 상태로 인해 발생하지만, 때로는 완벽한 환경에서도 노동자의 부주의로 인해 발생하기도 한다. Herbert William Heinrich(1886~1962)의 안전사고 발생 단계에 따르면 불안정한 사회환경과 노동자의 개인적인 결함이 불완전한 행동, 즉 부주의로 이어지고 부주의가 사고를 일으켜 재해를 발생시킨다.

Heinrich는 산업재해로 인해 중상자가 1명 나올 경우 그전에 같은 원인으로 발생한 경상자가 29명 있었고, 부상을 당하지는 않았지만 같은 원인으로 경미한 사고를 겪었던 사람이 무려 300명 있었다는 사실을 밝혔다. 즉, 중상과 경상, 그리고 부상이 발생하지 않은 사고의 비율이 1:29:300이었다는 것이다. 오늘날 그 이름을 따서 하인리히 법칙이라 일컬어진다(김민주, 2014). 세월호, 판교 환풍구 추락 등등 모두가 이 '하인리히 법칙'을 무시한 예다. 하인리히 법칙은 큰 사고는 우연히 또는 어느 순간 갑작스럽게 발생하는 것이 아니라 그 이전에 반드시 경미한 사고들이 반복되는 과정 속에서 발생한다는 것을 실증적으로 밝힌 것으로, 큰 사고가 일어나기 전 일정 기간 여러 번의 경고성 징후와 전조들이 있다는 사실을 입증하였다. 다시 말하면, 큰 재해는 항상 사소한 것들을 방치할 때 발생한다는 것이다. 사소한 문제가 발생하였을 때 이를 면밀히 살펴 그 원인을 파악하고 잘못된 점을 시정하면 대형 사고나 실패를 방지할 수 있지만, 징후가 있음에도 이를 무시하고 방치하면 돌이킬 수 없는 대형 사고로 번질 수 있다는 것을 경고한다.

〈표 5-3〉에서 2013년 사망재해자는 1,929명이며 이 중에서 업무상사고 사망자수는 1,090명, 업무상질병 사망자수는 839명으로 나타났다(사망재해 유형은 진폐 379명, 떨어짐이 349명, 뇌 · 심혈관질환 348명, 끼임 130명 순). 사망만인율은 2013년도에 1.25‱인데 이는 2012년도 1.20‱ 보다 0.05‱ 증가한 것이다. 사망만인율(근로자 10,000명당 사망자

수)의 추세는 2004년 이후 계속 감소 추세를 유지하였으나 2013년에는 2012년에 비해 증가하였다.

우리나라 경우 재해율 증가는 무리한 성장 중심의 경제정책으로 인해 다양한 재해 발생을 촉진하는 요인들이 증가하고 있기 때문이다. 특히, 최근의 산업재해 문제는 외국인 노동

● 표 5-3 ● 사망만인율

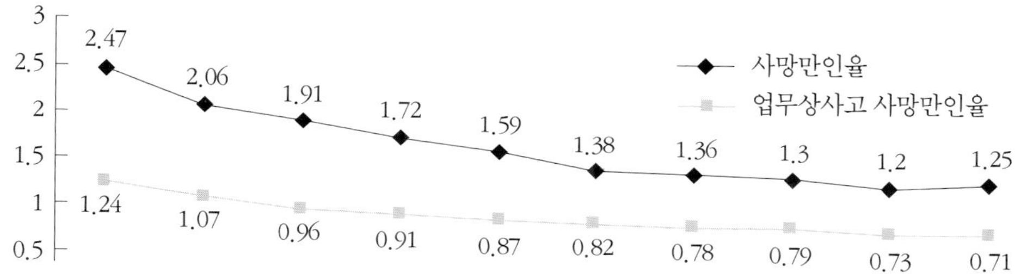

	2004	2005	2006	2007	2008	2009	2010	2011	2012	2013
근로자수(명)	10,473,090	11,059,193	11,688,797	12,528,879	13,489,986	13,884,927	14,198,748	14,362,372	15,548,423	15,449,228
사망자수(명)[1]	2,589	2,282	2,238	2.159	2,146	1,916	1,931	1,8604	1,864	1,929
사망만인율[2]	2.47	2.06	1.91	1.72	1.59	1.38	1.36	1.30	1.20	1.25
업무상사고사망자수(명)	1,298	1,187	1,117	1,136	1,172	1,136	1,129	1,129	1,134	1,090
업무상사고사망만인율[3]	1.24	1.07	0.96	0.91	0.87	0.82	0.79	0.79	0.73	0.71

자료: 고용노동부(2014). 2013년 산업재해 현황분석.

주) 1. 사망자수는 재해 당시의 사망자수에 요양 중 사망자수 및 업무상 질병에 의한 사망자수를 포함.

2. 사망만인율 = 사망자수/근로자수×10,000(사망자수 = 업무상사고 사망자수 + 업무상질병 사망자수).

3. 업무상사고 사망만인율 = 업무상사고 사망자수/근로자수×10,000.

※ 사망자수 및 업무상사고 사망자수에는 사업장외 교통사고, 체육행사, 폭력행위, 사고발생일로부터 1년 경과 사고사망자는 제외(다만, 운수업, 음식·숙박업의 사업장외 교통사고 사망자는 포함).

자가 많이 취업하면서 새로운 사회문제로 부상하고 있고 노동문제로 등장하고 있다.

4. 노사관계

일반적으로 노사관계란 기업 내의 사용자와 근로자와의 관계, 즉 고용관계를 중심으로 전개되는 관계로서 이해된다. 따라서 고용의 지속과 근로조건의 향상을 둘러싼 그들 간의 갈등과 마찰은 대립과 협력이 필요한 상황에서의 양면적인 산업사회관계로 볼 수 있다. 노사 간의 갈등은 오늘날 자본주의 사회에서 피할 수 없는 사회문제로 볼 수 있다. 노사갈등은 경제적인 것과 비경제적인 것으로 구분할 수 있는데, 경제적인 것은 주로 노동조건을 결정하는 과정에서 발생하는 것이며, 비경제적인 것은 경제 외적 노동조합의 목적을 달성하기 위한 정당한 행위를 말한다. 특히, 우리나라는 노사관계문제가 정치와 밀접한 관계를 유지하고 있는 실정이며 이는 노사관계 형성에 많은 부작용으로 작용하고 있다.

대부분의 비정규직이나 최저임금근로자들이 중소 영세 하청업체 종사자들이라는 사실은 이들의 문제가 우리나라의 독특한 원 · 하청기업 간의 거래관계와 밀접하게 관련되어 있음

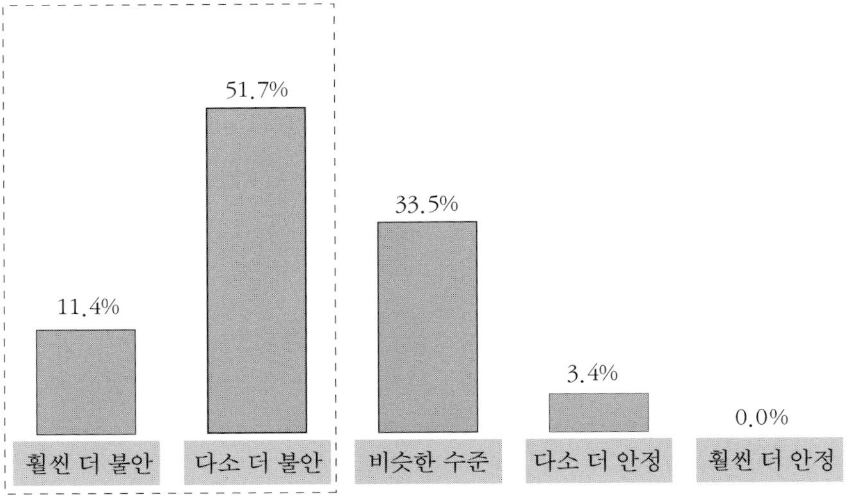

[그림 5-1] 노사관계 전망

자료: 한국경영자총협회(2014). 2015년도 노사관계 전망조사 결과.

을 의미한다. 원 · 하청 간의 하도급단가 정책이 불공정하게 이루어지는 거래관행을 그대로 방치한 채 정규직과 비정규직 간의 과도한 임금격차를 차별시정조치만으로 완화하려 하거나 최저임금수준의 대폭적인 인상으로 해결하려는 것에는 분명한 한계가 있다.

한국경영자총협회가 주요 회원사 306개사를 대상으로 2015년도 노사관계 전망조사([그림 5-1])를 실시한 결과, 응답 기업의 51.7%가 2015년 노사관계가 2014년에 비해 '다소 더 불안'할 것으로, 11.4%가 2014년도에 비해 '훨씬 더 불안해질 것'으로 응답하고 있어 많은 노동문제가 야기될 것으로 예측된다.

5. 실업문제

실업문제가 심각한 사회문제로 자리 잡고 있다. 특히, 지속적인 고학력화와 공급과잉이 누적되고 있는 청년층 노동시장에서의 실업과 고용불안 문제는 심각한 수준에 이르고 있다.

실업은 일할 능력과 의사가 있지만 일자리를 갖지 못한 상태를 말한다. 실업은 크게 자발적 실업과 비자발적 실업으로 나눌 수 있다. 자발적 실업이란 일할 능력이 있지만 현재의 임금수준에서는 일할 의사가 없어, 더 나은 일자리를 찾기 위해 잠시 쉬고 있는 상태를 말한다. 반면에 비자발적 실업이란 일할 능력도 있고 현재의 임금수준에서 일할 의사도 있지만 일자리를 구하지 못하는 상태다. 사회적, 경제적으로 문제가 심각한 것이 바로 이 비자발적 실업 상태의 실업자들이다. 실업의 형태로는 마찰적 실업, 경기적 실업, 구조적 실업이 있다(오성환, 2015).

첫째, 마찰적 실업(frictional unemployment)은 시장의 마찰 때문에 발생하는 실업을 말한다. 즉, 더 좋은 직장을 구하거나 다른 지역으로 이사를 가서 새로운 직장을 구하는 것과 같은 일시적인 실업 상태다. 마찰적 실업은 자발적인 실업의 한 형태로, 완전고용상태에서도 존재한다. 마찰적 실업은 더 임금을 주는 일자리를 구하거나 자신에게 맞는 일을 찾는다는 뜻에서 탐색적 실업이라고도 부른다.

둘째, 경기적 실업(cyclical unemployment)은 총수요와 총공급의 변화에 따라 발생하는 실업을 말한다. 경기적 실업은 일하려고 하지만 경기가 갑자기 나빠져 기업의 구조

조정이나 부도로 인해서 일자리를 잃고 새로운 일자리를 구하지 못하는 비자발적 실업의 한 형태다. 경기가 불황일 때 재화와 용역에 대한 수요가 감소하고 이로 인해 생산 인력에 대한 수요가 감소되어 실업자가 생긴다. 경기적 실업은 경기변동에 영향을 받고, 이러한 영향이 경제 전반에 미치기 때문에 장기간 지속된다. 이렇게 나타나는 실업은 총수요가 부족하기 때문에 생기는 것이므로 수요결핍실업이라고도 부른다.

셋째, 구조적 실업(structural unemployment)은 특정한 분야의 노동에 대한 수요가 부족할 때 생기는 실업이다. 전체 노동에 관한 수요와 공급이 균형을 이루고 있다고 해도 특정 분야에 구조적으로 문제가 생겨 노동에 대한 수요와 공급이 균형을 이루지 못하게 되면 실업이 발생한다. 어떤 산업이 쇠퇴하거나 새로운 산업이 등장할 때, 그리고 소비자의 기호가 변하거나 생산기술이 변할 때, 노동자들이 신속하게 적응하기 힘들기 때문에 구조적 실업은 불가피하다. 구조적 실업에 의한 실업문제는 노동자들이 새로운 기술과 환경에 적응할 수 있을 때까지는 해결되기 어렵기 때문에 장기간 지속되는 경우가 많다.

실업에 있어서 문제가 되는 것은 경기적 실업이나 구조적 실업이다. 자발적으로 더 나은 직장을 구하기 위한 실업은 그리 걱정할 문제는 아니지만, 경기가 침체되고 기업이 어려움에 처하면서 직장에서 해고되어 나타나는 실업자가 늘어나게 되면 사회 전체적으로 큰 문제가 된다. 이렇게 일자리가 줄어들면서 발생하는 경기적 실업을 해소하기 위해서는 통화량을 증가시키는 확대금융정책과 정부지출을 증가시키거나 세금을 감면해 주는 확대재정정책을 사용하여 총수요를 증가시키는 방법을 사용할 수 있다. 그러나 이러한 방법은 총수요를 증가시켜 경기를 회복시키며 실업을 해소할 수는 있지만 물가가 올라가는 단점이 있다.

특정 분야의 구조적인 불균형으로 인해 나타나는 구조적 실업을 줄이기 위해서는 노동력의 수요구조를 맞출 수 있도록 직업소개, 취업에 대한 종합적인 정보제공, 재취업을 위한 실직자 교육훈련 등과 같은 공급의 구조를 변화시키는 정책을 취해야 한다.

다음의 예시는 실업자와 비경제활동인구를 간략하게 나타낸 것이다.

2015년 1월 14일 통계청이 발표한 '2014년 12월과 2014년 전체 고용동향' 자료를 보면

예시) 지난 4주간 아래 사항에 모두 해당하나요? ① 일하지 않았음. ② 적극적으로 구직활동 수행했음. ③ 취업되면 당장 일할 수 있음.	세 가지 모두 해당	세 가지 중 하나라도 해당 안 되는 경우
	실업자	비경제활동인구

([그림 5-2]), 실업자 기준을 지난 1999년 '지난 1주 동안 일자리를 찾았으나 구하지 못한 이'에서 '지난 4주 동안 일자리를 찾았으나 구하지 못한 이'로 바꾼 이후 청년 실업률이 가장 높은 것으로 나타났다.

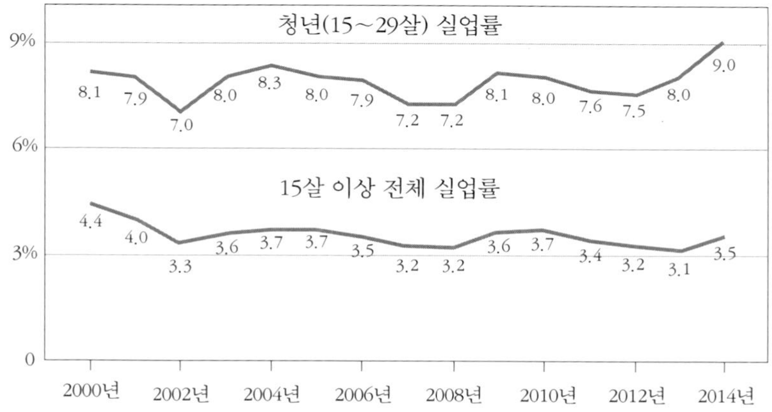

[그림 5-2] 청년 실업률

자료: 통계청, 경제활동인구조사.

실업문제는 무엇보다 노동문제의 핵심이라 할 수 있다. 노동자는 사용자의 부당한 해고로부터 항상 자유롭지 못하다. 노동자가 지속적인 노동관계를 유지하고 보호받기 위해서는 사용자가 부당하게 노동계약을 파기하는 것으로부터 보호되어야 한다.

실업은 실업자 본인에게 직장 및 소득의 상실과 그에 따르는 경제적 · 심리적 고통을 가져다준다. 원하지 않는 실업은 당사자와 가족들에게 말할 수 없는 고통을 가져다주며 일을 통해서 얻는 보람과 만족감 등을 누릴 수 없게 만든다. 국가경제 전체로 보면 실업은 노동력의 불완전 사용으로 인한 낭비를 가져오는 요인이기도 하다.

제5절 노동문제의 대책방안

노동문제는 노사불안문제에서 시작하여 고용불안문제, 근로계층의 복지악화문제로 확대되고 있다. 이러한 문제의 이면에는 노동시장의 구조적 취약성과 이해관계의 악순환이 깔려 있다. 세계경제질서의 재편과 기술혁신 등으로 노동시장의 환경이 급변하고 있는 데 반하여 노동의 수요와 공급에 관련된 제도와 관행은 낙후되어 있기 때문이다. 결과적으로 일자리의 유입보다는 유출이 심화되었고, 기업은 노사관계불안이나 임금문제 때문에 국내 투자보다는 중국 등 해외투자를 확대하였고 일자리 창출보다는 일자리 파괴가 크게 작용하여 왔다. 즉, 기업은 신제품의 개발보다는 현장의 자동화 등으로 공정의 개선에 주력하고 있는 실정이다.

1980년대 후반 이후에는 노사관계의 불안으로 임금에 대한 부담이 커져 하청이나 용역의 활용을 늘렸다. 결과적으로 정규직과 비정규직 간의 임금 및 노동환경의 격차가 커지게 되면서 비정규직을 대량 양산하게 되었다. 노동문제가 이렇게 악화되고 있는 것은 정부의 잘못된 정책적 대응에서도 찾을 수 있다. 노사관계의 다툼을 당사자 간의 관계로 보지 않고 정부가 개별 기업의 분쟁을 해결하는 데 노동정책 역량을 총 투입함으로써 노동질서를 왜곡한 것이다. 결과적으로 노사관계의 불안은 기업의 인건비 부담을 더 가중시키는 문제를 발생하게 한다. 이처럼 노사관계의 갈등이 죄수의 딜레마에 빠지지 않도록 노동문제 해결을 위해 법과 제도를 운용하는 정부가 왜곡되어 있는 노동시장의 질서를 바로잡고 역할을 재정립해야 한다.

첫째, 노동 관련 법 · 제도와 노동시장 간의 마찰을 최소화하기 위해 법치주의를 확립해야 한다. 실질적으로 현실과 괴리되는 법과 제도를 고수하기보다는 노동시장의 변화를 수용하는 방향으로 법과 제도를 개선해야 한다.

둘째, 법 · 제도와 노동운동의 관계는 당사자주의로 나아가야 한다. 즉, 정부는 이해관계 당사자로 노동계, 경영계는 물론 일반 국민의 이익과 직결되는 법 · 제도의 도입 및 개편을 단체교섭의 일환으로 추진하지 않는다는 원칙을 분명하게 밝히고 이를 지켜야 한다. 이렇게 하기 위해서는 국회의 역할을 강화하고 여야가 노동 관련 법과 제도의 문제점들을 지속적으로 개선하는 역할을 할 수 있도록 리더십을 발휘해야 할 것이다.

셋째, 모든 국민의 생활안정과 직결되는 일자리 문제를 노동정책의 최우선 과제로 두어야 한다.

넷째, 노사분쟁을 당사자들이 스스로 해결해야 한다는 원칙을 구체화시켜야 한다.

다섯째, 정치적 논리에 입각한 정부의 개입은 지양해야 한다.

시장, 법제도, 노동운동 간의 관계를 합리적으로 정립한다고 하더라도 인간이나 조직의 가치관은 물론 이해관계가 서로 다르기 때문에 갈등과 분쟁의 발생은 피할 수 없다. 문제는 갈등과 분쟁을 효과적으로 해결할 수 있도록 공정한 시스템을 구축하고 이러한 시스템이 가동될 수 있도록 만드는 일이다.

제6절 소결

노동문제 해결은 시급한 과제이지만 가장 낙후된 분야 가운데 하나다. 그럼에도 우리는 아직 우리 사회에 대해, 그리고 구조적 표현 형태인 노동문제에 대해 충분히 체계적이고 과학적인 인식에 도달해 있지 못하다. 따라서 해외에서 한국의 노사문화에 대한 견해는 대립과 투쟁이라는 부정적인 이미지가 지배적이다. 노사관계는 법·제도와 노사문화 양 측면에서 한층 성숙할 필요가 있으며, 노사가 자율적으로 문제를 해결할 수 있는 역량을 강화시켜야 할 것이다. 기업하기 좋은 환경의 선결과제인 우수인력 양성과 우수한 일자리 창출정책을 통해 국민들의 삶의 질 해결과 고도산업사회에 접어든 한국 노동시장의 제반 문제를 해결하는 정책을 입안하고 실행하여야 할 것이다.

참고문헌

고용노동부(2014). 2013년 산업재해 현황분석. 산재예방보상정책국.

김민주(2014). 300:29:1 하인리히 법칙. 미래의 창.

김영화(2002). 인간과 복지. 양서원.

오성환(2015). 노동시장론. 서울고시각.

통계청(2015). 경제활동인구조사.

한국경영자총협회(2014). 2015년도 노사관계 전망조사 결과.

한국일보(2014. 8. 25). 한국인 작년 2163시간 노동, 여전히 OECD 2위.

Marx, K. H. (1989). 자본론. 백의출판사[역]. 제4권잉여가치학설사(1)

Dahrendorf, R. (1959). C*lass and class conflict in industrial society.* Stanford University Press.

Sullivan, T. J. (1980). *Social problems: Divergent perspectives.* John Wiley & Sons.

Thurow, L. C. (2001). *The zero-sum society: Distribution and the possibilities for economic change*. Basic Books.

홈페이지(http://study.zum.com/book/11927).

홈페이지(http://www.laborsbook.org/dic/view.php?dic_part=dic03&idx=851. 2015년 5월 29일.

제6장 환경문제

제1절 개관

급속한 도시화와 경제성장은 대기오염과 수질오염, 토양오염 등 많은 환경문제를 발생시킨다. 인구, 국민소득, 에너지와 같은 항목은 총괄적인 환경오염 인자이며, 산업생산, 자동차 운행, 축산물 사육량, 물 이용량 등은 보다 구체적이고 직접적인 환경오염 인자다.

『원은 닫혀야 한다(*The closing circle*)』의 저자 Barry Commoner는 자연생태계가 네 가지 생태법칙에 의하여 움직이고 있다고 설명하고 있다(Commoner, 1971). 첫째, 모든 것은 서로 다른 것에 연결되어 있다. 생태계 내에 존재하는 모든 것은 상호 밀접한 순환적인 인과관계의 그물 속에서 존재하며 이들 스스로가 전체적으로 안정적인 관계를 구축하려는 힘을 갖고 있다는 것이다. 둘째, 모든 것은 어디론가 가야 한다. 이는 자연계에 존재하는 물질은 영원히 없어지지 않고 어디론가 갈 따름이지 사라지는 것은 결코 아니라는 것이다. 셋째, 자연계에 대한 인위적인 변화는 어떤 것이라도 자연계에 해롭다는 것이다. 생물체가 돌연변이를 일으키게 되면 이러한 돌연변이는 거의 모든 생물에게 유해하며 피해가 크므로 돌연변이가 완전히 이루어지기 전에 죽는다고 한다. 넷째, 공짜 점심이란 없다는 것이다. 이는 모든 이득은 반드시 어떤 대가를 지불하고서야 얻어진다는 의미로서 앞의 세 가지 법칙을 모두 포함하고 있다. 이처럼 자연생태계의 순환적인 인과관계 내에서 우리가 현재 직면하고 있는 환경오염은 심각하다. 이제 환경오염은 지역적이기보다는 광역적으로, 부분적이라기보다는 종합적으로, 그리고 피상적이기보다는 현실적으로 나타나고 있다. 공유의 비극으로 말미암은 대가를 이미 치루고 있거나 또는 더 비싼 대가를 치러야 할 시간이 다가오고 있는 것이다.

제2절 환경과 환경문제의 개념

환경이란 한마디로 우주를 형성하는 모든 것들을 말한다고 할 수 있으며, 학술적으로는 자연의 상태인 자연환경과 사람의 일상생활과 밀접한 관계가 있는 재산의 보호 및 동식물의 생육에 필요한 생활환경을 말한다. 즉, 우리 인간이 호흡하는 공기, 마시는 물, 먹을 것을 얻는 땅과 우리가 생활하고 즐기는 대상인 산과 강, 바다, 호수, 나무, 꽃, 바위 등을 말한다. 그리고 생활하는 공간과 교통수단 등 다양한 것들이 환경에 포함된다.

환경은 자연환경과 인문적 환경, 물리적 환경과 생물학적 환경 등으로 다양하게 구분할 수 있지만 주로 환경교육 분야에서 구분하는 주요 기준은 자연환경과 사회환경이다(〈표 6-1〉). 인간은 이 두 가지 환경을 떠나서는 살 수 없으며, 다른 생물이 생존할 수 없는 환경에서는 생명유지는 물론 문화도 발전할 수 없다. 이 모든 것 하나하나가 매우 밀접한 관계를 맺고 도움을 주고받으며 살아 나가기 때문이다. 결국 지구상의 생태계를 구성하는 기본 체계는 생물학적 요인과 비생물학적 요인으로 구분 지을 수 있으며, 서로 상호작용하면서 모든 생물체는 생존할 수 있다. 그런데 이러한 생물학적 · 비생물학적 요인이 상호작용을 계속할 수 없을 때

표 6-1 자연환경과 사회환경

자연환경	생물학적 환경	동물, 식물, 미생물 등
	물리화학적 환경	우주, 공기, 물, 흙, 빛, 소리 등
사회환경	인공환경	산업, 의복, 식생활, 주거, 교통 등
	사회환경	문화, 경제, 정치, 교육, 종교 등

환경문제는 야기된다.

흔히 환경문제라고 하면 환경이 오염됨으로 인해서 각종 인적 · 물적 피해가 발생하는 문제라고 생각한다. 그러나 환경문제가 전 세계적으로 심각화, 고질화되자, 환경문제라는 것이 단순한 문제가 아니라는 견해가 대두하기 시작하였다. 환경이란 개별 유기체 또는 유기체 집단을 둘러싸고 그에 영향을 미치는 모든 조건 및 주변 여건을 가리키는데 이는 유기체 생존과 삶의 질에 영향을 미치게 된다. 따라서 우리가 생각하는 환경문제란 바로 인간의 생존과 삶의 질에 부정적인 방향으로 환경에 영향을 미치는 모든 문제라 할 수 있다. 단적으로 말해서, 환경이 쇠퇴 또는 악화되는 것을 환경문제라 할 수 있다. 환경문제는 다음과 같은 특징을 지닌다.

첫째, 환경문제는 인간의 모든 활동, 즉 개발 · 생산 · 소비 과정에서 다양하게 발생한다.

둘째, 환경문제는 환경의 개방 체제적 특성으로 인해 공간적으로 광범위한 영향권을 형성한다.

셋째, 환경문제는 시간적으로 문제의 발생부터 그 영향을 발견하는 사이에 상당한 시차가 존재한다.

넷째, 환경문제는 상호작용하는 여러 요인들이 화학 반응을 통한 상승 작용(synergism)을 일으켜 문제를 더욱 악화시키기도 한다.

다섯째, 대기 · 물 · 토양 등 자연환경은 어느 정도의 오염물질들을 스스로 정화할 수 있는 자정 능력이 있으나, 그 능력 이상으로 오염물질이 부하되면 자정 작용이 불가능하게 되어 오염 현상이 더욱 심화된다.

제3절 환경문제의 실태

1. 대기오염

모든 동물과 식물의 생명을 위해서 대기는 깨끗해야 한다. 깨끗한 대기는 우리의 건강한 삶을 위해 꼭 필요하다. 그러나 우리가 살고 있는 공간은 화석연료를 연소시켜 일산화탄소와 질소산화물, 황산화물, 탄화수소 등의 해로운 오염물질이 발생, 대기를 오염시키고 있다. 일산화탄소는 화석연료가 완전히 연소되지 않을 때 발생하는 부산물로서 두통을 일으키고 심장병이 있는 사람들에겐 추가적인 스트레스를 유발한다. 자동차와 트럭은 일산화탄소의 주요 배출원이다. 특히, 미세 먼지를 포함한 공기 중 먼지도 대기오염을 일으키며 질소산화물과 탄화수소는 공기 중에서 결합하여 오존을 만들어 스모그 현상을 일으키게 된다. 일산화질소는 대도시의 마천루 위에 걸친 누르스름한 구름으로 형성되는데 폐를 자극하고 기관지염이나 폐렴을 일으키며 호흡기계 질환에 대한 면역을 떨어뜨린다. 또한 질소산화물은 스모그의 형성에도 관여하는데 자동차, 트럭을 운행할 때와 석탄이나 석유로 전기를 생산할 때 많이 발생한다.

많은 도시들에서 경험하는 안개처럼 희뿌연 오염물질은 오존이나 스모그다. 오존은 인간 활동에 의해 직접 발생하여 대기 중에 배출되는 게 아니라 자연적으로 혹은 인위적으로 발생된 질소산화물과 같은 대기오염물질이 태양이나 열에 반응하여 만들어진다.

인체의 장기 중 외부환경과 가장 직접적이고 가장 넓은 영역에서 접하고 있는 장기는 폐기관이다. 폐기관의 허파꽈리를 펼쳐서 표면적을 재 보면 축구경기장만 한 넓이가 되는 것으로 알려져 있다. 이 넓은 면을 통해 사람이 들이마시는 공기의 양은 보통 때에는 약 1만 리터이고, 운동 시에는 보통 때의 6~7배에 해당하는 6~7만 리터다. 대체로 사람이 하루 평균 들이마시는 공기의 양은 4~5만 리터로, 결국 대기가 오염되었을 경우는 하루에 4~5만 리터의 오염된 공기를 들이마시며 사는 결과가 된다(김건렬, 1993).

대기오염은 기관지염이나 천식, 호흡기장애를 유발하고, 나아가 암에 걸릴 가능성을 높일 수 있다. 특히, 유아와 어린이, 노인, 그리고 호흡기 환자들은 대기오염으로부터 더욱 건강의 위협을 받는 대상이 된다.

2. 산성비

산성비는 대기 중에 방출된 황산화물, 질소산화물 등의 화학물질이 구름 속에 있는 수증기와 만나 질산과 황산으로 변하여 비나 눈에 섞여 내리는 것이다. 일반적으로 순수한 물은

pH 7.0인 중성이며, 대기 중의 비에는 대기 속의 이산화탄소가 녹아 있기 때문에 pH가 5.6 정도다. 산성비란 산도가 5.6 이하인 비를 말한다. 산성비를 일으키는 물질은 석탄, 석유 등의 화석연료를 태울 때 발생하는 이산화황과 자동차 배기가스인 질소산화물이다. 호수나 강이 지나치게 산성화되면 그 안에 살고 있는 동물과 식물이 살아남기 힘들다. 산성비는 또한 농작물의 생장과 발육에 지장을 초래하고, 장기간에 걸친 산성비는 건물과 교량, 구조물을 부식시킨다.

3. 토양오염

토양은 물과 대기와 접하면서 상호 물질교환을 하고 있다. 이러한 물질교환 중 각종 오염물질이 토양에 유입되면 토양은 물리 · 화학 · 생물학적 작용에 의한 자정 능력이 떨어지게 된다. 오염물질이 토양 속에 축적되면 생물이 자라는 데 큰 지장을 주게 되고 나아가 인체에까지 해를 입히게 되는데 우리는 이것을 토양오염이라고 한다. 〈표 6-2〉에서 보는 바와 같

● 표 6-2 ● 토양오염의 주요소

원소	주요 용도	오염원 및 경로
수은(Hg)	치과용 합금, 의약품, 형광등, 전기스위치, 건전지, 과학기구	살균제, 금속수은의 휘발성에 기인한 대기오염, 건전지 등
납(Pb)	휘발유 첨가제, 축전지, 용접, 전선	첨가된 휘발유의 연소, 제련, 비료, 농약
카드뮴(Cd)	합금, 녹방지약, 건전지, 축전지, 색소, 의약품, 농약, 페인트	금속공업의 폐기물, 제련, 비료 불순물, 탄광 광미사 및 침투수
비소(As)	의약품, 농약, 페인트	농약, 공업지대의 대기오염, 탄광
니켈(Ni)	스테인리스강, 합금, 휘발유 첨가제	비료, 휘발유의 연소, 광산폐수
구리(Cu)	동전, 파이프, 합금, 전선	공업지대의 분진, 광산폐수, 폐수 철
아연(Zn)	합금, 전기도금, 주석, 페인트, 화장품	폐수, 광산 및 공장폐수, 비료, 농약
망간(Mn)	철망간, 축전지, 화학약품, 비료	광산의 폐수, 공장 연소재 , 비료
플루오린(F)	냉각제, 확산제, 농약, 비료	비료, 농약, 대기오염
붕소(B)	합성세제, 유리, 비료, 휘발유 첨가제	휘발유의 연소, 관개수, 비료

자료: http://m.blog.daum.net/wldud6124/2059860#.

이 토양오염은 간접적이고 만성적이며, 개선과 복원을 하는 데 시간적 · 경제적 투자를 필요로 한다는 특징이 있다. 토양오염을 불러일으키는 주 요소로는 수은(Hg), 납(Pb), 카드뮴(Ca), 비소(As), 니켈(Ni), 구리(Cu), 아연(Zn), 망간(Mn), 플루오린(F), 붕소(B) 등이 있다.

4. 수질오염

돈을 풍족하게 쓰는 사람을 보고 우리는 '돈을 물 쓰듯이 쓴다.'고 한다. 물은 그만큼 풍부하게 우리의 주변에 존재하고 있고 어디서나 원하기만 하면 얼마든지 쓸 수 있는 무한자원이라는 의미로 사용되고 있다. 이제 물을 돈 쓰듯이 써야 할 시점이 다가오고 있다. 실제로 물은 지구 표면의 2/3를 차지하고 있는데 이 중 97%가 바닷물이고 나머지 3%가 민물이다. 이 3%의 민물 중에서 77%가 빙산이고 22%가 지하수이며 나머지 1%가 호수, 강, 식물, 동물 등에 분포되어 있다.

문제는 마실 물의 양이 부족한 것이 아니라 안심하고 마실 수 있는 안전하고 깨끗한 물의 양이 점차 줄어들고 있다는 데 있다. 전 세계적으로 매년 천만 명이 오염된 음료수에 의해 매개된 질병으로 사망한다고 한다(Corson, 1990).

수질오염은 물이 천연적으로 가지고 있는 물리적 · 화학적 · 생물학적 · 세균학적 특성이 상호 연관된 자연적 · 인위적인 요인에 의하여 분화함으로써 물 이용에 지장을 초래하거나 환경의 변화를 야기하여 수중생물에 영향을 주는 상태로 변화하는 것이다. 좁게는 주로 사람이나 동물의 배설물에 의하여 병원성미생물 또는 기생충 등이 인체에 질병을 유발하고, 공중 보건상 위해를 일으키는 등 수질이 악화되는 것을 말한다. 넓게는 자연적 또는 인위적으로 수중에 부패성 물질, 유독성 물질 및 부유물질 등 물 이외의 이물질이 혼입됨으로써 생활, 농업, 공업, 수산 등 용수 목적에 맞게 사용할 수 없는 상태를 말한다.

물속에 포함되어 있는 유해성 물질은 건강상의 위해와 환경오염을 광범위하게 야기한다. 1988년 미국에서 물 유해성 관련 조사에 의하면, 약 2,100종의 유해성 오염물질이 음용수에서 발견되었는데, 이 중에서 97종이 발암물질로 판명되었으며, 82종은 유전자 변화를 일으키는 화학성분으로, 28종은 급성 및 만성 독성을 포함하는 물질로, 그리고 23종은 종양을 유발하는 물질로 판명되었다. 나머지 약 1,900여 종은 건강상 어떠한 해를 미칠지 조사가 되지 않은 상태여서(Corson, 1990) 경종을 울리고 있다.

제4절 환경문제의 원인

환경문제의 근본 원인은 인간과 자연을 이원화하고, 인간의 욕구충족을 위하여 자연을 지배와 정복의 대상으로 간주하는 인간중심주의에서 찾을 수 있다.

1. 인구성장과 자원고갈

인구가 증가하면 기본적인 의식주를 해결하기 위해 더 많은 재화와 서비스가 요구된다. 이러한 재화와 서비스를 생산하기 위해서는 더 많은 자원이 필요하며, 필연적으로 자원고갈과 환경문제를 일으키게 된다.

인구증가가 지구환경 위기의 원인이라는 논의는 Malthus(1978)로 거슬러 올라간다. 그는 인구는 기하급수적으로 증가하는데 식량생산은 산술급수적으로 증가하기 때문에 인류가 식량위기를 맞이할 것이라고 예측하면서, 결혼연령의 연기와 금욕 등의 방법으로 인구증가를 억제할 것을 주장하였다. 1960년대에 들어서 인구증가를 환경위기와 연결시키는 P. Ehrlich와 같은 신멜더스주의자들이 나타났는데, 이들은 강제로라도 인구성장 억제정책을 실시해야 한다고 주장하였다.

서기 1년에 전 세계의 인구는 불과 2억 5천만 명 정도였으나 1700년경에는 인구가 배가 되어 5억 명에 이르렀다. 150년 후인 1850년에는 10억으로 불어났다. 그로부터 85년 후인 1935년에는 20억으로, 40년 후인 1975년에는 40억으로 증가하였다. 1987년 세계 인구는 50억을 돌파하여 2015년 2월 현재 지구상에는 약 72억 명의 인구가 살고 있다. 2025년 80억, 그리고 2070년에는 1백억 명을 돌파할 것이라고 전망하고 있다.

실제로 인구성장은 자원의 사용량을 절대적으로 증대시키고, 더 많은 재화생산은 더 많은 환경오염을 발생시킨다는 점에서 분명히 환경문제의 원인이 된다. 인구를 지구가 감당할 수 있는 수준으로 통제하는 것은 환경문제를 해결하는 한 가지 방안이다.

2. 과학기술과 환경파괴

기술발전은 경제성장의 원동력이다. 산업혁명 이후 사람들이 기계를 생산하여 이용하기 시작하면서 작업효율은 크게 향상되었다. 자원의 유한함과 자연의 수용능력 한계를 고려하지 않은 기술개발은 자연자원의 고갈을 가속화시키고 환경문제를 일으켰다.

미국 환경생태학자인 Commoner(1971)[1]는 생산기술의 변화를 자연파괴와 환경오염의 원인으로 지적했다. 서구사회의 문화적 기반이 되는 유목주의적 자연개발 방식은 자연을 무한한 자유재로 여겼다. 이런 사고는 과학기술의 발전과 함께 자연 낭비적이며 환경파괴적인 개발로 이어졌다. 이런 Commoner의 주장을 과학자들은 '코모너의 가설' 또는 '기술개발의 역설(the Paradox of technological progress)' 로 부른다.

Commoner의 가설은 과학기술의 발전이 오늘날 우리가 직면한 기후변화와 환경오염, 자원고갈 문제를 근본적으로 해결하지 못할 것이라고 주장한다. 환경친화적인 기술들이 새롭게 개발되고 있기는 하지만 생태계의 다양성을 향상시키는 방향으로 나아가고 있지 못하다. 새로운 기술은 새로운 자원의 고갈과 환경파괴를 여전히 수반한다. 결과적으로 현대적 기술 문명에 의해 새롭게 도입된 기술들이 환경 충격이 적은 것에서 충격이 큰 것으로 변해오는 과정에서 지구환경의 문제가 잉태되고 심화되었다는 Commoner의 가설은 예시를 통해 볼 때 여전히 유효하다.

예시) Commoner 가설의 뒷받침

비눗가루 ⇒ 합성세제로 대체, 천연섬유 ⇒ 합성섬유로 대체, 철과 목재 ⇒ 알루미늄과 플라스틱, 시멘트로 대체

---

1) 미국의 대표적인 환경학자인 Commoner는 전후 미국 환경오염의 원인으로 산업기술의 변화, 특히 생산기술구조의 변화를 지적하였다. 그에 따르면 제2차 세계대전 이후 미국 경제에 환경파괴적인 기술이 도입되어 환경에 충격을 적게 주는 구 기술을 급격히 대체한 것이 환경오염의 커다란 원인의 하나가 되었다고 한다.

3. 산업화와 환경오염

과거 농경사회와 비교해 볼 때, 오늘날의 환경오염은 산업화와 연관되어 있다. 산업화의 특징은 생산방식의 혁명이다. 산업화는 기계의 이용과 화석연료의 사용을 확대함으로써 재화의 생산량을 급속히 증대시켰다. Porritt(1984)는 산업주의를 생산과 소비과정의 영속적인 확대를 통해서만 인간욕구가 충족될 수 있다는 신념과 집착이라고 묘사하면서 사회주의나 자본주의는 모두 경제성장을 극대화함으로써 각 체제 구성원들의 욕구가 최적으로 충족된다고 믿는다는 점에서 유사하다고 말한다. 끝없는 경제성장을 추구하는 산업화가 생태계의 수용 용량을 넘어서게 되면 환경파괴는 걷잡을 수 없는 속도로 진행될 수밖에 없다.

4. 자본주의와 욕망

환경문제를 일으키는 가장 중요한 원인은 인간의 사회경제적 활동이다. 봉건시대에는 가족의 생활물자 조달을 위해 제한된 규모에서만 자원의 개발이 가능하였다. 가내공업이 발달하고 교환경제가 뿌리를 내리면서 자원의 수요가 증대하였다. 자본주의가 발달함에 따라 공장제 대규모 상품생산을 하게 되었고 이에 따라 집중적이고 광범위한 자원의 개발과 이용이 뒤따랐다. 경제규모가 팽창하면 그 경제체제는 보다 많은 재화를 생산하고 소비하게 되며, 자연으로부터 보다 많은 것을 채취하여 쓰고 버리게 된다. 이에 따른 부작용으로 환경오염과 생태계 파괴문제가 일어나게 되었다.

예시 1은 경제개발이 시작되었던 1960년대에는 환경오염은 사회문제라기보다 산업발전의 상징으로서 당연한 것으로 받아들여졌다. 박정희 국가재건최고회의 의장 명의로 되어 있는 탑비의 문구는 당시 환경문제에 대한 생각을 대표적으로 보여 준다.

예시 2의 공유지의 비극은 100마리의 양을 기를 수 있는 제한된 공유지에서, 100마리 이상의 양을 기르면 결국 목초지는 과도하게 풀이 뜯겨 재생산이 되지 못하고 점차로 황폐해져 간다는 것이다. 축산업자들은 너도 나도 공유지를 이용할 것이고, 자신의 부담이 들지 않는 공짜이기 때문에, 공유지에 양을 계속 풀어 놓기만 하지 줄이지는 않을 것이다. 결국 풀이 없어진 초지에는 양을 기를 수 없어 축산업자들 전체가 손해를 보게 된다. 결국 개인들의 이익 추구에 의해 전체의 이익이 파괴되어 공멸을 자초한다는 개념이다.

예시 3을 통해 볼 때, 우리 사회에서 자연환경을 더럽히는 것은 돈벌이가 되지만 환경을 깨끗이 하는 것은 돈을 쓰는 일이 된다. 그래서 자연자원이나 환경을 돈벌이에 이용하는 데에 필요하거나 도움이 되는 지식이나 기술은 발달하는 경향을 보인다. 반면, 환경파괴의 방지나 환경개선에 필요한 지식과 기술의 개발은 상대적으로 극히 부진한 경향을 보이는데, 이는 환경보전에 대해서는 강력한 경제적 동기가 잘 형성되지 않기 때문이다. 결국 시장기구가 자원의 효율적 이용을 유도하지 못하는 시장실패를 가져오게 된다. 이러한 시장실패는 공공재라는 환경의 특성과 환경의 이용에 따르는 외부효과와 정보의 불완전성 등에 기인한고 볼 수 있다.

예시 1) 성장의 상징, 울산 공업탑의 비문

제2차 산업의 우렁찬 건설의 수레 소리가 동해를 진동하고 공업생산의 검은 연기가 대기속에 뻗어 나가는 그날엔 국가민족의 희망과 발전이 눈앞에 도래하였음을 알 수 있는 것입니다.

예시 2) 공유지의 비극

환경자원은 모든 사람이 공유한다는 의미에서 공유지라 할 수 있다. 사람들은 환경자원이란 공유지를 무주물(無主物)로 인식하고 있다. 그러므로 오염물질을 배출하여 자신의 편익을 증진시키고 환경오염에 대한 비용은 부담하지 않으려고 한다. 이 결과 사회 전체가 부담하는 비용이 편익을 초과하게 된다. 하딘(Hardin, 1968)은 이를 '공유지의 비극(The Tragedy of the Commons)'이라고 불렀다.

예시 3) 시장실패와 환경문제

자연환경이 제공하는 환경서비스는 시장에서 매매되지 않고 그냥 사용되는 경우가 많다. 인간의 경제활동이 환경오염을 일으키는 이유는 시장경제의 운용이 잘못되고 있음에도 불구하고 시정하지 못하는 데 있다.

자료: http://www.me.go.kr/webdata/education/nation/1_2.htm

5. 소득증가와 소비행태의 변화

소득이 증가하면 사람들의 소비형태가 달라진다. 식량의 경우 곡류 중심의 소비에서 육류와 가공식품의 소비가 늘어난다. 육류소비의 증가는 대규모 축산을 유도한다. 대규모 축산은 많은 곡류 사료의 소비를 의미하고 축산 배설물의 증가로 환경오염의 원인을 제공한다. 의복은 다양하고 고급화되며, 주거시설은 커지고, 실내장식은 고급화되며, 자동차 등 내구소비재의 소비가 증가한다. 자동차 등 내구소비재나 의복 등의 생산업자는 제품의 물리적 수명에는 관심이 없다. 이들은 다양한 형태의 모델을 제시하여 소비자로 하여금 신제품을 구입하도록 유도한다. 이러한 소비행태의 변화로 자원과 에너지가 더 빨리 낭비되고 각종 폐기물이 증가되어 환경오염은 더욱 심해진다.

6. 빈곤으로 인한 환경훼손

풍요와 함께 빈곤도 환경문제의 원인이 된다. 빈곤은 환경문제에 관심을 기울일 수 없게 한다. 가난한 사람들은 땔감과 식량 부족을 해결하기 위해 무조건 개간하고 야생 동·식물을 무차별하게 포획하여 자연을 파괴하고 자연자원을 고갈시킨다. 농업과 목축업을 중심으로 하는 개도국에서는 자연(환경)이 중요한 생산요소가 된다. 이러한 자연훼손은 토양침식과 홍수, 가뭄 등을 일으켜 토지를 황폐화시키고 농업생산성을 하락시킨다. 이는 다시 가난의 원인이 되어 빈곤의 악순환(Vicious Circle of Poverty)이 되풀이된다.

제5절 환경문제의 대책방안

환경문제는 범지구적이며, 인류의 생존 자체를 위협할 만큼 심각한 문제이며, 특정 국가에서 발생한 환경문제는 더 이상 특정 국가만의 문제가 아니라 국경을 초월하여 영향을 주는 전 지구적인 문제다. 환경오염으로 인한 생태계 파괴는 다른 어느 사회문제보다 회복이 어렵고, 회복하는 데 오랜 기간이 걸리며 많은 비용이 든다. 환경문제는 21세기를 인간답게 살아가기 위해서 시급히 관심을 기울이고 대책을 마련해야 할 분야다.

첫째, 경제학적 해결방안이다. 이는 생산을 줄여 자원 사용량을 낮추고, 오염유발에 따른 사회적 비용이 경제체제에 내재화될 수 있도록 하여 시장원리에 의해 환경문제가 해결되도록 하는 것이 바람직하다. 이를 위해서는 오염자 부담원칙을 철저하게 적용하여 오염방지의 구체적 방법을 개별 경제주체가 스스로 선택하게 하되, 오염을 유발하는 경제주체가 그로 인한 사회적 비용에 대해 책임을 지는 제도를 구축하여야 한다. 즉, 환경정책 및 규제시스템의 혁신을 통해 환경관리의 효율성을 증대시키고 사회경제구조의 환경 친화적 전환을 촉진시킬 필요가 있다.

둘째, 생태학적 패러다임의 변화다. 즉, 인간과 자연, 사회가 상호 역동적으로 조화하면서 존재하는 삶의 그물망이 연결되어 있으므로, 일단 그 현상이 훼손되거나 파괴되면 지구의 모든 생명체는 돌이킬 수 없는 치명적 상처를 입게 된다는 전제에서 출발하여 인간중심의 사회체계를 전면적으로 재구성하여 인간과 자연이 동등한 관계로 존재하는, 완전히 새로운 형태의 사회를 구성하여야 한다.

셋째, 사전예방적인 정책이다. 환경문제의 해결을 위해 지금까지 사후처리에 중점을 두었던 정책을 사전예방적인 정책과 함께 병행해야 한다. 도시계획, 교통계획, 토지이용계획은 물론 에너지개발, 자원개발, 산업정책을 세울 때 미리 환경적인 영향을 예측하고 이를 예방할 수 있는 의사결정체계를 구축해야 한다.

넷째, 기존의 공급위주 발상의 정책기조를 수요관리 강화로 전환할 필요가 있다. 오늘날의 환경문제는 자연계의 자정능력을 크게 초과하는, 대량소비와 과소비에 의한 것으로 자원을 절약하는 생활 개혁이 정착되지 않고서는 환경문제의 근본적 해결에 한계가 있다. 따라서 자원의 절약과 이용효율성을 제고할 수 있는 수요관리 중심의 정책대안 개발과 그 바탕을 이루는 의식구조의 정착이 절실하다.

다섯째, 국가의 공동대응능력이 필요하다. 환경문제는 환경오염의 피해 및 영향이 한 국가에 한정되지 않고 다른 국가나 지구 전체에 영향을 미치기 때문에 어느 한 국가만의 노력으로 해결할 수는 없다.

제6절 소결

환경문제는 이제 경계를 초월하는 전 지구적인 오염현상에 직면하기 시작하였다. 브라질의 열대림을 태우면서 발생한 연기가 제트기류를 타고 북극으로 날아가 북극 오존층을 파괴하고, 미국 오하이오강 계곡의 공장지대가에서 발생한 황산화물질을 포함한 오염물질이 온타리오호에 산성비를 내리게 하고, 중국에서 발생한 황사가 매년 한반도로 불어오는 일 등 생태계 전체에 복합적으로 연결되어 있는 전 지구적인 차원에서의 환경문제들이 더 이상 해결을 지체할 수 없는 문제로 부각되기 시작한 것이다. 따라서 개인 및 단체와 국가 차원의 환경보호에 관한 사회문화적 풍토를 조성시켜 함께 노력하여 전 지구적 환경문제를 효과적으로 통제하고 해결될 수 있도록 하여야 할 것이다. 더불어 환경문제의 심각성에 비추어 생태학적 지식을 획득하고 인간의 행동이 자연환경에 미치는 영향을 제대로 판단하고 인간은 자연의 지배자가 아니라 자연의 한 구성원에 불과하다는 사실을 인정하는 올바른 자연관을 확립해야 할 것이다.

참고문헌

김건렬(1993). 대기오염과 건강 위해. 서울: 정행사.

Commoner, B. (1971). The closing circle: *Nature, man, and technology*. knopf.

Corson, W. H. (1990). *The Global Ecology Handbook*. Boston: Beacon Press.

Hardin, G. (1968). The tragedy of the commons. *Science, 162*(3859), 1243-1248.

Malthus, T. R. (1798). *An essay on theprinciple ofpopulation*. Ann Arbor, MI: University of Michigan Press.

Porritt, J. (1984). *Seeing green: The politics of ecology explained*. B. Blackwell.

http://m.blog.daum.net/wldud6124/2059860#.

http://www.me.go.kr/webdata/education/nation/1_2.htm.

제7장 가족문제

제1절 개관

가족이란 사회를 구성하는 최소의 단위로서 인류의 역사와 함께 시작되어 인간에게는 공통분모적 집단이지만, 그 형태, 구조, 기능 등은 사회와 문화에 따라 변화되어 간다. 실제로 오늘날은 가족 구성과 가치에 있어서 전형적인 가족의 유형에서 벗어난 다양한 형태의 가족이 등장하고 있고 변화해 가고 있다. 이미 오래전, 앨빈 토플러는 가족의 미래를 추론하면서 앞으로 360여 가지의 가족형태가 나타날 것이라고 언급한 바 있다. 많은 학자들은 가족관련 가치관 변화, 저출산 · 고령화 현상 심화, 여성의 경제활동 참여 확대 등으로 인해 지속적으로 가족형태가 변화할 것이라고 말하고 있다.

따라서 앞으로 도래할 사회에서는 사회구조, 가치관 변화 등에 의해서 가족형태의 다양화가 이루어진다는 것은 분명한 사실일 것이다. 이 장에서는 이러한 시대의 흐름에 초점을 두고, 가족을 둘러싼 다양한 문제들 중에서도 가족형태를 중심으로 가족문제를 다룬다.

제2절 가족과 가족문제

가족에 대한 정의는 시대와 문화, 사회에 따라 변화되어 왔으며, 개인의 관점에 따라서도 매우 다양하게 정의될 수 있다. 가장 보편적인 정의로 국어사전에 따르면, 가족은 "부부를 중심으로 하여 그로부터 생겨난 아들, 딸, 손자, 손녀 등 가까운 혈육들로 이루어지는 집단. 또는 그 구성원. 대개 한집에서 생활한다."라고 규정하고 있다. 이와 같은 관점에서 가족은 혼인, 혈연 등을 통해서 이루어진 사람들의 집단이며, 이들은 의식주를 공동으로 해결하고 정서적 · 정신적 유대와 공동체적 생활방식을 갖는 집단이라고 말할 수 있다(최경석 외, 2003). 그러나 이와 같은 가족에 대한 정의는 그러한 조건을 갖추지는 못하였지만 가족으로 간주되는 다양한 형태의 가족들, 즉 무자녀가족, 동거가족, 동성애가족 등을 포괄할 수가 없다.

따라서 가족을 정의할 때는 다양한 형태의 가족을 포함할 수 있는 포괄적 정의가 요구된다. 이에 이효재(1988)는 가족 정의를 다음과 같이 개념화하였다. "일상적인 생활을 공동으로 영위하는 부부와 자녀들, 그들의 친척, 입양이나 기타 관계로 연대의식을 지닌 공동체집단"이라 하여 비혈연 관계라도 연대의식을 갖고 지속적인 관계를 유지하는 집단은 가족으로 볼 수 있다는 광의의 가족 개념을 제시하였다. 그리고 미국사회복지사협회는 가족 정의를 "자신들 스스로가 가족으로 생각하면서 전형적인 가족 임무를 수행하는 2인 이상의 사람들"이라고 규정하였다(이효재, 1988). 이와 같이 가족은 사회변동에 의해 다양한 형태의 가족 등장과 더불어 가족기능 등이 바뀌어 감에 따라, 가족과 관련된 다양한 현상들이 순화되지 못하고 적응해 나가지 못한다면 여러 가지 형태로 가족문제가 발생하게 된다. 이러한 가족문제를 Rubingtton와 Weinberg는 "가족과 관련된 다양한 현상에 대해 사회에서 중요한 일단의 사람들이 가지고 있는 가치와 양립할 수 없는 상황이라고 단정하고, 그 상황을 변경시키기 위해 어떤 조치가 취해져야 한다고 동의하는 사회적 상황"이라고 규정하였다(이장현, 김영이 공역, 1985).

시대가 변화되고 사회변동이 되어도 가족은 인간에게 기본적인 사회제도로 작용하고 가장 기초적인 집단이지만 그 가족이 갖는 다양한 특성, 관계, 구조가 항상 좋은 방향으로만 전개될 수는 없다. 특히, 현대사회에서는 더더욱 가족관계가 갈등적이거나 가족구조가 불리한 사례가 많이 대두되고 있다.

제3절 가족문제의 실태

과거에는 남성에 대한 소득보전 중심의 사회복지 국가였다면 현재는 제조업의 쇠퇴와 서비스 산업의 확대, 여성의 사회진출 증가, 가족해체의 가속화, 저출산과 고령화 등과 같은 가족을 둘러싼 사회문제들이 대두되고 있으며, 이로 인해 돌봄의 위기도 등장하게 되었다. 여기에서는 가족을 둘러싼 문제, 즉 저출산, 고령화, 돌봄, 가족해체 등 여러 문제 중 가족해체의 원인인 가정폭력 가족, 이혼 가족, 한부모 가족을 중심으로 다룬다.

[그림 7-1] 가정폭력 형태

자료: 폴인러브 홈페이지(http://polinlove. tistory.com).

1. 가정폭력 가족

집 안에서 일어나는 전쟁, 가정폭력. '가정폭력' 은 「가정폭력범죄의 처벌 등에 관한 특례법」상 가족 구성원 사이의 신체적 · 정신적 · 재산상 피해를 수반하는 행위를 말한다. 경찰청 여성청소년과의 가정폭력 발생 통계자료에 따르면 2012년 8,762건, 2013년 1만 6,785건, 2014년 1만 7,557건으로 최근 3년간 가정폭력이 증가하고 있는 추세이며, 기혼여성을 대상으로 한 설문조사에서도 약 48%가 결혼생활 중 1회 이상의 가정폭력을 경험했다고 한다. 가정폭력은 더욱이 상습적 · 주기적 · 지속적으로 반복되고 시간이 지날수록 정도가 심해지는 경향이 있고, 또한 대물림되는 경향이 있어서 가정폭력 행위자의 상당수가 성장과정에서 가정폭력을 경험한 피해자였다는 점에서 심각한 문제일 수밖에 없다.

이에 국가에서는 가정폭력을 4대악으로 지정하는 한편, 「가정폭력범죄의 처벌 등에 관한 특례법」을 제정하고 있지만, 가정폭력은 아직까지 집안일이라는 인식이 만연해 있기 때문에 가정폭력 경험자가 경찰에 도움을 요청한 비율은 1.3%에 불과하다. 가정폭력은 집안일이 아닌 명백한 범죄이며 사회문제다. 가정폭력 근절의 출발점은 사회구성원 모두가 가정폭력이 집안일이 아닌 사회문제라고 인식하는 것이다(폴인러브 홈페이지).

가정폭력은 단순히 때리는 신체적 폭력뿐만 아니라, 정서적 · 성적 · 경제적 폭력까지 포함한다. 한국여성의전화, 2014년 가정폭력 · 성폭력 상담통계 분석결과에 따르면 상담자들의 복수응답을 분석한 결과, 정서적 폭력이 80.4%로 가장 높았고 이어 신체적 폭력이 61.9%, 경제적 폭력이 30.3%를 기록했다. 신체적 폭력으로 인한 상해 및 기타 피해를 종합한 결과 153건으로 나타났는데, 멍이 든 것뿐만 아니라 고막이 찢겼는가 하면 갈비뼈, 코뼈 등에 골절상을 입는 등의 심각한 피해 상황도 종종 드러났다.

그리고 가정폭력 피해 성별 및 나이 현황을 살펴보면 여성 피해자는 총 707명으로 이 가운데 30~59세에 피해자가 넓게 분포해 있다. 반면 남성 피해자는 6명으로 나타났다. 피해자와 가해자의 관계에서는 배우자 및 과거 배우자에 의한 폭력이 무려 90%에 달하는 것으로 나타났다.

❖ '매월 8일은 보라데이'

여성가족부는 2014년 8월 8일부터 가정폭력과 아동학대 예방을 위한 개인과 사회의 노력을 촉구하고자 주변에 관심을 두고 적극적인 시선으로 '함께 보자' 는 의미로 매월 8일을 '보라데이' 로 정하였다. '보라' 는 가정폭력 및 아동학대 예방과 피해자 조기 발견을 위해 주변에 관심을 두고 적극적인 시선으로 '함께 보자' 는 의미다.

'LOOK AGAIN, 당신의 관심이 가정폭력을 멈춥니다'

- 여성가족부 홈페이지(http://www.mogef.go.kr)

2. 이혼 가족

우리나라는 부부관계의 소중함을 일깨우고 화목한 가정을 일구는 데 의의를 두고 2007년부터 5월 21일을 '부부의 날' 로 지정하였다.

이혼(離婚)은 혼인의 본래적 목적인 부부의 영속적 공동생활을 파기하고 사회 기초 단위인 가족의 해체를 초래하는 현상이다(다음 백과사전 홈페이지). 이는 인위적으로 혼인관계를 해소시킨다는 점에서 부부 중 어느 일방의 사망에 의한 혼인관계 해소와 달리 부부관계에서 일어나는 여러 가지 문제에서 탈피하기 위한 하나의 방법이며 동시에 부부관계를 해소시킬 방법을 법률상으로 인정하는 제도다(김혜경, 2007).

통계청이 발표한 '2014년 혼인 · 이혼 통계' 에 따르면 지난해 국내 전체 이혼 건수는 11만 5,500건으로 혼인 건수인 30만 5,507건의 3분의 1 수준인 37.8%였으며, 평균 이혼연령은 남자 46.5세, 여자 42.8세로 전년보다 각각 0.3세, 0.4세 올랐다. 10년 전에 비해 각각 4.9세, 4.7세가 상승하였다. 특히, 이혼 사유로는 경제적 이유가 가장 많았다.

이혼은 인생에서 또 다른 도약의 계기가 될 수도 있지만, 한편으로는 가족에게 부정적 요인을 주는 어려운 과정일 수도 있다. 그중에서도 이혼부부 당사자뿐 아니라 자녀에게도 부정적인 영향으로 연결되어 사회문제를 유발시킨다.

❖ 슬픈 부부의 날, 끝없는 양육비전쟁…이혼 후가 더 무섭다

이혼 후 한부모 83% "양육비 받지 못했다."…법원판결 후 집행률도 22% 그쳐…

이모(25) 씨는 작년 7월 말다툼 끝에 별거 중이던 아내를 돌로 수십 차례 때려 살해했다. 아내를 살해한 뒤 교통사고로 위장하려 했던 이씨는 지난 3월 항소심에서 징역 13년을 선고받았다. 참극으로 끝난 이들 부부의 말다툼 이유는 다름 아닌 자녀 양육비 때문이었다.

지난 3월 제주에서는 남편에게 흉기를 휘두른 아내가 징역형을 선고받았다. 양육비 문제로 언성을 높이다가 남편에게 수면제가 든 술을 마시게 한 뒤 흉기로 찌른 혐의다.

우리나라의 지난해 인구 1,000명당 이혼 건수(조이혼율)는 2.3건이다. 34개 OECD(경제협력개발기구) 국가 중 아홉 번째로 높은 수치며, 아시아 회원국 가운데선 가장 높다. 우리나라 부부들이 적잖은 갈등을 안고 산다는 것이다.

그러나 이혼을 해도 '전쟁'이 끝나는 건 아니다. 아이가 있는 이혼 부부의 대다수는 자녀 양육비 문제로 '또 다른 전쟁'을 시작한다. 감정의 골이 깊어질 대로 깊어져 폭력에 살인까지 저지르는 일도 끊이지 않고 있다.

– 헤럴드 경제 기사(2015. 5. 20)

3. 한부모 가족

'한부모가족'이란 모자가족 또는 부자가족으로서 18세 미만(취학 중인 경우에는 만 22세 미만을 말하되, 「병역법」에 따른 병역의무를 이행하고 취학 중인 경우에는 병역의무를 이행한 기간을 가산한 연령 미만의 자)의 아동을 양육하는 가족으로 매년 여성가족부장관이 고시하는 소득 기준에 부합하는 가족을 말한다(「한부모가족지원법」 제4조 제2호 · 제5호 및 「한부모가족지원법 시행규칙」 제3조). 여기서 모자가족이란 모가 세대주(세대주가 아니더라도 세대원을 사실상 부

● 표 7-1 ● 한부모 가구 비율

(단위: 천 가구, %)

구분	2006	2007	2008	2009	2010	2011	2012	2013	2014
전체 가구	16,289	16,543	16,791	17,052	17,339	17,687	17,951	18,206	18,457
한부모 가구[1]	1,426	1,468	1,509	1,551	1,594	1,639	1,677	1,714	1,749
저소득한부모 가족[2]	140	148	150	171	184	189	218	222	225
한부모 가족[3]	66	73	82	94	108	115	131	140	142
비율	8.8	8.9	9	9.1	9.2	9.3	9.3	9.4	9.4

주) 1. 일반 가구 중 한부(모)와 미혼자녀로 구성된 가구를 말함.
2. 「한부모가족지원법」상 한부모 가족+「국민기초생활보장법」상 한부모 가족 중 한부모 가족을 말함.
3. 「한부모가족지원법」상 보호대상자를 말함.
자료: e-나라지표 홈페이지(http://www.index.go.kr)

양하는 자 포함)인 가족을 말하며(「한부모가족지원법」 제4조 제3호), 부자가족이란 부가 세대주(세대주가 아니더라도 세대원을 사실상 부양하는 자 포함)인 가족을 말한다(「한부모가족지원법」 제4조 제4호).

우리나라 한부모 가구 비율은 〈표 7-1〉과 같다. 한부모 가구는 일반 가구 중 한부(모)와 미혼자녀로만 구성된 가구다. 한부모 가구 비율은 2006년 1,426천 가구에서 2010년 1,594천 가구, 2014년 1,749천 가구로 증가하고 있으며, 전체 가구에서 한부모 가구가 차지하는 비율은 2006년 8.8%에서 2010년 9.2%, 2014년 9.4%로 증가하고 있다. 한부모 가구의 형성 원인 중 이혼 32.8%, 사별 29.7%, 미혼모·부 11.6%로 사별 외의 요인으로 한부모 가구가 형성되는 비율이 점차 높아지고 있다(통계청 홈페이지). 이처럼 이혼으로 인해 한부모 가족이 증가하면서 자녀양육 등의 어려움도 큰 문제점으로 대두되고 있다

제4절 가족문제의 원인

현대사회로 접어들면서 가족에 대한 가치관 변화, 가족규모의 변화, 여성의 사회활동 증가 등으로 인해 다양한 가족문제가 나타나고 있다. 앞서 언급한 바와 같이 이 장에서는 가족

문제의 다양한 원인 중에서도 가족해체의 원인인 가정폭력, 이혼, 한부모 가족 중심으로 살펴보고자 한다.

가족문제가 생겨나는 원인으로는 다음과 같은 것을 들 수 있다.

첫째, 가족규모의 변화를 들 수 있다. 이전에는 농업중심의 사회로 대가족의 형태였다면, 산업화, 도시화가 되면서 사회구조적 변화와 함께 가구원들이 도시로 이동하면서 가족규모 변화로 핵가족화되었다. 핵가족화는 전통적 가족을 민주적 가족으로 바꾸는데 크게 기여한 것은 사실이지만 이전에 없었던 많은 문제들을 야기하고 있다. 그중에서 특히 이혼율의 증가, 가정 내 폭력 등의 문제다(김익균, 2005).

둘째, 가족의 형태와 구조 변화다. 가족규모가 변화되어 축소되는 한편, 가족의 형태는 다양화되어 가고 있다. 전통적으로 가족이라고 하면 혈연으로 이루어지는 관계, 2세대 · 3세대가 함께 생활하는 가족의 형태였다면 지금은 미혼모 가족과 같은 한부모 가족, 이혼 가족 등 다양한 형태의 가족이 증가하고 있다.

셋째, 여성의 사회활동 증가다. 여성의 사회활동이 증가되면서 가정에서의 여성 역할에 큰 변화를 가져오게 되었음에도 불구하고, 가족구성원들은 여성에게 아내로서 혹은 어머니로서의 전통적인 역할을 기대함으로써 자녀양육, 가사분담 등 가족 간의 갈등이 초래되고 있다(유영주, 1993). 이러한 가족 간의 갈등은 이혼과 폭력의 원인이 되고 있으며, 이혼에 따른 문제는 한부모 가족의 형성 원인으로 이어지고 있다.

넷째, 재정적 요인이다. 이혼과 같은 가족해체 문제는 경제적 문제로 나타나고 있다. 이전에도 이혼에 의한 가족해체는 발생하였으나, 일반적으로 1990년대 후반 IMF 이후에 가계의 경제적인 원인에 의한 이혼이 급증하고 있는 것으로 보고되고 있다. 이혼과 더불어 한부모 가족의 형성은 특히 여성 한부모 가족에서 실제적으로 경제적인 어려움을 호소하는 경우가 많다.

제5절 가족문제의 대책방안

가족구조 및 가족 관련 가치관의 변화로 이혼 가족, 한부모 가족 등과 같은 다양한 형태의 가족이 등장하였다. 다양한 형태의 가족은 약화된 가족기능 문제 등으로 인하여 어려움을 겪고 있다. 이러한 가족변화를 둘러싼 두 가지 논쟁으로는 가족형태의 다양화를 위기나 부정적으로 인식하는 가족위기론 입장과 이러한 변화를 긍정적으로 혹은 필연적으로 일어날 수밖에 없다고 바라보면서 대책을 모색하는 가족변화론 입장이다(윤홍식 외, 2011). 여기에서는 두 가지 논쟁의 해결방안 중 가족변화론 입장에서 가족문제 대책방안을 모색하고자 한다.

가족변화론 입장에서는 가족변화를 종래의 가부장제적 가족구조와 경제구조의 불안정성 등의 요인으로 이혼 가족 등과 같은 다양한 형태의 가족이 대두되었다고 설명한다. 이러한 요인의 해결방안으로는 가족구성원들 사이의 평등한 가족관계의 유지에 주목할 필요가 있다. 즉, 양성평등에 입각한 민주적 평등가족문화를 형성하고 가족구성원의 관계회복 및 관계강화를 위해 가족상담, 부부교육, 부모교육, 가족생활교육과 같은 프로그램 제공이 필요하며, 부부, 자녀 등 대상을 세분화한 가족관계 증진교육과 같은 가족통합교육도 요구된다.

그리고 전형적 가족을 강조하기보다는 다양한 가족형태를 수용하는 입장에서 이런 가족형태에 대한 사회구성원들의 편견과 같은 부정적 인식을 전환시킬 필요가 있다. 왜냐하면 이혼 가족, 한부모 가족과 같은 소위 전형적 가족을 벗어난 가족형태에 대한 사회적 편견으로 인해 다양한 가족형태에서 살고 있는 가족원들이 심리적 어려움을 겪고 있기 때문이다.

다양한 가족형태의 여러 문제 중에는 빈곤과 결부된 문제가 많다. 예를 들면, 이혼의 원인 중 경제적 이유가 가장 많았으며, 이혼 후에도 자녀양육비로 인해 경제적 어려움을 겪고 있는 가족이 많다. 그러므로 가족문제를 해결하기 위해서는 저소득 가족을 중심으로 정부차원에서 경제적 지원정책 확대, 사회보장제도에서 소득보장을 강화할 수 있는 수당 등을 도입하여야 한다.

제6절 소결

오늘날 우리 사회는 다변화와 더불어 가족 역시 변화하면서 다양한 형태의 가족들이 등장하였다. 이것에 대해서는 누구도 이견을 제시하지 않을 것이다. 그럼에도 불구하고 우리 사회는 다양한 형태의 가족들을 어떤 시각에서 보아야 할지, 변화된 가족구성원들이 어떤 역할을 해야 할지, 그리고 변화한 가족은 어떤 기능과 역할을 수행해야 할지에 대해서는 현재 그렇다 할 답을 제시하지 못하고 있다.

이처럼 가족의 형태와 기능이 이전과는 많은 차이를 보이듯이 미래에도 변화할 것은 주지의 사실이지만, 시대가 변화해도 가족은 여전히 사회의 가장 기본 단위로 사회구성원 개개인의 생활 공간일 것이다. 따라서 가족의 형태가 다양하게 변화하는 이 시점에서 건강한 가족상의 구현을 위해서는 가족의 기능과 역할 등의 변화에 대응하는 가족정책, 사회보장정책, 가족법 등 가족의 다양화를 고려한 정책들이 요구된다.

참고문헌

김익균(2003). 가족복지론. 교문사.
김혜경, 도미향, 문혜숙, 박충선, 손홍숙, 오정옥, 홍달아기(2007). 가족복지론. 공동체.
유영주(1993). 가족학. 도서출판 하우.
윤홍식, 송다영, 김인숙(2011). 가족정책: 복지국가의 새로운 전망. 공동체.
이장현, 김영이 공역(1985). 사회문제의 연구. Rubingtton, E., & Weinberg, S. 저. 경문사.
이효재(1988). 가족연구의 관점과 쟁점. 도서출판 까치.
최경석, 김양희, 김성천, 김진희, 박정윤, 윤정향(2003). 한국가족복지의 이해. 인간과 복지.
한국여성의전화(2015). 2014년 가정폭력 · 성폭력 상담통계 분석.
헤럴드경제(2015. 5. 20).

경찰청 홈페이지(http://www.police.go.kr).

다음국어사전 홈페이지(http://dic.daum.net/index.do?dic=kor).
다음백과사전 홈페이지(http://100.daum.net/).
보건복지부 홈페이지(http://www.mw.go.kr).
여성가족부 홈페이지(http://www.mogef.go.kr).
통계청 홈페이지(http://www.kostat.go.kr).
폴인러브 홈페이지(http://polinlove.tistory.com).
e-나라지표 홈페이지(http://www.index.go.kr).

제8장 중독문제

제1절 개관

중독이란 어떤 일이든지 자기 스스로 절제와 통제가 불가능하며 자신의 주된 생활과 업무에 지장을 초래하고 스스로의 힘으로 헤어 나오지 못하는 병적인 상태를 말한다. 일반적으로 정신이 건강한 사람들은 특정한 의존 대상이 없어도 자신의 일이나 인간관계, 취미와 여가생활 등에서 균형을 유지할 수 있지만, 중독자들은 여러 가지 측면에서 균형 유지에 어려움을 나타내고 있다. 따라서 삶의 리듬과 균형이 파괴된 중독자들은 자신들의 어려움을 해소하거나 이를 대체할 대상이나 수단을 필요로 하게 된다.

이처럼 중독에 빠진 사람들은 자신들에게 닥친 어려움이나 좌절을 견디기 힘들어 하거나 현실적으로 당면한 문제들을 스스로 해결할 능력이 부족하다. 이러한 문제들은 중독자 개개인의 삶을 파괴시킬 뿐만 아니라 주변과 사회에 이르기까지 영향을 주어, 심각한 사회문제를 야기시킬 수 있다. 따라서 이 장에서는 많은 중독문제들 중에서, 특히 심각한 사회문제로 대두되고 있는 알코올중독, 약물중독, 스마트폰중독, 도박중독을 중심으로 살펴보고자 한다.

제2절 중독의 개념 및 유형

1. 중독의 개념

중독의 사전적 의미는 '생체(生體)가 어떤 독물의 작용에 의한 반응으로 생명에 위험을 미칠 수도 있는 일'로 되어 있다. 이 경우의 중독은 의학적·생물학적 용어에 가까우며 영어 'intoxication'을 번역한 말이다. 심리학적 의미의 중독은 영어 'addiction'으로 좀 더 나은 기분을 위해 무엇인가에 지나치게 의지하는 것을 말한다(최은영, 2008). 고재욱(2013)은 중독에 대해서 어떤 특정한 활동에 지나치게 몰입하여 스스로 쾌락적 만족감을 얻기 위해 반복적으로 나타나는 행동과 정상적 생활이 제공해 주지 못하는 과도한 쾌락을 추구함으로써 중독적인 물질 없이는 불가능한 어떤 특별한 경험에의 의존을 말한다고 정의한다.

이와 같이 중독에는 통제 불능과 의존성이 내포되어 있는데, 중독 초기에는 자신이 중독 대상이나 수단을 통제할 수 있다고 느끼지만, 시간이 지나 만성으로 접어들면 내성이 생겨 통제력을 잃고 삶의 리듬과 균형을 파괴시킨다.

2. 중독의 유형

중독의 유형은 대상이나 방식에 따라 물질중독과 행위중독으로 구분할 수 있는데, 물질중독이란 말 그대로 알코올이나 약물처럼 실재하는 어떤 화학물질에 신체적·심리적으로 의존하는 현상을 의미하고, 행위중독은 실재하는 물질이 아닌 어떤 특정 심리적 현상이나 행동을 반복하는 데 의존하는 현상을 의미한다. 행위중독은 다시 무형과 유형으로 구분되기도 하는데, 무형의 행위중독은 과정 자체를 즐기는 경우를 말하고, 유형의 행위중독은 행위자체를 즐기는 경우를 말한다(강경호, 2003).

● 표 8-1 ● 중독의 유형

구분	중독 내용
물질중독	알코올중독, 약물중독, 음식중독 등
행위중독	무형의 행위중독(과정중독): 관계중독, 분노중독, 연예중독, 종교중독 등 유형의 행위중독(행위중독): 일중독, 도박중독, 인터넷중독, 성중독, 쇼핑중독, 운동중독 등

제3절 알코올중독

알코올중독은 알코올을 장기간 섭취함으로 인해 알코올 관련 문제행동이 빈번히 나타나고, 알코올 금단 또는 내성이 신체적 증상으로 나타나는 상태를 의미한다. 이와 같이 알코올중독은 원인이 분명하지 않은 만성질환으로서 서서히 발병하고 정도에 따라 증상과 징후가 뚜렷하게 나타난다. 또한 과량의 알코올 섭취는 대개 현저한 임상적 독성과 조직의 손상, 신체적 의존성, 금단증상을 유발하는데, 일반적으로 허용되는 양 이상의 음주를 하여 개인의 건강이나 사회적 · 직업적 기능에 장애가 있음에도 불구하고 음주를 계속하는 경우를 알코올중독이라 하고 대체로 알코올남용과 알코올의존을 포함하여 말한다(신태용, 2014).

1. 알코올중독의 실태

우리나라 알코올중독자의 수는 보건복지부 정신질환실태 역학조사[1)]에서 1,588,289명으로 추정되고 있으며, 성인 남성 5명 중 1명은 평생 한 번 이상 병적 음주(알코올 사용장애[2)])를 겪는 것으로 나타났다. 또한 〈표 8-2〉를 보면 1년 유병률은 전체 4.4%(남 6.6%, 여 2.1%)로

1) 정신질환 실태조사는 「정신보건법」 제4조의2에 근거, 5년마다 보건복지부 주관으로 역학조사가 시행되고 있으며, 2001년을 시작으로 2006년, 2011년은 조사대상자 전국 만 18~74세 성인 6,022명으로 정신질환실태 역학조사 결과를 발표함.

2) 알코올 사용장애 = 알코올의존 + 알코올남용.

● 표 8-2 ● 정신장애 전체 및 주요 그룹별 1년 유병률 및 추정 환자수(성과 연령별 보정)

	남자		여자		전체	
	유병률(%)	추정 환자수	유병률(%)	추정 환자수	유병률(%)	추정 환자수
모든 정신장애	16.2	2,918,249	15.8	2,857,208	16.0	5,775,597
모든 정신장애 니코틴사용장애 제외	11.5	2,071,597	15.5	2,802,958	13.5	4,873,160
모든 정신장애 니코틴/알코올 사용 장애 제외	6.1	1,098,847	14.3	2,585,955	10.2	3,681,943
알코올 사용장애	6.6	1,188,916	2.1	379,756	4.4	1,588,289
정신병적 장애	0.2	36,028	0.5	90,418	0.4	144,390
기분장애	2.3	414,319	4.9	886,096	3.6	1,299,509
불안장애	3.7	666,514	9.8	1,772,193	6.8	2,454,629

자료: 보건복지부(2012). 2011년 정신질환실태 역학조사.

나타나, 정신질환 중에서도 가장 높은 유병률을 보이고 있다.

이는 우리나라의 술에 대한 관대한 문화의 영향으로 말미암아 술을 권하는 사회분위기와 과음, 폭음 등의 무절제한 음주습관 등이 전 연령층으로 확산되고, 알코올에 대한 국민들의 인식부족 등 여러 가지 복합적인 요인으로 인해 그 폐해가 최근 증가하고 있음을 나타낸다.

이런 알코올중독으로 인한 문제점들을 정신적, 신체적, 경제 및 사회적 측면에서 살펴보면 다음과 같다(권진숙 외, 2014).

첫째, 정신적인 면에서는 반사회적 행동, 정신장애, 기타 약물남용, 강박신경증 등의 위험을 야기시킬 가능성이 높고, 우울 및 자살의 위험성도 높다고 볼 수 있다.

둘째, 신체적인 면에서는 위장, 췌장, 간질환, 악성종양, 심혈관 질환, 내분비 및 생식기능장애, 면역기능 저하, 알코올성 근육질환, 중추신경계 변성, 말초신경병 등의 장애를 가지며, 알코올성 간질환 및 간경화, 알코올성 지방간, 알코올성 심근증, 알코올성 위염 등으로 사망할 확률이 높다.

셋째, 경제 및 사회적 측면에서도 알코올 소비량의 지속적 증가에 따른 음주량의 증가와 함께 알코올중독, 관상동맥 심장질환으로 인한 사망, 사고, 범죄 등의 위험이 증가하고 있으며, 이에 따른 사회경제적 비용도 계속 증가하는 것으로 추정할 수 있다. 아울러 알코올중독은 본인뿐 아니라 가족구성원들의 정서와 생활에 부정적인 영향을 미치고, 가족응집력, 생활만족도 저하, 배우자의 불안, 우울강박, 적대감 등으로 가족관계의 불안을 조성한다.

2. 알코올중독의 원인

알코올중독은 다른 정신질환과 마찬가지로 한 가지 원인으로 설명할 수 없으며, 유전적, 생물학적, 심리사회적, 가족환경 등의 여러 가지 요인이 복합적으로 작용하여 발병한다고 볼 수 있다. 이와 같은 알코올중독 원인을 유전학적, 생물학적, 심리학적, 사회적, 가족환경 요인에서 살펴보면 다음과 같다(권진숙 외, 2014).

- 유전학적 요인: 유전학적 요인은 알코올중독이 특정한 인종이나 가족에 편향되어 나타나는 현상을 말한다. 대표적인 유전원인론으로는 선천성 영양 장애론을 들 수 있는데, 알코올중독자의 신체에는 유전적으로 대사 장애의 패턴에 있어서 그 결함을 보충하려는 본능적 욕구가 있다는 것이다. 즉, 칼로리의 원천으로 섭취한 알코올은 다른 영양물질의 섭취를 제한시켜 결핍상태를 악화시키며, 그 결과 알코올 요구를 더 증가시킨다는 것이다.
- 생물학적 요인: 장기간의 만성적 음주로 인해 뇌세포가 알코올에 적응되며 알코올이 대사되는 과정에서 만들어지는 물질이 알코올 내성과 신체적 의존을 증가시키는 요인이 된다는 것이다.
- 심리학적 요인: 인격적 측면에서는 피동공격성 인격, 의존성 인격, 편집성 인격 등이 알코올장애에 빠지기 쉬운 인격으로 알려져 있다. 정신분석학자 Freud는 성장, 발달과정상 구순기에 부모의 애정이 부족하거나, 입으로부터 생기는 충분한 만족을 얻지 못하는 경우, 구순애적 욕망의 고착이 이후에 습관적 음주로 나타나 알코올중독으로 전

환된다는 것이다. 또한 학습이론에서도 술을 마심으로써 불안이 해소되어 좀 더 자연스러운 행동을 나타낼 수 있는 경험을 여러 번 반복하게 되면 이것이 강화되어 습관적 음주로 진행된다는 것이다. 이로 인해 생긴 알코올에 대한 내성이 그 효능을 지속시키기 위해 일종의 중독 순환이 알코올의존을 일으킨다고 말한다.

- 사회적인 요인: 사회, 문화가 산출한 스트레스와 긴장의 정도, 스트레스의 대처에 유용하고 만족을 얻을 만한 대체물의 정도, 음주에 대한 사회의 태도와 관용성의 정도 등 알코올에 대한 접근성과 같은 음주환경이 알코올의존과 상관관계가 높은 것으로 알려져 있다.
- 가족환경 요인: 부모의 음주, 가족의 붕괴, 친부모의 상실, 비행성향 부모 등과 같은 가족환경은 자녀의 알코올중독 위험성을 높인다는 것이다.

3. 알코올중독의 단계

알코올중독은 4단계로 정리할 수 있는데 초기단계에서 만성적 중독단계까지를 살펴보면 다음과 같다.

1) 초기단계

알코올이 주는 즉각적인 쾌감을 얻기 위하여 때때로 마시기 시작하는 단계로, 음주 인구의 80%는 여기에 해당하며, 그 기간이 매우 길기 때문에 누구나 이 단계를 거치게 된다. 여기에서 음주량과 횟수의 점차적 증가, 빈번한 폭음과 과음으로 5~10년이 경과하면 2단계로 발전하게 된다.

2) 진행단계

알코올에 대한 의존성이 두드러지게 나타나고 술을 중심으로 모든 것을 생각하고, 또한 몰래 술을 마시는 경우가 잦아진다. 스스로 술을 즐기지만 술을 끊고자 할 때는 언제든지 끊을 수 있다고 생각한다. 음주로 인한 기억상실이 빈번해지고 가족, 친구, 직장과의 관계에서 음주로 인한 문제가 발생하며, 불안과 우울 상태에 놓이게 된다.

3) 위기단계

음주에 대한 조절능력을 상실하여 금단증상이 나타난다. 술을 마시게 된 것을 변명하고 술을 조절할 수 있다고 다짐하며 금주를 하거나 음주습관을 바꿔 보기도 하지만, 습관성 음주는 지속된다. 외부세계에 대한 관심이 줄고 친구와 직장을 잃거나 그만둔다. 신진대사의 장애가 오며 질투와 의처증이 생기고 공격적 행동이 나타난다. 하루에 제일 먼저 해야 할 일이 술을 마시는 일이라고 생각한다. 이 단계에 이르면 배우자는 이혼을 생각하게 되고 부모와 형제들은 폐인으로 여기게 된다. 중독자는 반사회적이 되고 자신의 이러한 처지를 구제하는 방법으로 술을 더욱 찾게 된다.

4) 만성적 중독단계

술을 1, 2일만 끊어도 금단증상이 나타나 금주가 불가능하다. 논리적 관념도 없고 사고능력도 극도로 저하된다. 이 단계에 이르면 이것저것 가리지 않고 알코올 냄새가 나는 것이면 어떤 것이든지 마시게 된다. 술이 가능하다면 어디든 찾아가 마시고, 공포, 떨림, 음주에 대한 강박감이 나타나고 막연하지만 어떤 종교에든지 의지하고 싶은 생각이 든다. 이때에는 내과적 치료와 정신과적 치료가 이루어져도 정서적으로 완전히 회복하기는 어렵다고 보며 이러한 경우 치료 후에도 지속적인 보호가 필요하다.

4. 알코올중독의 치료

알코올중독자에 대한 치료는 아직까지 상담치료나 약물치료 중 한 가지 방식으로 완벽한 성과를 내고 있는 것은 없다. 치료를 통해서 결과적으로는 도움을 받고 회복되는 알코올중독자도 있는 반면에, 재발과 악화를 반복하는 알코올중독자도 있다. 그러므로 알코올중독의 치료개입에 있어서는 대부분 여러 치료방법 중에서 동원할 수 있는 모든 치료방법을 복합적으로 동원하려고 한다.

여기에서는 입원치료와 약물치료, 재활치료, 사회적응을 위한 사회복귀 준비단계인 단주친목, 가족상담 치료를 중심으로 살펴보고자 한다.

1) 입원치료

알코올중독의 치료를 위한 첫 단계는 해독치료다. 이 기간 중에는 심각한 금단증상이 발생할 수 있으므로 예방과 치료를 위한 입원이 필요하다. 입원치료 과정은 신체적 해독단계, 재활의지훈련단계, 사회복귀 준비단계로 진행되며, 약 12주간 진행 후 퇴원하면, 재발방지 및 사회적응을 위한 재활 프로그램에 참여하게 된다.

2) 약물치료

약물치료는 중독 및 금단증상의 치료 후에 디설피람(Disulfiram), 날트렉손(Naltrexon) 등을 투여하고 음주욕구의 감소와 금주를 유도하는 것으로, 정신과 의사의 처방을 받아 시행해야 한다. 또한 술 끊는 약이라고 시중에서 판매되는 약물은 부작용의 위험이 있으므로 반드시 본인에게 설명하고 정신과 의사의 지시와 감독하에 사용하는 것이 좋다.

3) 재활치료

재활치료는 대부분이 타인의 강요에 의해 시작된다고 볼 수 있다. 많은 환자들이 술을 마시고 싶은 욕구로 인해 계속 겪게 되는 갈등문제를 다루어야 하며, 치료받고자 하는 동기를 강화하는 데 중점을 두어야 한다. 이러한 재활치료를 위해서는 알코올중독자들을 잘 알아야 할 필요성이 있는데, 이들에게 나타나는 특징을 살펴보면 다음과 같다.

첫째, 자신들의 건강에는 문제가 없다고 생각하고, 자신과 관련된 문제들에 대해서는 부정하고 합리화하는 반면에, 감정적인 교류가 많은 가족이나 주변 사람들에게는 비판적이어서 자신의 문제를 남의 탓으로 돌리려고 하는 경향을 들 수 있다. 그렇기 때문에 환자에게는 술로 인한 증상과 객관적인 현실을 인식시키고, 환자 스스로가 자신은 술에 대해 무기력하고 조절능력이 없음을 깨닫도록 하는 것이 중요하다.

둘째, 음주만이 이 모든 상황을 극복하는 유일한 방법으로 각인되어 있기 때문에 상황에 대처하는 좀 더 나은 기술개발과 음주의 유혹을 극복하는 방법들을 교육하는 것이 필요하다.

셋째, 알코올에 중독되면 모든 일을 포기하고 대부분의 시간을 술을 구하거나, 마시거나,

취한 상태에 있기 위해 사용하며, 술을 마시지 않는 친구나 가족들로부터는 이미 멀어져 있는 상태인데, 직장은 술을 마시거나 사기 위한 수단일 뿐이고 직장에서의 성취감이나 진취적인 면은 찾아볼 수 없다. 그러므로 음주를 중단하기 위해서는 음주가 주는 즐거움을 대신할 다른 취미활동을 통해 즐거움을 추구할 수 있도록 해야 한다.

넷째, 알코올중독자는 자신의 정서를 파악하고 언어로 표현하는 데 제한이 있으며, 가장 흔한 재발 원인 중의 하나는 강한 부정적 정서와 감정조절의 실패다. 따라서 환자에게 강한 불쾌감이 생기면 이러한 감정을 제대로 표현하는 방법을 가르치거나 이러한 감정의 원인을 알아 극복하게 만들어야 한다.

다섯째, 알코올중독자는 음주문제가 생기기 전부터 만족스러운 대인관계를 성취하는 데 실패하였고, 술을 마시지 않는 친구는 없으며, 중요한 사람과의 관계는 손상을 입었거나 상실되어 있는 등 주변에 자신을 이해하고 격려해 주는 사람이 없어진다. 이럴 경우 사회적 지지는 알코올중독의 재발을 방지하므로 사회적 지지체계를 새롭게 조직해 두어야 한다.

4) 단주친목(AA)

단주친목(Alcoholic Anonymous: AA)[3]는 음주문제를 가지고 있는 사람들의 세계적인 모임이다. 직업, 종파, 인종, 정치, 나이, 학력에 상관하지 않고, 음주문제에 대해 무엇인가를 원하는 모든 사람에게 문호가 개방되어 있다. 이러한 단주친목은 자신을 알코올중독자로 인정하는 사람들이 동병상련의 정으로 모인 집단으로, 이미 술을 끊는 데 성공한 회원들을 자신과 동일시함으로써 그 자신도 술을 끊게 되는 일종의 자조적인 집단치료과정이다. 이 모임에서 회원들은 서로를 격려하고 조언하며, 서로의 경험담을 나누거나 토론을 함으로써 알코올중독자 스스로가 회복에 대한 힘과 용기를 얻을 수 있게 한다.

3) 미국 월 스트리트의 증권 브로커인 Bill Wilson에 의해 소개된 12단계와 12전통을 기초로 알코올중독자들이 그들의 공동문제를 해결하고, 다른 사람들이 알코올중독으로부터 회복되도록 돕기 위해 경험을 나누고 힘과 희망을 주는 모임이다.

이처럼 자주적인 단주친목은 회복의 길을 가는 데 있어 단주동기를 유지하게 하는 필수적인 과정이다. 또한 사회재활을 위한 치료과정에서 장기적인 생활변화를 위한 고통을 겪어야 하는 당사자와 가족에게 정신적 · 영적 · 사회적 위로와 힘을 제공하고 있음이 많은 연구를 통해 검증되었다.

5) 가족상담 치료

흔히 알코올중독은 '가족병'으로 잘 알려져 있다. 이 의미는 알코올중독이 중독자 자신에게만 고통을 주는 질병이 아니라, 가족들에게도 부정적인 영향을 미쳐서 가족들을 병들게 만든다는 것을 의미한다. 또한 알코올중독자가 있는 대부분의 가족들은 부부갈등, 가정폭력, 자녀갈등 등의 문제가 있으며, 이런 가족들은 낮은 자존감, 죄의식, 우울, 불안, 혼동 등의 증상을 함께 경험하게 된다.

가족상담 치료개입에 있어서는 알코올중독자 못지않게 알코올중독자의 가족에 대한 상담과 치료도 무척 중요한데, 특히 함께 생활하는 부부와 자녀에게 미치는 영향을 고려하는 것이 무엇보다 중요하다고 볼 수 있다(권진숙 외, 2014).

(1) 부부문제

알코올중독자 부부에게 있어서 가장 우선적인 문제는 알코올중독 또는 회복과정에서의 단주로 인해 가족 및 부부의 평형상태가 위협받는다는 것이다. 즉, 부부는 과거와 같은 친밀성을 잃어버리게 되는 경우가 생길 수 있으며, 상대가 나를 원하지 않는다는 거리감과 배우자에 대한 상실감을 느끼게 되기도 한다.

특히, 알코올중독자의 아내는 남편의 음주와 관련하여 불안과 사회적 고립감, 죄의식, 자기연민, 우울 등의 증상에 시달리기도 하는데, 이를 해결하기 위한 효과적인 의사소통 방법이나 스트레스 관리기법 등에 대한 교육과 상담이 필요하며, 부부간의 시간 공유에 대한 명확한 합의가 필요하다. 또한 복합적인 다른 복잡한 문제들이 나타날 수도 있기 때문에 이에 대처하는 방법을 강구하기 위한 전문적인 도움이 필요하다.

(2) 자녀문제

알코올중독자의 자녀들은 술 마시는 아버지 또는 어머니의 지속적인 요구와 예측할 수 없는 행동과 지켜지지 않는 약속 등을 경험함으로써, 자신의 감정을 솔직하게 표현하거나 다른 사람을 완전히 신뢰하기가 어렵게 된다. 또한 이런 고통을 인식하고 다루는 것보다 차라리 잊으려고 하는 경향이 있는 등 불건전한 적응방법을 가지는 경향이 있다.

그렇기 때문에 이런 자녀들은 적대감, 반항, 위축, 미성숙, 과다행동, 집중력 부족 등의 외적 문제점들과 낮은 자존감, 외로움, 공포심, 죄책감, 혼란, 상실감 등의 내적 문제점들을 나타낸다. 이처럼 알코올중독자가 있는 가족환경은 자녀의 성격형성에 영향을 미치기 때문에 자녀들을 위한 치료적 프로그램과 정서적(지적) 개입 프로그램 등의 전문적 도움이 필요하다.

5. 중독관리통합지원센터

「정신보건법」 제48조와 제52조에서는 국가나 지방자치단체가 정신질환자의 사회복귀 촉진 및 권익보호를 목적으로 하는 단체 또는 시설을 보호 · 육성하고, 이에 필요한 비용을 보조할 수 있도록 규정하고 있다(보건복지부, 2014). 이러한 규정에 의거 알코올상담센터의 기능을 보완한 중독관리통합지원센터가 설치 · 운영되고 있으며, 인구 20만 이상 지역(시 · 구)에 중독관리통합지원센터를 설치 · 운영함으로써, 알코올 및 기타 중독자 관리체계와 중독폐해 예방시스템을 구축하고 있다.

또한 알코올 및 기타 중독자의 조기 발견, 상담, 치료, 재활 및 사회복귀를 지원하여 안전한 사회환경을 조성함으로써 국민 건강 증진을 도모하고자 하는 목적을 가지고 있다. 이 센터의 이용대상자는 지역사회 내 알코올 및 기타 중독의 문제가 있는 자, 알코올 및 기타 중독자와 그 가족 등 지역주민, 의료기관 또는 시설 등에서 퇴원(소)한 알코올 및 기타 중독자로서 사회적응훈련을 필요로 하는 알코올 및 기타 중독자, 기타 중독 관련 상담 및 재활훈련 서비스가 필요한 자 등이다.

중독관리통합지원센터에서는 다섯 개의 사업군으로 구분하여 사업을 운영하는데, 그 내용은 다음과 같다.

첫째, 알코올중독자 관리 사업으로 신규 발견 및 이용체계 구축, 사례관리서비스, 위기관리서비스, 재활 프로그램, 직업재활서비스 등이 포함된다.

둘째, 알코올중독자 가족지원 사업으로 신규 가족발견 및 이용체계 구축, 사례관리서비스, 가족 교육 및 프로그램, 위기관리서비스, 가족모임 지원서비스 등이 포함된다.

셋째, 음주폐해 예방 및 교육 사업으로 고위험군 조기 발견 및 개입서비스, 아동 · 청소년 예방 교육사업, 직장인 음주폐해 예방지원 사업, 지역주민 예방교육사업, 인식 개선 및 홍보 사업 등이 포함된다.

넷째, 지역사회 사회안전망 조정사업으로 보건복지 네트워크 구축, 지역 법무 연계 · 협력체계 구축, 경찰 및 응급지원 네트워크 구축, 지역인프라 구축 등이 포함된다.

다섯째, 지역진단 및 기획사업으로 지역사회 진단 및 연구, 서비스 기획, 자원 조정 및 중재 등이 포함된다.

제4절 약물중독

1. 약물중독의 개념

1) 약물의 정의

약물(drug)은 생체에 영향을 미치는 물질을 뜻하는 것으로 넓게는 의약품뿐만 아니라 실질적으로 정신(중추신경계)에 영향을 미치는 환각제 등까지를 포함하는 것이다. 즉, 약물은 환각이나 이와 유사한 느낌을 경험하기 위해 남용되는 물질(substance)이라 할 수 있는데, 약물의 종류가 다양한 것과 같이 약물의 개념도 매우 다양하게 설명되고 있다. 약물과 관련한 용어로는 약물사용, 약물오용, 약물남용 등이 있다(김치영 외, 2009).

- 약물사용(drug use): 의사의 처방 유무에 상관없이 질병치료에 효과가 있고 위험성이 적은 약물을 사용하는 것으로, 약물의 효과 이외에 다른 효과는 개인이나 사회에 별다른 위험이나 해악을 주지 않는 경우다.

- 약물오용(drug misuse): 사용하는 약물의 용량이나 상황 면에서 그 개인 자신이나 다른 사람에게 위험을 줄 수 있다는 점에서 약물사용과 구별되며, 약물이 사용되는 방식이나 약물 사용량이 치료라는 소기의 효과가 있는 데 필요한 것보다 더 많이 사용되는 경우를 말한다. 즉, 질병을 치료하기 위해 처방된 약을 그 용법이나 용량을 준수하지 않고 과용하는 경우다.
- 약물남용(drug abuse): 한 개인이 어떤 약물을 계속해서 약물의 원래 의도된 목적과는 다른 용도로 사용하거나 약물사용에 대해 통제할 수 없을 때를 말한다. 즉, 약물을 개인의 치료효과를 위해 사용하는 것이 아니라 자신에게 부정적인 영향을 주기 위해 향정신성 약물을 복용하는 경우다.

2) 약물중독의 정의

약물중독은 어떤 약물을 억제하기 어려운 욕구에 의하여 지속적 또는 주기적으로 섭취하는 상태를 말한다. 미국 정신의학회가 만든 『정신장애진단통계편람(*DSM: Diagnostic and Statistical Manual of Mental Disorders*)』의 진단 기준에서 볼 때 약물중독은 첫째, 약물사용으로 인하여 사회적 · 직업적 · 정신적 · 신체적 문제점들이 지속적으로 속출됨에도 불구하고 계속하여 약물을 사용하는 경우, 둘째, 사용약물 중단 시 신체적 · 정신적 이상이 초래되며 이를 저지하고자 약물을 사용하는 경우, 셋째, 약물사용으로 인한 종전의 경험효과를 누리기 위하여 점차 약물사용량을 늘리는 경우 등을 의미한다. 최근에는 다양한 종류의 약물이 늘어남에 따라 향정신성 약물에 국한시키지 않고 어떠한 약물이든지 의료적으로 부적절하게 사용하거나 비의학적으로 사용하는 것을 약물중독이라고 하는 경향이 있다(백형의, 한인영, 2014).

이와 같은 약물중독에 대하여 세계보건기구(WHO)에서는 한번 사용하기 시작하면 자꾸 사용하고 싶은 충동을 느끼고(의존성), 사용할 때마다 양을 늘리지 않으면 효과가 없으며(내성), 사용을 중지하면 온몸에 견디기 힘든 이상을 일으키며(금단증상), 개인에게 한정되지 않고 사회에도 해를 끼치는 약물(물질)을 말한다고 정의하였다.

2. 약물의 종류

약물은 중추신경을 흥분시키는 작용을 하는 중추신경 흥분제(각성제)와 중추신경을 억제시키는 작용을 하는 중추신경 억제제, 그리고 중추신경에 흥분과 억제를 함께 작용시키는 환각제의 세 가지로 분류할 수 있다(남일재 외, 2010). 약물은 모두 중추신경계에 영향을 미치는데, 이런 약물을 향정신성 약물 또는 향정신성 물질이라고도 한다.

1) 중추신경 흥분제(각성제)

중추신경 흥분제는 중추신경인 뇌를 흥분시켜 일시적인 쾌감이나 들뜬 기분을 만드는 작용을 한다. 이런 중추신경 흥분제를 복용하게 되면 잠을 쫓고, 피로감을 없애 주며, 식욕을 감퇴시키는 작용을 하지만, 내성이 있어 같은 효과를 보기 위해서는 점차 복용량을 늘려 가야만 한다. 이것으로 인한 정신적 의존이 심하여 약물을 계속 갈망하게 되고, 결국에는 참지 못하고 또다시 약물을 하게 되는 악순환이 반복된다. 또한 약물을 중단하게 되면 우울증에 빠져 의욕이 없어지고, 잠이 많아지고, 피로감이 심해지며, 식욕이 증가하는 증상을 나타낸다. 대표적인 흥분제로는 필로폰(메스암페타민, 속칭 히로뽕), 코카인, 담배, 엑스터시 등이 있다.

2) 중추신경 억제제

중추신경 억제제의 경우는 중추신경인 뇌를 억제하여 통증을 감소시키고, 이성적으로 잘 억제되어 오던 기능들을 마비시켜 평소에 억눌렸던 감정이나 생각들이 거침없이 밖으로 표출되도록 한다. 나중에는 호흡중추와 심장박동중추까지 억제하여 사망에 이르게 할 수도 있다.

중추신경 억제제 내의 억제물질은 내성이 있고, 약물을 중단할 경우 심각한 금단증상을 발생시키기 때문에 점점 더 약물에 깊이 의존하게 되는 특징을 가지고 있다. 대표적인 억제제로는 알코올, 아편, 헤로인, 모르핀, 본드나 부탄가스 등의 유해화학물질, 신경안정제 등이 있다.

● 표 8-3 ● 약물의 종류

구분	종류	약리학적 분류	법적 분류
마약	아편, 헤로인, 모르핀, 코데인, 메사돈, 데메롤	중추신경 억제제	「마약법」
	코카인	중추신경 홍분제	「마약법」
환각제	LSD, DMT, DET, STP, LBJ, XTACY, 메스카린, 펜실리딘	중추신경 홍분제/억제제	「향정신성의약품관리법」
	대마(마리화나), 하시시	중추신경 홍분제 또는 억제제	「대마관리법」
홍분제 (각성제)	암페타민(필로폰), 벤지드린, 덱스드린, 메테드린	중추신경 홍분제	「향정신성의약품관리법」
신경 안정제	디아제팜(바리움), 클로로디, 아제폭사, 이드(리브리움), 로라제팜(아티반)	중추신경 억제제	「향정신성의약품관리법」
흡입제 (본드, 가스)	톨루엔, 헥산, 아세톤, 가솔린, 시너	중추신경 억제제	「유해화학물질관리법」, 「청소년보호법」
술	포도주, 맥주, 위스키	중추신경 억제제	「청소년보호법」, 「미성년자보호법」
담배	파이프 담배, 씹는 담배, 코담배	중추신경 홍분제	「청소년보호법」, 「미성년자보호법」

자료: 문화체육관광부, 2003 청소년백서: 김근홍 외, 2013에서 재인용.

3) 중추신경 환각제

중추신경 환각제는 뇌를 흥분시키거나 억제시켜 환각을 유발시키는데, 뇌조직의 일상적인 활동을 방해함으로써 일시적인 청각, 시각, 촉각, 후각, 미각 등의 오감에 이상을 일으켜 비현실적인 환각을 발생시킨다. 이로 인해 판단력의 마비가 생기며 여러 가지 문제를 유발하게 된다. 대표적인 환각제로는 대마, LSD(lysergic acid diet hyamide), PCP(phencyclidine) 등이 있다.

3. 약물중독의 실태

우리 사회에서 문제가 된 약물은 시대마다 달랐는데, 신문이나 미디어 매체에 보도된 상황을 보면, 1994년과 1995년, 그리고 2001년에는 대용약물인 염산날부핀이 대량으로 밀거래되어 사회문제가 되었으며, 진통제로 병원에서 사용되는 날부핀이 부도덕한 제약회사와 약국을 통해 대량으로 유통되어 남용의 대상이 되기도 하였다. 또한 2000년대에 들어서는 이러한 염산날부핀 외에도 러미라와 S정과 같은 알약 형태의 대용약물들이 도매약국을 중심으로 처방전도 없이 음성적으로 대량으로 거래되었다. 이러한 약물들은 유흥업소에 종사하는 종업원이나 성매매를 하는 청소년들이 부끄러움을 잊기 위해서 또는 성적인 만족을 위해서 많이 복용하는 것으로 알려져 있다(박철현, 2014).

아울러 최근에는 수면내시경 등의 시술에 마취목적으로 쓰이는 프로포폴 남용이 사회문제화되어 2011년부터 마약류로 분류하여 관리해 왔지만, 유명연예인이나 유흥업소종사자들을 중심으로 남용사건이 끊이지 않고 있다. 특히, 2013년 3월에는 경남의 한 중소기업 사장(40대)이 프로포폴에 중독되어 전국 310개 병원을 돌면서 2년 동안 무려 수면내시경 검사를 548회나 받은 사건이 발생했다(서울신문, 2013. 3. 14).

이러한 사례는 합법을 가장하여 거래되는 대용약물의 폐해가 남용약물 못지않다는 것을 보여 준다. 현재는 이들 대용약물들을 모두 마약류로 분류해 규제하고 있지만, 법에 규정되지 않은 새로운 대용약물들이 앞으로도 지속적으로 출현할 가능성이 높다.

여기에서는 대검찰청의 마약류 범죄백서에 나와 있는 자료를 통하여 우리 사회에서 문제가 된 대표적인 약물로 마약과 향정신성 약물, 대마에 대한 약물중독의 실태를 추정해 보고자 한다.

2013년 우리나라 전체 마약류사범은 9,764명으로 전년도 9,255명 대비 5.5% 증가하였다. 이 중 마약사범은 685명으로 전년도 582명 대비 17.7% 증가, 향정사범은 7,902명으로 전년도 7,631명 대비 3.6% 증가, 대마사범은 1,177명으로 전년도 1,042명 대비 13.0% 증가한 것으로 나타났다. 또한 마약류별 구성비를 보면 향정이 80.9%로 가장 많았고, 다음은 대마 12.1%, 마약 7.0% 순으로 나타났다.

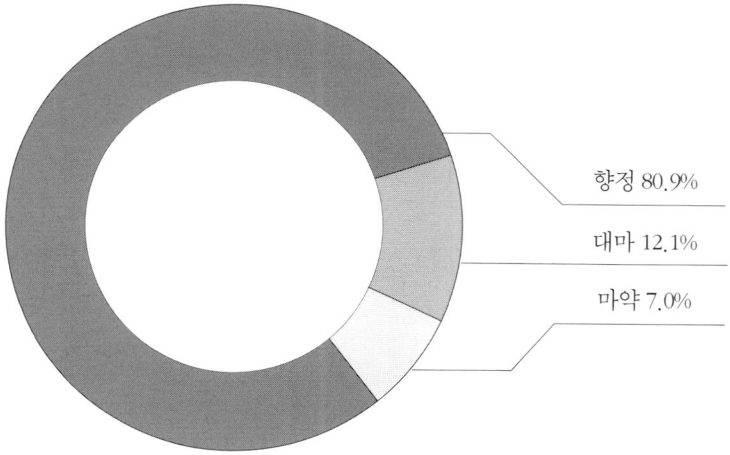

[그림 8-1] 전체 마약류사범 마약류별 구성비

자료: 대검찰청(2014).

마약류사범의 분포비율은 1995년도 이래 향정사범의 점유율이 50%를 상회하기 시작하여 2009년 67.1%, 2010년 69.6%, 2011년 78.7%, 2012년 82.5%, 2013년 80.9%를 차지함으로써 향정이 국내 주종 마약류임을 알 수 있다.

이처럼 다른 마약류에 비해 향정신성 약물 사범이 증가한 원인은 미국인과 중국인들의 필로폰 밀매 및 사용 증가와 태국인 근로자들의 신종마약인 야바(YABA) 사용의 폭증에 따른 것으로 보고 있다. 특히, 2000년 이후 외국인 관광객 유치정책에 따른 통관절차 간소화 및 외국인 노동자의 국내체류 증가 등의 영향도 크다고 할 수 있다. 더욱이 최근 들어 밀반

입되고 있는 신종마약(MDMA, 야바, 케타민 등)은 외국에서 마약류로 지정되지 않아 구하기 쉽고 값도 저렴하여 국내의 젊은 층에 확산되는 실정이다(김근홍 외, 2013).

연도별 마약류사범 단속현황을 〈표 8-4〉에서 보면 2009년 11,875명이었던 마약류사범이 2010년 9,732명, 2011년 9,174명으로 감소하던 것이, 2013년 9,764명으로 조금씩 증가 추세를 보이고 있음을 알 수 있다.

● 표 8-4 ● 연도별 마약류별 단속현황 (단위: 명)

구분	2009년	2010년	2011년	2012년	2013년
합계	11,875	9,732	9,174	9,255	9,764
마약	2,198	1,124	759	582	685
향정	7,965	6,771	7,226	7,631	7,902
대마	1,712	1,837	1,189	1,042	1,177

자료: 대검찰청(2014).

그 외 〈표 8-5〉에서 연령별 현황을 보면 40대가 3,539명으로 가장 많고, 30대가 2,500명, 50대가 1,833명, 20대가 1,010명 순으로 나타났다. 또한 2013년도 전체 마약류사범 중 생산·근로계층인 20~40대가 72.1%(전년도 73.1%)를 차지하여 청·장년층 마약류범죄가 가장 심각한 상태임을 알 수 있는데, 우리나라는 외국과는 달리 15세 미만자의 적발사례는 거의 없지만 19세 이하 청소년의 경우 검찰 및 유관기관의 청소년 상대 마약 퇴치류 홍보 및 계몽 활동은 지속적으로 전개되어야 함을 시사한다.

● 표 8-5 ● 마약류별 연령별 현황 (단위: 명, %)

구분	19세 이하	20~29	30~39	40~49	50~59	60세 이상	연령 미상	합계
합계	58 (0.6)	1,010 (10.3)	2,500 (25.6)	3,539 (36.2)	1,833 (18.8)	642 (6.6)	182 (1.9)	9,764 (100.0)
마약	2 (0.3)	23 (3.4)	52 (7.6)	66 (9.6)	118 (17.2)	393 (57.4)	31 (4.5)	685 (100.0)

향정	39 (0.5)	674 (8.5)	2,154 (27.3)	3,202 (40.5)	1,531 (19.4)	181 (2.3)	121 (1.5)	7,902 (100.0)
대마	17 (1.4)	313 (26.6)	294 (25.0)	271 (23.0)	184 (15.6)	68 (5.8)	30 (2.6)	1,177 (100.0)

자료: 대검찰청(2014).

2013년도 전체 마약류사범의 범죄원인별 점유율은 중독(24.8%), 유혹(15.3%), 영리(10.3%), 호기심(9.9%), 우연(3.4%) 순으로 유혹과 우연, 호기심이 28.6%를 차지함에 따라 마약류 폐해에 대한 지속적인 대국민 홍보 강화가 필요하다.

영리 목적 마약류범죄는 향정사범이 12.1%를 차지하여 다른 마약류사범보다 상대적으로 높게 나타났지만, 실제 중독으로 인한 사용 사범(24.8%)의 경우가 가장 구성비율이 높았다.

● 표 8-6 ● 마약류사범 범죄원인별 구성비 (단위: 명, %)

구분	유혹	우연	강압	중독	호기심	영리	치료	기타	합계
마약	5.8	11.9	0.1	7.9	11.0	2.1	3.2	57.9	100.0
향정	15.7	2.6	0.1	26.7	8.7	12.1	2.4	31.6	100.0
대마	19.3	3.8	0.1	22.3	17.0	2.7	1.7	33.1	100.0
합계	15.3	3.4	0.1	24.8	9.9	10.3	2.4	33.8	100.0

자료: 대검찰청(2014).

연도별 재범률 실태를 보면 약물남용은 중독성을 갖기 때문에 약물범죄자의 약물범죄 재범률은 꾸준히 높게 나타난다. 〈표 8-7〉는 약물범죄로 입건된 전과가 있는 사람들의 비율을 연도별로 나타낸 것으로, 2013년도 전체 마약류사범의 재범률은 39.6%로서 2009년부터 매년 30% 이상의 재범률을 유지하고 있음을 알 수 있다. 따라서 다른 범죄와 마찬가지로 마약류사범의 재범률을 낮추는 방법을 다각도로 모색해야 할 것이다.

● 표 8-7 ● 연도별 재범률 (단위: 명, %)

구분	2009년	2010년	2011년	2012년	2013년
전체 사범	11,875	9,732	9,174	9,255	9,764
재범인원주)	4,018	3,583	3,356	3,596	3,868
재범률(%)	33.8	36.8	36.6	38.9	39.6

주) 재범인원은 마약류사범으로 입건된 전과가 1회 이상 있는 인원임.
자료: 대검찰청(2014).

4. 약물중독의 원인

약물중독의 원인으로는 여러 가지가 있는데, 일반적으로 약물중독에 이르게 되는 약물사용의 영향요인은 생물학적 요인과 심리·성격적 요인 그리고 사회·환경적 요인들의 상호작용 결과로 나뉘고 있다(남일재 외, 2010).

1) 생물학적 요인

생물학적 요인에는 개인이 가지고 있는 체질이나 신경학적 요소가 속하는데, 자녀의 약물사용이나 알코올남용이 유전적인 요인에 기인하고 있다는 것이다. 개인에 따라서는 첫 약물의 시도에서 강한 반응을 경험하기도 하고 반대로 아무런 변화도 경험하지 못할 수 있는데, 첫 약물의 경험 때 강한 쾌감을 느끼거나 불안, 우울, 긴장의 감소를 느꼈다면 나중에 약물중독자로 발전할 가능성이 크다. 이런 약물에 대한 반응의 개인차는 개인이 가지고 있는 체질과 관계될 가능성이 있고 체질의 차이는 곧 유전적인 차이에서 오는 것이라 할 수 있다.

약물중독의 원인을 설명하는 생물학적 이론들로 유전이론과 생화학이론을 들 수 있는데 그 내용을 살펴보면 다음과 같다.

- 유전이론: 유전이론은 개인의 유전적인 요소가 약물남용에 영향을 미친다는 것인데, 유전자의 합성이 약물남용에 적합한 생물학적 메커니즘에 영향을 준다는 것이다. 이는

약물을 사용하는 경우, 사람에 따라 고통의 정도와 약물의 정신적 영향이 다르고, 신체가 약물을 조정하는 수준도 차이가 있다. 이렇듯 유전이론에서는 약물의 지속적 사용에 영향을 주는 개인적 차이가 유전적 요인에 기인하는 것이라 설명한다. 약물중독과 유전적 연결을 연구하는 학자들은 누구도 유전적 요인이 약물에 중독되는 유일한 요인이라 단언하지 않으며, 이러한 유전적 구조가 환경 및 성격 요인과 결합하여 특정 개인이나 집단에 유의미하게 높은 약물중독률을 만들어 낼 수 있음을 설명한다.

- 생화학이론: 생화학이론은 약물에 대한 중독 상황을 생화학 견지에서 설명하는 것이다. 즉, 신체가 약물에 반복적으로 노출될 경우, 신체는 약물분자에 대해 점진적으로 적응하게 되며, 인간의 신체는 너무나 적응적이어서 약물분자는 신체적 기능을 위해서 꼭 필요한 것이 된다는 것이다. 또한 약물이 기존의 결핍을 정화시켜 주는 안정제로서 작용한다는 것이다.

2) 심리 · 성격적 요인

약물중독의 원인을 인간의 심리 · 성격유형에서 찾으려고 하는데, 심리 · 성격의 측면에서 볼 때, 약물중독에 빠진 어떤 개인의 심리 · 정서 상태 속에는 그들로 하여금 약물에 빠져들게 하는 잘못된 무엇이 있다는 것이다. 약물에 쉽게 빠져드는 사람들은 대체적으로 자신의 장기적 목표달성, 자신의 행동에 대한 책임, 독립적인 개인으로서의 역할 수행 등을 위해 현재 당면한 쾌락적 욕구를 물리치거나 유예할 수 있는 능력을 결여하고 있다는 것이다. 쉽게 말해 앞뒤를 가리지 않고 행동하는 심리 · 성격적 성향이 있다는 것이다.

심리학적 원인에 대해 설명하는 이론에는 정신역동적인 면을 강조하는 정신분석이론과 성격 면에서 약물남용자의 성격이 비사용자들과 다르다는 것을 강조하는 인성이론이 있다

- 정신분석이론: 정신분석이론에서는 인간은 본능적으로 쾌락을 찾고 고통을 피하고자 하는데 이것은 유아기와 아동기의 해결되지 않은 갈등의 결과라고 설명한다. 약물중독자들이 약물을 사용하는 것은 이러한 갈등을 본질적으로 처리하는 것이 아니라 밖으로 표출하는 미성숙한 반응이라는 것이다. 이와 관련하여 정신분석이론은 약물중독에 대해 두 가지로 설명하는데, 첫째는 불안을 해소하기 위해 개인이 약물에 취하게 되면 그

효과가 매우 유쾌하다는 것을 알게 된다는 것과, 둘째는 중독의 고통스러운 결과를 피하는 능력이 부족하다는 것이다. 즉, 약물을 남용하게 되면 능력상실 등의 부작용이 일어나는데, 이런 부작용을 알고도 피할 능력이 없어 중독으로 가게 된다는 것이다.

- 인성이론: 인성이론에 의하면 약물중독자들은 현실로부터의 도피로, 삶의 문제를 회피하고 약물을 통한 만족감에 도취되어 현실에 대한 무관심 속으로 은둔하는 수단으로 약물을 사용한다는 것이다. 일반적으로 약물중독자의 인성은 수줍음이 많고, 소외되어 있으며, 참을성이 없고, 쉽게 자극에 흥분하며, 지나치게 예민하고, 좌절, 불안, 의기소침하며, 욕망의 즉각적인 만족을 추구하고 성적으로 억압되어 있는 특징을 가지고 있다. 또한 타인과 어렵게 관계를 맺으며, 낮은 자존감과 건강에 대한 무관심, 권위에 대한 저항감을 가지고 있다. 이런 특성을 가진 사람들에게 약물은 편안한 느낌, 권력감, 성취감 등을 제공해 준다. 따라서 인성이론의 측면에서 보면 약물사용은 내면의 고통에 대한 자기치료의 의미라고 할 수도 있다.

3) 사회 · 환경적 원인

약물중독의 원인을 개인의 특성에 초점을 맞추는 것이 아니라 개인이 놓여 있는 상황, 사회관계, 사회구조에 초점을 맞추어 설명한다. 사회적 행동을 배우고 인정을 얻는 한 방법으로 개인은 집단에 참가하고 동료들의 행동에 대처한다. 따라서 동료집단의 압력은 개인의 자기개념과 방향 및 행동에 명백한 영향을 미친다. 이런 측면에서 약물사용은 개인이 집단에서 소외되지 않기 위한 필요조건이 되며 어떤 관점을 가지고 세계에 반응하는가에 대한 개념을 세우고 유지시키는 데 도움을 주기도 한다.

약물중독과 관련하여 사회학적 측면에 대해 설명하는 이론에는 사회학습이론, 사회통제이론, 하위문화이론이 있다.

- 사회학습이론: 사회학습이론에서는 행동이 보상과 처벌 또는 상황에 의해 형성된다고 주장한다. 이 이론에서는 보상과 처벌, 그리고 특정 행동에 대한 규범적 규정이 중요한 개념으로, 특정 행위에 대한 과거와 현재의 보상 및 처벌이 개인이 추구하는 행위를 결정한다는 것이다.

사회학습이론에 따르면 약물남용은 약물을 사용하는 것이 보상을 주는 집단에 노출되는 것으로 설명될 수 있다. 이 집단들은 특정 약물을 사용하도록 규정하고 모방하게 하며 약물사용을 강화해 주는 사회적 환경을 제공한다. 또한 약물사용 및 남용은 동료집단의 결속력이 얼마나 강력한가, 법적 제재나 부모의 영향력이 얼마나 큰가 등에 의해 좌우된다. 따라서 사회학습이론에 의하면 약물을 사용하느냐 또는 중단하느냐 하는 문제는 약물사용 행동이 대안적인 행동에 비해 어느 정도 차별적으로 강화되었느냐와 어느 행동이 보다 바람직한 것이라고 규정되어 있느냐에 달려 있다. 그러므로 이 이론에서 약물중독은 직접적인 사회화의 과정에서 나타난다고 가정한다. 즉, 약물중독자는 집단상호작용 속에서 약물사용에 대해 격려와 보상을 받고, 상황에 따라서는 그 보상이 약물남용과 관련된 처벌이나 범죄의 대가를 능가한다는 것이다.

- 사회통제이론: 사회통제이론은 인간이 본래부터 일탈 가능성을 가지고 있으며 사회통제 및 사회적 유대와의 결속력이 약할 때 일탈행동을 하게 된다고 보고 있다. 즉, 사회통제이론에 의하면 모든 인간은 좌절된 소망과 충족되지 못한 욕구를 갖고 있기 때문에 대부분 압력을 받고 있는 상태라고 가정한다는 것이다

  그러므로 사회통제이론의 주요 변수는 행동을 규제하여 약물중독에 대한 자연적 충동을 억제하는 사회통제력이다. 이런 통제는 행동의 결과에 대한 처벌과 보상으로 가능하다. 이러한 처벌과 보상은 자신에 의해 내면적으로 일어날 수도 있고, 타인에 의해 사회적(외부적)으로 일어날 수도 있다고 한다.

- 하위문화이론: 하위문화이론은 약물사용에 우호적인 태도를 가진 특정 사회집단과 관련이 있으면 약물사용을 배우게 되고, 약물사용에 부정적인 집단과 관련이 깊으면 약물사용을 하지 않는다는 것이다. 약물사용은 특정 사회집단에서는 환영받지만, 다른 사회집단에서는 금지되고 처벌을 받기도 한다.

  처음 약물을 사용하는 자는 하위문화권의 고참 사용자들로부터 사회의 관습에 대처하는 방법을 배우게 된다. 즉, 사람들이 약물사용을 시작하는 것은 혼자서가 아니라, 약물을 제공해 주고, 약물의 사용방법을 설명해 주며, 약물에 대한 역할모델을 제시해 주는 집단과의 접촉을 통해서 이루어진다는 것이다.

5. 약물중독의 대책방안

우리나라에서 약물문제는 다른 외국에 비해 그리 심각한 상태가 아니라고 생각하여 왔다. 그러나 최근 들어 여러 가지 약물들의 유입과 외국인 노동자들의 증가와 국가의 관광정책 완화 등의 정책들이 맞물려 약물의 유입이 상대적으로 쉬워지고 이를 접할 수 있는 방법도 더 많아졌다고 볼 수 있다. 이에 따라 약물중독으로 인한 개인의 신체적 · 정서적 문제뿐 아니라 가족과 사회에 심각한 문제를 양산하고 있으며, 이를 해결하기 위해 국가는 의료적 · 사회적 · 경제적 비용을 적지 않게 지출하고 있는 실정이다.

그러나 약물중독문제를 근본적으로 해결한다는 것은 실질적으로 어렵게 보인다. 그러므로 현실적인 대처방안을 강구하는 것이 중요한데, 먼저는 약물에 중독되는 가능성을 줄이고 약물중독이 사회문제화되는 것을 최소한으로 줄이도록 하는 차원에서의 접근방법이 필요하다 하겠다. 이에 대한 약물중독의 대책방안을 살펴보면 다음과 같다.

첫째, 약물에 중독된 사람들을 되도록 조기에 발견하고 치료와 재활을 통해 사회에 복귀할 수 있도록, 전문적이고 체계적인 치료와 재활대책이 도입되어야 한다는 것이다. 약물중독은 하나의 질병이고 약물중독자의 중단 의지만으로는 해결할 수 없는 문제라고 볼 때, 이에 대한 전문적이고 체계적인 치료와 재활대책은 매우 중요하다. 그와 더불어 약물중독자들이 사회생활을 하는 데 필요한 사회적 기술들, 즉 대인관계나 의사소통 및 문제대처 기술 등에 대한 구체적이고 실제적인 원조를 제공해 주어야 한다. 특히나 약물중독자와 함께 생활하고 있는 가족들에 대해서도 전문적이고 지속적인 지지 · 보호서비스가 필요하다. 이를 위하여 약물중독에 관한 전문 인력과 전문가 양성을 위한 노력과 전문인들의 연구 · 조사 활동에 대한 지원도 마련되어야 할 것으로 본다. 우리나라는 과거 약물에 대한 규제 중심의 정책을 고수하였으나, 최근에는 약물중독자에 대한 치료와 보호도 함께 중시하는 정책으로 변화하고 있다. 「마약류관리에 관한 법률」의 제40조는 마약류중독자의 치료보호규정을 두고 있다는 점에서, 이 법이 중독자에 대한 처벌을 규정하면서도 한편으로는 치료보호를 도모하고 있음을 보여 준다.

둘째, 약물중독자에 대한 법적 · 제도적 장치들의 개선이 필요하다. 즉, 약물을 사용하는 사람들을 무조건 범죄자로 취급하지 않고, 환자나 도움이 필요한 사람으로 인식하여 약물중독자들이 감추지 않고 드러내어 치료받을 수 있도록 해야 한다. 이는 약물중독자의 치료가 범죄와 재발을 감소시킬 수 있는 대안임을 인지하고 약물사용에 대한 금지와 처벌을 하는 법만으로는 한계가 있음을 알아야 한다. 우리나라 약물 관련 규제법의 가장 중요한 특징 중의 하나는 약물이 「마약법」, 「대마초관리법」, 「향정신성의약품관리법」, 「유해화학물질관리법」 등에 의해 분산 · 규제되고 있다는 것이다. 마약, 대마 및 향정신성 의약품 등의 약물은 그 위험성의 정도에 있어서 차이가 있지만, 신체적 또는 정신적 의존성을 야기시켜 국민 건강을 해친다는 공통점을 가지고 있다. 따라서 약물 관련 법규들을 단일법규로 통합 · 규제하는 방안의 마련도 필요하다.

셋째, 약물중독의 사회적 확산을 막기 위해서는 무엇보다 예방이 중요하다. 사회적인 홍보와 계몽에 힘을 기울여 새로운 약물중독자가 나오지 않도록 예방하는 일과 약물을 접하게 되었더라도 보다 적극적으로 치료와 재활을 받을 수 있도록 도와줄 수 있는 사회적 인식의 변화 및 분위기 확산은 적극적인 홍보와 교육을 통하여 이루어질 수 있다고 생각한다. 또한 재발의 방지를 위한 자조모임과 사회생활에 보다 효과적으로 적응할 수 있도록 도와주는 치료공동체 등의 프로그램 개발도 필요할 것으로 보인다. 즉, 약물의 위험성에 대하여 일반대중을 대상으로 교육, 홍보, 계몽을 지속적으로 실시하면서, 마약 소지 및 유통의 위법성에 대한 인식제고교육과 마약사용자들과의 어울림을 차단하기 위한 예방교육, 마약사용을 우연히 권유받았을 때 그 유혹을 단호히 물리칠 수 있는 거절방법교육 등을 실시해야 한다. 아울러 마약의 위험에 쉽게 노출될 수 있는 환경과 상황에 있는 빈곤계층, 해체가정 청소년, 학교 부적응자, 유흥, 환락 및 연예계 관련자 등을 대상으로 한 특별교육과 예방적 개입이 중요하다. 이들이 마약 하위문화 속으로 유입되지 않도록 하기 위해서는 마약 하위문화의 성격과 편입 과정, 그리고 마약 하위문화로 편입된 후 그 문화 속에 있는 사람들의 행동패턴과 그러한 행동패턴의 최종 결과들에 대한 교육을 할 필요가 있다.

제5절 스마트폰중독

최근 우리의 일상생활에 도입된 스마트폰은 미디어 기술의 시대라 할 정도로 이용자의 삶을 다양한 모습으로 변화시키고 있다. 과거 개인이 인터넷을 사용하기 위해서는 집이나 직장, 학교 등 인터넷망이 연결된 컴퓨터가 있는 특정한 장소를 찾아야만 했다. 그러나 스마트폰의 등장으로 휴대가 간편해져서 몸에 지니고 다니면서 언제 어디서나 어떠한 형태의 콘텐츠라도 자유롭게 이용할 수 있게 되었다(구세희, 2014).

또한 스마트폰의 보급으로 말미암아 많은 사람들이 시간을 가리지 않고 어디서나 무차별적으로 스마트폰에 접속하고, 무의식적으로 스마트폰을 이용해 트위터나 페이스북, 카카오톡 등을 하면서 누군가와 끊임없이 접속을 시도하고, 많은 시간을 타인들 그리고 가상세계와 접속하면서 그 속에서 생활을 영위하기도 한다. 이처럼 스마트폰은 우리 삶을 편리하고 효율적으로 향상시켜 준다. 그러나 스마트폰의 끊임없는 접속으로 늘 온라인과 연결되어 있기 때문에 현실과 괴리가 생길 수 있다는 점에서 잠재적 위험을 내포하고 있다.

1. 스마트폰중독의 개념과 유형

1) 스마트폰의 개념

스마트폰의 개념은 학자들에 의해 다양하게 정의되고 있는데, 한국정보화진흥원에 의하면 스마트폰은 일반 PC와 같이 고기능의 범용 운용체제(OS)를 탑재하여 다양한 모바일앱을 자유롭게 설치, 동작시킬 수 있는 고기능 휴대폰을 의미한다고 정의하고 있다. 또한 스마트폰은 휴대전화의 기능뿐 아니라 어디서든 사용이 가능한 PC의 인터넷, 게임, 온라인 커뮤니티 기능 등을 포함하는, 현재 우리 생활에 밀접한 영향을 미치고 있는 휴대폰 단말기라고 정의되기도 한다(김학범, 2013).

이런 정의들에서 스마트폰은 휴대전화의 기능뿐 아니라 네트워크를 통한 다양한 의사소통이 가능하고 다양한 콘텐츠 사용이 가능한 멀티미디어 기능을 담당하는 손 안의 PC라고 할 수 있다.

2) 스마트폰중독의 개념

스마트폰중독은 스마트폰 사용에 몰입하여 스마트폰 사용에 대한 통제력을 잃고 이로 인해 주변에 피해를 입히지만 스마트폰 사용을 조절하지 못하고 지속적으로 사용하는 현상으로 스마트폰에 대한 의존행동이 빈번히 나타나고, 이용량이 증가하고, 스마트폰을 이용하지 않으면 불안하고 초초한 증상을 나타내며, 이로 인해 일상생활에 많은 문제가 생기는 것으로 정의할 수 있다(김학범, 2013).

한국정보화진흥원은 스마트폰을 과다 사용하여 스마트폰 사용에 대한 금단과 내성을 지니고 있으며, 이로 인해 일상생활의 장애가 유발되는 상태를 스마트폰중독으로 개념화하였다. 이와 같은 스마트폰중독은 청소년기뿐 아니라 다양한 연령에서 나타나며, 중독으로 인한 피해는 개인의 신체뿐 아니라 정신건강에도 많은 영향을 미치고 있으며, 이러한 영향들은 사회의 문제점으로 지적되고 있다.

이와 같이 스마트폰중독은 내성, 금단, 일상생활장애, 가상세계 지향성 등의 특성을 가지고 있는데 그 내용을 살펴보면 다음과 같다(인터넷중독대응센터 홈페이지).

- 내성: 스마트폰을 점점 더 많은 시간 동안 사용하게 되어 나중에는 많이 사용해도 만족감이 없는 상태를 말한다.
  - 스마트폰 사용시간을 줄이려고 해 보았지만 실패한다.
  - 스마트폰 사용에 많은 시간을 보내는 것이 습관화되어 있으며 '그만해야지.'라고 생각하면서도 계속한다.
- 금단: 스마트폰을 과다하게 사용하여 스마트폰이 없으면 불안하고 초조함을 느끼는 현상을 말한다.
  - 스마트폰을 사용할 수 없으면 안절부절못하고 초조하여 견디기 힘들다.
  - 스마트폰이 없으면 일 또는 공부에 집중하기가 어렵다.
- 일상생활장애: 스마트폰을 과다하게 사용하기 때문에 가정, 학교, 직장 등에서 문제를 일으키는 상태를 말한다.
  - 스마트폰의 지나친 사용으로 학교 성적이나 업무능률이 떨어진다.
  - 스마트폰을 자주 또는 오래 한다고 가족이나 친구, 주변 사람들로부터 지적을 받는

일이 많다.

- 가상세계 지향성: 직접 현실에서 만나서 관계를 맺기보다는 스마트폰을 활용해서 관계를 맺는 것이 편한 상태를 말한다.
  - 스마트폰을 사용하지 못하면 온 세상을 잃을 것 같다는 생각이 든다.
  - 가족이나 친구들과 함께 있는 것보다 스마트폰을 사용하고 있는 것이 더 즐겁다.

3) 스마트폰중독의 유형

스마트폰중독 유형은 정보검색중독, 모바일메신저중독, SNS 중독, 앱중독, 모바일게임중독, 모바일 성인용 콘텐츠 중독으로 분류하고 있는데, 구체적인 내용은 〈표 8-8〉과 같다.

표 8-8 스마트폰중독의 유형

유형	내용
정보검색중독	자신에게 정말 필요한 것보다는 정보수집 자체에 집착하여 강박적으로 웹사이트나 자료를 검색하는 경우
모바일 메신저중독	모바일메신저를 통한 인간관계에 몰두해서 실제 인간관계를 등한시하는 경우
SNS 중독	개인홈페이지, 인터넷동호회 등을 운영하거나 소셜네트워크 서비스를 사용하는 데 과도하게 시간을 할애하는 경우
앱중독 (앱피로증후군)	스마트폰에서 모바일앱을 끊임없이 내려받기에 빠진 경우
모바일 게임중독	스마트기기를 통한 게임을 과다하게 하는 경우
모바일 성인용 콘텐츠 중독	섹스나 포르노 등의 내용물을 담고 있는 모바일 콘텐츠를 강박적으로 계속 드나드는 경우(음란채팅, 음란물공유, 야동, 야설 등)

자료: 한국정보화진흥원 홈페이지(http://www.nia.or.kr).

2. 스마트폰중독의 실태

최근 실시한 미래창조과학부의 2014년 인터넷 중독실태 조사에서 스마트폰 중독위험군 비율은 청소년 및 성인 스마트폰 이용자의 14.2%로 전년 11.8% 대비 2.4%로 증가한 것으로 나타났다. 이는 스마트폰중독 위험군 최초 조사년도인 2011년 8.4%에 비해 5.8%나 증가한 수치다. 스마트기기 보유율도 2011년 31.3%에서 2012년 63.7%, 2013년 71.6%, 2014년 78.6%로 계속적인 증가 추세에 있음이 나타났다. 이 조사를 통하여 최근 스마트기기 보급 증가에 따른 과다 사용으로 스마트폰중독 위험군이 계속 증가하는 추세임을 알 수 있다.

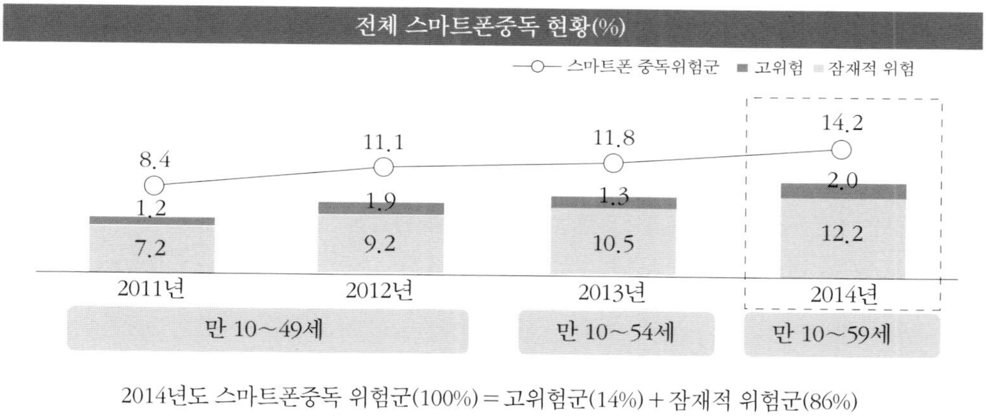

[그림 8-2] 스마트폰중독 위험군 비율

자료: 미래창조과학부(2015).

또한 연령별 스마트폰중독 위험군에서 청소년 29.2%(1,562천 명), 성인 11.3%(2,999천 명)로 청소년 위험군 비율이 크게 높은 것을 알 수 있으며, 연령대별로는 10대(29.2%), 20대(19.6%), 30대(11.3%), 40대(7.9%), 50대(4.8%) 순으로 나타나 연령이 증가할수록 중독위험군 비율은 감소하는 것을 알 수 있다.

한편, 성인 스마트폰중독 위험군의 비율은 11.3%로 전년(8.9%) 대비 2.4%포인트 증가하였고, 연령대별로는 20대 중독위험군이 19.6%로 50대(4.8%)의 약 4배 수준으로 나타났다.

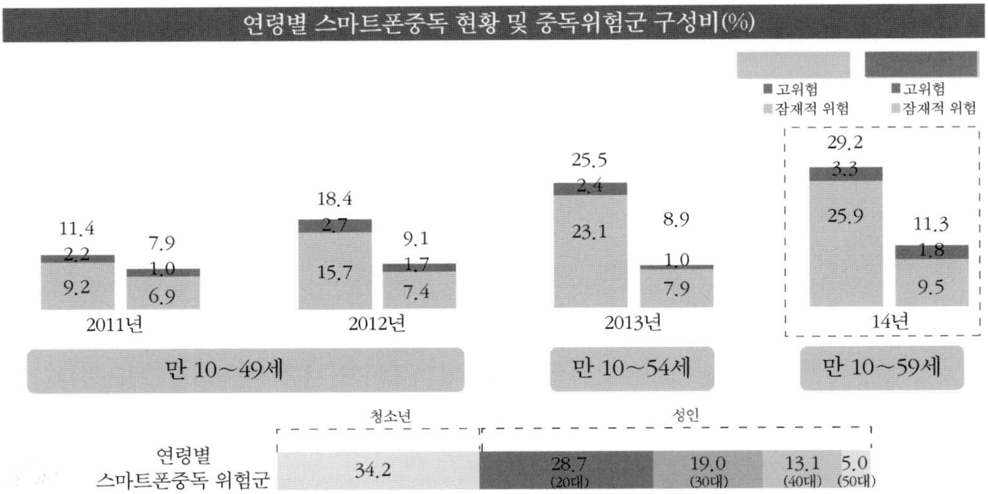

[그림 8-3] 연령별 스마트폰중독 위험군

자료: 미래창조과학부(2015).

성별로는 남성(11.9%)이 여성(10.5%)에 비해 중독위험군 비율이 높았고, 대학생(20.5%), 무직자(18.3%), 미혼(18.0%) 순으로 중독에 상대적으로 취약한 것으로 나타났다.

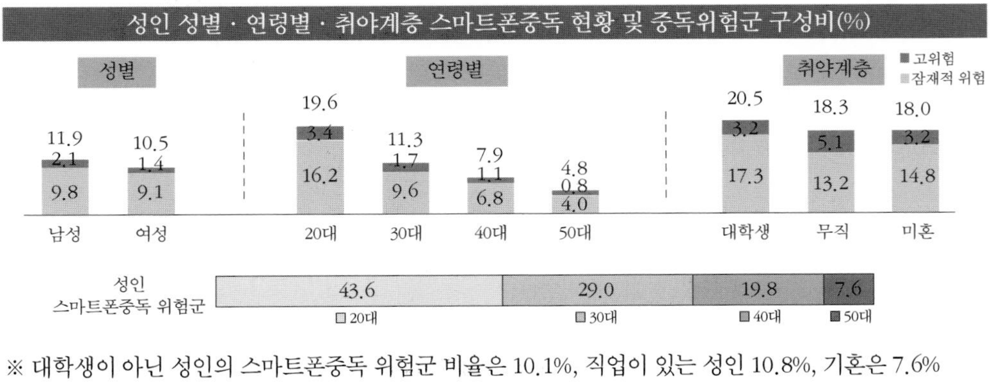

[그림 8-4] 성인 스마트폰중독 위험군

자료: 미래창조과학부(2015).

3. 스마트폰중독의 원인

스마트폰을 사용하는 모든 사람이 스마트폰 사용 후, 일상생활장애, 자기조절결여 등의 결과가 초래될 수는 있지만, 섣불리 중독이라고 단정 짓기는 어렵다. 스마트폰 사용자 모두가 스마트폰중독에 이르는 것은 아니지만, 중독으로 인해 적지 않은 비용을 지불하고, 그 비용이 활동을 통한 이익을 초과하는데도 불구하고 중단하지 못하고 점점 더 빠져들게 만드는 현상이 발생한다.

이러한 스마트폰중독의 원인으로 스마트폰 사용의 편리성과 스마트폰 휴대의 접근성, 사용자 중심을 들 수 있다.

1) 스마트폰 사용의 편리성

스마트폰 사용의 편리성을 통한 접속 증가와 과도한 사용을 중독 원인으로 볼 수 있다. 스마트폰은 PC보다 훨씬 편하게 터치 한 번으로 원하는 프로그램에 접속할 수 있다는 편리함과 손에 들고 다니며 원하는 정보나 메시지를 알려 주기 때문에 항상 사용하게 되는 특징이 있다. 따라서 스마트폰을 통해 이용자들은 24시간 동안 다양한 서비스를 손 안에서 자유롭게 이용할 수 있지만 동시에 스마트폰 중독 경향성이 문제가 되고 있다. 이들은 스마트폰을 항상 손에 쥐고 있고 심지어는 자기 전까지도 스마트폰을 손에서 놓지 않는 사람들이 생겨나고 습관적으로 반복해서 스마트폰을 이용한다.

이처럼 스마트폰의 다양한 기능적인 편리함과 이동성으로 인해 언제 어디서나 이용할 수 있고, 이로 인한 스마트폰의 과도한 사용은 중독의 위험성을 가져올 우려가 있다. 이런 중독은 개인의 건강 문제와 사회문제 등을 일으킬 수 있다.

2) 스마트폰 휴대의 접근성

스마트폰 휴대의 접근성에서 스마트폰중독의 원인을 찾을 수 있는데, 스마트폰은 휴대가 간편하여 인터넷에 비해 중독될 가능성이 높다. 스마트폰 사용자는 스마트폰을 항상 몸에 지니고 다니며, 다양한 기능을 언제나 이용할 수 있다는 점에서 실용적인 측면의 장점도 지니고 있다. 하지만 이런 접근성은 오히려 사용자의 심리적 애착을 형성시켜서 손에서 쉽게 놓을 수 없게 만들고 스마트폰이 없으면 불안하고 초조함을 느끼는 현상을 유발하게 한다. 이런 불안이나 초조함 등은 일상생활의 장애를 가져올 수 있으며, 스마트폰을 많은 시간 몸에 지니고 다니며 빈번하게 이용하는 것에서 의존적 행동이나 내성이 생겨나고 사용량의 증가를 가져올 수 있다.

3) 스마트폰 사용자 중심

스마트폰이 사용자 중심이라는 점에서 중독의 원인을 찾을 수 있다. 스마트폰은 스마트폰의 소유자 또는 사용자 개인을 중심으로 이루어지는데, 현재 서비스되고 있는 매체 중에서 가장 개인의 욕구를 충족하는 개인화된 매체라 할 수 있다. 이런 스마트폰의 사용은 상호작용에 의한 정서적 유대감과 안정감을 형성하게 되며 미디어와 근접성을 유지하고자 하는 사용자의 심리적 상태를 반영한다.

또한 매번 새롭고 창의적이며 자신에게 맞추어진 앱들이 나옴으로 인해 미디어와 반복된 상호작용을 하면서 마치 자신과 가까운 사람에 대해 느끼는 정서적 유대감과 결속감을 형성하기도 한다. 그러나 과도한 애착은 중독경향을 증가하는 결과를 초래한다(구세희, 2014).

4. 스마트폰중독의 대책방안

스마트폰의 급격한 보급으로 일상생활에서 인터넷 및 스마트폰 과다 사용 등 중독위험군 증가가 우려되고 있다. 최근 발표한 미래창조과학부 외 여러 부처들의 2015년 인터넷중독 예방 및 해소 추진계획 자료를 바탕으로 스마트폰중독의 예방, 상담, 치료, 협력체계, 기반 구축 및 인프라 등에 대한 대책방안을 모색해 보고자 한다.

첫째, 스마트폰중독 예방교육 다변화를 통한 중독위험을 사전 차단하는 것이 중요하다. 전문 강사 파견을 통한 생애주기별 중독 예방교육을 실시하고, 언론, 기업, 시민단체 등과 함께 스마트폰 과다 사용에 대한 문제 인식 및 건강한 스마트폰 사용 실천을 위한 범국민 캠페인을 전개한다. 또한 학교의 자율적인 중독 예방 실천운동 활성화 유도를 통해 학생, 교사, 학부모 등이 합심하여 학교와 가정에서 자율적으로 스마트폰

과다 사용을 예방하는 행동을 실시한다.

둘째, 스마트폰중독 유형별 상담과 치료 연계를 강화한다. 지역별 상담기관을 통한 상담서비스를 강화하고, 상담대상 특성(연령 · 성별 · 계층 등) 및 중독유형에 따라 적절한 상담기법을 활용하여 개별 상담을 실시한다. 특히, 중독 취약계층인 한부모 · 조손 · 저소득층 · 다문화 · 맞벌이 가정에 대해 우선 실시하고 필요시 일반 가정도 지원하도록 한다.

셋째, 스마트폰중독에 대한 민 · 관 협력체계 강화 및 공동대응이 필요하다. 중독대응 전문기관 간 협력 활성화가 필요한데, 이를 위하여 각 분야별 전문기관의 상담사례 등을 상호 공유하고 관련 기술협력으로 예방 · 상담서비스의 효율성 제고가 필요하다. 또한 효과적인 전문상담 및 치료 연계를 위해 본인 동의 시 전문기관 간 상담 자료를 연계하고 활용하는 방안을 추진한다.[4] 아울러 지역별 협력기관의 인력 및 네트워크를 활용하여 사전예방 활동을 강화하고 전문적인 상담서비스가 지원되도록 한다.

넷째 스마트폰중독 대응기반 구축 및 인프라 조성이 필요하다. 스마트폰 중독현장 밀착형 대응 강화를 위한 중독대응센터 구축이 확대되어야 하며, 스마트폰중독 예방교육 및 중독유형별(SNS, 게임 등) 맞춤형 상담을 위해 전담 인력양성과정을 운영하여야 한다. 또한 불법 유해정보 유통방지를 위해 스마트폰용 SW인 '스마트보안관' 및 '스마트안심드림'[5]을 교육청과 연계하여 보급하고, 방송통신심의위원회를 통해 PC용 SW인 그린아이넷(그린 I-Net)[6]의 보급 확대가 필요하다.

4) 정신건강증진센터, 중독관리통합지원센터, 인터넷중독대응센터 등 인터넷중독 유관 센터 간 대상자 연계 등 지역별 협력체계 구축(전국 10개 지역 선정 예정).

5) 자녀 스마트폰의 문자메시지, 메신저 등으로 수신되는 사이버 언어폭력 의심문자(욕설, 협박, 따돌림 등)를 감지하여 부모에게 알려 주는 서비스.

6) 청소년정보이용안전망, 그린i 캠페인, 패밀리 자원봉사단, 유해정보필터링 소프트웨어 제공.

제6절 도박중독

1. 도박중독의 개념 및 특성

1) 도박중독의 개념

도박중독(gambling addiction)의 개념을 이해하기 위해서는 먼저 도박의 의미를 파악할 필요가 있다. 도박이란 '불확실한 결과에 대해 돈을 걸고 하는 내기'를 말하는데, 이런 의미에서는 승부를 걸고 하는 모든 내기는 비록 가볍다 해도 모두 도박에 속한다고 할 수 있다. 도박중독은 정신의학에서는 '충동조절장애' 의 일종으로 자신이 아무리 절제를 하려고 해도 저항할 수 없는 충동으로 인해 지속적으로 반복적 행동을 하는 것으로 보는데, 임상적인 측면에서는 내성, 금단증상과 의존성이 있고 이로 인해 이차적인 문제가 발생하는 데도 지속한다는 측면 등으로 보아 전형적인 '중독' 과 유사하다고 할 수 있다(백과사전 홈페이지).

이와 같은 도박중독은 오래전부터 존재해 온 심각한 정서적 · 사회적 문제로 보고 있으며, 쉽게 금전을 벌 수 있는 즉각적인 보상심리와 함께, 병적인 도박으로 스트레스와 상대적 박탈감, 자기통제력 저하 등으로 개인적 · 직업적 생활과 가정에 영향을 미치게 되고, 도박으로 인해 대인관계의 갈등과 재정적 · 사회적 · 법적 문제가 발생하며, 도박행위를 조절하지 못하는 것으로 인해 범죄를 유발시키게 된다(임성범, 2013).

한국도박문제관리센터에서는 도박의 동기를 여섯 가지로 이야기하고 있는데, 그 내용을 살펴보면 다음과 같다.

첫째, 금전동기로 쉽게 돈을 따고자 하는 욕구충족의 기회 및 간헐적으로 큰돈을 따는 경험을 제공하는 것이다.

둘째, 흥분동기로 게임은 자체적으로 스릴과 흥분, 짜릿함, 쾌감과 즐거움을 제공한다는 것이다.

셋째, 회피동기로 도박을 하고 있는 동안에는 현실의 압박감, 우울감, 스트레스를 잊게 한다는 것이다.

넷째, 사교동기로 직장동료나 친구들과 놀이 및 친목을 목적으로 한다는 것이다.

다섯째, 투자와 보상심리로 도박을 하면서 이미 많은 돈과 시간, 노력을 투자했기 때문에 본전에 대한 생각을 한다는 것이다.

여섯째, 비합리적 신념으로 게임에서 이길 수 있다는 비합리적 기대와 환상을 갖게 된다는 것이다.

2) 도박중독의 특성

도박중독은 통제력 상실과 심리적 의존, 내성, 금단현상 등의 특성을 가지고 있는데 그 내용을 살펴보면 다음과 같다(오세연, 2013).

- 통제력 상실: 자신이 선택한 도박행위를 자발적으로 통제할 수 있는 능력이 결여되는 자기 통제력의 상실인데, 이는 자신이 돈을 따게 되었던 경험 또는 잃고 있어도 한탕주의로 만회를 하려는 심리 등 도박행위 그 자체에서 도박중독자에게 자기 통제력의 상실을 가져오게 되는 것이다.
- 심리적 의존: 도박중독의 긍정적인 기능으로는 행복감을 주고 공포와 불안을 감소시켜 주기 때문에 이러한 효과가 심리적으로 안정감을 주게 되어 더욱 도박에 의존하게 되는 것이다.
- 내성: 각성이나 흥분 유발을 위하여 도박에서 배팅 금액을 증가시켜 만족감을 얻는 것이다. 시간이 지날수록 더 많은 만족감을 얻거나 똑같은 쾌락을 유지하기 위해 더 많은 시간을 할애하면서 배팅금액을 증가시키게 되는 것이다.
- 금단현상: 도박을 하지 않으면 불안하거나 예민해지고 신경질적인 증상을 나타내며, 다른 일에 몰두하지 못하고 도박에 대해 계속 생각하고 집중력이 떨어지게 된다. 이에 따라 짜증을 부리고 화를 내는 등 금단현상을 겪게 되고 더 나아가 금전적인 문제로 범죄를 일으키게 되기도 한다.

2. 도박중독의 유형과 발전과정

1) 도박중독의 유형

도박중독은 도박에 빠지는 정도에 따라 사교성 도박, 문제성 도박, 병적 도박으로 유형이 구분되는데, 그 내용을 살펴보면 다음과 같다(권진숙 외, 2014).

- 사교성 도박(유희성 도박): 제한된 기간 동안 서로 받아들일 수 있는 손실액을 미리 정해 놓고 친구나 동료들 사이에서 이루어지는 활동을 말한다. 또한 돈을 따거나 승리를 위한 목적에서가 아닌 즐거움이나 여흥 혹은 친목을 목적으로 행해지며, 도박에 대한 보상가치가 적어 대박에 대한 기대 역시 적거나 없다. 따라서 도박에 대한 통제력이 유지된다.
- 문제성 도박(습관성 도박): 병적 도박보다는 덜 심각한 수준으로 습관성 도박이라고도 불린다. 도박자 자신의 개인생활, 가족, 직업과 관련된 행위를 손상시키거나 해로운 결과를 초래하는 상태로 사교성 도박과 병적 도박 사이의 중간 수준에 해당되는 도박행동 상태를 의미한다.
- 병적 도박(강박적 도박): 가장 심각한 도박행동 수준으로 흔히 강박적 도박이라고 말하는데, 억제할 수 없는 압도적인 도박충동에 휩쓸려 도박행동을 하게 되며, 충동의 강도와 절박함이 점점 커지면서 더 많은 시간과 에너지 · 정서적 · 재정적 자원을 소비하게 되는 상태를 의미한다. 결국은 도박행동에의 몰입은 개인의 삶에서 의미 있는 모든 것을 잠식하고 파괴하게 된다.

2) 도박중독의 발전과정

도박중독자들이 갑작스럽게 통제력을 상실하거나 점진적으로 진행되는데, Lesieur와 Resenthal(1985)은 병적인 도박중독에 이르는 발전과정을 다음의 네 단계로 구분하고 있다(권진숙 외, 2014에서 재인용).

- 승리단계: 우연히 도박을 하여 승리하였을 때의 흥분을 맛보고 점차 배팅액이 증가되

면서 승리를 하고 그 빈도가 높아지면서 도박에 대한 환상에 빠지게 된다.

- 패배단계: 승리에 대해 과장하며 실패를 숨기고 거짓말을 하면서도 도박을 멈추지 못하고 실패가 계속되면서 가정, 직장생활에 문제가 생기고 부채상환이 늦어지고 상환능력을 상실하고 불법적 · 합법적으로 빚을 지고, 초조, 불안, 허탈감에 빠지면서 성격의 변화가 오고, 혼자 도박하고 오직 도박만 생각한다.
- 절망단계: 도박에 투자하는 시간이 증가하고, 신용을 잃고 가족과 친구로부터 멀어져도 남만 탓하고, 법적 소송에 연루된다.
- 포기단계: 절망, 이혼, 자살 사고→시도→실패, 약물남용, 감정파괴, 금단현상, 법적 구속의 문제를 갖게 된다.

❖ 도박중독의 진단

도박장애 진단기준(DSM-5)

A. 다음 중 4개(또는 그 이상) 항목에 해당하는 도박행동이 비적응적인 성격(자신의 현재 경제적 · 직업적 상황 및 위치에 맞게 행동하지 못하는)을 띠고 지속적이고 반복적으로 일어난다.

1. 과거에 도박을 했던 경험을 계속 떠올리면서 돈을 걸었을 때 승산을 예상하거나 계획하고, 도박으로 돈을 벌 수 있는 방법에 집착한다.
2. 거의 도박에 몰두해서 지낸다.
3. 도박을 줄이거나 그만두려는 노력을 해도 계속 실패한다.
4. 도박을 줄이거나 그만두려 하면 안절부절못하거나 신경과민이 된다.
5. 무기력감, 죄책감, 불안, 우울감 같은 정신적 문제에서 벗어나기 위해 도박을 하거나 불쾌한 기분을 가라앉히기 위한 수단으로 도박을 한다.
6. 도박에서 잃은 돈을 만회하기 위해 다시 도박장을 찾는다.
7. 도박에 빠진 것을 숨기기 위해 가족, 치료자, 타인들에게 거짓말을 한다.

8. 도박자금을 마련하기 위해서라면 위조지폐, 사기, 절도, 횡령 등 불법적인 행위를 저지른다.
9. 도박 때문에 중요한 대인관계가 위태로워지거나 구직, 교육, 출세 등의 기회를 놓친 적이 있다.
10. 도박으로 인한 절망적 재정상태를 해결하기 위해 다른 사람들로부터 돈을 빌린다.

B. 도박행동이 조증삽화[일정기간(2주 이상)기분이 고양된 상태가 지속되며 과대망상 등의 정신병 현상이 나타나는 것]로 인한 것이 아닐 것

※ 12개월 기간 중 10개 진단기준에서 네 가지가 해당되면 도박장애로 진단한다.

3. 도박중독의 실태

2014년 사행산업통합감독위원회가 조사한 사행산업 이용실태 조사[7]를 보면 우리나라 만 20세 이상 성인남녀 100명 중 5명은 도박중독이 될 가능성이 높은 것으로 나타났으며, 도박중독 유병률은 5.4%다. 이와 같은 도박중독의 수준은 다른 외국의 주요 국가 도박중독 유병률과 비교했을 때 높은 수준이다.

〈표 8-9〉를 보면 우리나라 성인들이 복권, 경마, 친목목적 게임(화투 등) 등의 활동에 어느 정도 중독되었는지가 나타나는데, 만 20세 이상 전체 인구를 기준으로 보면, 약 3,822만 명 중 207만 명 정도가 도박중독 유병자로 추정되고, 이 중 중위험 이용자는 150만 명 정도이며, 문제성 위험자는 약 57만 명 정도로 나타났다.

또한 〈표 8-10〉과 〈표 8-11〉을 보면 우리나라 국민들은 사행산업으로 인한 사회적 영향에 대해 64.1%가 문제가 심각하다는 부정적인 인식을 가지고 있으며, 이 중 54.7%는 내국

7) 이번 조사는 2014년 3월부터 9월까지 전국 만 20세 이상 2만 명을 대상으로 국제적으로 통용되는 CPGI (Canadian Problem Gambling Index) 척도를 사용하여 면접 설문조사를 진행하였다.

● 표 8-9 ● 일반인 전체 도박중독 유병률

구분	비문제성	저위험	중위험	문제성	계	유병률 (중위험+문제성)
전체(%)	86.6	8.4	3.9	1.5	100.0	5.4
모수추정값 (명)	32,935,585	3,208,285	1,505,496	568,607	38,217,973	2,074,103

자료: 사행산업통합감독위원회(2014).

인 카지노를 가장 심각한 사행산업으로 인식하였다. 이와 더불어 응답자의 66.1%는 사행산업에 대한 규제를 강화해야 한다는 의견을 보였다.

● 표 8-10 ● 사행산업으로 인한 사회적 문제에 대한 인식

구분	심각하지 않다			그저 그렇다	심각하다			모름/ 무응답	합계	평균 (점)
	전혀 심각하지 않다	별로 심각하지 않다	계		약각 심각하다	매우 심각하다	계			
전체(%)	1.9	8.2	10.1	25.8	44.6	19.5	64.1	0.0	100.0	3.72

자료: 사행산업통합감독위원회(2014).

● 표 8-11 ● 사행산업별 심각성 인식 정도

구분	내국인 카지노	경마	복권	체육진흥 투표권	경륜	소싸움	경정	모름/ 무응답	없다
전체(%)	54.7	29.7	9.7	3.1	2.0	0.4	0.3	0.0	0.0

자료: 사행산업통합감독위원회(2014).

4. 도박중독의 원인

도박중독은 여러 복합적인 원인들로 인해 발생한다고 볼 수 있는데, 여기에서는 도박 자체의 요인, 사회 · 환경적 요인, 성격적 요인, 유전적 · 생물학적 요인을 중심으로 살펴보도록 하겠다(국가건강정보포털 홈페이지).

1) 도박 자체의 요인

도박 자체의 요인은 일반적으로 도박 자체가 주는 재미와 승부에서 이길 경우 발생하는 쾌감이다. 처음부터 돈을 따기 위해 도박을 하는 사람들은 거의 없으며, 심심풀이, 재미와 호기심으로 시작했다가 이들 중 일부의 사람들이 중독에 빠지게 되는 것이다. 대부분의 중독자들은 초기에 돈을 따는 경험을 하는데 특히 크게 딴 경험이 있는 사람일수록 주의를 요한다. 이를 big win이라고 하는데 이게 머리에 기억으로 남아 있어 비록 지금은 잃고 있지만 언젠가 다 만회할 수 있다는 환상을 심어 주는 경우가 많다.

도박은 쾌감뿐 아니라 현실 도피적인 성향도 만족시켜 주는데, 사회적응의 어려움이나 고민, 불안과 같은 부정적 감정도 일시적이지만 회피할 수 있는 좋은 수단이 된다. 비록 일시적이고 부작용이 크지만 순간적 만족감을 주기 때문에 유혹을 이기기 어려운 것이다.

2) 사회환경적 요인

도박중독자의 비율은 전 인구의 1~2% 정도로 알려져 있다. 그러나 나라와 지역에 따라 큰 편차를 보이는데 사회가 도박에 대해 허용적일수록, 그리고 쉽게 접근이 가능할수록 중독자가 늘어나는 것은 당연한 이치다. 미국은 원주민인 인디언에게 경제적 도움을 주기 위해 인디언 보호구역에서 카지노를 운영하는 것을 허가하였다. 그런데 카지노를 중심으로 가까운 지역에 사는 사람들의 도박중독자 비율이 높아지는 것을 발견했다. 그만큼 접근가능성은 중요한 요소 중 하나다.

우리나라의 경우는 중독자 비율이 월등히 높게 나타나고 있는데 환경적 요인이 일조를 하는 것으로 보인다. 도박장이 생기면 이용하는 사람들이 늘게 되고 중독자의 수가 늘어나는 것은 당연한 사실이다. 또한 요즘처럼 경제적 위기로 실직자가 많고 건강하게 여가를 보내기 어려운 사회환경도 중요한 요인이 되며, 어릴 때 도박을 접하는 것도 고위험군이 될 수 있다. 특히, 요즘처럼 인터넷 게임중독이 늘어난다면 향후 이 자녀들이 더 쉽게 다른 중독에 빠질 가능성이 있을 것으로 예상된다.

3) 성격적 요인

누구나 도박에 빠질 수 있지만 특히 도박에 더 잘 빠지는 사람들이 있다. 임상적인 측면에서 보면 도박중독자를 크게 자극추구형과 현실도피/적응장애형으로 나눌 수 있는데 학문적으로는 더 여러 유형으로 나누기도 한다.

먼저 자극추구형 중독자들은 쉽게 말하면 타고난 도박꾼이라고 말할 수 있는데, 유전적인 성향이 강하기 때문에 어린 시절 발병하는 경향이 높다. 이들의 어린 시절 성장과정을 들어 보면 어릴 때부터 내기를 좋아하고, 경쟁적이고, 호기심 · 모험심이 많았다는 특징을 가지고 있다. 이들은 어릴 때 구슬치기, 딱지치기를 해서 지면 잠이 오지 않았다고 말하며, 카지노, 경마 등 종류를 가리지 않고 즐기는 유형이다. 또한 도박 이외에도 다양한 형태의 중독에 빠질 가능성이 높은 사람들인데, 대개 무료함을 견디지 못하고 끊임없이 새로운 자극을 찾아 나서고 위험을 무릅쓰고 도전하는 경향이 있다. 에너지는 많은데 이 에너지의 방향이 잘못될 경우 쉽게 중독에 빠질 수 있는 유형으로 이런 성향을 가진 사람들이 도박을 접하면 쉽게 중독에 이르게 될 가능성이 높다.

다음으로 현실도피/적응장애형은 우울, 불안 등의 정서적 측면, 스트레스와 관계가 많은 유형으로 볼 수 있는데, 이들은 대개 늦은 나이에 도박을 시작하는 경향이 있다. 여성 도박중독자들이 흔히 이 유형에 속하는 경우가 많으며, 이혼이나 가정적 문제, 우울과 불안 같은 환경적 · 정서적 문제를 가지고 있는 경우도 많다. 도박을 하는 동안은 만사를 잊을 수 있기 때문에 쉽게 현실로 돌아오지 못하며, 또한 현실로 돌아온다 하더라도 엄청난 스트레스를 감당하지 못하고 다시 도박장으로 돌아가는 경우가 많다. 자극추구형과 달리 스트레스를 회피하는 도구로 도박을 이용하는 것이다. 성격적으로도 내성적이며 대인관계가 많지 않고 다른 세상 재미를 잘 모르고 살아온 사람 가운데 도박에 빠지는 경우가 많은데 바로 이런 유형의 사람들이다.

물론 실제로는 두 유형이 명확하게 구별되는 것은 아니며, 치료방법을 정하기 위하여 어느 성향이 높은지를 평가하는 것이다. 초기 자극추구형으로 시작해서 오랜 기간 도박에 빠지면 서서히 현실도피형으로 넘어가는 경우도 많이 있다, 도박으로 인해 직업에도 문제가 생기고 친구도 멀어지고 여러 이유로 서서히 정서적 문제가 생기는데 이런 부정적 감정을 피하기 위해 도박을 지속하는 경우다.

4) 유전적 · 생물학적 요인

도박중독에는 다른 중독과 마찬가지로 도파민, 세로토닌 및 노르에피네프린 등의 여러 신경전달물질이 관여하는 것으로 알려지고 있다. 여기서는 쉽게 도파민이라는 물질 한 가지로 설명해 보기로 하겠다. 술을 마시면 기분이 좋아지는 이유는 무엇일까? 알코올이 혈액을 타고 뇌로 들어가서 측핵이라는 곳에서 도파민이라는 물질을 분비하게 만드는데 이 물질이 바로 쾌감을 일으키는 물질이다. 도박의 승리 시 오는 쾌감도 여기서 비롯되는 것이라고 할 수 있는데, 똑같이 도박을 하지만 어떤 사람은 그냥 재미로 즐기고 어떤 사람은 깊이 빠지게 된다. 이런 차이가 이미 생물학적으로 결정된 것일 수도 있는데 일부 연구에서는 약간의 유전성 경향이 있다고 알려져 있다. 그러나 이런 유전적 경향을 가지고 있다고 해서 모두 중독에 빠지는 것은 아니기 때문에 환경적 요인도 중요하다.

5. 도박중독의 치료와 대책방안

1) 도박중독의 치료

대부분의 중독자들은 스스로 자신은 중독자가 아니라고 말한다. 이들이 스스로 중독자임을 인정하고 치료를 받기로 결심하는 것은 결코 쉬운 일이 아니다. 따라서 도박중독의 효과적인 치료를 위해서는 약물치료와 함께 인지행동치료, 단도박 모임과 가족교육 등을 병합하는 것이 좋다(국가건강정보포털 홈페이지).

(1) 약물치료

도박으로 인해 이차적으로 정서적 문제가 동반된 경우는 일시적으로 약물치료를 하는 것이 도움이 된다. 현재까지 도박중독에 효과가 있다고 알려진 약물들로는 항우울제의 일종인 선택적 세로토닌 재흡수 억제제와 갈망억제제(날트렉손, 아캄프로세이트) 등이 있다. 갈망억제제의 경우 도박 자체의 욕구를 줄여 주는 데 비교적 효과가 좋은 것으로 알려져 있어 성공적으로 도박을 끊는 경우도 있다. 실제 임상에서는 환자의 유형에 따라 각기 다른 약물을 사용할 수도 있는데, 환자와의 면담과 성격검사, 심리검사 등을 통해 성격유형과 우울, 불안증상 등을 파악하여 약물을 선택하게 된다. 우울증이 심하거나 자살 사고가 있을 경우 입원을 하는 것이 좋다.

(2) 인지행동치료

인지치료란 쉽게 말하면 잘못된 생각을 바로잡아 주는 치료다. 많은 도박중독자들은 '도박을 하면 많은 돈을 딸 수 있을 것이다.'라는 잘못된 생각으로 인해 도박에 빠져 헤어 나오지 못하게 된다. 이러한 잘못된 생각을 교정하고 동시에 행동조절훈련 등을 함으로써 도박중독을 치료하는 것이 인지행동치료다. 예를 들면, 36계 전법으로 무조건 피하고 보는 것이나 운동으로 스트레스를 관리하는 것 등이 방법이 될 수 있다.

(3) 단도박 친목모임

도박을 끊게 되면 중독자들은 이를 대체할 수 있는 다른 모임이 필요하다. 중독자들의 자발적인 모임인 한국 단도박 모임은 도박문제를 극복하기 위해 서로의 공통된 문제를 해결하고 다른 사람을 도와줄 수 있도록 경험과 힘, 희망 등을 함께 나누는 모임으로 재활 및 재발방지에 중요한 역할을 하는 단체다. 1984년 결성되어 서울 및 전국 각지에 50개 이상의 지부가 운영되고 있다(www.dandobak.co.kr; www.dandobak.or.kr). 자신과 같은 중독문제를 가지고 있는 사람들의 모임이기 때문에 훨씬 거부감도 적고, 모임에 적응이 되어 역할을 맡게 되면 자기 존중감 향상에도 큰 도움이 된다. 특히, 가족모임이 활성화되어 있기 때문에 가족들의 스트레스 관리에도 큰 도움이 된다. 따라서 초기부터 반드시 병원치료와 함께 단도박 모임에 참여하는 것이 좋다.

2) 도박중독의 대책방안

2014년 사행산업통합감독위원회 조사에서 우리나라 만 20세 이상 성인의 도박중독 유병률은 5.4%로 해외 주요국보다 2~3배나 높은 수준이며, 특히 미성년자인 10대 때 최초 사행활동 경험 비율이 높고 도박문제가 있었던 집단의 경우 처음으로 사행활동을 경험한 시점이 학창시절이었다는 보고 등은 아동 · 청소년을 위한 정책 마련의 시급성과 중요성을 시사하고 있다고 볼 수 있다. 이에 따른 도박중독의 대책방안을 모색해 보면 다음과 같다.

첫째, 도박중독 예방활동 및 홍보 강화를 하여야 한다. 도박중독은 성인뿐만 아니라 아동 · 청소년에게도 심각한 사회문제를 야기하는데, 도박중독으로 인해 개인 파산, 자살, 범죄 등이 발생하고 있다. 이에 대한 대책으로 학교중심의 교육과 대상별 예방교육 그리고 취약계층에 대한 맞춤별 예방활동 등이 병행되어야 한다. 또한 향후 대책으로 체계적이고 지속적인 도박 피해 부작용 및 중독예방 활동 강화를 통해 국민 전체의 인식제고가 필요하며, 대중매체 활용을 통한 도박중독의 문제점에 대한 캠페인과 홍보를 지속적으로 추진하고 이에 대한 민 · 관의 긴밀한 협력이 무엇보다 중요하다고 생각된다.

둘째, 도박중독의 치유 및 재활서비스 확대가 필요하다. 우리나라 도박중독자는 207만 명(2014년 조사)으로 추정되며, 이 중 당장 치료가 필요한 문제성 도박중독자는 57만 명에 달하고 있어, 사회안전망으로서 중독 예방 · 치유 · 재활 시스템을 마련하고 중독자 중심의 통합형 중독 예방 · 치유서비스 제공이 필요하다 하겠다. 즉, 유선 및 웹 기반 24시간 헬프라인(helpline) 확대 운영과 맞춤형 치유 프로그램이 더 많이 개발되고 보급되도록 하여야 한다. 이에 대하여 지역사회 통합과 조기 발견 및 사례관리를 위한 전통적인 정신보건서비스 영역과의 연계 필요성에 의해 공동의 중독문제를 지역에서 다룰 수 있도록 하는 중독관리통합지원센터의 확대가 필요하다.

셋째, 도박중독에 대한 연구 및 인력양성이 필요하다. 또한 다양한 도박중독의 예방 · 치유 연구 및 프로그램 개발과 보급을 통한 서비스의 질을 향상하는 것이 무엇보다 필요하다. 이에 대한 중독전문가의 교육과 양성이 시급한 것으로 보이며, 지속적인 전문인력을 양성하고 다양한 유형의 국내 도박문제에 대한 연구 · 조사를 지속적으로 실시하여 효율적인 정책지원 및 양질의 중독 예방 · 치유서비스를 제공하여야 한다.

제7절 소결

앞에서 살펴본 바와 같이 현재 우리 사회의 중독현상은 지속적으로 확산되고 있으며, 이로 인한 피해로 개인과 가족들이 고통을 받을 뿐만 아니라 사회적으로 심각한 문제를 양산하고 있다. 이처럼 중독문제는 곧 가족과 사회문제로 이어지는데, 중독은 뇌손상과 우울증 등 개개인의 건강에 악영향을 미칠 뿐 아니라 함께 사는 가족들의 삶도 피폐하게 만든다.

이에 대한 대책방안으로 보건복지부는 2014년 알코올, 마약, 도박, 인터넷(스마트폰) 등의 4대 중독현상을 통합 관리할 필요성을 절감하고, 전국 50여 개의 알코올상담센터를 중독관리통합지원센터로 변경하여 운영하고 있다. 하지만 4대 중독관리 업무는 보건복지부, 문화체육관광부, 미래창조과학부 등 여러 부처로 나뉘어 있어 종합적이고 체계적인 관리가 어렵고, 중독자들에 대한 포괄적이고 통합적인 관리가 미흡한 상황이어서 중독자들에 대한 자료가 거의 없는 실정이다.

따라서 중독관리통합지원센터가 중독에 대한 예방과 조기 발견, 치료의 역할을 다하기 위해서는 4대 중독에 대한 부처 간 업무의 통합과 재정확보, 전문인력의 양성이 시급해 보인다. 또한 중독문제의 추세를 잘 파악할 필요가 있는데, 예전에는 마약이나 알코올 등의 중독이 많았지만, 현재는 게임이나 인터넷, 스마트폰중독이 증가하는 추세이므로, 이런 변화에 따른 체계적이고 근본적인 대처와 치료 및 관리를 할 수 있는 시스템이 필요하다. 아울러 중독문제를 궁극적으로 해결하기 위해서는 중독의 원인을 파악하고 치료한 뒤 이를 사후까지 관리할 수 있는 시스템 또한 필요하다. 이와 같이 지금은 중독문제로 고통받고 있는 개인과 가족, 사회를 위한 해결방안을 다각적으로 모색해야 할 시점에 와 있음을 모두가 절감해야 한다.

참고문헌

강경호(2003). 중독의 위기와 상담. 한사랑 가족상담 연구소.

고재욱(2013). 청소년의 스마트폰중독이 사회성에 미치는 영향에 관한 연구: 대인관계, 자신감, 또래 사교성을 중심으로. 대동철학, 제63집, 1-38.

구세희(2014). 스마트폰 애착 형성 요인과 중독 경향성에 관한 연구: 자아탄력성의 조절효과 검증. 중앙대학교 대학원 박사학위논문.

권진숙, 김정진, 전석균, 성준모(2014). 정신보건사회복지론(제3판). 공동체.

김근홍 외(2013). 사회문제론. 신정출판사.

김윤재, 김병학, 이금주, 오영숙(2012). 사회문제론. 공동체.

김치영 외(2009). 사회복지를 위한 사회문제론. 파워북.

김학범(2013). 스마트폰 중독과 사이버 범죄의 관계에 관한 연구. 한국중독범죄학회, 제3권, 제2호, 통권 제6호, 1-21.

남일재 외(2010). 사회문제론. 공동체.

대검찰청(2014). 2013년 마약류 범죄백서.

미래창조과학부(2015). 2014년 인터넷중독 실태조사.

박용순 외(2012). 사회문제론. 학지사.

박철현(2010). 사회문제론. 박영사.

백형의, 한인영(2014). 약물중독자의 지역사회 내 회복경험. 정신보건과 사회사업, Vol 42, No. 3.

보건복지부(2012). 2011년 정신질환실태 역학조사.

보건복지부(2014). 2014년 정신건강 사업안내.

사행산업통합감독위원회(2014). 2014년 사행산업 이용실태 조사.

서울신문(2013. 3. 14).

신태용(2014). 약물중독. 신일서적(주).

안상원, 한상철(2013). 도박 중독자의 2차 범죄화 예방방안에 관한 연구. 한국중독범죄학회, 제3권, 제1호, 통권 제5호, 90-114.

오세연(2013). 경주 스포츠 도박중독의 실태와 대응 방안. 한국중독범죄학회, 제3권, 제2호, 통권 제6호, 22-43.

이순민(2014). 정신건강론. 학지사.

임성범(2013). 대학생 도박 중독 요인에 관한 연구. 한국보건사회연구원, 33(2), 480-524.

조메리명희(2013). 스마트폰 중독예방 활동의 효과: 유아기 어머니를 대상으로. 성균관대학교 대학원 박사학위논문.
최은영(2008). 약물중독. 학지사.
최은영,양종국, 김영근, 이윤희, 김현민(2014). 청소년 비행 및 약물중독 상담(제2판). 학지사.

Bergh, C., Eklund, T., Soedersten, P., & Nordin, C. (1997). Itered Dopamine Function in Pathological Gambling, *Psyclological Medicine, 27*(2), 473-475.

Blanco, C., Orensanz-Munoz, L., Blanco-Jerez, C., & Saiz-Ruiz, J. (1996). Pathological Gambling and Plareler MAO Activity: A Psychobiological Study. *American J of Psychiatry, 153*(1), 119-121.

Office of National Drug Control Policy (1992). *National Drug Control Strategy*. Washington, DC: The White House.

Sunderwirth, S. G., & Milkman, H. (1991). Behavioral and neurochemical commonalities in addiction. *Contemporary Family Therapy: An International Journal, 13*(5), 421-433.

WHO (1994). *Management of Drinking Problem*. WHO Regional Publication, European Series, No, 32.

WHO (2002). World Health Report.

국가건강정보포털 홈페이지(http://health.mw.go.kr/).
문화체육관광부 홈페이지(http:// www. mcst go .kr/).
미래창조 과학부 홈페이지(http://www.msip.go.kr/).
백과사전 홈페이지(http://100.daum.net).
사행산업통합감독위원회 홈페이지(http://www.ngcc.go.kr/).
인터넷중독대응센터 홈페이지(http://www.iapc.or.kr/).
한국도박문제관리센터 홈페이지(http://www.kcgp.or.kr/).
한국정보화진흥원 홈페이지(http://www.nia.or.kr/).

제9장 정신건강 문제

제1절 개관

21세기 현대사회는 산업화와 도시화가 급속하게 진행되고 과학기술이 발전하면서 생활여건은 풍요로워졌지만, 각박하고 치열한 생존경쟁과 만연된 배금주의 사상으로 현실에 제대로 적응하지 못하는 사회구성원들은 그 어느 때보다 깊은 인간소외의 문제와 정신적인 문제에 직면해 있다. 즉, 불안이나 공허감, 무력감을 느끼고 이를 해소하기 위해서 알코올이나 약물에 의존하기도 하는데, 이런 상황이 지속될 경우 우울증으로 이어져 자살에 이르는 심각한 문제가 발생한다. 이와 같은 상황에서 정신건강 문제는 우리 사회환경과 밀접한 관련이 있으며, 개인뿐 아니라 가족과 사회에 미치는 영향이 매우 크다는 것을 인식하고 중요하게 다루어야 할 사회문제로 보아야 한다. 따라서 이 장에서는 정신건강문제에 대한 개념과 정신장애의 유형, 정신질환의 실태, 정신건강문제의 대책방안에 대하여 살펴보고자 한다.

제2절 정신건강 문제의 개념

1. 정신건강의 개념

정신이란 겉으로 드러나는 육체와 달리 인간의 내면적인 것으로서 사고하는 작용과 정서적인 작용뿐만 아니라 대인관계에서 드러나는 모든 자질들을 통틀어 말하는 것이며, 이러한 정신을 건강하게 유지하고 증진시키고자 하는 것이 정신건강이라고 할 수 있다(고명수 외, 2015).

인간의 건강은 크게 신체건강과 정신건강으로 구분할 수 있다. 신체건강 문제는 주로 의학 영역에서 다루게 되는데, 신체적 질환은 가시적이고 고통을 바로 인지할 수 있기 때문에 발견하기가 쉽고 빠르게 치유되는 특징을 가지고 있다고 볼 수 있다. 반면 정신건강(mental health)이라고 할 때 우리는 보통 심리사회적 영역에서의 안녕 상태라는 의미로 개념을 정의하게 되는데, 이는 눈에 보이지 않아 바로 발견하기 어렵고 치료하는 데 많은 어려움이 있기 때문이다. 그러나 몸과 마음은 분리되어 있는 독립적 실체가 아니라 총제적으로 작용하는 인간의 두 측면이라는 관점에서 볼 때에는 인간에게 있어 전적인 신체적 영역, 또는 전적인 정신적 장애나 질병이 존재하지 않는다고 할 수 있다.

표 9-1 정신건강의 구분

구분			요소
건강	신체건강	신체적 건강	생리적 · 신체적 요소
	정신건강	정신적 건강	합리성, 의사결정
		정서적 건강	감정, 정서적 반응
		사회적 건강	상호작용, 인간관계
		영적 건강	신념, 희망, 삶의 목표

자료: 고명수 외(2015).

이를 바탕으로 정신건강의 개념을 정리해 보면, 정신건강이란 '일상생활에서 언제나 독립적 · 자주적으로 처리해 나갈 수 있고, 질병에 대한 저항력이 있으며, 원만한 가정생활과 사회생활을 할 수 있는 상태이자 정신적 성숙상태'를 의미한다고 볼 수 있다.

미국정신위생위원회(National Committee for Mental Hygiene) 보고서에서는 정신건강이란 "다만 정신적 질병에 걸려 있지 않은 상태만이 아니라 만족스러운 인간관계와 그것을 유지해 나갈 수 있는 능력"을 의미한다고 하였다. 이것은 정신적 장애와 정서적 장애로 야기되는 여러 가지 장애를 예방하고 치료하며 "모든 종류의 개인적 · 사회적 적응을 포함하며 어떠한 환경에서도 대처해 나갈 수 있는 건전하고, 균형 있고, 통일된 성격의 발달"을 의미한다고 할 수 있다(권진숙 외, 2014).

2. 정신장애의 개념

정신장애(mental disorder)는 정신질환과 지적장애의 개념을 포괄하는 광의적 개념으로 타인과 상호적 관계를 맺는 데 문제를 안고 있는, 정서적으로 건강하지 못한 상태부터 신체질환 또는 정신질환 및 그와 관련된 조건에 의해 영구적 또는 반영구적으로 정신의 제 영역에서 예상되는 발달을 하지 못하거나, 질병 이전의 정신적 기능이 회복되지 못해 일상생활과 사회활동에 나타나는 기능이 저하된 상태까지를 모두 포함한다. 미국 정신건강보고서(U.S. Department of Health and Human Services, 1999)에 따르면 정신장애를 "고통 또는 손상된 기능에 연관되어 생각, 기분 또는 행동이 변질된 것으로 특징지어지는 건강상태"로 규정하고 있다.

따라서 정신장애는 개인의 정신 또는 행동이 변화되어야 하고 이러한 변화로 인해 행동적, 심리적 또는 생물적 기능장애가 나타나야 하며, 그 증후가 일반적으로 스트레스나 상실로 인해 예상되는 반응이거나 문화적으로 허용될 수 있는 범위의 반응이 아닌 상태라고 정의할 수 있다.

3. 정신장애의 유형

정신장애의 유형은 사회에 따라 종류, 분류기준, 특성이 매우 다양하다. 특히, 정신장애의 원인이 복잡하고 분명하지 않기 때문에 그 분류체계도 완전하다고 할 수 없다. 우리나라의 「장애인복지법」과 미국 정신의학회가 만든 『정신장애진단 및 통계편람(*DSM-5: Diagnostic and Statistical Manual of Mental Disorders*)』의 장애인 분류를 중심으로 정신장애 유형을 살펴보면 다음과 같다.

1) 장애인복지법에서의 정신장애 분류

우리나라 「장애인복지법 시행령」 제2조에 따른 정신건강과 관련한 장애인 분류는 정신장애와 관련하여 지적장애인, 자폐성장애인, 정신장애인으로 되어 있으며, 내용을 살펴보면 다음과 같다.

① 지적장애인

정신 발육이 항구적으로 지체되어 지적 능력의 발달이 불충분하거나 불완전하고 자신의 일을 처리하는 것과 사회생활에 적응하는 것이 상당히 곤란한 사람

② 자폐성장애인

소아기 자폐증, 비전형적 자폐증에 따른 언어, 신체표현, 자기조절, 사회적응 기능 및 능력의 장애로 인하여 일상생활이나 사회생활에 상당한 제약을 받아 다른 사람의 도움이 필요한 사람

③ 정신장애인

지속적인 정신분열증, 분열형 정동장애(여러 현실 상황에서 부적절한 정서 반응을 보이는 장애), 양극성 정동장애 및 반복성 우울장애에 따른 감정조절, 행동, 사고 기능 및 능력의 장애로 인하여 일상생활이나 사회생활에 상당한 제약을 받아 다른 사람의 도움이 필요한 사람

2) 정신장애진단 및 통계편람(DSM-5)에 따른 정신장애 분류

국내외적으로 널리 사용되고 있는 진단분류체계인 미국 정신의학회(American Psychiatric Association, 2013)가 만든 『정신장애진단 및 통계편람(DSM-5)』[1]의 장애분류를 살펴보면 다음과 같다.

① 신경발달장애

신경발달장애는 뇌의 발달이나 지연, 뇌의 손상과 관련된 중추신경계와 연관된 정신장애를 포함하고 있다. 발생원인은 주로 뇌의 발달장애이며 생애 초기부터 나타나는 경향이 있다. 지적장애, 의사소통장애, 자폐 스펙트럼 장애, 주의력결핍 과잉행동장애, 특정 학습장애, 운동장애 등 여섯 가지가 있다.

② 정신분열 스펙트럼 및 기타 정신증적 장애

정신분열증을 비롯하여 이와 유사한 정신증적 증상을 나타내는 정신장애를 포함한다. 주로 망상, 환각, 혼란스러운 언어, 상황에 부적절한 행동, 둔마된 감정, 사회적 고립 등의 특징을 가지고 있으며, 증상의 심각성 정도나 지속기간에 따라서 다양하게 구분된다. 여기에는 분열형 성격장애, 망상장애, 단기 정신증적 장애, 정신분열형 장애, 정신분열증, 분열정동장애, 기타 정신증적 장애가 있다.

③ 양극성 및 관련 장애

양극성 및 관련 장애는 기분의 변화가 심하여 고양된 기분상태와 침체된 기분상태가 주기적으로 나타나는 것을 특징으로 한다. 여기에는 조증 증상과 우울 증상이 주기적으로 교차되어 나타나는 양극성 장애유형과 기분의 변동이 있는 만성적인 장애로서 경미한 조증 증상과 경미한 우울 증상이 2년 이상 지속적으로 나타나는 것이 특징인 순환성 장애유형이 있다.

---

1) DSM은 1994년부터 DSM-IV가 사용되다가 2013년에 DSM-5가 발간되어 정신장애의 구체적인 진단기준을 설명하고 이를 바탕으로 임상가들이 신뢰성 있는 진단을 내릴 수 있도록 하는 유용한 진단도구로 사용되고 있다.

④ 우울장애

우울장애는 우울하고 슬픈 기분이 주된 증상이다. 우울상태에서는 일상생활에 대한 의욕과 즐거움이 감소하고, 주의집중력과 판단력이 저하되며, 체중과 수면양상의 변화, 무가치감과 죄책감 그리고 죽음이나 자살사고가 증가하는 것이 특징이다. 여기에는 심각한 우울증상이 나타나는 주요우울장애, 경미한 우울증상이 장기적으로 나타나는 지속성 우울장애, 월경 전에 우울증상이 나타나는 월경 전기 불쾌장애, 불쾌한 기분을 조절하지 못하는 파괴적 기분조절곤란장애 등의 유형이 있다.

⑤ 불안장애

불안장애는 불안과 공포가 주된 증상이며, 불안이 나타나는 양상에 따라 범불안장애, 특정공포증, 광장공포증, 사회불안장애, 공황장애, 분리불안장애, 선택적 무언증 등 다양한 유형으로 구분한다.

⑥ 강박 및 관련 장애

강박 및 관련장애는 강박적인 집착과 반복적인 행동이 특징이며, 강박적 사고와 강박적 행동을 하는 강박장애를 포함하여 다양한 유형이 있다.

⑦ 외상 및 스트레스 사건 관련 장애

외상 및 스트레스 사건 관련 장애는 충격적인 외상사건(교통사고, 성폭력, 지진, 건물붕괴, 전쟁 등)이나 스트레스 사건을 경험한 후에 부정적인 증상을 나타내는 것이 특징이며, 외상 후 스트레스 장애, 급성 스트레스 장애, 반응성 애착장애, 탈억제 사회관여 장애, 적응장애 등의 유형이 있다.

⑧ 해리장애

해리장애는 의식, 기억, 자기정체감, 환경지각 등이 평소와 다르게 급격하게 변하는 것이 특징으로 충격적인 사건을 경험한 후에 발생하는 경우가 많다. 또한 개인의 통합적인 기능, 의식, 기억, 정체감, 환경지각 등에서 붕괴가 일어나서 '일관된 자기'로부터 분리된 상태를 말한다. 여기에는 해리성 기억상실증, 해리성 정체감 장애, 이인증/비현실감 장애 등의 유형이 있다.

⑨ 신체증상 및 관련 장애

신체증상 및 관련 장애는 일반적으로 의학적 상태를 시사하는 신체적 증상은 있지만, 이를 충분히 설명해 줄 수 있는 의학적 상태를 진단할 수 없으며 원인이 불분명한 신체증상을 호소하거나 신체에 대한 과도한 염려를 나타내는 것이 특징이다. 여기에는 신체증상장애, 질병불안장애, 전환장애, 허위성장애 등의 유형이 있다.

⑩ 급식 및 섭식장애

급식 및 섭식장애는 부적응적인 섭식행동과 섭식 관련 행동으로 인해 개인의 건강과 심리사회적 기능을 현저하게 방해하는 것이 특징이며, 여기에는 신경성 식욕부진증, 신경성 폭식증, 폭식장애, 이식증, 반추장애, 회피적/제한적 음식섭취 장애 등의 유형이 있다.

⑪ 배설장애

배설장애는 아동기나 청소년기에 주로 진단되는 장애로서, 대소변을 가릴 연령이 되었음에도 불구하고 옷이나 적절하지 않은 장소에서 배설하는 것이 특징이다. 대소변 가리기는 소아의 지적 능력, 사회 성숙도, 문화적 요소 및 양육자와 아이의 심리적 교류 등에 의해서 영향을 받는다. 여기에는 유뇨증, 유분증 등의 유형이 있다.

⑫ 수면/각성장애

수면/각성장애는 수면의 양이나 질의 문제로 인해 수면에 대한 불만과 불평을 나타내는 것이 특징이며 불면장애, 과다수면장애, 수면발작증, 호흡 관련 수면장애, 일주기리듬 수면/각성장애, 악몽장애, 비REM(Rapid-Eye Movement) 수면/각성장애, REM 수면 행동장애, 초조성 다리증후군, 물질/약물 유도성 수면장애 등의 유형이 있다.

⑬ 성기능 장애

성기능 장애는 원활한 성행위를 방해하는 다양한 기능장애를 포함하며, 남성과 관련된 성기능 장애에는 남성 성욕감퇴장애, 발기장애, 조루증, 지루증이 있으며, 여성 관련 성기능 장애에는 여성 성적관심/흥분장애, 여성 절정감 장애, 생식기-골반 통증/삽입 장애가 있다.

⑭ 성불편증

성불편증은 자신의 생물학적 성과 자신이 경험하고 표현하는 성 행동 간의 괴리로 인하여 심한 고통과 사회적 곤란을 나타내는 것이 특징으로 성 정체감 장애로 불리기도 하였다. 예를 들어, 신체적으로는 남성이지만 남자라는 사실과 남자의 역할을 싫어하여 여성의 옷을 입고 여성적인 놀이나 오락을 좋아하는 등 여자가 되기를 소망하여 성전환 수술 받기를 원하는 경우가 있다.

⑮ 파괴적 충동통제 및 품행장애

파괴적 충동통제 및 품행장애는 다른 사람의 권리를 침해하거나 사회규범을 위반하는 부적응적인 행위를 하는 것이 특징이며, 감정과 행동에 대한 자기통제기능의 문제를 나타낸다. 여기에는 적대적 반항장애, 품행장애, 반사회적 성격장애, 간헐적 폭발성 장애, 도벽증, 방화증 등이 있다.

⑯ 물질 관련 및 중독장애

물질 관련 및 중독장애는 술, 담배, 약물 등과 같이 중독성 물질을 사용하거나 중독성 행위에 지나치게 몰두함으로써 발생하는 다양한 부적응적인 증상을 포함하고 있다. 여기에는 물질 관련 장애(물질의존, 물질남용, 물질중독, 물질금단), 비물질 관련 장애가 있다.

⑰ 신경인지장애

신경인지장애는 뇌의 손상으로 인해 의식, 기억, 언어, 판단 등의 인지적 기능에 심각한 결손이 나타나는 것이 특징으로 예전에는 치매로 불리었다. 신경인지장애는 알츠하이머 질환, 뇌혈관 질환, 파킨슨 질환, 충격에 의한 뇌손상, HIV 감염 등 다양한 질환에 의해 유발될 수 있다. 여기에는 주요 신경인지장애, 경도 신경인지장애, 섬망이 있다.

⑱ 성격장애

성격장애는 다른 임상적 증후군과는 달리 어린 시절부터 점진적으로 형성된 성격특성이 사회적 기준에 적응적이지 못한 행동을 지속적으로 나타내는 것이 특징이며, 주로 18세 이후에 진단된다. 성격장애는 그 특성에 따라 A군 성격장애, B군 성격장애, C군 성격장애의 세 군집으로 분류된다.

⑲ 성도착 장애

성도착 장애는 '변태성욕증'이라고도 하는데, 인간이 아닌 대상과 성행위를 하거나, 인간을 대상으로 하지만 비정상적인 행위를 하거나, 상대의 동의를 얻지 않은 비정상적인 상황에서 자신이 성적 흥분을 얻기 위해 성적 환상과 성적 충동 및 성적 행동을 지속적이며 반복적으로 하는 행위다. 여기에는 관음장애, 노출장애, 접촉마찰장애, 성적 피학장애, 성적 가학장애, 아동성애 장애, 성애물 장애, 의상전환 장애가 있다.

⑳ 기타 정신장애

기타 정신장애는 개인에게 심각한 고통과 함께 사회적 · 직업적 기능의 저하를 초래하는 문제이지만 앞에서 제시한 정신장애의 진단기준을 충족시키지 못하는 경우에 해당한다.

제3절 우리나라 정신질환자 실태

보건복지부의 2011년 '정신질환실태 역학조사'[2]에서 우리나라 정신질환의 평생유병률

2) 정신질환실태 역학조사는 「정신보건법」 제4조의2에 근거, 5년마다 보건복지부 주관으로 역학조사가 시행되고 있으며, 2001년을 시작으로 2006년, 2011년은 조사대상자 전국 만 18~74세 이하 성인 6,022명으로 정신질환실태 역학조사 결과를 발표하였다.

(평생 동안 한 가지 이상의 정신질환에 한 번 이상 이환된 적이 있는 비율)은 27.6%였다. 즉, 일반 인구의 27.6%는 평생 한 번 이상은 정신질환을 경험하였다는 의미가 된다. 알코올과 니코틴 사용장애를 제외한 정신질환의 평생유병률은 14.4%로 나타났다. 주요 정신질환군별 평생유병률은 알코올 사용장애가 13.4%, 불안장애가 8.7%, 기분장애가 7.5%(주요우울장애 6.7%), 니코틴 사용장애가 7.2%, 정신병적 장애가 0.6% 순으로 나타나 알코올 사용장애가 가장 높았다(〈표 9-2〉).

● 표 9-2 ● 정신장애 평생유병률 비교

진단	2001년 유병률(%)	2006년 유병률(%)	2011년 유병률(%)
알코올 사용장애	15.9	16.2	13.4
니코틴 사용장애	10.3	9.0	7.2
정신병적 장애	1.1	0.5	0.6
기분장애	4.6	6.2	7.5
불안장애	8.8	6.9	8.7
모든 정신장애	30.9	30.2	27.6
모든 정신장애 니코틴 사용장애 제외	25.8	25.9	24.7
모든 정신장애 니코틴/알코올 사용장애 제외	12.7	12.6	14.4

자료: 보건복지부(2012a).

또한 정신질환의 1년 유병률(지난 1년 동안 한 가지 이상의 정신질환에 한 번 이상 이환된 적이 있는 비율)은 16.0%(남자 16.2%, 여자 15.8%)였다. 니코틴 사용장애를 제외하면 1년 유병률은 13.5%(남자 11.5%, 여자 15.5%)였고, 알코올/니코틴 사용장애를 둘 다 제외한 1년 유병률은 10.2%(남자 6.1%, 여자 14.3%)였다. 국내 정신질환 추정 환자수를 보면, 니코틴 사용장애를 제외한 정신장애를 경험한 사람은 남자 2,071,597명, 여자 2,802,958명으로 총 4,873,160명으로 추산할 수 있으며, 알코올/니코틴 사용장애를 제외한 경우 남자 1,098,847명, 여자

2,585,955명으로 전체 3,681,943명으로 추산된다. 즉, 일반인 열 명 중 한 명은 지난 1년간 알코올 사용장애나 니코틴 사용장애 이외의 정신질환을 앓은 적이 있는 것으로 나타났다.

주요 정신질환군별 1년 유병률을 보면, 불안장애가 6.8%, 알코올 사용장애가 4.4%, 기분장애가 3.6%(주요우울장애 3.1%), 정신병적 장애가 0.4% 순으로 나타났는데, 1년 유병률에서는 불안장애가 가장 높았는데, 이는 알코올 사용장애가 가장 높은 평생유병률이 나타내는 결과와 대조적이었다(〈표 9-3〉).

● 표 9-3 ● 정신장애 1년 유병률 및 추정 환자수(성과 연령별 보정)

	남자		여자		전체	
	유병률(%)	추정 환자수	유병률(%)	추정 환자수	유병률(%)	추정 환자수
모든 정신장애	16.2	2,918,249	15.8	2,857,208	16.0	5,775,597
모든 정신장애 니코틴 사용장애 제외	11.5	2,071,597	15.5	2,802,958	13.5	4,873,160
모든 정신장애 니코틴/알코올 사용장애 제외	6.1	1,098,847	14.3	2,585,955	10.2	3,681,943
알코올 사용장애	6.6	1,188,916	2.1	379,756	4.4	1,588,289
정신병적 장애	0.2	36,028	0.5	90,418	0.4	144,390
기분장애	2.3	414,319	4.9	886,096	3.6	1,299,509
불안장애	3.7	666,514	9.8	1,772,193	6.8	2,454,629

자료: 보건복지부(2012a).

한편, 보건복지부의 2014년 정신건강사업안내에 따르면 정신질환으로 인한 사회경제적 비용은 22조 3,942억 원이며, 이 중 작업손실비용(결근, 생산성 감소 등)이 88%(20조 664억 원)을 차지하였고, 평생 정신질환 경험자 중 정신과 전문의나 기타 정신건강 전문가를 통한 상담, 치료를 받은 비율은 15.3%에 불과하여 선진국의 정신보건서비스 이용률[3)]에 비해 매

3) 미국 39.2%, 호주 34.9%, 뉴질랜드 38.9%.

우 낮은 수준이다.

이와 같은 정신질환에 대하여 세계보건기구(WHO)에서는 2004년 전 세계 질병부담의 13%를 정신질환이 차지하고 있으며, 2030년에는 우울증이 고소득 국가의 질병부담 1위 질환이 될 것으로 전망하였다.

제4절 정신보건서비스 추진방향

우리나라는 최근 들어서 정신건강 문제에 대하여 지역을 중심으로 한 보호 및 관리체계로 전환되는 시점에 있다고 할 수 있는데, 이는 과거 입원치료와 수용보호에서 '지역사회정신보건(community mentalhealth)'으로 변화되는 것으로 알 수 있다 하겠다. 이는 1995년 12월에 「정신보건법」이 제정되고, 1년의 유예기간을 거쳐 1997년에 시행령과 시행규칙을 공포함으로써 정신보건사업의 법적 기반이 마련된 것으로, 「정신보건법」 제정을 계기로 정신보건센터와 다양한 사회복지 시설들이 전국에 신설되고 정신장애인을 위한 '정신보건전문요원'이 배출되는 계기가 되었다. 또한 2000년부터는 「장애인복지법」의 대상에 정신장애인도 포함됨으로써 정신장애인들이 의료 및 보건서비스뿐 아니라 복지서비스를 받을 수 있는 여건이 마련되었다.

따라서 국민의 정신건강증진을 위한 정신보건정책의 근간이 되는 「정신보건법」과 정신건강증진을 위한 보건복지부의 정신건강사업에는 어떤 것들이 있는지 구체적인 내용을 살펴보고자 한다.

1. 정신보건법

국민 정신건강증진을 위한 사업의 법적 근거인 「정신보건법」은 1995년 12월에 제정, 1997년 1월부터 시행되었으며, 그 후 몇 차례의 개정을 거쳐 오늘까지 시행되고 있다.

「정신보건법」은 정신질환의 예방과 정신질환자의 의료 및 사회복귀에 필요한 사항을 규정함으로써 국민의 정신건강증진에 이바지함을 목적으로 제정되었으며(동법 제1조), 이 법은 정신질환의 예방과 의료 및 사회복귀에 대한 필요한 사항을 규정하여 국민의 정신건강증진을 위해 만들어진 일종의 사회복지서비스법에 속한다고 볼 수 있다.

「정신보건법」의 기본 이념을 살펴보면 다음과 같다.

첫째, 모든 정신질환자에 대해 인간으로서의 존엄과 가치를 보장하고

둘째, 그들이 최적의 치료와 보호를 받을 권리를 보장하며

셋째, 정신질환이 있다는 이유로 부당한 차별대우를 받지 아니할 것과 특히 미성년자인 정신질환자에 대하여 특별히 치료, 보호 및 필요한 교육을 받을 권리가 보장되어야 한다.

넷째, 입원치료가 필요한 정신질환자에 대하여는 항상 자발적 입원이 권장되어야 하고, 입원 중인 정신질환자는 가능한 한 자유로운 환경이 보장되어야 할 뿐 아니라 다른 사람들과 자유로운 의견을 교환할 수 있도록 보장되어야 한다(동법 제2조).

이러한 이념을 바탕으로 국가와 지방자치단체는 국민의 정신건강을 증진시키고, 정신질환을 예방하며, 정신질환자의 치료 재활 및 장애극복과 사회복귀 촉진을 위한 연구, 조사와 지도, 상담 등 필요한 조치를 하여야 하고, 정신질환의 예방과 치료 및 재활을 위한 정신건강증진센터와 정신보건시설을 연계하는 정신보건서비스 전달체계를 확립하여야 한다(동법 제4조). 아울러 정신질환자에 대한 복지 책임이 국가에만 있는 것은 아니다. 국민도 정신질환의 예방과 건강증진을 위하여 국가 및 지방자치단체가 실시하는 조사 및 관련 정신보건사업에 협력하여야 한다(동법 제5조). 또한 보건복지부장관이나 시 · 도지사는 이 법에 의한 권한의 일부를 대통령령이 정하는 바에 의하여 시 · 도지사, 국립정신병원장 또는 시장 · 군수 · 구청장에게 위임할 수 있으며, 보건복지부장관은 이 법에 의한 업무의 일부를 대통령령이 정하는 바에 따라 정신보건기관이나 단체에 위탁할 수 있다(제54조 제2항).

2. 정신건강사업의 추진방향

우리나라 정신건강사업의 목표를 보면 '국민의 정신건강 문제해결을 통한 개인의 삶의

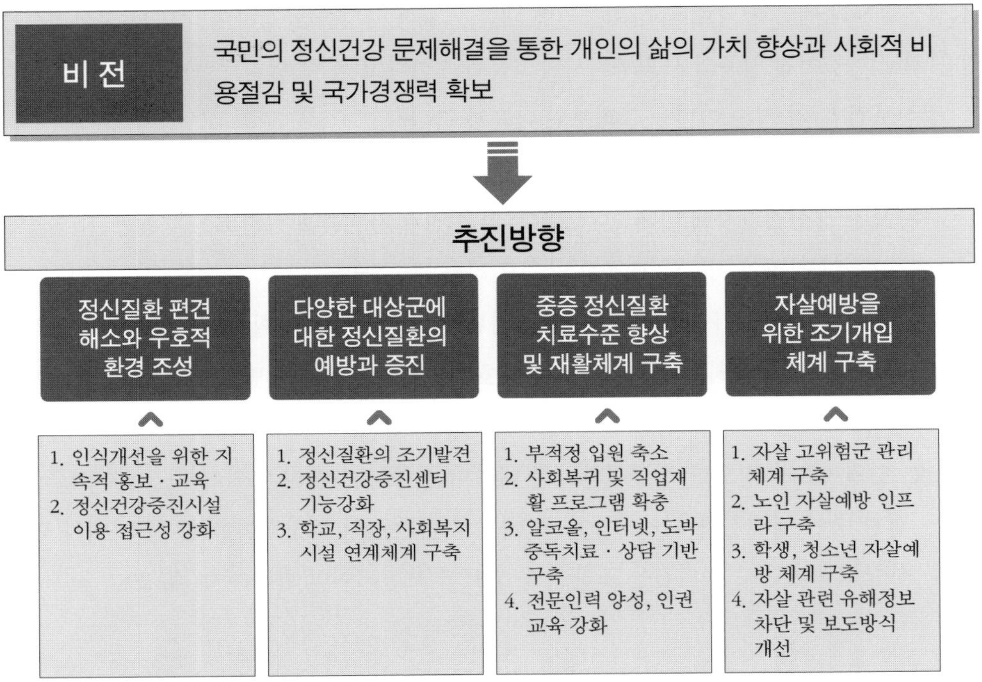

[그림 9-1] 정신건강사업 비전 및 추진방향

자료: 보건복지부(2014).

가치 향상과 사회적 비용절감 및 국가경쟁력 확보'라는 비전을 구현하기 위하여 정신질환의 편견 해소와 우호적 환경조성, 다양한 대상군에 대한 정신질환의 예방과 증진, 중증 정신질환 치료수준 향상 및 재활체계 구축, 자살예방을 위한 조기개입체계 구축으로 정하고 있다. 2014년 보건복지부 정신건강사업의 비전 및 추진방향 내용을 보면 [그림9-1]과 같다.

제5절 정신건강 문제의 대책방안

오늘날 발생되고 있는 다양한 정신건강 문제에 대응하기 위해서는 거시적인 정책의 측면과 미시적인 실천적 측면의 방안을 검토하고 대안을 제시하는 것이 중요하다. 이에 대하여 보건복지부에서 제시한 2014년 정신건강사업안내의 내용을 중심으로 정신건강 문제의 대책방안을 모색해 보면 다음과 같다.

첫째, 인식전환 및 권익증진을 도모한다. 정신질환에 대한 인식전환 및 정신질환자 권익증진이 요구된다. 이를 위해 정신보건시설의 정신질환자 인권보호 대책을 강구하며 기타 정신질환자 인권침해방지 및 권익보호, 「정신보건법」에 규정된 입원요건 및 절차준수, 진정함 설치, 운용 등 지도, 감독강화, 협회와 단체 등을 통한 자율적인 정신질환자 권익보호활동 유도 등이 이루어져야 한다. 또한 정신질환 편견 해소 및 인식개선을 위한 교육과 홍보 등이 필요하다.

둘째, 지역사회 중심의 서비스를 제공한다. 지역사회 중심의 종합적인 정신보건서비스 제공이 필요하다. 정신보건센터 확충 및 운영지원을 통해 지역사회 내에서 정신질환자 조기 발견, 상담, 치료, 재활 및 사회복귀를 촉진할 수 있는 정신질환자 관리체계를 구축하고, 자살예방대책을 수립 · 시행하며, 사회복귀시설도 확충해야 한다.

셋째, 조기발견체계 구축이 필요하다. 정신건강 문제를 조기에 발견하여 사례별로 맞춤형 사후관리서비스를 제공하는 것이 무엇보다 중요하다. 즉, 지역보건소, 정신보건센터, 의료기관 등의 상호 연계를 통한 의뢰체계의 구축과 이를 통한 지속적이고 포괄적인 서비스를 제공할 수 있어야 한다.

넷째, 정신보건시설 개선이 요구된다. 정신보건시설의 요양 및 치료환경을 대폭 개선한다. 정신요양시설 운영을 내실화하고 여건을 개선하며, 정신의료기관 치료환경을 개선하여 양질의 정신의료서비스를 지속적으로 제공하고, 자발적 입원을 유도한다. 또한 입원과 퇴원 시 절차 준수 등의 철저한 관리, 격리 및 강박지침 준수 등으로 정신장애인 치료환경의 효율적인 운영과 지도 · 감독을 강화한다.

다섯째, 서비스 대상과 내용의 편중 극복을 도모한다. 서비스 대상과 내용의 편중성을 극복해야 한다. 우리나라 대부분의 정신건강 관련 서비스 대상이나 내용은 만성 정신장애인에 집중되어 있어 일반인의 정신건강이나 예방까지 포괄할 수 있는 서비스는 극히 제한적이다. 따라서 정신건강센터는 일반인을 대상으로 하는 정신건강서비스 프로그램 개발에도 힘써야 한다.

여섯째, 전달체계 강화가 필요하다. 정신보건사업 기반 구축으로 정신보건서비스 전달 및 연계체계 강화, 중앙 및 지방 정신보건사업지원단 기능 활성화 및 연계체계를 강화해야 한다. 중앙정신보건사업지원단은 지역사회정신보건사업의 기획 및 조정에 대한 지원, 지역사회정신보건사업에 대한 평가, 정신보건 관련 기관 · 시설의 운영 및 연계체계 구축을 위한 지원, 정신보건사업 관련 조사 및 통계생산, 기타 보건복지부 장관이 필요하다고 인정하는 사항을 담당하도록 한다. 그리고 지방정신보건사업지원단은 지방자치단체 지역사회정신보건사업에 대한 업무개발 및 기술지원, 지역보건의료계획과 연계하여 지역사회정신보건사업 계획안 수립, 지방자치단체 지역사회정신보건사업 및 정신보건시설에 대한 평가, 지방자치단체 정신보건 관련 기관 · 단체 또는 정신보건시설 간의 연계체계 구축지원, 지방자치단체 정신보건사업의 현황 파악 및 통계, 기타 지역사회 정신보건사업과 관련하여 시 · 도지사가 지시하는 사항 등의 업무를 담당하도록 한다.

일곱째, 일관성 있고 내실화된 정신건강정책이 요구된다. 정부는 정신건강의 중요성을 인식하고 정신건강시설을 증설하고는 있지만, 이에 필요한 서비스 프로그램의 개발은 미흡한 실정이다. 따라서 국민의 정신건강에 필요한 다양한 프로그램을 우리의 상황에 적합하게 개발하고 보급하는 것이 필요하다.

제6절 소결

우리 사회의 급변하는 사회문화적 환경들로 인하여 현대인들은 심한 스트레스로 인한 불안, 우울, 물질남용 등에 여과 없이 노출되어 있으며, 정신질환에 따른 유병률 또한 매우 높게 나타나고 있다. 이런 정신질환은 개인의 문제만이 아니라, 가족, 친구, 더 나아가 사회 전체에 깊은 상처를 남기는 사회문제로서 사회경제적 비용과 사회적 부담감을 발생시킨다. 예전에는 정신질환 문제가 있을 때 어떻게 대처해야 할지를 몰라서 본인과 가족 모두가 당황해하며 상황이 악화되도록 방치하는 경우가 종종 있었다. 또한 우울증 등의 정신질환에 대하여는 곧 나아질 것이라는 섣부른 위로나 일시적 대책으로 올바른 치료가 이루어지지 않왔다. 그러나 이제는 정신건강을 우리들 삶의 질에 가장 큰 영향을 미치는 요인들 중의 하나로 인식하고 정신적 안정감을 유지하고 사는 삶에 절대적 가치를 부여하고 있다.

그러므로 이제는 정신질환에 대한 정확한 진단과 그에 맞는 치료가 이루어질 수 있도록 해야 하며, 정신질환의 원인을 잘 파악하여 그에 맞는 대책방안을 강구하고 시행해 나가도록 해야 한다. 아울러 정신질환에 대하여 관심과 배려의 시선을 가지고 따뜻한 말로 전문가와 상담할 수 있도록 권유하고, 주변 사람들에게 위험성을 알려서 함께 대처하는 것이 중요하다.

참고문헌

고명수 외(2015). 정신건강론. 동문사.
권진숙 외(2014). 정신보건사회복지론. 공동체.
김근홍 외(2013). 사회문제론. 신성출판사.
박용순 외(2012). 사회문제. 학지사.
보건복지부(2012a). 2011년 정신질환실태 역학조사.
보건복지부(2012b). 정신보건사업안내.
보건복지부(2013). 장애인복지법 시행규칙. 보건복지부 자료.
보건복지부(2014). 정신건강사업안내.
이순민(2014). 정신건강론. 학지사

American Psychiatric Association (2013). *Diagnostic and Statistical Manual of Mental Disorders,* 5th Edition(DSM-5). Washington, D.C.: Author.
Barker, R. L. (1995). Private practice. In R. L. Edwards (Ed.), *Encyclopedia of Social Work.* Washington, D.C.: NASW Press.
U.S. Department of Health and Human Services (1999). *Mental Health: A Report of the Surgeon General.* U.S. Department of Health and Human Services.
WHO (2004). World Health Report.

제10장 여성문제

제1절 개관

여성문제는 여성의 생물학적 조건 및 이와 관련되어 나타나는 사회적 기대, 가치, 규범에 의해 제약되는 것으로 사회생활에서 직면하게 되는 문제다. 일반적으로 남성들은 겪지 않거나 피해를 보지 않는 문제임에도 불구하고 여성이기 때문에 겪어야 하거나 피해를 보는 문제들을 일컫는다. 따라서 이 장에서는 이러한 전제에 의해 여성과 관련된 주요한 사회문제로 노동시장에서의 고용과 관련된 문제와 고용문제로 인해 여성의 경제적 여건을 악화시키는 여성빈곤문제를 중심으로 다룬다.

제2절 여성과 사회문제

인류의 절반은 여성으로 이루어져 있으며 가장 오래된 문제 중 하나가 여성 관련 문제다. 역사적으로 볼 때 여성문제는 꾸준히 개선되어 오고 있지만, 여전히 현대사회에서 여성은 성에 따른 차별로 이어지는 경우가 적지 않다. 이렇게 본다면 사회문제의 영역에서 여성문제는 사회에서 인간의 자유로운 활동이 '성적 이유'로 제한받거나 기회를 박탈당하는 현상(윤근섭 외, 1995)인 성불평등(gender inequality)을 말한다. 이러한 성불평등은 단순한 성차별에 그치는 것이 아니라 한 개인의 인권과 삶의 질을 침해한다.

그렇다면 사회에서 여성과 남성을 다르게 규정하는 성이란 도대체 무엇인가? 성은 한 인간이 태어날 때부터 타고난 해부학적 특징에 의해서 차이가 결정되는 생물학적 성(sex)과 생물학적 성에 따라 그 사회가 후천적으로 부과한, 즉 사회문화적 과정에서 획득, 형성된 차이와 차별을 포함하는 사회적 성(gender)으로 크게 구분한다(한국산업사회학회 역, 2009). 하지만 생물학적인 능력의 차이는 남녀 간의 불평등을 설명하기에는 부족하다. Tavris와 Wade(1984)에 따르면 남성은 힘, 수리능력, 공간지각능력에서 여성보다 뛰어나지만, 여성은 건강, 조작능력, 언어능력, 창의력에서 남성보다 뛰어나 전반적으로 남녀 간의 생물학적 능력의 차이는 그다지 존재하지 않는다.

따라서 여성문제에서 성불평등은 생물학적인 성(sex)보다는 사회문화적으로 학습된 성을 의미하는 사회적 성인 젠더(gender)는 사회구조적인 차원을 강조하는 것으로 성차별이 생물학적인 차이가 아니라 사회적으로 부여된 차별이라는 점을 강조하고 있다. 즉, 인간은 태어날 때부터 남성은 남성다운 행동을 학습하고, 여성은 여성다운 행동을 학습함으로써 남녀 간의 차이가 나타난다는 것이다.

남녀가 다르게 사회화된다는 대표적인 연구를 살펴보게 되면, 부모와 성인을 대상으로 그들이 6개월 된 남자아이(Adam), 여자아이(Beth)와 상호작용하는 모습을 관찰하였다. 어머니들은 남자아이(Adam)에게는 기차를 주고, 씩씩하다 등의 반응을 보였고, 여자아이(Beth)에게는 인형을 주고, 귀염둥이, 예쁘다 등의 반응을 보였다. 하지만 실제로 Adam과 Beth는 옷만 다르게 입힌 동일한 아이였다. 또 다른 연구는 크기나 몸무게에서 차이가 없는 남녀 신생아에게 사용하는 의료진의 표현에 대한 조사 분석에서 남아의 경우, 의료진이 가장 빈번하게 사용한 말이 단단하다, 잘생겼다 등의 단어이며, 여아의 경우 예쁘다, 귀엽다 등의 단어였다(Giddens, 1996).

위의 연구들은 성불평등이 생물학적인 성(sex)에서 비롯되기보다는 사회적 성(gender)의 성차별이 중요한 요소가 된다는 것을 보여 주는 것으로 대상인 아이 자체에서 기인하기보다는 생물학적 성을 근거로 사회문화적으로 학습된 사회적 성역할의 사회화를 잘 보여 주고 있다. 이처럼 성불평등은 개인적인 것이 아니라 사회구조적인 차원이라는 점이 여성문제가 사회문제로 되는 근거라 할 수 있다.

제3절 여성문제의 실태

여기에서는 여성의 사회문제 중 빈곤을 중심으로 다룬다. 구체적으로 빈곤과 관련된 노동시장에서의 여성문제에 관하여 살펴본다.

1. 노동시장과 여성빈곤

여성은 남성보다 빈곤에 있어서 취약하다. 빈곤에 관한 보고서들은 빈곤선 이하에 사는 인구 가운데 여성들이 60% 이상을 차지하고 있음을 보여 준다. 여성은 전 세계 인구의 50%를 차지하고 임금노동력의 1/3을 차지하며, 전체 노동시간의 2/3를 차지하지만, 전 세계 총소득의 1/10, 그리고 전 세계 총자산의 1% 미만을 차지할 뿐이다(김영화 외, 2013). 이는 여성빈곤이 개인적 차원의 문제보다는 성차별적 사회제도의 문제로 볼 수 있는데, 여성빈곤의 주된 원인은 노동시장 내에서 여성들의 차별 문제다.

노동시장에서 여성노동의 성격은 모성역할과 가사노동의 전담자로 규정하여 성역할모델에 따라 '여성의 일' '남성의 일'로 정형화하고, 성(性) 신분에 따라 남녀 간에 위계적 관계로 역할을 할당하는 성별분업이 형성되어 있다. 이러한 위계적 성별분업은 자본의 노동 분절화 및 탈숙련화 전략과 선택적 친화력을 가지고 상호 결합하면서 성별에 따라 수평적[1] 그리고 수직적[2]으로 노동을 분할하는 성별직종분리현상을 초래하였다.

1) 수평적 분리란 여성과 남성이 다른 직업에 집중되는 것으로 여성은 여성다운 일, 남성은 남성다운 일, 즉 여성을 가사와 모성역할과 관련된 노동 등을 요하는 노동에 집중시키는 것을 일컫는다(森田園子, 2010).

2) 수직적 분리란 남성이 여성의 일보다 상대적으로 높은 평가와 보상을 받도록 하는 것으로 남성이 여성보다 높은 위치의 노동자로 자리매김하는 것을 의미한다(森田園子, 2010).

이러한 성분절화는 여성의 주요한 사회적 역할이 가족에 있으며, 남성의 주요한 사회적 역할은 경제와 직업의 세계에 있다는 인식을 가져다주었다(Desai & Waite, 1991). 성분절화에 기초하여 나타나는 성별직종분리에 따라 여성노동력이 편중 · 집중되는 '여성노동(women's work)'의 범주가 생성되는데 이는 여성노동자의 신분과 조건을 특징 짓는 '여성노동자성'의 또 다른 축을 이룬다. 여성노동이 남성노동에 비해 평가절하되거나 성차별적인 대우를 받게 된다는 것은 여성노동의 주요한 특성이라고 지적될 수 있다.

결국 자본은 노동의 계급적 분절뿐 아니라 남성과 여성이라는 성분절화를 통해 노동시장을 분할 지배하고 여성을 노동의 탈숙련화의 주요 대상으로 삼는다. 노동의 탈숙련화가 비용절감을 위해 좀 더 단순한 직업에 보다 싼 노동력을 고용하는 것이라면, 성별직종분리는 여성을 바로 그러한 노동력의 범주로 분리시키는 것이다(이영자, 2004). 이것이 노동시장에서 여성에게 불리한 직업과 임금구조를 연속시키는 원인이 되었다.

여성노동의 또 다른 특성은 비정규직 노동이라는 점에 의해서 설명될 수 있다. 신자유주의적 세계화 속에서 자본의 주요한 노동전략이 바로 노동의 유연화다. 이러한 노동의 유연화로 인해 남성에 비해 여성의 비정규직 고용이 많이 증가하였다. 일반적으로 비정규직 노동자들은 낮은 임금을 받고 있으며 사회보험 혜택을 받지 못한다. 그리고 고용기간이 불확실하고 노동조합과 노동법으로부터 보호도 받지 못한다(Kalleberg et al., 2000). 비정규직 여성노동자는 노동시장에서 고용형태에 의한 차별만 받는 것이 아니라 고용형태와 성에 의한 이중 차별로 인해 전반적으로 매우 열악한 수준의 저임금과 심각한 고용불안에 시달리고 있다. 결과적으로 여성빈곤은 노동시장 내에서 여성의 역할과 지위가 빈곤으로 이어지는 것에서 출발한다고 할 수 있다.

❖ 세계에서 가장 가난한 사람

세계에서 가장 가난한 이는 아프리카 여성이다.

아프리카의 여성은 날마다 두 시간 이상을 걸어서 일터로 간다. 머리에는 50킬로그램 정도의 물건을 이고, 등에는 가장 어린 자식을 업고 있다. 임신까지 한 경우도 많다. 자이르에서는 가사노동이나 생산활동의 70퍼센트가 여성의 몫이다. 여자아이들은 열 살부터 일을 한다. 타피오카를 빻고 동생을 돌보는 것이다. 열네 살이면 결혼을 하는데, 르네 뒤몽에 따르면 그것은 '결혼이라기보다는 강간'이다. 실제로 사창가에 팔리는 경우도 가끔 있다.

아프리카 남성들은 부인을 여럿 거느리는데, 곁에 두고 사는 것은 한 명뿐이고 나머지 부인들은 1년씩 도시에 보내 생활비를 벌게 한다. 아프리카 여성은 '현대판 노예'라고 해도 과언이 아니다.

- Cohen(2000), '농학자 르네 뒤몽(Rene Dumont)의 발자취를 좇아…'

2. 여성노동과 여성의 빈곤화

여성과 관련된 주요 사회문제인 노동시장에서의 고용과 관련된 문제에 관하여 여성노동의 실태를 살펴본다.

1) 성별 비정규직

비정규직 근로자의 비율은 일차적으로는 고용형태의 다양화가 심화되는 양상을 포착할 수 있게 해 주는 지표다. 고용형태가 다양화되면서 실제로는 고용의 불안정성과 근로조건

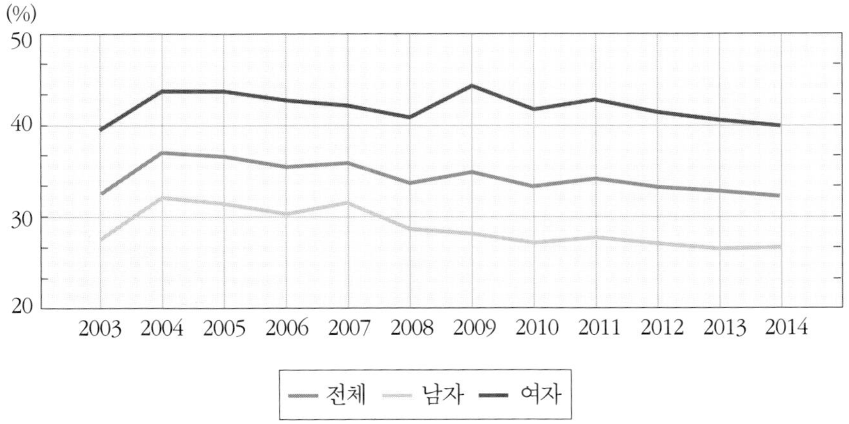

[그림 10-1] 성별 비정규직 근로자 비율

자료: 통계청 홈페이지(http://www.kostat.go.kr).

의 수준 악화가 일어나는 경향이 있기 때문에 이 지표를 통해서 임금근로자의 고용안정성 정도와 근로조건 수준을 가늠해 볼 수 있다.

우리나라에서 비정규직 근로자의 규모를 엄밀한 정의에 따라 측정하고 자료의 안정성을 확보하기 시작한 것은 2003년부터다. 2014년 비정규직 근로자 비율은 32.6%로 전체 임금근로자 중에서 약 1/3을 차지한다. 비정규직 근로자의 비율은 남녀 간에 차이가 큰데, 남성노동자의 경우 26.5%가 비정규직인 데 비해 여성노동자는 40.6%가 비정규직이다.

2) 남성 대비 여성 임금

남성 대비 여성 임금비율은 남성노동자의 임금을 100으로 볼 때 여성노동자의 임금이 차지하는 비율을 의미한다. 남성 대비 여성 임금비율은 우리나라 여성의 경제적 지위와 UNDP 여성권한척도를 나타내는 중요 지표로서 여성인력의 경제활동 참여 촉진 및 지위 향상을 위한 정책방향의 기본 자료로 활용된다. [그림 10-2]에서 보듯이 남성노동자의 임금 대비 여성노동자의 임금 수준은 2013년 64.0%에서 2014년 63.1%로 0.9% 감소하였으며, 여성 임금은 2013년 1,705천 원에서 2014년 1,742천 원으로 약 2.2% 증가하였고, 남성 임금은 2013년 2,664천 원에서 2014년 2,761천 원으로 약 3.6% 증가하였다.

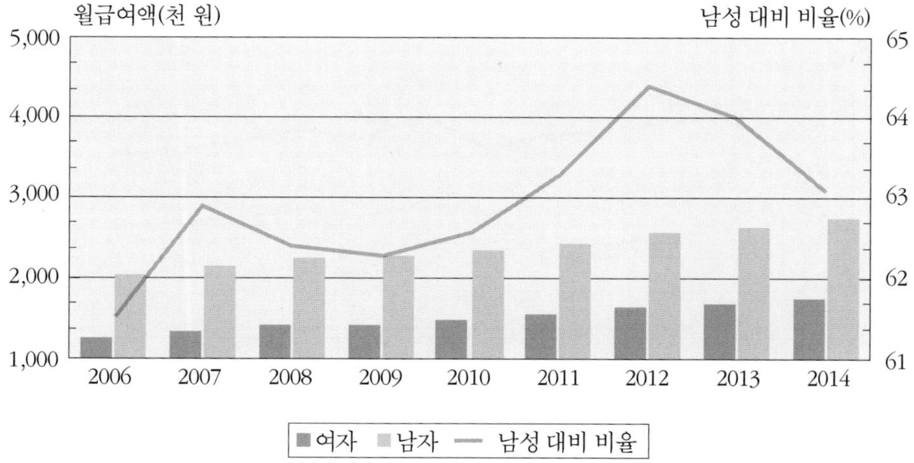

[그림 10-2] 남성 대비 여성 임금비율

자료: 통계청 홈페이지(http://www.kostat.go.kr).

❖ 여성 노동자 10명 중 4명 '일해도 가난한 워킹 푸어'

노동시장 성차별로 젠더 격차 갈수록 심해져

가구주 절대빈곤율 남성은 5.1%, 여성은 20.1%

"주인 아주머니께… 죄송합니다. 마지막 집세와 공과금입니다."

지난해 '정말 죄송하다'는 말을 남기고 세상과 이별한 송파 세 모녀가 우리 사회에 던진 충격은 컸다. 여성 빈곤을 상징적으로 보여 준 비극이었기 때문이다. 송파 세 모녀는 도대체 누구에게 죄송했던 걸까.

여성 가구주 빈곤율 젠더 격차 4배

한국여성민우회 '세입자 주거권 액션단' 의 활동을 보면 여성의 빈곤화가 어떠한 양상으로 전개되는지 피부로 느낄 수 있다. 강혜란 한국여성민우회 미디어운동본부 정책위원은 "많은 비혼 여성 가구주들은 드라마 속 깔끔한 오피스텔과는 거리가 먼 열악한 주거 여건을 견뎌 내고 있다" 며 "집주인이 언제든 벌컥 문을 열고 들어올 수도 있는 무방비한 보안 상태와 곰팡이, 습기, 해충, 냄새 그 어느 것으로부터도 자유롭지 못한 조건" 이라고 말했다.

여성들은 왜 가난한 걸까. 주요 원인으로 우선 여성 가구주의 증가가 꼽힌다. 특히, 노동시장의 젠더 불평등의 뿌리다. 노인층보다 근로연령기 남녀 빈곤 격차가 훨씬 크다는 데서 이를 잘 알 수 있다.

여성들은 가족을 돌보느라 일하지 못하는 경우가 많다. 여성경제활동 참가율은 50%에 불과하다. 일하더라도 비정규직에 낮은 임금, 고용불안에 시달리고 승진 차별을 겪는다. 성별 임금격차는 경제협력개발기구(OECD) 1위에 오르는 오명을 얻었다.

- 여성신문(2015. 3. 25)

3) OECD 주요 회원국 남녀 임금격차

우리나라는 OECD 국가 중 남녀 임금격차가 2000년부터 13년째 부동의 1위를 기록하고 있다. 격차 완화 속도가 상대적으로 느리기 때문이다. 2000년 남녀 임금격차가 40.4%였으나 12년 동안 3%포인트 하락하는 데 그쳤다. 이에 비해 이 기간 일본은 7.4%포인트, 영국은 8.5%포인트 각각 좁혀졌다. OECD 평균은 2000년 19.2%에서 2011년 14.8%로 7.4%포인트 낮아졌다.

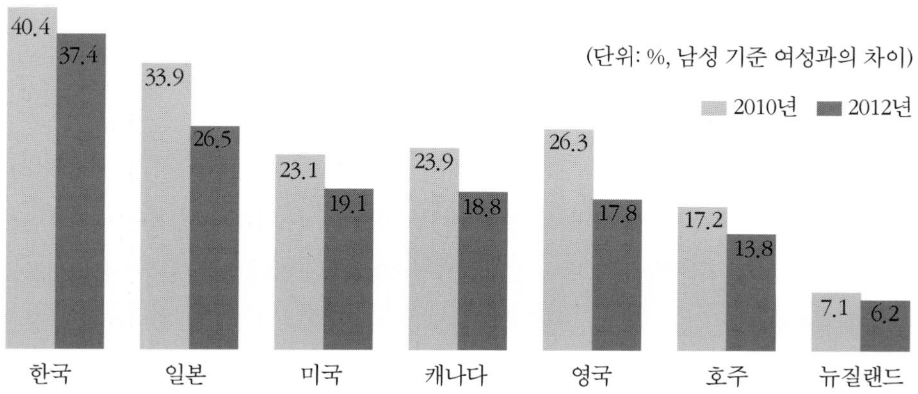

[그림 10-3] OECD 주요 회원국 남녀 임금격차

자료: 세계일보(2014. 8. 4).

OECD에 따르면 우리나라는 2012년 기준으로 남녀 임금격차가 37.4%에 달해 비교 대상 11개 회원국 중 가장 컸다. 이는 남성노동자의 임금이 100만 원일 때 여성노동자는 그보다 37.4% 적은 62만 6,000원이라는 의미다. 2위인 일본은 26.5%로 한국보다 남녀 임금격차가 10%포인트 이상 낮았다. 이어 미국 19.1%, 캐나다 18.8%, 영국 17.8%, 슬로바키아 16.0%, 체코 15.1%, 호주 13.8%, 헝가리 11.3% 순으로 10%대 격차가 있었다. 노르웨이(6.4%)와 뉴질랜드(6.2%)는 성별 임금격차가 10%도 되지 않았다. 이처럼 우리나라의 남녀 임금격차는 OECD 회원국 가운데 1위라는 불명예가 10년 넘게 이어지고 있다.

제4절 여성빈곤의 원인

여성이 빈곤하게 되는 주요원인으로 노동시장에서 성 분화로 인한 성차별적 구조를 꼽을 수 있다. 산업구조의 변화에 따른 생산체제의 유연화는 취업구조의 변화를 초래하였는데, 대표적으로 서비스 부문 산업의 성장은 여성의 고용률을 높여, 여성노동력에 대한 수요를 증대시켰다. 이와 같이 여성의 경제활동이 증가되었음에도 불구하고 여성들이 노동시장의 주변에 머무르는 것은 성차별에 의한 직종분리가 여성의 저임금, 하위직으로 나타나고 이는 곧 여성빈곤의 원인이 된다.

예를 들면, 사회서비스업인 돌봄 노동에 종사하는 노동인력 중 대부분이 여성노동자다. 이는 여성 직종의 전형성을 보여 주고 있으며, 여성의 일자리로 자리매김되고 있다(由井義通, 加茂浩靖, 2009). 이러한 현상을 竹中惠美子와 久場嬉子(1994)는 '노동력의 여성화'라고 일컫고 있다. 노동력의 여성화에는 여성의 직장이 확대되는 긍정적인 측면과 다른 한편으로는 여성 직종의 확대 혹은 승진의 희망이 없는 직무의 확대라는 부정적인 측면이 동시에 포함되어 있다. '노동력의 여성화'에 결정적인 영향을 준 요인은 서비스 산업이 여성노동력의 수요를 증대시켰기 때문이다.

돌봄 노동은 가정의 책임에서 정부와 사회의 책임으로 전환됨으로써 돌봄의 사회화 혹은 돌봄의 공적 영역으로 되었다. 돌봄(care)은 오랫동안 성별 역할 분리에 의해 여성 영역의 일이라고 인식되어 왔는데, 돌봄에 대한 페미니즘 논의들은 돌봄 노동의 성격과 역할에 있어서의 젠더 불평등의 문제를 지속적으로 제기해 왔으며 사적 영역에서의 돌봄 노동을 주목함으로써 돌봄 노동자로서의 여성을 가시화시켰다.

이처럼 여성노동은 성역할에 따라 여성의 일을 수행하는 데 있어 모성역할과 가사를 전담하는 노동으로 규정되어 있으며 노동시장 안에서는 모성적 보살핌이나 가사 관리 같은 직업들이 여성이면 누구나 할 수 있으며 단순하고 반복적인 일이라고 생각되어 평가절하되는 노동이라고 할 수 있다. 저임금은 여성빈곤과도 연결되어 있으므로 여성노동자들은 잠재적 빈곤층으로 전락할 수도 있다. 저임금은 또한 미래를 위한 저축이나 재산축적, 사기업의 보험을 통해 노후를 준비하는 것에도 영향을 주므로 여성노동자들에게 있어서는 결국 그들을 빈곤층의 삶으로 갈 수밖에 없게 만드는 요인이 된다. 여성들이 노동시장에서 주변화 될 수밖에 없는 이유는 성역할모델에 따라 여성에게 부과된 가정에서의 가사노동이나 돌봄 · 보호노동에 대한 가치가 제대로 평가받지 못하는 것이 여성을 노동시장에서 주변화시켰다.

제5절 여성문제 대책방안

우리 사회에서 여성이라는 이유로 제한받거나 기회를 박탈당하는 성불평등의 문제는 산업화 이후 노동시장의 변화와 함께 자본주의 영향 아래에서 더욱 심화되었다. 오랜 기간 여성 스스로의 의식 변화, 여성운동 등으로 여성의 위치가 변화되었으나 여전히 우리 사회에서 여성문제는 남아 있다. 따라서 여성문제에 따른 여성복지적 측면에서 대책방안이 필요하다.

우선 여성문제가 해결되기 위해서는 남녀 평등사회를 구축하여야 한다. 이를 위해서 사회구성원들의 인식전환이 필요하며 무엇보다 정부의 역할이 중요하다고 할 수 있다. 이에 정부는 정책을 계획할 때 성에 따른 차이를 고려할 필요가 있다. 구체적으로 살펴보면, 여성이 지닌 차이 중 생물학적 기능인 임신 · 출산과 사회적 역할인 양육을 분리해야 할 필요가 대두된다. 즉, 노동시장에서 생명의 출산을 위한 여성노동자의 권리는 '모성권' 으로, 양육과 보살핌을 위한 권리는 '양육권' 으로 구분될 수 있는데, 전자는 여성의 권리로 후자는 남녀 노동자 모두의 권리로 개념화된다(신경아, 2001).

이때 노동자로서 여성의 출산을 위한 모성권을 보호하려면 출산으로 인한 업무공백의 현상을 완화하기 위해 대체인력 확보지원 등이 필요하다. 그리고 노동자로서 여성들의 양육과 보살핌을 위한 양육권을 보호하기 위해서는 아동양육에 대한 사회적 분담이 이루어져야 하고, 더불어 아동뿐만 아니라 가족 안에서 보살핌이 요구되는 가족원 보호 역시 사회화가 이루어져야 한다. 또한 기업에서도 여성들이 가정과 직장을 양립할 수 있도록 가족친화적인 고용정책을 채택하는 것이 필요하다. 가족친화적인 고용정책을 정책목표에 따라서 구분하면, 분리정책과 통합정책으로 구분할 수 있다. Grandey(2000)에 의하면 분리정책

가족친화적인 제도의 유형	유형별 구체적인 가족친화적인 제도
① 분리정책의 일환으로 도입되는 가족친화적인 제도 유형	
보육 및 가족간호 관련 제도	직장보육시설 운영, 보육비용지원제도, 질병, 야근 및 출장에 따른 특별 보육지원제도, 보육 및 육아정보의 안내 및 상담, 방과후 아동지도 제도, 탁노제도, 가족을 위한 위탁간호서비스제도, 장애가족을 위한 특별지원제도 등
가족친화적인 휴가제도	법규 이상의 출산 및 육아휴직제도, 배우자에 대한 출산 간호휴가제도, 가족간호휴가제, 청원휴직 등 개인 사유에 의한 무급휴직제도, 부친휴가 등
② 통합정책의 일환으로 도입되는 가족친화적인 제도 유형	
가족친화적인 근무제도	탄력적 근무제도, 주 5일 및 토요 격주휴무제도, 시차출퇴근제도, 원격 및 재택근무제, 가족문제가 있는 근로자에 대한 일시적인 업무전환제도, 정규직 신분을 유지하면서 근로시간만 단축시키는 제도 등
가족친화적인 서비스제도	파출부, 주택, 기타 가정문제 관련 정보 제공, 스트레스에 대한 상담제도, 가사 관련 행정 및 법률 업무대행, 가족 초청행사개최, 가정 관련 교육 등의 행사 실시

[그림 10-4] 기업의 가족친화적인 고용제도

자료: 김태홍, 고인아(2001).

(segmentative policy)이란 근로자들이 가정영역의 문제를 해결할 수 있는 수단을 제공하나 여전히 직장영역의 직무에 초점을 맞춘 가족친화적인 고용정책을 의미한다. 이에 비해 통합정책(integrative policy)이란 근로자들이 직장과 가정 영역의 일을 모두 수행할 수 있도록 직무구조의 재편까지 검토하는 가족친화적인 고용정책을 의미한다(김태홍, 고인아, 2001에서 재인용). 가족친화적인 고용제도의 예는 [그림 10-4]와 같다.

또한 여성노동과 관련하여 지금까지 일과 가정의 양립, 남녀평등 등에서 고용조치 등에 초점이 맞추어졌다. 하지만 노동시장에서 구조적으로 배제하거나 차별적인 지위가 지속적으로 여성빈곤을 유발하고 있다. 여성빈곤문제와 관련하여 사회복지정책들이 여성과 남성이라는 성 차이를 반영한 평등주의를 기반으로 복지권을 확립해야 한다. 이를 위해서는 정부의 적극적인 정책 추진과 고용주들의 인식변화와 더불어 이해대변체계가 중층적으로 마련되어야 한다.

제6절 소결

여성문제란 여성에게 가해지는 모든 종류의 억압과 차별을 의미하는 사회구조적 차원의 문제로 '여성이 단지 남성과 다른 성을 가지고 있다.'는 이유 하나만으로 사회적으로 부당하게 차별받고 억압받는 문제다. 즉, 남성과 여성의 근원적인 생물학적 성(sex)의 차이(difference)가 차별(discrimination)로 나타나는 것으로 모든 여성들이 여성으로 길들여지면서 여성이기 때문에 받게 되는 불이익에서 발생하는 제반 어려움을 그 내용으로 한다. 여성문제는 인류의 역사와 함께 공간을 초월하고 모든 문화권에 공통적으로 존재하는 문제다. 이 때문에 인류가 안고 있는 공통적 속성으로 인식되어 오히려 무관심한 영역으로 방치되기 쉽다. 하지만 인류의 반은 여성이다. 인류의 반을 위해서 여성문제는 반드시 풀어야 할 과제다.

남성과 여성 사이에 완전한 평등을 달성하기 위해서는 여성들이 먼저 자신의 삶을 위해 남녀 평등사회를 구현하기 위한 노동권 획득에 당당하고 적극적이어야 하며, 사회와 가정에서 여성의 역할뿐만 아니라 남성의 전통적 역할에도 변화가 필요함을 인식하여야 한다. 그리고 국가 차원에서 이러한 목표들이 달성될 수 있도록 정책지원이 필요하다. 끝으로 20세기에 여성에 대한 제반 문제에 눈뜨기 시작하여 21세기에는 그러한 문제에 대한 노력으로 양성평등을 지향하고 있다면 앞으로는 이러한 노력의 결실로 평등한 남녀관계가 정착되기를 기대한다.

참고문헌

김영화, 권신영, 최영진(2013). 현대사회와 여성복지. 양서원.

김유선(2007). 비정규직 규모와 실태. 노동사회, 127(12), 4-36.

김태홍, 고인아(2001). 가족친화적인 고용정책의 현황과 활성화 방안. 한국여성개발원.

세계일보(2014. 8. 4).

신경아(2001). 노동시장과 모성, 가족의 문제. 경제와 사회, 51, 97-122.

여성신문 (2015. 3. 25).

윤근섭, 문윤걸, 국선희(1995). 여성과 사회. 문음사.

이영자(2004). 신자유주의 노동시장과 여성노동자성: 노동의 유연화에 따른 여성노동자성의 변화. 한국여성학, 20(3), 99-138.

한국산업사회학회 역(2009). 사회학. 한울 아카데미.

森田園子(2010). 女性職域としての非正規労? *The Human Science Research Bulletin, 9*, 275-288.

由井義通, 加茂浩靖(2009). 介護サービ業に従事する女性の断片化された就業時間と生活. 地理科學, 64(4), 211-227.

竹中惠美子, 久場嬉子 編(1994). 勞動力の女性化. 有斐閣.

Cohen, D. (2000). 부유해진 세계 가난해진 사람들. 주명철 역. 시유시.

Desai, S., & Waite, L. J. (1991). Women's Employment during Pregnancy and after the First Birth: Occupational Characteristics and Work Commitment. *American Sociological Review, 56*(4), 551-566.

Giddens, A. (1996). 현대사회학. 김미숙, 김용학, 박길성 공역. 을유문화사.

Kalleberg, A. L., Reskin, B. F., & Hudson, K. (2000). Bad jobs America: Standard and nonstandard employment relations and job quality in the United states. *Ameri can Sociological Review*, 65(2), 256-278.

Tavris, C., & Wade, C. (1984). 성과 사회: 성차에 대한 여러 관점들. 박민자 역. 경문사.

통계청 홈페이지(http://www.kostat.go.kr.).

제11장 장애인문제

제1절 개관

장애는 개인의 질환과 정서적인 상황, 사회적 태도 및 법체계들을 포함하는 환경적 요인들과 개개인의 인구학적 특성요인들인 상황적 요인들이 영향을 주어 활동의 제한이나 참여의 제한으로 작용한다. 장애인에게 단순한 치료나 훈련이라는 서비스에 그치는 것이 아니라 그들이 지니고 있는 잠재능력을 개발하고 발전시켜 경제적 및 사회적으로 완전한 자립생활을 할 수 있도록 도움을 주어야 할 것이다.

우리나라에서 장애인은 편견과 차별, 낙인으로 인해 삶의 다양한 영역에서 배제의 문제를 겪고 있는 것이 사실이다. 결과적으로 장애인은 장애 그 자체의 어려움보다 일상생활에서의 격리나 주변 사람으로부터의 소외, 영구적인 낙인으로 인해 더 많은 어려움을 겪고 있다. 그러나 장애인은 삶의 과정에서 선택권과 자기결정권을 가지고 일상생활을 해 나갈 권리가 있는 존재다. 따라서 장애인들이 실질적으로 지역사회에서 스스로 참여하여 사회적 역할을 수행할 수 있도록 직업을 포함한 경제적 자립능력과 자유로운 이동이 제도적으로 뒷받침될 수 있는 방안을 찾아야 할 것이다.

제2절 장애인과 장애인문제의 개념

장애와 장애인의 개념은 국가의 경제수준이나 문화, 전통 및 그 시대의 사회적 가치관에 따라 다를 뿐 아니라 복잡한 성격을 가지고 있기 때문에 한마디로 정의 내리기 어려우며 시대의 변화와 사회환경의 변화에 따라 각 시대에 맞게 장애에 대한 정의를 발표하고 있다. 과거에는 장애인의 기준을 주로 신체적 또는 지적 결함의 정도에 두어야 한다는 것이 일반적인 견해였으나, 근래에 와서는 오히려 일을 할 수 있는 능력과 가정생활 및 사회생활의 불편 정도 등으로 장애인을 판정하고 구분하는 것이 타당한 것으로 받아들여지고 있다.

현대적 의미에서의 장애인에 대한 개념은 개인의 일상생활 활동에서의 제한이나, 사회와의 관계에서 참여제한 정도까지를 장애인으로 판정하고 배려하는 것이 타당하다고 여기고 있다. 장애의 정의에 따라 장애인식도 변화되어 장애인이 비장애인과 같이 동등한 시민으로의 삶을 영위할 수 있어야 한다고 인식이 점차 바뀌어 가고 있다. 따라서 현재는 '장애인을 장애를 가진 사람(people with disability)'으로 보고 있으며, 불편한 것을 하나 또는 그 이상 지니고 있는 사람으로 보고 있다.

우리나라 「장애인복지법」에서의 장애인이란 신체적 · 정신적 장애로 오랫동안 일상생활이나 사회생활에서 상당한 제약을 받는 자(「장애인복지법」 제2조 제1항)를 말하며 「장애인복지법」의 적용을 받는 장애인은 이러한 장애인 중 신체적 장애가 있거나 정신적 장애가 있는 자로서 「장애인복지법 시행령」에서 정하는 장애의 종류 및 기준에 해당하는 자를 말한다(「장애인복지법」 제2조 제2항). UN의 장애인 권리선언 제1조에서는 선천적이든 후천적이든 신체적 · 정신적 능력의 결함으로 인하여 일상의 개인 및 사회생활에 필요한 것을 확보하는데 스스로는 행할 수 없는 사람이라 하고 있다. 그리고 국제노동기구(ILO)의 신체장애인의 직업복귀에 관한 권고 99조에서는 신체적 · 정신적 결함의 결과로 인해 적당한 직업을 확보, 유지해 나갈 전망이 없는 상당히 손상을 받은 사람이라 개념 정의하고 있다.

세계보건기구(WHO)는 1980년에 장애분류모델(International Classification of Impairments, Disabilities, and Handicaps: ICIDH)을 발표하여 앞으로 이러한 분류기준에 의하여 장애를 분류할 것을 권장하였다. 그리고 WHO는 1997년 장애를 손상(impairments), 활동

● 표 11-1 ● 장애의 개념

ICIDH에 의한 장애 개념(WHO, 1980)		질병(Disease, Disorder)
		손상(Impairment)
		기능장애(Disability)
		사회적 불리(Handicap)
ICIDH-2에 의한 장애 개념(WHO, 1997)		손상(Impairment)
		활동(Activities)
		참여(Paticipation)
손상	구조	뇌 중추기관과 관련기관의 구조
		목소리/말 관련기관의 구조
		귀와 전정기관의 구조
		눈과 관련기관의 구조
		순환기와 호흡기 관련기관의 구조
		소화기와 신진대사 관련기관의 구조
		면역기와 내분비 관련기관의 구조
		비뇨생식기, 금욕과 재생 관련기관의 구조
		운동, 피부 관련기관의 구조
	기능	정신적 기능
		목소리, 말하기, 듣기와 전정기관 기능
		보기 기능
		기타 감각기능
		심장기관과 호흡기 기능
		소화기, 영양 신진대사 기능
		면역과 내분비 기능
		신근골격과 운동 관련 기능
		피부와 관련기관의 기능
활동		보기, 듣기와 인지
		학습, 지식응용, 과제수행
		의사소통활동
		운동
		주변 움직이기
		일상생활

활동	가정활동 대인활동 특정 상황의 처리와 반응 보조장치, 첨단기기 활용
참여	개인적 부양 참여 이동 참여 정보전환 참여 사회적 관계 참여 직업, 교육, 여가와 신앙생활의 참여 경제생활 참여 시민생활과 지역생활 참여
ICF에 의한 장애 개념(WHO, 2001)	영역1(기능과 장애) 영역2(상황적 요소들)

구분	영역1(기능과 장애)		영역2(상황적 요소들)	
구성 요소들	신체기능 및 구조	활동과 참여	환경적 요소들	개별적 요소들
영역	신체기능, 신체구조	생활영역 (과업행동 등)	기능과 장애에 영향을 미치는 외적 요인	기능과 장애에 영향을 미치는 내적 요인
구성 개념	신체기능상 변화 (생리학적 변화) 신체구조의 변화 (해부학적 변화)	표준환경에서의 과제수행능력, 현재 환경에서의 과제수행 정도	물리적, 사회적, 인식적 측면에서 촉진 또는 방해 요인	개별 특성에 의한 영향
긍정적 측면	기능적, 구조적 통합	활동과 참여	촉진요인	적용 불가
	기능			
부정적 측면	손상	활동제한 및 참여제한	방해요인 저해요인	적용 불가
	장애			

자료: WHO(1980, 1997, 2001).

(activity), 참여(participation)를 내포한 새로운 차원의 장애개념인 ICIDH-2를 발표하였다. 2001년 5월 WHO에서는 앞에서 언급한 장애 개념을 5년간에 걸친 계통적인 현장검증(field trial)과 국제적인 논의를 거쳐 제54차 WHO 총회에서 국제기능장애분류(International Classification of Functioning, disability and health: ICF)를 승인(결의 WHO 54.21)하고 〈표 11-1〉과 같이 국제적으로 통용될 수 있도록 하였다.

한 사람의 장애인에게 있어 장애인문제는 중층화되고 복잡한 구조로 나타난다. 큰 틀에서 장애인문제의 특성은 〈표 11-2〉와 같이 일반적인 문제와 유형별 문제로 나누어 생각해 볼 수 있다.

● 표 11-2 ● 장애인문제

일반적인 문제	복잡성, 총합성, 운동성, 발달보장의 권리성
유형별 문제	인권문제, 생활환경문제, 취업문제, 성과 생활문제

1. 일반적인 문제의 장애특성

첫째, 장애인문제의 복잡성 문제다. 장애인문제는 장애라는 사실로부터 주위 환경에서 부차적으로 파생되는 여러 가지 문제로, 학교 입학의 어려움, 취직난, 가족의 혼인에 미치는 영향 등의 고통 등 매우 다양하다. 이처럼 한 사람의 장애인문제가 중층화되면서 복잡한 구조로 나타난다.

둘째, 장애인문제의 총합성이다. 장애인문제의 복잡성에 따른 문제의 해결에 있어 장애인복지는 총합성이 매우 높은 것으로 파악할 필요성이 있다. 즉, 장애인복지는 사회복지영역의 문제뿐만 아니라 사회학, 심리학, 교육학, 의학, 공학, 건축학, 노동 등의 과제이기도 하다.

셋째, 장애인문제의 운동성이다. 장애인에 대한 권리보장운동이 시민들 속에 장애인에 대한 이해를 불러일으키면서 더불어 산다고 하는 공감관계를 육성하는 방향으로 나아갈 때

장애인의 위치는 구제대상으로부터 권리주체로 변화하게 되는 것이다.

넷째, 발달보장의 권리성 문제다. 장애가 없는 아동들과 마찬가지로 장애아동에게도 똑같이 보장되어야만 하는 것이며 이와 같은 사고(思考)에 근거할 때 비로소 인간의 평등성이 실현되며, 헌법 제34조에 보장된 인간다운 생활을 할 권리가 실제로 그 무게를 더하게 되는 것이다.

2. 유형별 문제의 장애특성

첫째, 장애인 인권문제다. 장애인의 사회통합을 위한 인권문제는 우리 사회가 함께 풀어가야 할 과제다. 장애인은 장애라는 이유로 사회로부터 특별히 보여지고 부당하게 사회적 불리를 받게 된다. 최근에 장애인의 인권문제가 제기되기 시작한 것은 국제장애인의 해를 계기로 다양한 연구가 행해지고 또한 정상화의 확산과 더불어 장애인 당사자의 권리의식이 강화되었기 때문이다.

둘째, 장애인 생활환경문제다. 장애인의 생활환경문제는 주변 환경 등의 하드적인 측면뿐만 아니라 장애인 당사자의 직간접적인 생활환경에서의 곤란도 포함하고 있고, 이러한 문제는 의료보건과 교육, 사회보장, 주거문제, 이동권 등과 더불어 정상적인 사람들과 어울려 생활환경을 연대하는 시스템이 필요하고 이를 통해 같이 생활하는 사회환경을 완성해야 한다.

셋째, 장애인 취업문제다. 장애인의 취업문제는 장애에 의하여 생기는 신체적 · 정신적 능력의 저하에 수반되어 발생하며, 일의 수행능력이나 학습능력이 고용수준에 미치지 못할 경우 일반인과 달리 다른 취업기회를 고려하지 않으면 안 된다.

넷째, 장애인의 성과 생활문제다. 장애인의 경우 사회생활에서 성기능의 장애나 차별로 인하여 생기는 문제가 다양한데, 외국의 경우는 과학적으로 접근하고 있으나, 우리나라의 경우는 미흡한 실정이다. 장애인의 결혼생활은 정신적 장애와 신체적 장애가 있는 경우로 분류할 수 있는데, 정신박약장애인의 결혼은 경제적 문제가 있으며 시각 · 청각장애인도 결혼생활에 문제가 있다.

이 밖에 장애인과 장애인문제는 경쟁사회에서 생존하기 위한 능력, 힘, 동기가 결여되어 있다. 이는 개인의 동기부족, 낮은 열망수준, 무절제, 게으름, 의타심, 과다한 출산, 부적응 등과 같은 자발적 원인과 가구주의 사망, 질병, 장애, 노화, 가구원의 질병, 낮은 교육수준 등과 같은 비자발적 원인으로 나타난다. 그리고 사회는 대다수의 일반인을 중심으로 구조화되고, 그들의 취향에 맞게 만들어진 구조다. 소수의 장애인을 염두에 두고 형성된 사회가 아니다. 장애인에 대한 편의시설, 교통수단, 건축물 등은 소수인으로서 장애인이 겪는 다양한 차별의 결과로 나타난다.

장애인의 문제는 모든 국민의 생존권적 기본권으로 명시되는 법적인 권리에 의하여 다양한 사회문제 안에서 기본적인 위치와 의미를 갖고 있다. 장애인문제의 본질은 장애인의 인권을 존중하고 풍요로운 생활과 인간으로서의 전면적인 발달을 보장한다고 하는 권리보장의 관점에서 문제를 보아야 한다는 것이다.

제3절 장애인문제의 실태

1. 장애인 거주현황

2012년 말 기준 보건복지부 통계에 의하면, 등록 장애인의 분포는 〈표 11-3〉과 같다. 경기도가 가장 많은 20.14%의 장애인이 거주하고 있으며, 서울은 16.29% 거주하고 있다. 수도권(서울, 경기, 인천)에 장애인의 47.75%가 거주하고 있으며 세종시의 경우 장애인 비율은 0.29%로 가장 낮게 나타나고 있다.

표 11-3 지역별 장애인 분포 (단위: 명, %)

지역	빈도	백분율	지역	빈도	백분율
서울	397,665	16.29	강원	98,134	4.02
부산	167,410	6.86	충북	91,415	3.74
대구	113,719	4.66	충남	121,277	4.97

인천	129,954	5.32	전북	128,201	5.25
광주	66,665	2.73	전남	140,990	5.77
대전	69,705	2.85	경북	163,703	6.70
울산	47,733	1.96	경남	174,593	7.15
세종	7,061	0.29	제주	31,541	1.29
경기	491,777	20.14	전국	2,441,549	100.0

2. 장애유형 및 장애등급별 장애인 분포

〈표 11-4〉는 장애유형 및 장애등급별 장애인 분포를 나타내고 있다. 장애유형별 주변 분포를 살펴보면 지체장애(변형, 상지관절, 상지기능, 상지절단, 전환대상, 척추, 하지관절, 하지기능, 하지절단)의 비율이 전체 장애의 53.66%를 차지하고 있다. 반면에 간, 간질, 심장, 안면, 언어, 자폐성, 장루 · 요루, 그리고 호흡기 장애의 비율은 1% 미만으로 나타났다. 장애등급별 주변분포는 6급 비율이 25.02%로 가장 높았고, 1급 비율이 7.55%로 가장 낮았다. 한국장애인고용공단의 발표를 보면, 전체 장애인의 중증과 경증의 비율은 31.55%, 68.45%로 경증의 비율이 높은 것으로 나타났다.

● 표 11-4 ● 장애유형 및 장애등급별 장애인 분포 (단위: 명)

장애등급 / 장애유형	1급	2급	3급	4급	5급	6급	계
간	326	624	797	171	6332	0	8,250
간질	83	458	1,782	5,366	0	0	7,689
뇌병변	52,594	58458	60,891	30,896	23,756	18,944	245,539
시각	32,285	7619	12,567	13,512	20,885	161,917	248,785
신장	3,267	45860	51	458	13,491	0	63,127
심장	208	961	5,697	22	405	3	7,296
안면	102	405	896	1,203	20	2	2,628
언어	88	1672	6,927	7,515	4	2	16,208

자폐성장애	4,706	2627	1,621	0	0	0	8,954
장루 · 요루	9	113	794	5,653	6,706	0	13,275
정신	3,646	34780	55,459	0	0	0	93,885
지적장애	42,946	51608	54,338	0	0	0	148,892
지체(변형)	226	272	621	812	1,502	8,928	12,361
지체(상지관절)	219	1188	8,082	16,332	9,715	32,004	67,540
지체(상지기능)	3,707	13512	33,008	21,692	24,803	34,392	131,114
지체(상지절단)	785	6716	16,356	19,443	17,243	42,022	102,565
지체(전환대상)	333	509	1,085	922	1,011	828	4,688
지체(척추)	2,333	11011	15,220	17,166	157,360	146,530	349,620
지체(하지관절)	819	3317	19,776	126,398	136,751	110823	397,884
지체(하지기능)	26,755	35070	59,782	48,223	39,403	12327	22,1560
지체(하지절단)	951	2151	8,377	6,931	1,384	2889	22,683
청각(전환대상)	58	279	167	175	158	138	975
청각(청력)	5,664	45306	42,544	56,009	62,928	39008	25,1459
청각(평형기능)	13	94	179	181	274	50	791
호흡기	2,121	3582	8,048	2	28	0	13,781
계	184,244	328,192	415,065	379,082	524,159	610,807	2,441,549

자료: 박민규 외(2013).

3. 장애인 경제활동

2013년 장애인 경제활동 실태조사 표본설계에 따르면(박민규 외, 2013), 2010년 5월 우리나라 만 15세 이상 등록장애인은 2,376,431명이며 경제활동인구는 915,217명으로 경제활동참가율은 38.5%로 나타났다. 취업자는 855,158명으로 고용률(취업자수/15세 이상 생산가능인구×100)은 36.0%이며, 실업자는 60,059명으로 실업률은 6.6%로 나타났다. 취업자나 실업자가 아닌 비경제활동인구는 1,461,214명으로 장애인구의 61.5%를 차지하고 있는 것으로 나타났다.

● 표 11-5 ● 장애인 경제활동상태 (단위: 명, %)

구분	경제활동인구			비경제 활동인구	경활률[1]	실업률[2]	고용률[3]
	소계	취업자	실업자				
15~64세	731,762	679,849	51,913	730,644	50.0	7.1	46.5
65세 이상	183,455	175,309	8,146	730,570	20.1	4.4	19.2
전체	915,217	855,158	60,059	1,461,214	38.5	6.6	36.0

주) 1. 경활률(경제활동참가율)=(경제활동인구/15세 이상 생산가능인구)×100.
2. 실업률=(실업자 수/경제활동인구)×100.
3. 고용률=(취업자 수/15세 이상 생산가능인구)×100.

자료: 박민규 외(2013).

4. 장애인복지 예산

보건복지부의 장애인복지지출예산의 연평균 증가율은 〈표 11-6〉에서 보이는 바와 같이 2013년 대비 17.6%를 보이고 있고, 이명박 정부 시절인 2008~2013년까지 보건복지부 장애인지출 연평균증가율은 15.1%를 나타내고 있다. 하지만 참여연대는 주요사업별내역이 과거와는 다른 경향을 볼 수 있다고 말한다. 우선 장애인 생활안정지원을 위한 예산 중 장애인활동지원의 경우 2014년 4,284억 원이고, 이는 2013년 3,828억 원보다 11.9% 증가한 수치다. 보건복지부는 박근혜 정부 취임 후 2016년부터 2017년까지 활동지원급여량을 매년 7%씩 증가시킨다는 가정 아래 2015년 소요예산을 4,525억 원으로 추계 발표했다.

장애등급심사운영 예산의 경우 이명박 정부 5년 동안 연평균 39.4%의 증가율에 비해 매우 낮은 것으로 나타났다. 2014년 심사운영 예산은 234억 원, 이는 2013년 대비 17.9% 증가한 수치지만, 이명박 정부 대비 절반이 감소된 수치다. 장애인생활안정지원에 가장 중요한 부분인 장애인소득보장의 경우 2014년 5,715억 원으로 이는 지난 2008~2013년까지의 연평균 증감률 5.2%보다 약 4배 가량 높은 수치인 26.6%(+21.4%)다.

● 표 11-6 ● 지출별 장애인복지 예산 (단위: 억 원, %)

		2013 예산		2014 예산		증감률 (B-A)	연평균 증감률 ('08~'13)
		금액(A)	구성비	금액(B)	구성비		
총계		1,057,306	100.0	1,243,570	100.0	17.6	15.1
계		1,038,572	98.2	1,224378	98.5	17.9	16.0
장애인 생활 안정 지원	장애인소득보장	451,504	42,7	571,599	46.0	26.6	5.2
	장애인연금	344,006	32.5	466,005	37.5	35.5	50.5
	장애인등급심사운영	19,908	1.9	23,477	1.9	17.9	39.4
	저소득장애인지원	13,222	1.3	12.139	1.0	- 8.2	-0.5
	장애인 선택적 복지	450,541	42.6	500,912	40.3	11.2	43.1
	장애인활동지원	382,876	36.2	428,454	34.5	11.9	122.0
	장애인복지시설 확충	48,441	4.6	41,101	3.3	-15.2	11.8
	장애인단체 지원	12,007	1.1	12,485	1.0	4.0	7.1
	장애인일자리 지원	41,549	3.9	60,426	4.9	45.4	26.3
장애인 재활 지원	계	18,734	1.8	19,192	1.5	2.4	-8.1
	장애인직업재활지원	1,570	0.1	1,570	0.1	0.0	-32.9
	중증장애인직업재활지원	17,164	1.6	17,622	1.4	2.7	1.0

자료: 보건복지부(2014).

제4절 장애인문제의 원인

1. 장애인 빈곤

장애인의 낮은 소득수준과 그로 인한 빈곤율의 증가는 장애인의 저임금직종의 넓은 분포와 60%가 넘는 비정규직 등 열악한 근로환경으로 인해 발생될 수 있으며, 이는 장애인들의 공적이전소득에 대한 의존도를 높이는 주요 요인으로 작용한다(임수정, 유완식, 2011). 특히, 장애인가구는 교통비와 의료비, 주거비, 재활치료비 등 추가비용의 발생으로 동일한 비장애인가구에 비해 지출이 크다(이선우, 2009). 이선우에 따르면, 절대적 빈곤선을 기준으로 했을 때 장애인가구의 빈곤율이 비장애인가구에 비해 1.79배 높았으며, 지출기준에서 최저생계비의 100% 미만인 가구에 대한 비교에서도 장애인가구의 빈곤율이 1.94배 높게 나타났다. 그리고 상대적 빈곤선을 적용하면 중위소득 40%를 기준으로 하였을 때, 빈곤선 100% 미만인 빈곤가구는 장애인가구가 비장애인 가구에 비해 1/3이 넘는 것으로 나타났다. 이는 장기적으로 장애인과 비장애인의 소득격차가 더욱 심화될 수 있다는 점에서 문제가 될 수 있다.

외국 연구의 경우도 장애가 발생한 이후에 미취업상태이면서 성인 단독 가구와 두 명 이상의 자녀가 있는 가구에 장애가 발생하면 빈곤상태에 진입할 가능성이 높다는 것을 확인하였다(Jenkins & Rigg, 2004).

노동은 빈곤에서 벗어날 수 있는 가장 보편적인 방법으로 인식되고 있다. 이것은 장애인과 비장애인 모두 동일하며, 장애인의 소득에서 근로소득이 차지하는 비중이 높다는 것을 의미한다(김종진, 박자경, 2007). 결과적으로 장애인들은 장애로 인해 노동시장에서 배제를 당하기 쉽고, 사회적인 배제로 인해 낮은 자존감과 능력부족 등으로 소득을 창출할 수 있는 기회를 얻기 힘들어 빈곤상태에 빠지게 된다. Yeo와 Moore(2003)의 연구에서도 장애와 빈곤은 악순환적 관계를 가지며 장애가 빈곤을 예측하는 중요한 지표라고 확인하고 있다.

2. 장애인에 대한 편견과 차별

사람은 누구나 인간다운 삶을 살 권리가 있다. 하지만 장애인은 소수인으로서 겪게 되는 어려움이 있다. 우리가 살아가는 사회는 대다수의 정상인들을 중심으로 구조화되고 그들의 취향에 맞게 만들어진 사회다. 따라서 소수인인 장애인들을 염두해 두고서 형성된 사회가 아니라는 것이다. 예를 들어, 소수인으로서 장애인들이 겪게 되는 대표적인 차별이 장애인에 대한 편의시설, 교통수단, 건축물 등이다. 장애인 하면 그들을 대표할 수 있다고 하여 '휠체어 장애인' 마크를 국제공통으로 사용하고 있다. 그러나 장애인을 대표한다는 이 휠체어가 자유롭게 이동할 수 없음으로 인하여 이를 이용하는 장애인들이 취업을 하거나 사회활동을 하는 데 큰 어려움이 있으며, 타 장애인보다 더 재활의 이중 고통을 당하고 있다는 사실이다.

편견과 차별은 본질적으로 다르다. 편견은 제한된 개인의 경험에 기반을 둔 감정적인 태도라고 말할 수 있다. 편견을 갖고 있는 사람들은 그러한 편견들을 바꿀 수 있는 새로운 정보에 노출되어 있지 않다. 편견은 왜곡된 정보나 불충분한 정보를 포함하며, 양자택일의 논리적인 형태를 포함하고 있다. 편견이 있는 태도를 보일 때 차별이 일어난다. 그러나 편견이 있다고 해서 반드시 차별이 일어나는 것은 아니다. 편견의 결과로서 나타날 수 있는 차별의 중요 형태는 다음과 같다.

첫째, 편견이 있는 사람은 반어법을 사용한다.
둘째, 회피
셋째, 차별: 편견이 있는 사람은 취업, 거주, 정치적 권리, 교육기회, 여가기회 등 활동할 수 있는 종류에 대해 제한하고 구별함으로써 차별한다.
넷째, 격리로서 법적으로 강요되거나 일반적인 관습에 의하여 차별대우가 제도화된 형태다.

이처럼 장애인에게 있어서 장애가 엄연한 사실로 존재하는 이상, 편견과 차별은 중요한 문제다. 장애를 극복하였다 하더라도 장애를 가졌다는 그 이유로 사회로부터 냉대를 참고 견디어야 하는 일은 장애인들이 이중의 불행을 지고 살아간다는 것을 의미한다. 즉, 하나는 장애를 가진 것이고 다른 하나는 사회의 이해부족이나 편견과 차별을 상대하지 않으면 안 된다는 것이다. 현대사회에 뿌리 깊이 박혀 있는 차별과 편견에 대하여 평등의식의 존중을 위한 부단한 노력이 장애인복지의 이념으로서 중요한 요건이 되는 것을 확실히 인식해야만 한다.

제5절 장애인문제의 대책방안[1)]

1. 장애인복지 · 건강 서비스 확대

정보가 부족한 장애인의 경우 서비스 대상이 됨에도 불구하고 혜택을 받지 못하는 경우가 발생하기 때문에 [그림 11-1]과 같은 장애인복지 · 건강 서비스 확대가 요구된다.

첫째, 장애인서비스 전달체계 확립을 위해서는 장애인 등록단계에서부터 복지욕구(일자리, 재활서비스, 돌봄 등)를 조사하여 서비스 제공기관과의 연계를 통한 서비스 제공 및 사후관리를 하며, 청각 · 언어 장애인을 위한 의료, 법률 분야 등의 전문 수화통역사 양성 및 지원서비스 체계 구축이 필요하다.

둘째, 발달장애인은 인지력 부족으로 자립이 어렵고 스스로 권리보호가 곤란하여 국가 · 사회적으로 특별한 배려가 필요하다. 따라서 발달장애인의 지원 강화를 위해서는 발달장애 조기 진단체계의 구축이 필요하다. 특히, 발달지연 영유아를 위한 정밀 진단도구 개발 및 전문가 양성, 부모 및 종사자 인식개선을 통한 조기 발견을 활성화해야 한다.

셋째, 장애인활동지원은 2011년 10월 제도 시행 후 수급자격자는 단기간에 크게 증가하였으나 신청자격의 제한(장애 1급)으로 장애계 요구에 미흡하다. 따라서 장애인복지 서비스 확대를 위해서는 장애인활동지원제도를 장애등급 전체로 확대하는 방안이 검토되어야 할 것이다.

넷째, 시설의 대규모화에 따라 입소장애인의 개별 욕구에 대응 못하는 단순보호와 획일적 관리로 장애인의 삶의 질, 사회적 역할 가치 저하의 문제점이 나타나므로, 장애인 주거지원 강화를 위해 탈 시설 후 자립생활 지원 강화의 방안으로 중증장애인 자립생활지원센터 운영지원확대와 장애인 거주시설 개편 및 장애인 전세 · 구입자금 및

---

1) 보건복지부(2011). 제4차 장애인정책종합계획(2013~2017)의 내용을 재정리한 것임.

주택개조비 지원확대가 이루어져야 할 것이다.

다섯째, 장애발생의 90%를 차지하는 후천적 장애발생에 대한 예방의 기틀을 마련하기 위해 장애발생 예방 및 의료재활을 강화해야 한다. 이를 위해서는 장애발생예방 교육 및 홍보강화, 의료재활전달체계 확립 및 접근성 강화, 재활을 통한 사회복귀 모델 개발 및 보급, 장애인 건강수준 향상을 위한 기반 마련, 국가유공자에 대한 의료서비스 확대 정책 등이 계속적으로 진행되어야 할 것이다.

장애인복지 · 건강 서비스 확대

1. 장애인서비스 전달체계 확립
2. 발달장애인 지원 강화
3. 장애인복지서비스 확대
4. 장애인 주거지원 강화
5. 장애발생 예방 및 의료재활 강화

[그림 11-1] 장애인복지 · 건강 서비스 확대

2. 장애인 생애주기별 교육 강화 및 문화 · 체육 향유 확대

어린이집 이용 장애아 중 장애아전문, 통합어린이집 이용비율이 증가하고 있고 만 3세 이상 유치원 과정 및 고등학교 과정 의무교육이 전면 실시되었으나, 의무교육을 위한 학급 및 교육인력은 부족한 상황이다. 그리고 장애학생이 고등학교 졸업 후 취업을 통해 자아실현과 자립을 실현하고 성공적으로 사회통합을 이루기 위해 진로 · 직업교육 지원 확대가 필요하다. 또한 장애대학생 교수 · 학습활동 증진을 위한 맞춤형 도우미 지원사업이 지속적으로 확대되었으나 예산 및 관심 부족 등으로 지원의 한계가 있으며, 장애성인 평생교육기관 및 운영을 지원하고 있으나, 개인별 요구 등을 반영하기 위한 다양한 평생교육 프로그램 부족의 한계점이 노출되고 있기에 [그림 11-2]와 같은 장애인 생애주기별 교육 강화 및 문화 · 체육 향유 확대가 요구된다.

첫째, 생애주기별 교육지원체계 구축을 위해서는 장애아동 보육지원 강화와 장애영유아 교육지원, 특수교육 대상 학생의 진로 및 직업교육체계 확립, 장애인 고등교육 지원 강화, 장애성인 교육지원 확대 등의 정책적인 지원이 필요하다. 또한 특수교육 대상 학생 지원에 대한 지역 간 격차 해소 및 균형발전을 위해 특수교육지원센터 운영을 확대하였으나 인력 중 계약직이 많아 잦은 이동과 책무성 부족 등으로 지원서비스의 질 저하문제가 노출된다.

둘째, 특수교육 지원강화를 위해서는 특수교육지원센터 운영 활성화, 일반학교 배치 특수교육대상자 지원, 일반교육교원 및 특수교육교원 대상 특수교육 전문성 강화가 요구된다.

셋째, 일반학교 관리자, 교사, 학생 등 통합교육 환경 구성원의 장애학생에 대한 이해가 부족하여 장애학생 인권보호 및 인식개선의 일환으로 일반학교 · 교원 · 학생 대상 장애인식 개선, 장애학생 인권보호 지원 확대, 장애학생에 대한 정당한 편의제공 등이 요구된다.

넷째, 문화바우처사업 등의 지속적인 확대로 저소득 소외계층의 문화예술 향유기회 확대 및 삶의 질 제고에는 기여하였으나, 여전히 장애인의 문화향유 실태는 비장애인의 평균적 문화향유 정도와 비교하여 상대적으로 매우 낮은 수준이다. 따라서 장애인 문화향유 기회 확대, 장애인 문화예술활동 지원사업 확대, 장애인 영화 관람을 위한 접근권 강화가 필요하다.

다섯째, 다양한 생활체육 활동지원으로 장애인의 생활체육 참여율 및 동호인구가 증가하

장애인 생애주기별 교육 강화 및 문화 · 체육 향유 확대

1. 생애주기별 교육지원체계 구축
2. 특수교육 지원강화
3. 장애학생 인권보호 및 인식개선
4. 장애인 문화활동 활성화
5. 장애인 체육활동 강화

[그림 11-2] 장애인 생애주기별 교육 강화 및 문화 · 체육 향유 확대

고 있으나 장애인 이용 가능 생활체육시설 및 장애인생활체육지도자 배치 부족으로 장애인 생활체육 증가에 한계가 있다. 따라서 장애인 생활체육사업의 적극적 추진, 장애인체육정보, 시설 인프라 구축, 장애인스포츠 국제경쟁력 강화가 요구된다.

3. 장애인 경제자립기반 강화

2010년 7월부터 소득비례 기여식 국민연금(장애연금)의 사각지대 해소를 위해 중증장애인을 대상으로 비기여 장애인연금 도입을 하였지만 중증장애인의 안정적인 생활을 보장하기에는 현재 장애인 지급금액 수준으로는 미흡하다는 문제점이 있다.

첫째, 장애인 소득보장 강화를 위해서 장애인연금제도의 확대, 장애인 소득보장체계 지원방안 마련 등이 요구된다.

둘째, 중증장애인생산품의 품목상의 한계, 공공기관의 낮은 인식, 중증장애인생산품에 대한 정보부족 및 구매 편의제공 부족 등으로 법정의무구매비율 미달성의 문제점이 노출되고 있다. 따라서 장애인기업 및 우수고용기업 지원을 위해서는 중증장애인생산품 우선구매제도 활성화, 장애인 직업재활시설 기능 강화, 장애인 표준사업장 지원, 장애인 고용을 위한 기업 인센티브 강화 등의 정책적 지원이 필요할 것이다.

셋째, 장애인 일자리사업은 양적 확대에만 초점을 맞추어 참여자의 근로조건 및 일반고용 전이가 미흡하다는 문제점으로 인해 장애인 고용지원을 강화해야 한다. 따라서 장애인일자리 확대 및 근무조건 개선, 신규 일자리 개발, 장애인 의무고용제도 개편 및 운영 강화, 공공부문의 장애인 고용 확대, 맞춤형 장애인 직업훈련 및 고용서비스 제공, 중증장애인 직업재활지원 활성화가 필요하다.

넷째, 일반 창업보육센터는 장애인이 입주하기에는 장애인편의시설이 미비하고 심사기준이 까다로워 장애인 창업보육실로는 부적합하다. 그리고 장애인 창업보육센터는 장애인의 창업장벽 완화와 비즈니스 편의시설 등을 지원하고 있으나 절대적으로 부족한 실정이다. 따라서 장애인 고용 인프라 확대를 위해서는 장애인기업종합지원센터 설치 · 운영 지원, 장애인 창업지원 확대, 장애인고용 유관기관 연계 강화, 장애인

장애인 경제자립기반 강화

1. 장애인 소득보장 강화
2. 장애인기업 및 우수고용기업 지원
3. 장애인 고용지원 강화
4. 장애인 고용 인프라 확대

[그림 11-3] 장애인 경제자립기반 강화

고용통계 강화가 필요하다.

4. 장애인 사회참여 및 권익증진

장애인 대체자료 제작, 웹 이용환경 개선, 장애인정보누리터 확산 등 장애인을 위한 도서관 서비스 확대 및 정보 접근기회 제고에도 불구하고, 장애인 대체자료의 절대적 부족 및 빠른 제작을 위한 디지털파일 납본의 어려움이 상존하고 있어 장애인 사회참여 및 권익증진을 위해서는 [그림 11-4]와 같은 지원이 요구된다.

첫째, 장애인 정보접근성을 강화해야 한다. 따라서 지식 정보접근 이용 확대를 위한 독서환경 구축, 소외계층 방송접근권 보장, 장애인 웹 정보접근성 보장, 장애인 정보통신 보조기기 개발 및 보급, 정보화 인식개선 및 정보화 교육 강화가 요구된다.

둘째, 지자체 재정여건 및 버스업체 재정난 등의 사유로 저상버스 도입이 부족하다. 이에 장애인 이동 · 편의 증진을 도모하여야 한다. 따라서 저상버스 도입 확충, 장애인 특별교통수단 도입 확대, 전철 등에 이동 · 편의시설 확충, 장애물 없는 생활환경 인증 추진, 장애인 편익증진 기술 · 제품개발 및 보급 · 확산을 이루어야 할 것이다.

셋째, 장애인이 느끼는 장애에 대한 차별이 여전히 존재하고 「장애인 차별금지법」에 대한 낮은 인식도를 고려할 때 장애에 대한 지속적인 인식개선이 필요하다. 즉, 장애인 인권보호 강화를 위해 장애인 인권보호시스템을 마련하고, 정신장애인복지 차별해소 및 인권강화, 장애인 위기상황 대응매뉴얼 개발 및 보급이 필요할 것이다.

넷째, 여성장애인은 남성장애인에 비해 신체적 · 정서적 건강상태가 열악하고 교육수준 뿐만 아니라 취업 및 직장생활도 취약한 수준이다. 따라서 여성장애인 인권보호 및 사회참여 활성화를 위해서 여성장애인 사회참여 지원 확대, 여성장애인 폭력방지 및 피해자 지원, 성폭력 피해 장애인을 위한 조력인 제도 도입이 요구된다.

다섯째, 2008년 12월 UN 장애인권리협약을 비준하면서 장애이슈에 대한 국제 협력활동 강화 필요성이 제기되고 있다. 이에 장애인정책 관련 국제협력 강화가 필요하다. 즉 2012년 에스캅정부간고위급회의에서 채택된 '인천전략'[2]을 효과적으로 이행하기 위한 방안 마련 및 관련 부처 간 협력이 요구된다. 이에 편승하여 인천전략의 이행 및 점검체계 구축, 인천전략의 효과적 이행을 위한 국제협력사업 추진, 인천전략의 효과적 이행을 위한 국제협력사업 추진, 장애인권리협약 비준 후속조치가 필요하다.

장애인 사회참여 및 권익증진

1. 장애인 정보접근성 강화
2. 장애인 이동 · 편의 증진
3. 장애인 인권보호 강화
4. 여성장애인 인권보호 및 사회참여 활성화
5. 장애인정책 관련 국제협력 강화

[그림 11-4] 장애인 사회참여 및 권익증진

2) 대한민국이 주도하는 제3차 아태장애인10년(2013~2022)의 전략은 10개 목표와 27개의 세부목표, 62개의 지표를 계획된 시간 동안 달성할 수 있도록 이행계획을 수립 · 추진하는 전략을 말한다. 장애인권리협약과 아태장애인을 위한 포괄적이고 장벽 없는 권리에 기반한 사회를 향한 비와코 새천년 행동계획에 기반하고 있다.

제6절 소결

우리나라는 장애인을 여전히 비정상인으로 보는 시선이 많다. 하지만 장애는 한 개인의 특성일 뿐이므로 사회는 인간의 다양성을 인정해야 한다. 장애를 가졌다는 이유로 각종 취업과 제도적 의사결정 과정 등으로부터 소외를 초래해서는 안 될 것이다. 모든 인간은 완전하지 않은 존재라는 전제하에 생활의 주체로서 자율성을 가지고 서로 존중하고 상호 의존해야 할 것이다. 우리는 장애인문제와 관련하여 그것을 둘러싼 포괄적인 요소에 관심을 확대하고 인정해 나가는 과정이 필요하다. 그리고 그에 앞서 하나 더 전제되어야 할 것은 장애인문제를 바라보는 관점이 근본적으로 수정되고 변화되어야 한다는 것이다. 장애인에 대한 사회적 환경을 충분히 고려하고 여러 가지 사회적 장애를 발생시키는 원인들을 개선할 필요성이 있다. 더불어 장애인 자립생활지원에 대한 지속적인 연구와 실태조사를 통해 장애인 자립생활지원이 안정적인 형태로 제도화될 수 있도록 노력하여야 할 것이다.

참고문헌

김종진, 박자경(2007). 근로장애인 빈곤 결정요인에 관한 연구. 한국사회복지학, 59(1), 251-274.

박민규, 김관수, 송종호(2013). 2013년 장애인 경제활동 실태조사 표본설계. 한국장애인고용공단 고용개발원 연구보고서.

보건복지부(2011). 제4차 장애인정책종합계획(2013~2017).

보건복지부(2014). 복지부 소관 지출예산의 분야별 현황.

이선우(2009). 장애인가구와 비장애인가구의 소득 및 지출에 따른 빈곤율 비교: 삶의 수준 접근을 활용하여. 사회복지연구, 40(4), 431-452.

임수정, 유완식(2011). 장애인의 빈곤결정요인: 취업과 소득보장의 상호작용효과 검증. 한국장애인고용공단 고용개발원 세미나 · 토론회, 45-71.

장애인복지법(2013). 법률 제11977호. 제2조 제1항, 제2항.

UN 장애인권리선언(1975). 장애인권리선언 제1조.

WHO (1980, 1997, 2001). ICIDH, ICIDH-2, ICIF의 장애 개념.

Jenkins, S., & Rigg, J. (2004). Disability and Disadvantage: Selection, Onset and Duration Effect. *Journal of Social Policy, 33*, 479-501.

Yeo, R., & Moore, K. (2003). Including Disabled People in Poverty Reduction Work: Nothing About Us, Without Us. *World Development, 31*(3), 571-590.

제12장 노인문제

제1절 개관

우리나라는 이미 2000년에 고령화 사회에 진입하였고, 2018년에는 노인인구가 전체인구의 14%에 도달함으로써 고령사회 진입을 앞두고 있으며, 2026년에는 노인인구가 20%에 도달하는 초고령사회로 진입하게 된다.

동서고금을 막론하고 인간의 장수는 전 인류의 과제이고, 한결같은 소원이다. 그러나 현대인들 대부분은 단순히 오래 산다는 것보다는 삶의 질이 높고 건강하게 산다는 것에 더 의미를 두고 있다. 최근 노인들 사이에 '9988234' 용어가 유행한다. 즉, '99세까지 88하게 살고 2~3일만 앓다가 사흘째 되는 날 죽는(死) 것이 가장 행복한 인생이다.'라는 것이다. 이러한 노인들의 소망이 실현되기 위해서는 우리 사회의 많은 준비과정과 뒷받침이 필요하다. 따라서 이 장에서는 우리 사회가 급속하게 고령화가 진행되는 현 시점에서 노인에 대한 다각적인 접근과 노인문제를 분석하여 그 대책방안을 모색하고자 한다.

제2절 노인과 노인문제

노인(老人)이란 일반적으로 인간의 고령화 과정에서 나타나는 생리적 · 심리적 · 환경적 변화 및 행동의 변화가 상호작용하는 복합형태의 과정에 있는 사람을 일컫는다. 국제노년학회(International Association of Gerontology)에서는 노인의 개념을 환경변화에 적절히 적응할 수 있는 자체 조직에 결핍이 있는 사람, 자신을 통합하려는 능력이 감퇴되어 가는 시기에 있는 사람, 인체기관과 조직기능 등에 감퇴현상이 일어나는 시기에 있는 사람, 생활 자체의 적응이 정신적으로 결손되어 가고 있는 사람, 인체의 조직 및 기능 저장의 소모로 적응이 감퇴되어 가는 시기에 있는 사람들로 정의한다.

노인은 시대와 사회에 따라 여러 가지 용어로 표현되고 있는데, 영어권 국가에서는 늙은 사람(older person, older), 나이 든 사람(aged), 연장자(elderly), 선배시민(senior citizen), 황금연령층(golden age) 등으로, 우리나라에서는 '나이 드신 분' '연세가 많으신 분' 으로 표현되고 있다. 공식적 · 행정적 규정에 의한 노인의 연령 기준은 「노인복지법」과 「국민기초생활보장법」에서는 65세 이상, 「국민연금법」에서는 60세 이상인 자로 규정하고 있다.

예전에는 노인이 사회와 가정에서 위엄이 있고 존경을 받는 존재로서 특별히 노인문제가 두드러지게 나타나지 않았으나, 현대에 와서 평균 수명의 연장으로 노인부양문제가 대두되면서 노인들은 건강, 경제, 역할상실, 고독 영역 등에서 어려움을 겪고 있다. 이러한 노인문제를 김영화 등(2006)은 "노인 자신이나 가족들의 힘만으로는 해결할 수 없는 생존이나 기본적 욕구가 불충분한 상태를 말하고, 여기에는 경제적 어려움, 건강보호의 어려움, 역할의 상실, 소외와 고독, 그리고 기타 갈등을 느끼는 모든 사회적 현상을 포괄한다."라고 정의한다. 박철현(2010)은 노인문제를 "노인의 사회적 지위하락으로 인하여 사회생활에서 불편을 겪고 사회적 비용을 발생시키는 것으로, 사회의 영향력 있는 사람들이 사회문제로서 정의하는 상태"라고 정의하면서 노인의 지위하락을 강조하였다.

이처럼 준비되지 않은 우리 사회의 고령화는 노인의 건강, 정년퇴직, 경제적 능력 감퇴 등으로 노인이 사회적 기능을 수행하는 데 어려움을 겪고 있으며, 이에 따른 경제적 고충, 고독감, 무력감 등에 빠지는 노인층이 증가하면서 노인문제는 커다란 사회문제로 대두되고 있다.

제3절 노인인구 현황

우리나라는 1960년 이후 산업사회를 맞이하면서 점차 소득수준의 향상에 따라 건강에 대한 국민적 관심과 주거환경의 질적 변화 등에 따라 국민들의 평균수명이 지속적으로 증가하고 있다. 노인인구의 증가는 우리나라뿐 아니라 전 세계적 현상이다.

노인인구 구조 변화에 의한 사회분류로는 고령화 사회, 고령사회, 초고령사회가 있다. 고령화 사회(Aging Society)는 전체인구 대비 65세 이상의 노인인구 비율이 7% 이상을 말하며, 고령사회(Aged Society)는 노인인구 비율이 14% 이상인 경우이고, 65세 이상의 노인인구 비율이 20%를 초과하는 경우를 초고령사회(Super Aged Society)라고 한다.

우리나라는 노인인구가 계속 늘어나 2017년에는 712만 명으로 700만 명을 넘어서면서 유소년(0~14세) 인구(684만 명)를 사상 처음으로 추월하고, 2018년에는 노인인구가 전체 인구의 14%에 도달할 것으로 예측됨으로써 고령사회 진입을 앞두고 있으며, 2020년에는 노인인구가 800만 명, 2023년에는 900만 명, 2025년에는 1천만 명을 돌파, 2026년에는

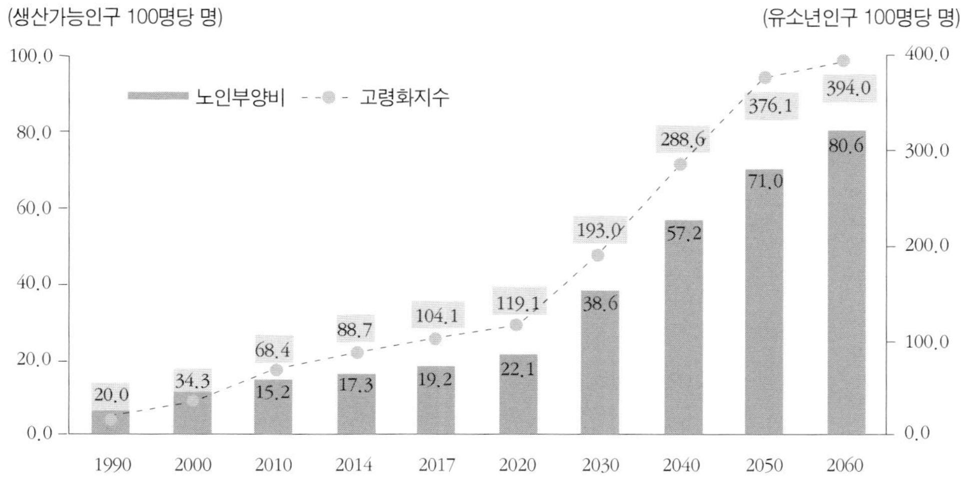

[그림 12-1] 노인부양비 및 고령화 지수

자료: 통계청(2014b).

노인인구가 20%에 도달하여 고령사회가 된 지 10년도 안 돼 초고령사회로 진입할 것으로 예상된다(통계청).

[그림 12-1]에서 노인부양비 및 고령화 지수를 살펴보면, 2014년 노인부양비[1]는 17.3명으로 생산가능인구(15~64세 인구) 5.8명이 노인 1명을 부양하고 있으며, 2018년에는 생산가능인구 5명이 1명을, 특히 베이비붐세대의 고령인구 진입 및 기대수명 증가로 인하여 2030년에는 2.6명이 1명을, 2060년에는 1.2명이 1명을 부양해야 할 것으로 전망된다. 2014년 노령화 지수[2]는 88.7명으로 유소년인구(0~14세 인구) 100명당 65세 이상 노인은 88명이며, 2017년에 이르면 104.1명으로 노인인구가 유소년인구를 앞지를 것으로 전망된다(통계청, 2014b).

제4절 노인문제의 실태

노인을 둘러싼 문제들은 경제, 건강에서부터 자살에 이르기까지 많은 문제들이 중첩되어 나타나고 있다. 여기에서는 노인을 둘러싼 많은 문제들 중 소위 4고(苦)로 일컬어지고 있는 경제, 건강, 소외, 무위 문제 중심으로 고독사와 최근 노인들의 범죄문제에 관하여 살펴보고자 한다.

1. 경제문제

한국보건사회연구원에서 발표한 2014년 빈곤통계 연보 분석결과(임완섭, 이주미, 2014), [그림 12-2]의 인구유형별 빈곤율에서 제시된 바, 노인인구가 가장 높은 빈곤율을 보였다. 즉, 2013년 절대적 빈곤율의 경우 35.6%로 전년대비 0.8% 상승하였으며, 상대적 빈곤율(중위 50% 기준)은 48.0%로 전년도와 유사한 수준을 유지하였다.

1) 생산가능인구 100명당 65세 이상 고령자 인구.
2) 유소년인구 100명당 65세 이상 고령자 인구.

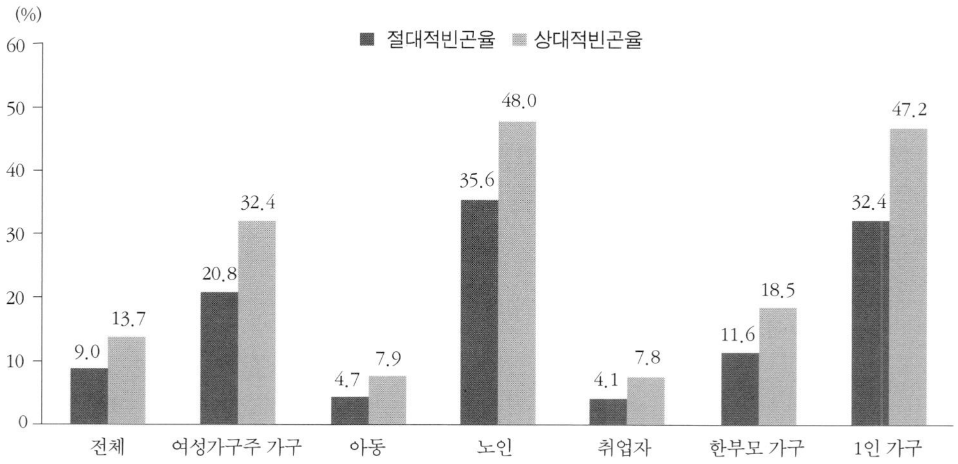

[그림 12-2] 2013년도 인구유형별 빈곤율: 가처분소득 기준

자료: 임완섭, 이주미(2014).

또한 우리나라 노인빈곤율이 경제협력개발기구(OECD) 회원국 중 가장 높지만 연금의 소득대체율은 낮은 수준인 것으로 나타났다. 그리고 연금의 소득대체율이 상대적으로 낮은 상황에서 노인인구가 증가하는 베이비붐세대(1955~1963년생)의 은퇴가 본격화되면 노인빈곤문제는 더욱 악화될 것으로 예상된다.

보건복지부에서 실시한 '2014년 노인실태조사' 결과, 노인 10명 중 3명은 경제활동을 하고 있었으며, 이 중 80%는 생활비를 벌기 위해 일을 하고 있는 것으로 나타났으며, 용돈 마련을 위한 경제활동 참여 이유는 8.6%뿐이었다. 일을 하는 노인의 36.6%는 단순 노무직, 36.4%는 농림축산어업에 종사하고 있었으며, 노인들은 소비 항목 중 주거 관련 비용(40.5%)에 가장 무겁게 부담을 느끼고 있었고, 다음으로 보건의료비(23.1%) 등의 순으로 나타났다. 또한 노인들의 경제적 어려움(40.4%)이 자살을 생각한 이유 1위로 꼽혔다.

2. 건강문제

100세 시대가 다가오면서 '노노(NO+老)족'이라는 신조어가 등장하였다. 노노(NO+老)

족이란 '늙지 않은 노인' 또는 '늙었지만 젊게 사는 노인'을 말하며, 노노(NO+老)족이 되기 위해서는 건강이 뒷받침이 되어 여행이나 취미생활 등 젊은이 못지않은 활동을 할 수 있어야 한다. 이러한 노노(NO+老)족을 대표적으로 보여 주는 TV프로그램 〈꽃보다 할배〉에서는 '황혼의 배낭여행'을 콘셉트로 한 여행 버라이어티로 노익장을 과시하고 있다.

최근 건강에 대한 관심이 높아지면서, 운동실천율이 10년 전 29.3%에서 58.1%로 향상되었지만, 보건복지부에서 실시한 '2014년 노인실태조사' 결과에 따르면, 조사대상 중 89.2%가 고혈압, 관절염, 당뇨병 등 만성질환을 앓고 있으며, 평균 2.6개의 만성질환을 앓고 있는 것으로 보고되었다. 그리고 '단축형 노인우울척도'를 측정한 결과, 우울증상이 33.1% 발견되었으며, 31.5%는 치매로 발전할 수 있는 인지기능 저하자로 나타나 노인 3명 중 1명은 우울증상과 인지기능 저하 증상을 보였다. 이러한 결과는 2011년도의 우울증상자 비율 29.2%, 인지기능 저하자 비율 28.5%보다 늘어난 수준이다.

노인건강문제와 관련하여 우리 사회의 이슈 중의 하나는 노인복지 관련예산이 급격히 증가하고 있다는 것이다. 건강보험심사평가원의 '2014년도 65세 이상 건강보험 노인진료비 현황'을 보면 전 국민의 11.9%(601만 명)에 해당하는 65세 이상 노인의 2013년 진료비가 전체 진료비의 35.5%를 차지한다고 보고하였다. 우리나라 전체인구의 12% 조금 못 미치는 노인인구의 진료비가 전체 건강보험 진료비의 3분의 1 이상을 차지한 것이다. 그리고 2020년에는 노인진료비가 전체 건강보험 진료비의 45.6%에 이를 것으로 추정되며, 현재 50대인 베이비붐세대가 노인층에 편입되면 더 큰 폭으로 증가할 것으로 예상된다. 이러한 노인진료비 급증으로 건강보험재정은 장기적인 적자 행진을 하면서, 적자규모가 2020년 6조 3천억 원에서 2030년 28조 원, 2040년 64조 5천억 원, 2050년 102조 1천 700억 원에 이어 2060년에는 132조 원에 달할 것으로 전망된다.

3. 소외와 고독사

산업화와 도시화로 인해 현대 의료 및 보건기술의 발달, 생산기술의 발전 등으로 전 인류의 소원이었던 인간의 수명연장 과제는 해결되어 사회가 고령화되고 노인인구는 급성장했지만, 가족 개념의 변화로 인해 노인은 옛날의 가부장적 권위를 잃고 무능력하고 무기력한 존재 혹은 비생산적인 위치로 전락하게 되었다. 그리고 노인들은 경제적 어려움, 질병과 역할상실 등으로 인해 소외에 직면하게 되었다.

특히, 가족제도의 변화는 핵가족에 이어 고령화시대 1인 노인가구가 급증하면서 가족과 왕래가 없는 노인들이 나홀로 생을 마감하는 '고독사(孤獨死)'는 우리 사회의 중요한 사회문제로 대두되고 있다. 1인 가구는 다른 가족형태와 비교할 때 고독사에 상대적으로 많이 노출되어 있다. 2014년 한국방송공사 조사에 따르면 60대 이상의 고독사 비율이 27%에 달하였다.

보건복지부에 따르면, 2015년 우리나라 전국 독거노인이 138만 명으로 5년만에 18.5% 증가하여 노인 5명 가운데 1명이 독거노인으로 조사되었으며, 2035년에는 343만 명에 이를 것으로 추산되어 독거노인이 질병을 앓거나 경제적 어려움 또는 사회적 관계가 끊긴 경우에는 고독사 위험이 높을 것으로 추정하였다(매일종교신문, 2015. 2. 19).

❖ 보이지 않는 죽음, 1년의 기록

2013년 9월, 부산의 한 단독주택에서 백골 시신이 발견됐다.
67세 노인의 고독사 소식. 사망 당시 나이는 62세였다.
어떻게 5년 동안 한 사람의 죽음을 아무도 몰랐을까.
혼자 살다, 혼자 죽고, 한참만에 발견되는 고독사.
고독사 뉴스는 심심치 않게 들려오지만
한 해 몇 명이 이런 죽음을 맞는지 조사 한 번 제대로 이뤄진 적이 없다.
그들은 누구이며, 왜 고독사 하는 것일까?
취재는 그 의문에서부터 시작됐다.
어느 형사의 고백 "가족 찾는 게 범인 잡는 것보다 힘들었어요"

– KBS 방송 〈한국인의 고독사 1편 '보이지 않는 죽음, 1년의 기록'〉(2014. 5. 22)

❖ '자녀 5명에 통장 잔액 27원', 70대 노인 고독사

설날을 열흘 남짓 앞둔 2015년 2월 7일 서울 용산구 보광동 다세대주택 1층 단칸방에서

장모(79) 씨가 숨진 채 발견됐다. 장 씨의 예금통장에는 고작 27원이 남아 있었다. 장 씨는 월 49만 9,290원의 기초생활수급비로 생활해 왔다고 한다. 하지만 최근 폐결핵으로 건강이 악화되면서 30만 원씩을 병원비로 써야 했다. 그는 자녀를 5명이나 뒀지만 안치실을 찾은 가족은 한 명도 없었다. 홀로 사는 것에 이골이 났던 장씨는 마지막 가는 길까지 혼자였다. 설을 앞두고 오갈 데 없는 노인가구 등의 한 단면을 보여 줘 슬픔을 자아냈다.

– 매일종교신문(2015. 2. 19)

4. 범죄문제

최근 고령자들의 강력 범죄가 잇따르면서 사회문제가 되고 있다. 특히, 갈수록 범죄가 흉포화되고 있어 대책 마련이 시급하다는 지적이다. 경찰청 통계에 따르면, 65세 이상 노인 범죄는 매년 증가하여 2011년 6만 8,836건, 2012년 7만 1,721건, 2013년 7만 7,260건이다. 특히, 살인 · 강도 · 강간 · 강제추행 · 방화 등 강력범죄가 급증하고 있는데, 2011년 759건에서 2012년 818건, 2013년 1,062건으로 2년 사이 39.9%가 늘어났다. 강간 · 강제추행은 2011년 608건에서 2012년 676건, 2013년 891건으로 증가세가 가장 가파르다. 상해나 폭행 등 폭력도 같은 기간에 늘어났다. 2011년 1만 3,390건, 2012년 1만 476건, 2013년 1만 4,216건으로 고령인구의 증가 추세만큼이나 범죄 비율도 꾸준히 늘고 있다.

특히, 쉽게 흥분하고 감정이 폭발해 범죄를 저지르는 노인들이 늘어나면서, 일본에서는 2000년대 중반 '폭주노인(暴走老人)'이라는 신조어가 등장하였으며, 『폭주노인』이라는 제목의 책이 출간되기도 했다(조선일보, 2013. 3. 8). 이는 비단 일본만의 문제는 아니다.

우리나라 노인범죄의 큰 문제는 대부분이 우발적으로 발생한다는 것이다. 노인들은 강력범죄의 동기로 '우발적'(337건)을 가장 많이 꼽았다. 그리고 그 뒤를 호기심(45건)과 유혹(40건) 등이 이었다. 폭력 범죄 원인도 '우발적'(5,973건)이 가장 많았다. 현실불만과 가정불화(각 234건), 부주의(212건) 등이 그다음이다.

❖ '건강한 게 죄냐?' 노인 性범죄 증가 '심각'

지난 3월 부모의 이혼으로 자신이 양육하고 있던 친손녀 A양(9)을 2008년부터 2011년까지 3년 동안 상습적으로 성폭행한 70대 노인이 경찰에 검거됐다. 이 노인은 법원으로부터 12년형의 징역을 선고받았다. 경찰에 따르면 피해를 당한 A양(현재 16)은 정신적 충격으로 자살을 기도했다.

또 지난 1월에는 성치료 목적이라며 30대 여성 환자를 성폭행한 혐의로 논란을 빚은 70대 정신과 의사가 화장실에서 목과 손목을 자해해 숨졌다.

100세 시대를 맞아 의학의 발달로 수명이 길어지고 건강한 노인들, 이른바 '젊은 노인'들이 늘어나면서 성범죄현장에서 '노익장'을 과시하는 노인들이 대폭 증가하고 있다.

특히, 노인범죄 증가의 한 축이 강력 범죄(살인 · 성폭행 · 방화 · 강도)라는 점은 매우 우려스러운 일이다.

– 뉴시스(2015. 5. 14)

제5절 노인문제의 원인

산업사회로의 전환은 기존의 가족, 경제, 사회제도의 붕괴를 가져왔다. 이러한 사회에서 노인들은 생산기술 및 생산체계의 변화와 관련된 지식 및 기술의 습득이 뒤지게 되어 경제적 지위가 하락하게 되고, 노령화에 따른 건강의 악화, 노후생활대책의 미비, 사회적 역할의 감소 또는 상실, 사회적 · 심리적 소외현상이 나타나게 되었다(한국임상사회사업학회, 2008).

이러한 요인 등으로 인해 노인을 둘러싼 소위 4고(苦)라 하는 경제, 건강, 소외, 무위 문제에 직면하게 되었다. 즉, 노화에 따른 노동력의 상실, 정년제도에 따른 소득원의 상실, 가족 중심적 부양기능의 약화, 노후 소득보장제도 및 일거리 창출 등의 미비로 인해 은퇴 후 빈곤문제가 야기되고 있으며, 신체적 · 정신적 노화로 인해 질병이나 건강상의 문제가 발생하고 있다.

그리고 가족제도의 변화로 인해 핵가족화되고 1인 노인가구가 증가하면서 세대 간 가치관 차이 등으로 대화의 감소 및 가족 내 지위 저하, 가족의 결속력 감소 등으로 고독과 소외의 문제가 생겨나고 있으며, 더불어 가정에서 역할상실과 은퇴 이후 역할상실에서 오는 무료함과 고독함을 해소할 수 있는 지역사회 내의 각종 여가시설 및 여가 프로그램의 부족으로 인해 무위 문제가 대두되고 있다. 또한 최근 노인범죄가 증가하고 있는데 이러한 원인으로 노후자금 마련에 따른 경제적 문제, 가족이나 사회의 충분한 정보와 교류가 없는 소외 및 고독, 신체적 · 정신적으로 노인들의 욕구를 해소할 만한 곳이 없다는 것도 노인범죄의 원인이 되고 있다(http://blog.daum.net/loveacrc/2336).

이러한 노인문제의 원인은 두 가지 이상이 겹쳐서 진행되기 때문에 노인의 고통은 더욱 가중된다고 볼 수 있으므로, 노인문제에 대한 보다 구체적이고 질적인 접근이 필요하며 다각적인 측면에서 노인을 이해할 필요가 있다.

제6절 노인문제의 대책방안

우리 사회에서 노인은 존경의 대상이었으나, 산업화 · 도시화 · 핵가족화가 진전되면서 점차 노인에 대한 지위가 하락하여 노인을 사회적 생산능력이 떨어지고 의존성이 높은, 즉 '젊은 세대의 짐'으로 여기는 부정적 시각이 늘어나고 있다. 이러한 시각 때문에 노인은 더욱 고독하고 소외감마저 느끼고 있다.

인간은 누구나 나이가 들면 노인이 될 수밖에 없고, 노인이 되어 간다는 것은 신체적 · 생리적 · 정신적으로 매우 불편하고 불안전한 상태에서 살아가야 한다는 것을 의미한다. 이러한 제반의 노인문제를 퇴치 또는 완화하기 위한 방안을 제시하면 다음과 같다.

첫째, 노인에 대한 인식 전환이 요구된다. 이를 위해서는 아동에서부터 청소년, 성인에 이르기까지 노인에 대한 교육 및 프로그램이 필요하다. 이런 교육 및 프로그램을 통해 세대 간 분리를 막고 세대 간 통합을 통하여 노인들의 소외, 고독 등을 감소시킬 수 있으며, 더불어 세대 간 교류는 노인의 고용, 건강, 고독사, 자살 등과 관련된 문제를 해결하는 밑거름이 될 수 있다. 더불어 노인에게도 성공적인 노화를 위한 다양한 교육 프로그램을 제공할 필요가 있다.

둘째, 노인의 빈곤문제는 여러 문제 중에서 가장 우선순위의 문제다. 노인의 빈곤문제를 해결하기 위해서는 공적 소득을 보장해 주어야 한다. 공적 소득보장은 사회보장제도를 통해서 가능하다. 그리고 건강한 노인을 대상으로 노인의 노동에 대한 인식 전환도 필요하다고 하겠다. 노동은 인간과 욕구 대상과의 통일을 이룩하기 위한 매개체라는 의미를 가지며 그것을 통해서 인간은 사회적 의미를 갖게 되는 것이다. 이렇게 본다면 노인 역시 일을 할 수 있는 능력이 존재하는 한, 노동을 통해서 사회적으로 존재가치를 추구함으로써 인정받고 욕구충족을 실현할 수 있게 된다(정환수, 2013). 이와 같은 방안이 현실화되기 위해서는 노인 스스로도 의지가 있어야 하지만, 무엇보다 사회 · 국가적 차원에서 마련해 줘야 할 필요가 있으며, 노인봉사에 관한 일을 일자리로 만들어 노인들이 종사하도록 하는 것도 노인들에게 일자리를 마련해 주는 방법이 될 수 있다.

셋째, 노인이라고 해서 똑같은 욕구를 가지고 있는 것은 아니다. 노인 연령대 및 노인문제를 세분화하여 맞춤형 서비스가 필요하다. 즉, 노인들 중에서도 경제적 여유가 있는 노인의 욕구, 건강한 노인의 욕구, 질병을 가지고 있는 노인의 욕구, 독거노인의 욕구 등이 존재하고 각각 필요한 서비스는 다를 것이다. 그러므로 다양한 계층의 노인에게 보다 효과적으로 욕구를 충족하고 문제를 해결할 수 있도록 서비스를 확대해야 한다.

제7절 소결

노인문제는 전 세계적으로 가장 주요한 공적 문제이자 국가적 관심사이며, 우리나라도 예외는 아니다. 우리나라는 계속적 노인인구 증가로 인해 2017년에는 유소년인구를 사상 처음으로 추월하고 2018년에는 고령사회 진입을 앞두고 있다. 이러한 노인인구의 급격한 증가는 필연적으로 다양한 노인문제의 양적 증가 및 질적 심화를 초래한다. 노인인구의 증가로 인해 사회의 어느 한 집단이 노인에 대한 과다한 의무를 져야 하는 사회구조는 세대 간 갈등이라는 사회갈등을 초래하고 이런 갈등은 또 다른 사회적 비용을 발생시킨다. 그러므로 고령화 사회에 대비한 정부 차원의 선제적 대응이 시급하다.

인간은 출생에서 사망에 이르기까지 생애주기를 겪으면서 노년기에 접어든다. 노인문제는 누구도 자유로울 수 없다. 우리 사회가 세대 간 갈등을 해결하여 사회통합을 이끌어 내기 위해서는 젊은 세대들이 노인에 대해 '부양해야 할 짐' '사회의 짐'이라는 생각에서 벗어나 동등한 사회구성원으로서 동반자라는 인식을 가질 때 '세대 간 통합'을 이끌어 낼 수 있을 것이다.

참고문헌

김영화, 신원식, 이옥희, 임성옥, 명선영, 손지아(2006). 현장과 함께 생각하는 사회문제. 삼우사.
뉴시스(2015. 5. 14)
매일종교신문(2015. 2. 19).
박철현(2010). 사회문제론. 박영사.
보건복지부(2015). 2014 노인실태조사.
임완섭, 이주미(2014). 2014 빈곤통계연보. 한국보건사회연구원.
정환수(2013). 한국사회 노인문제에 관한 철학적 고찰. 철학논총, 71(1), 335-354.
조선일보(2013. 3. 8).
통계청(2014a). 2014 가계동향조사.
통계청(2014b). 2014 고령자통계.
한국임상사회사업학회(2008). 사회문제론. 파란마음.

경찰청 홈페이지(http://www.police.go.kr).
국가통계포털 KOSIS 홈페이지(http://www.kosis.kr).
보건복지부 홈페이지(http://www.mw.go.kr).
통계청 홈페이지(http://www.kostat.go.kr).
http://blog.daum.net/loveacrc/2336.

제13장 아동 · 청소년 문제

제1절 개관

오늘날 아동 · 청소년들은 신체적 변화와 더불어 사회와 가정환경의 급격한 변화로 인한 역할 갈등, 장래에 대한 부담감과 불안, 과중한 학업부담 등 일상생활에서 많은 정서적 · 사회적 · 신체적 부적응을 경험하고 있는데, 이러한 변화에 대한 적절한 대체가 이루어지지 못함으로 인해 심각한 문제들을 경험하고 있다. 이들의 문제는 아동 · 청소년의 신체 · 심리 · 행동의 정상적인 발달에 장애를 가져올 수 있고, 성인기의 문제로까지 이어지는 결과를 가져올 수 있다. 또한 자신뿐 아니라 가족과 사회에 많은 영향을 미치기 때문에 아동 · 청소년 문제에 대한 다각적 이해가 필요하다.

따라서 이 장에서는 우리나라 아동 · 청소년들에게 나타나고 있는 많은 문제들 중에서 사회적 이슈가 되고 있는 문제를 중심으로 아동 · 청소년의 빈곤문제와 자살문제, 학교폭력문제에 대하여 살펴보고자 한다.

제2절 아동 · 청소년 문제의 개념

1. 아동 · 청소년의 개념

아동 · 청소년에 대한 정의는 한 가지로 통일된 것이 없으며, 연령에 따라 여러 법에서 서로 다르게 규정하고 있어 여러 규정을 구별하고 차이를 알기는 쉽지 않은데, 우리나라 아동 · 청소년의 관련 법규에 따른 명칭과 연령의 정의를 살펴보면 다음과 같다.

먼저 「청소년기본법」에서는 9~24세 사이의 연령을 청소년이라 규정하고 있으며, 「청소년보호법」에서는 만 19세 미만의 연령을 청소년이라 규정하고 있다. 또한 「소년법」에서는 19세 미만을 소년으로, 「아동복지법」에서는 18세 미만을 아동으로, 「민법」에서는 만 19세 미만을 미성년자로 규정하고 있다.

표 13-1 아동 · 청소년 관련 법률에서의 아동 · 청소년 명칭 및 연령 정의

규정 및 준용 법률	연령	법률상 용어
「청소년기본법」	9~24세	청소년
「청소년보호법」	만 19세 미만	
「소년법」	19세 미만	소년
「아동복지법」	18세 미만	아동
「민법」	만 19세 미만	미성년자

한편, 우리 사회에서는 대부분 아동과 청소년을 구분하여 생각하는데, 아동이라 함은 가정의 보호 속에서 부모에게 전적으로 의존하는 초등학생까지의 연령층을 의미하고, 청소년은 급격한 신체적 변화를 경험하고 부모와 정서적으로 분리되기 시작하며 자립심이 강화되고 자아정체감을 형성하는 시기인 중 · 고등학생의 연령층을 의미한다.

그러나 앞에서 살펴본 바와 같이 연령을 기준으로 아동 및 청소년을 구분한다는 것은 쉬운 일이 아니며, 아동과 청소년은 미성년자라는 점에서 구별 없이 다루어지기도 한다. 현행

법을 보면 9세에서 18세까지는 아동이면서 동시에 청소년으로서 법적 규정이 모호하게 중복되고 있음을 볼 수 있다. 또한 급변하는 사회구조와 가족구조의 변화, 사회환경의 변화에 따른 아동 · 청소년의 신체적 · 심리적 · 사회적 특징들에서 많은 공통점을 나타내고 있으며, 법률상에서도 아동과 청소년을 함께 보는 것에 별 무리가 없다고 생각한다. 따라서 여기에서는 아동 · 청소년 문제를 함께 다루었으며, 상황에 맞게 아동 또는 청소년이라는 용어를 분리하여 사용하기도 하였다.

2. 아동 · 청소년 문제의 개념

아동 · 청소년의 문제는 일반적으로 그 문제의 유형이 아동 · 청소년 개인의 문제이거나, 아동 · 청소년에 의해 저질러진 비행이나 범죄를 지칭하는 포괄적인 개념으로 이해되기도 한다. 이러한 문제는 탈선이나 비행, 범죄 등과 같은 반사회적 행동으로 나타나기도 하며, 타인보다는 자신에게 심각한 영향을 미치는 자살, 약물남용, 인터넷중독 등의 현상으로 나타나 사회도피적 · 자해적 행동으로서 비사회적 행동 등을 포함하기도 한다.

한편, 부모에게 의존적이거나 자아에 대한 정체감을 형성해 가는 시기의 아동 · 청소년은 사회구조 및 가족구조의 변화에 민감할 수밖에 없는데, 우리 사회는 산업화와 도시화로 인한 가족구조의 변화 및 부모역할의 혼동과 부재, 경제발전 및 부의 축적 등으로 인한 물질만능주의, 가족유대감의 약화로 인한 가족해체현상 등 급격한 환경의 변화를 겪고 있다. 이러한 변화에서 아동 · 청소년은 때로는 사회구조적 문제의 희생자로 또는 사회문제의 원인을 제공하는 주체로서 문제의 중심에 서 있다고 할 수 있다. 이들은 공통적인 문제를 경험하기도 하지만 문제의 사안에 따라 다른 양상을 보이거나, 해당 문제에서 차지하고 있는 비중이 다를 수 있다.

이와 같이 아동 · 청소년의 문제는 아동 · 청소년의 비행뿐만 아니라 이들의 일상생활과 활동, 고민, 가치관 등의 여러 측면에서 사회구성원들의 관심을 초래하는 모든 현상들을 포함하는 것으로 볼 수 있다.

제3절 아동 · 청소년의 실태

최근 여성가족부와 통계청의 '2015 청소년 통계' 조사 발표에 따르면, 2015년 우리나라 총인구 5,061만 7,000여 명으로 2010년에 비해 2.4% 증가한 반면 청소년(9~24세 기준) 비중은 2010년 대비 약 8.2% 감소한 19%(961만 명)로 집계돼, 1978년 36.9%를 정점으로 지속적으로 감소하는 추세에 있음을 알 수 있다. 이는 1978년 총 인구 3명 가운데 1명이던 청소년 인구가 올해 5명 중 1명 수준으로 떨어진 것으로, 이러한 추세로 볼 때 2060년 청소년 비중이 10명 중 1명인 11.4% 수준에 그칠 것으로 전망된다.

표 13-2 청소년 인구 (단위: 천 명, %)

	총인구	9~24세	구성비
1970	32,241	11,330	35.1
1978	36,969	13,647	36.9
1980	38,124	14,015	36.8
1990	42,869	13,553	31.6
2000	47,008	11,501	24.5
2010	49,410	10,465	21.2
2015	50,617	9,610	19.0
2020	51,435	8,403	16.3
2040	51,091	6,894	13.5
2060	43,959	5,011	11.4

자료: 통계청, 여성가족부(2015).

또한 학령인구(6~21세)도 총 인구의 17.5% 수준인 887만 4,000명으로 지난 2010년보다 113만 8,000명 감소한 것으로 나타났다. 특히, 전체인구 대비 초등학교 학령인구(6~11세)의 비중은 1970년 17.7%에서 2015년 5.4%로 감소한 것으로 나타났다.

한편, 최근 들어 다문화가정의 학생 수는 계속 증가하여 2014년 6만 7,806명으로, 2013

● 표 13-3 ● 학령인구

(단위: 천 명, %)

	총인구	6~21세		6~11세		12~14세		15~17세		18~21세	
			구성비		구성비		구성비		구성비		구성비
1970	32, 241	12,604	39.1	5,711	17.7	2,574	8.0	2,101	6.5	2,218	6.9
1980	38,124	14,401	37.8	5,499	14.4	2,599	6.8	2,671	7.0	3,632	9.5
1990	42,869	13,361	31.2	4,786	11.2	2,317	5.4	2,595	6.1	3,663	8.5
2000	47,008	11,383	24.2	4,073	8.7	1,869	4.0	2,166	4.6	3,275	7.0
2010	49,410	10,012	20.3	3,276	6.6	1,974	4.0	2,090	4.2	2,672	5.4
2015	50,617	8,874	17.5	2,736	5.4	1,563	3.1	1,846	3.6	2,730	5.4
2020	51,435	7,757	15.1	2,719	5.3	1,359	2.6	1,370	2.7	2,308	4.5
2040	51,091	6,698	13.1	2,378	4.7	1,271	2.5	1,298	2.5	1,751	3.4
2060	43,959	4,884	11.1	1,805	4.1	906	2.1	910	2.1	1,264	2.9

자료: 통계청, 여성가족부(2015).

년 5만 5,780명에 비해 12,026명 증가하였다. 이는 전체 학생 수 633만 4,000명의 1.1%로 계속 증가하는 추세다.

● 표 13-4 ● 다문화가정 학생 수

(단위: 명, %)

	전체학생 (천 명)	다문화 학생수		초등학교		중학교		고등학교	
			구성비		구성비		구성비		구성비
2006	7,776	9,389	0.1	7,910	84.2	1,139	12.1	340	3.6
2007	7,735	14,654	0.2	12,199	83.2	1,979	13.5	476	3.2
2008	7,618	20,180	0.3	16,785	83.2	2,527	12.5	868	4.3
2009	7,447	26,015	0.3	21,466	82.5	3,294	12.7	1,255	4.8
2010	7,236	31,788	0.4	24,701	77.7	5,260	16.5	1,827	5.7
2011	6,987	38,678	0.6	28,667	74.1	7,634	19.7	2,377	6.1
2012	6,732	46,954	0.7	33,792	72.0	9,647	20.5	3,515	7.5
2013	6,529	55,780	0.9	39,430	70.7	11,294	20.2	5,056	9.1
2014	6,334	67,806	1.1	48,297	71.2	12,525	18.5	6,984	10.3

자료: 통계청, 여성가족부(2015).

제4절 아동 · 청소년 문제의 유형

오늘날 아동 · 청소년이 안고 있는 문제는 매우 다양해서 하나로 정리하는 것이 쉽지 않은데, 아동 · 청소년의 문제를 복지욕구 차원에서 세 가지 유형으로 구분하여 보면 다음과 같다(김근홍 외, 2013).

첫째, 양육비의 증가와 부모의 결손 등으로 청소년이 자라기에 가족의 양육환경이 적절하지 못한 경우다.
둘째, 청소년이 고민을 가지거나 문제행동을 하는 경우다.
셋째, 사회환경에 문제가 있는 경우를 들 수 있다.

이와 같은 유형의 분류에 근거하여 아동 · 청소년의 문제를 빈곤문제와 자살문제, 학교폭력 문제를 중심으로 살펴보고 문제의 현황과 원인, 대책방안을 모색해 보고자 한다.

1. 아동 · 청소년의 빈곤문제

빈곤이란 인간의 기본적 욕구가 충족되어 있지 못한 상태를 말하는데, 이것은 소득이 최저생계비에 못 미치는 경우의 경제적 궁핍을 의미한다. 하지만 아동과 청소년에게 있어 빈곤이란 단순히 경제적 어려움만 이야기하는 것이 아니라, 학업문제나 비행과 관련이 되기도 하며, 이들을 둘러싼 가정과 사회의 심리적 · 문화적 요소에 많은 영향을 준다고 할 수 있다.

1) 아동 · 청소년 빈곤문제의 실태

현재 우리나라에서 빈곤아동은 빈곤가정에서 생활하는 18세 미만의 아동으로 「국민기초생활보장법」에 의하여 국가로부터 보호를 받는 가정에서 생활하는 아동을 말할 수 있는데, 최저생계비 이하의 절대빈곤층과 최저생계비 120% 이하에 속하는 차상위계층을 빈곤가정에 포함하고 있다. 이런 빈곤가족 아동의 가장 대표적인 유형은 빈곤 한부모가정 아동과 소년소녀가장 가정이라고 할 수 있다.

〈표 13-5〉를 살펴보면 우리나라 아동가구의 월평균 총 생활비는 평균 226만 원으로 나타났으며, 일반가구의 경우 230만 원, 기초수급가구의 경우 110만 원, 차상위가구의 경우 129만 원으로 나타났다. 2013년 조사 시점에서는 일반가구 총 생활비가 기초수급가구의 총 생활비보다 2.1배 정도 높은 것으로 나타났다. 그러나 2008년 조사 당시에는 일반가구의 총 생활비가 빈곤층의 총 생활비의 2.5배 정도 높은 것으로 조사되었다.

한부모 · 조손가족 아동의 경우에는 월평균 총 생활비가 145만 원이나 양부모 가족 아동의 경우에는 235만 원으로, 한부모 · 조손가족 아동의 월평균 생활비는 양부모 가족 아동의 월평균 생활비의 62% 정도로 나타났다.

● 표 13-5 ● 월평균 총 생활비

(단위: 만 원)

구분		평균	표준편차(SD)	명
전체		226.06	94.03	9,678,277
소득수준1	빈곤	117.00	51.47	376,738
	일반	230.45	92.70	9,301,539
소득수준2	기초수급	110.65	45.99	247,664
	차상위	129.07	58.66	129,073
	일반	230.45	92.70	9,301,539
지역	대도시	233.46	102.82	4,218,761
	중소도시	221.50	86.61	4,869,141
	농어촌	210.90	82.28	590,375
가족유형	양부모	235.81	91.72	8,565,684
	한부모 · 조손	145.82	75.59	1,012,991
전체(2008)		206.40	96.20	9,910,558
소득수준2 (2008)	기초수급	89.10	40.20	768,435
	차상위	122.50	43.50	416,683
	일반	226.70	92.50	8,725,440
지역 (2008)	대도시	216.10	97.50	5,074,676
	중소도시	201.30	94.80	5,314,189
	농어촌	182.80	91.30	960,610

자료: 보건복지부(2014).

〈표 13-6〉을 살펴보면 2013년 아동종합실태조사에서 우리나라 아동가구의 월평균 총소득은 평균 343만 3천 원으로 나타났다. 월평균 총소득은 기초수급 가구가 122만 원이며, 차상위가구가 160만 원, 일반가구가 351만 원으로 나타났다. 2008년 조사 당시에는 아동이 있는 일반가구의 월평균 총소득이 아동이 있는 기초수급가구의 월평균 총소득의 3.9배 정도 높은 것으로 나타났지만, 2013년 조사시점에서는 일반가구 월평균 총소득이 기초수급가구의 월평균 총소득보다 2.9배 정도 높은 것으로 나타나, 두 집단 간 월평균 총소득 격차가 줄어든 것으로 볼 수 있다.

● 표 13-6 ● 월평균 총소득

(단위: 만 원)

구분		평균	표준편차(SD)	명
전체		343.31	147.38	9,657,118
성별	남자	344.10	143.48	5,041,086
	여자	342.47	151.46	4,616,032
연령	0~2세	309.28	121.18	1,407,332
	3~5세	320.99	129.50	1,406,168
	6~8세	347.40	166.52	1,353,700
	9~11세	367.64	154.38	1,541,550
	12~17세	352.99	149.24	3,948,368
소득수준1	빈곤	136.06	65.06	373,804
	일반	351.55	143.65	9,283,314
소득수준2	기초수급	122.97	53.48	245,713
	차상위	160.08	76.52	128,091
	일반	351.55	143.65	9,283,314
지역	대도시	350.28	168.58	4,200,478
	중소도시	342.11	128.74	4,866,266
	농어촌	307.05	121.10	590,375
가족유형	양부모	361.17	141.31	8,553,425
	한부모 · 조손	190.92	110.48	1,011,419
전체(2008)		323.10	215.10	9,910,558
소득수준 (2008)	기초수급	91.90	30.80	768,435
	차상위	144.30	30.70	416,683
	일반	357.50	212.70	8,725,440

지역 (2008)	대도시	332.80	219.90	5,074,676
	중소도시	318.90	210.00	5,314,189
	농어촌	294.00	212.40	960,610

자료: 보건복지부(2014).

우리나라 아동가구의 상대적 빈곤율은 아동이 있는 가구 중에서 경상소득 기준으로 중위소득 50% 미만 가구 비율(상대적 빈곤율)은 2013년 통계청의 가계동향조사(빈곤통계연보)에서는 9.4%로 나타났으며, 2013년 아동실태조사에서는 1.2 포인트 낮은 8.25%로 나타났다(보건복지부, 2014).

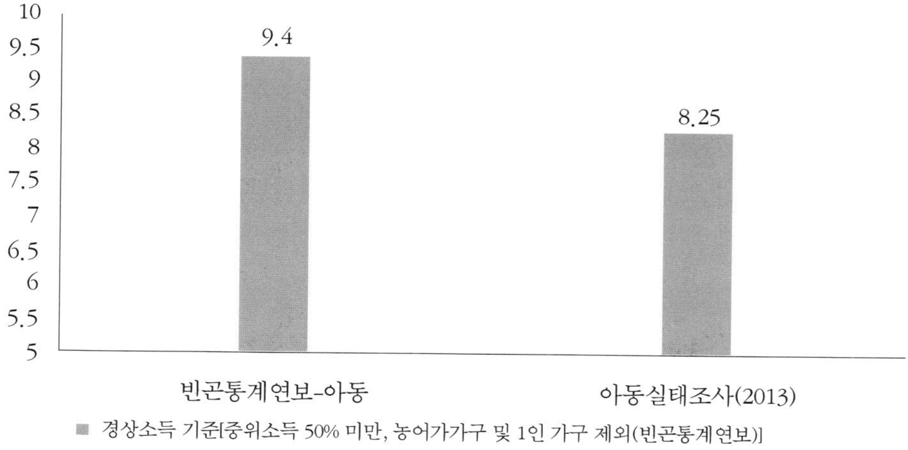

[그림 13-1] 2013년 아동가구의 상대적 빈곤율

자료: 보건복지부(2014).

가족형태별 상대적 빈곤율은 양부모 가구의 3.9%, 한부모 · 조손가구의 경우 46.6%로 나타나, 상대적 빈곤율(경상소득 기준 중위소득 50% 미만)의 양부모 가족에 비해 한부모 · 조손가족이 12배 가량 높았다. 이를 통하여 한부모와 조손가족에 대한 현금지원과 소득활동 보장이 더욱 강화되고 지원방안 또한 확대할 필요가 있음을 알 수 있다.

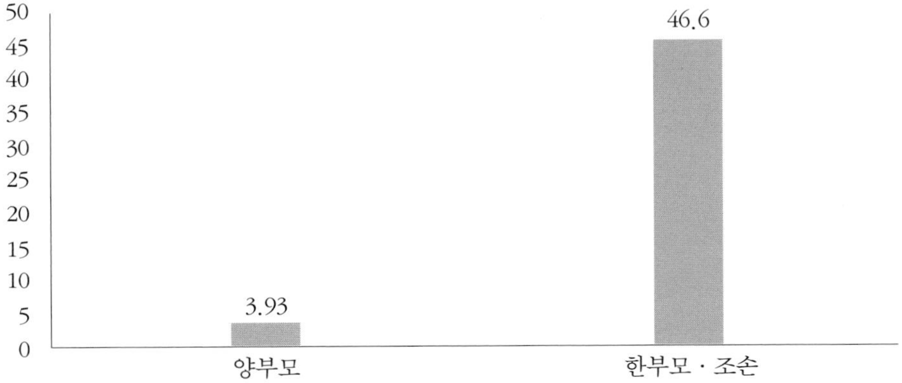

[그림 13-2] 2013년 가족형태별 아동가구의 상대적 빈곤율

자료: 보건복지부(2014).

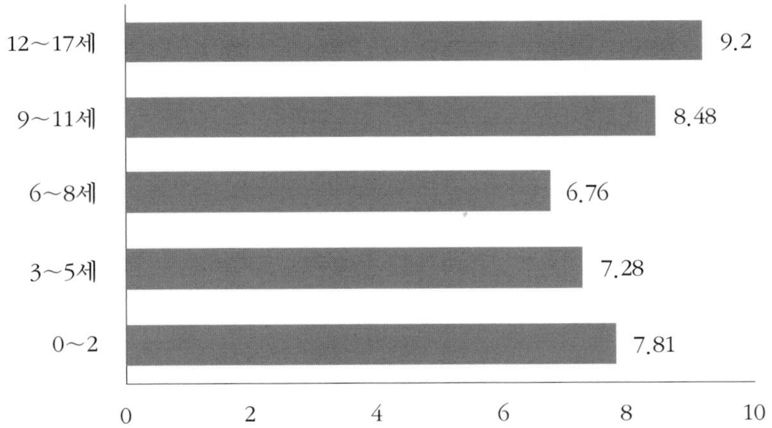

[그림 13-3] 연령에 따른 상대적 빈곤율

자료: 보건복지부(2014).

1) 아동수당이나 보육료 지원이 아동빈곤율에 미치는 효과에 대한 분석은 소득의 출처에 대해 보다 세부적인 정보를 필요로 한다. 2013년도 실태조사에서는 월평균 소득만을 파악하고 소득출처에 대한 세부항목에 대한 정보가 없어 이에 대한 실증분석이 어렵다.

한편 아동의 연령에 따른 상대적 빈곤율을 살펴보면, 아동의 연령이 어릴수록 빈곤율이 낮은 것으로 나타났다. 그러나 6~8세 아동가구의 경우에는 아동빈곤율이 가장 낮은 것으로 나타났는데, 이에 대한 원인을 설명하기는 어려우며 보다 자세한 원인은 추가 분석이 필요한 것으로 보인다.[1)]

이를 통하여 연령에 따른 상대적 빈곤율에 있어서는 아동수당 및 보육료 지원과 같은 보편적 현금지원 방식이 아동빈곤율을 낮추는 데 일정 부분 기여한 것을 알 수 있다. 따라서 아동빈곤율 감소에 대한 목표를 설정하고 이를 위해 아동가구의 소득을 증대할 수 있는 방안과 더불어 현금지원의 확대방안이 필요하다 하겠다.

2) 아동 · 청소년 빈곤문제의 원인

아동 · 청소년의 빈곤문제는 여러 가지 복합적인 요인으로 발생하는데, 여기에서는 사회경제적 원인과 가족 및 가정의 원인을 중심으로 살펴보고자 한다(구은미 외, 2012).

첫째, 우리나라의 산업화의 진전에 따른 전반적인 경제규모의 성장과 불황을 한 원인으로 들 수 있는데, 이는 경제가 성장하는 시기에는 빈곤문제가 조금씩 완화되다가 1990년대 중반 외환위기를 겪으면서 고용의 불안정과 실업 증가에 따른 '빈익빈 부익부' 의 양성화 현상의 가중화로 인한 가구 빈곤 위험의 증가에서 찾아볼 수 있다. 이런 경제악화에 따른 장기 실업과 실직은 가구 소득의 단절을 의미하며 가구의 빈곤 위험성을 증대시키고 가족해체의 촉발요인으로 작용한다는 것이다.

둘째, 가정에서 부부의 이혼과 가출로 인한 한부모 가정이나 조손 가정의 발생과 증가를 원인으로 들 수 있다. 가족해체의 발생은 사회적 보호를 필요로 하는 빈공아동의 수적 증가를 가져오고, 한부모 가정의 어머니나 아버지들은 자녀양육과 가사, 직장에 대한 노동에 시달리며, 여건상 정규직에의 취업이 어려워 낮은 소득과 불안정한 일자리를 찾을 수밖에 없게 된다. 이를 통한 낮은 보수와 급여는 보육과 교육비용의 어려움을 발생시키고 빈곤의 가속화와 대물림의 원인으로 작용하게 된다.

3) 아동 · 청소년 빈곤문제의 대책방안

우리 사회는 물질주의, 쾌락주의, 개인주의의 팽배와 함께, 학력제일주의, 무한경쟁 등으로 인해 아동 · 청소년은 경제적 빈곤과 더불어 정신적 빈곤도 함께 겪고 있다고 볼 수 있다. 보건복지부의 '2013 아동종합실태조사'(보건복지부, 2014)를 바탕으로 아동 · 청소년의 빈곤문제에 대한 대책방안을 모색해 보면 다음과 같다.

첫째, 빈곤아동 가족지원을 위해 현금지원 확대 및 소득보장 강화를 통한 저소득층의 빈곤 탈출이 제고되어야 한다는 것인데, 아동빈곤율 감소에 대한 목표를 설정하고 이를 위해 아동가구의 소득을 증대할 수 있는 방안과 더불어 현금지원의 확대방안이 필요하다는 것이다.

둘째, 빈곤가구의 주양육자와 한부모 · 조손가족의 주양육자가 현재 근로활동을 하고 있는 경우가 더 많은데, 이는 빈곤가구가 근로빈곤층일 가능성이 높으며, 한부모 · 조손 가족에서 아동의 방과후 돌봄 공백이 발생할 확률이 높다고 볼 수 있다. 특히, 조손 가족의 경우, 가구주가 노인이기 때문에 근로를 통한 지원보다 이들에 대한 현금지원을 확대할 필요성이 있다. 한부모 가족의 경우에는 아동을 양육하는 부모에 대한 소득활동을 지원할 수 있도록 취업지원과 보육서비스 지원을 강화하는 방안들이 동시에 필요하다.

셋째, 빈곤가구의 아동은 경제적 결핍뿐만 아니라 가정해체와 같은 부정적 사건을 경험할 가능성이 높음을 알 수 있는데, 빈곤가구에 대한 경제적 지원, 가정해체 감소, 돌봄 공백 해소를 위한 정책적 노력이 필요할 것이다.

2. 아동 · 청소년의 자살문제

최근 들어 아동 · 청소년의 자살문제가 매우 심각한 사회문제가 되고 있는데, 여성가족부와 통계청이 발표한 '2015 청소년 통계'에 따르면 2013년 기준 9~24세 청소년의 사망원인 1위는 '고의적 자해(자살)'인 것으로 조사됐다.

일반적으로 자살행동은 자살사고(suicidal idea), 자살시도(attempted suicide), 자살

(completed suicide)로 구분된다. 자살사고는 누구나 한 번쯤 일시적으로 갖게 되는 생각으로 '죽고 싶다'는 생각과 같은 보편적인 현상에서 죽으려고 구체적인 계획을 세우는 것까지를 모두 포함하는 것이다. 이런 자살사고는 자살시도나 자살보다 더 높은 비율로 나타난다. 자살시도는 자살사고를 구체적인 행동으로 표현한 경우로 자살사고보다는 비율이 훨씬 낮다. 자살시도에 대한 정확한 수치를 알기는 어려우나 완전한 자살의 약 8배 이상에 이를 것으로 추정된다(천정웅 외, 2013).

1) 아동 · 청소년 자살문제의 실태

2015년 청소년 통계에 따르면, 자살에 대한 충동여부와 이유를 묻는 조사에서 2014년 9~24세 청소년 중 7.9%가 지난 1년 동안 한 번이라도 자살하고 싶다는 생각을 해 본 적이 있다고 응답하였으며, 자살하고 싶었던 주된 이유로 13~19세 청소년은 '성적 및 진학문제(39.3%)' '경제적 어려움(19.5%)' 순이고, 20~24세 청소년은 '직장문제(20.1%)'와 '경제적 어려움(20.0%)' 순이었다.

또한 2013년 9~24세 청소년의 사망원인은 '고의적 자해(자살)' 가 가장 많고, 다음은 '운

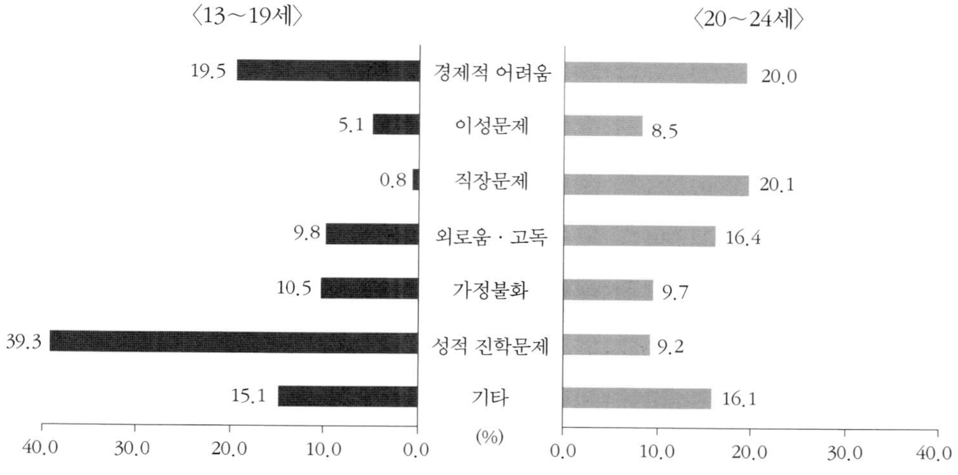

[그림 13-4] 청소년의 자살에 대한 충동여부 및 이유

자료: 통계청, 여성가족부(2015).

수사고' '악성신생물(암) 순으로 조사되었는데, 2013년 9~24세 청소년의 고의적 자해(자살) 사망률은 2003년 7.4명에 비해 다소 증가한 7.8명이나, '운수사고'는 4.4명으로 10년 전 9.6명에 비해 감소한 것으로 나타났다.

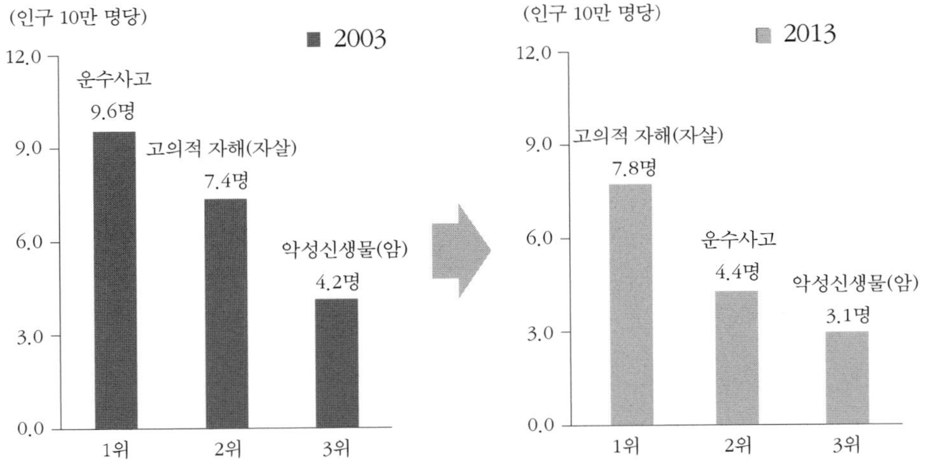

[그림 13-5] 청소년(9~24세)의 사망원인

자료: 통계청, 여성가족부(2015).

2) 아동 · 청소년 자살문제의 원인

아동 · 청소년 자살문제의 원인을 세 가지 차원에서 생각해 볼 수 있는데, 그 내용을 보면 다음과 같다(한국청소년정책연구원, 2013a).

첫째, 아동 · 청소년의 자살과 관련하여 충동적인 자살이 많다는 점에서 흔히 베르테르 효과(Werther effect)로 불리는 모방 자살(copycat suicide)에 대한 우려의 목소리가 높다. 베르테르 효과는 유명인이 자살하면 잇따라 모방 자살이 일어나는 현상을 의미하는데, 18세기 괴테의 소설 『젊은 베르테르의 슬픔』이 나온 뒤 소설 속의 주인공처럼 자살이 유행하면서 생겨난 현상이다. 우리나라에서도 2008년 유명연예인 최진실 씨의 자살 사망이 발생한 이후 자살 건수가 증가하면서 2008년보다 2009년에 자살률이 크게 증가한 것에서 논란이 제기되기도 하였다.

둘째, 자살에 있어서 기질적으로 취약성을 지닌 아동 · 청소년들 중 스트레스로 인한 자살이나 자살행동이 발생한다고 생각한다. 이는 어린 시절 경험한 학대나 방치와 같은 부적절한 양육으로 인한 외상경험 및 부모의 자살행동과 정신병리 등이 기질적 취약성의 기초를 이루며, 또래 폭력이나 괴롭힘, 또래 자살행동과 같은 또래 요인에 의하여 영향을 받는다고 볼 수 있다. 이러한 기질적 취약성을 지닌 청소년들에게는 학업 부담, 또래관계에서의 갈등과 같은 여러 가지 부정적 생활사건과 우울증 등의 정신적 병리현상에 따른 스트레스의 경험이 자살의 한 요인으로 작용한다고 볼 수 있다.

셋째, 아동 · 청소년기가 아직 인지적으로 미성숙하고 충동적인 특성이 심해지는 시기, 즉 질풍노도의 시기라 불릴 정도로 매우 불안정한 발달단계에 있기 때문에 아동 · 청소년의 자살은 대개 사전에 계획되지 않고 순간적으로 우울한 기분에 자살을 충동적으로 시도할 수 있다는 점에서 아동 · 청소년기라는 발달단계 자체가 위험요인이 될 수 있다고 보는 것이다.

이처럼 아동 · 청소년기에는 크지 않는 사소한 스트레스에도 쉽게 자극을 받아 자살이라는 극단적이고 충동적인 방식으로 문제를 해결하고자 하는 생각을 할 수 있다. 이런 아동 · 청소년들의 자살은 자신의 괴로움을 다른 사람에게 알리고자 하는 의사표현의 차원에서 바라보는 것도 중요한데, 이것이 실제로 자신의 삶을 끝내려는 목적보다는 중요한 타인이나 사회를 향한 도움의 외침이라고 이해하는 것이 더 나을 것으로 생각된다.

3) 아동 · 청소년 자살문제의 대책방안

아동 · 청소년의 자살문제는 예방차원에서의 접근과 대응이 무엇보다 중요한데, 아동 · 청소년이라는 대상을 전제로 삼는다는 것에 있어서는 다각적이며 복합적인 정책적 접근이 필요한 부분이다. 즉, 아동 · 청소년이 학생의 신분이기 때문에 교육정책의 일부로 접근해야 하며, 기능적 측면에서는 국민건강정책과 관련되기도 하고 정신건강정책과 자살예방정책의 일부로도 바라보아야 한다는 것이다.

따라서 한국청소년정책연구원(2013a)의 자살예방과 관련된 정책과 사업을 살펴보면, 국민건강증진종합계획에서 아동자살사망률(19세 이하 기준)을 2020년 4.0명으로 낮추는 내용이 포함되어 있으며, 아동 · 청소년의 정신보건서비스 강화가 제시되어 있다.

세부사업으로는 먼저 '지역기반의 아동 · 청소년 정신보건서비스 팀 구축'과 정부 부처 간 협력을 통한 정신건강관리 체계 구축지원 등이 제시되어 있으며, 다음으로 학교보건분야에서는 학생들의 정신건강 향상을 제시하고 이에 대한 성과 목표에 학생들의 스트레스 인지율을 2020년까지 36.2%로 낮추는 내용이 포함되어 있다. 이에 대한 사업으로는 '자살예

표 13-7 자살예방 관련 사업 현황(2013) (단위: 백만 원)

소관부처	사업명	예산	실행수단
보건복지부	자살예방사업	1,800	자살예방센터 정신건강증진센터 보건소 국 · 공립 정신의료기관 전문 병 · 의원 정신보건시설 사회복지법인 비영리법인 및 단체
	중앙자살예방센터운영	480	
	지역정신보건사업	31,952	
여성가족부	한국청소년상담복지개발원 운영지원	6,918	한국청소년상담복지개발원 청소년상담복지센터 CYS-Net 헬프콜! 청소년전화 1388 건강가정지원센터
	청소년 사회안전망 구축	25,530	
교육부	학생자살예방관리	30	Wee School Wee Center Wee Class 학교 시 · 도교육청 교육지원청
	학생정서 · 행동 특성검사	3,500	
	정책중점연구소 운영	279	
	Wee프로젝트 구축 및 운영	28,963	

자료: 한국청소년정책연구원(2013a).

방교육' '교내외 및 인터넷 상담' '동료 멘토 결성 지원 실시' 등을 제시하고 있다(한국청소년정책연구원, 2013a).

3. 아동 · 청소년의 학교폭력문제

최근 들어 학교폭력을 견디지 못하여 학생들이 학업을 중간에 포기하거나, 자살에 이르게 하는 등의 문제가 발생하고 있어 학교폭력의 심각성에 대한 사회적 관심이 집중되고 있다.

「학교폭력예방 및 대책에 관한 법률」 제2조에 따르면 학교폭력이란 학교 내외에서 학생을 대상으로 발생한 상해, 감금, 협박, 약취, 유인, 명예훼손, 모욕, 공갈, 강요, 강제적 심부름 및 성폭력, 따돌림, 사이버 따돌림, 정보통신망을 이용한 음란폭력 정보 등에 의하여 신체 · 정신 또는 재산상의 피해를 주는 행동 모두를 학교폭력으로 본다고 나와 있다. 이처럼 학교폭력은 학교나 학교 주변에서 학생 상호 간 발생하는 의도성을 가진 신체적 · 정서적 가해행동으로 정의해 볼 수 있다(최은영 외, 2014).

❖ 학교폭력의 유형

- 육체적 피해: 넓은 의미의 신체적 폭력으로 이해되며, 폭행, 상해, 약취, 공갈, 강요 등을 일으키는 직간접 원인이 된다.
- 금전적 피해: 금품 갈취, 공갈 등이 이에 해당된다.
- 심리적 · 정신적 피해: 육체적, 금전적 피해도 포함될 수 있으며, 집단 따돌림, 집단 괴롭힘, 협박, 명예훼손 및 모욕, 강요 등은 피해자에게 심각한 심리적 · 정신적 피해를 초래한다.

1) 학교폭력의 실태

교육부가 한국교육개발원에 위탁하여 전국 초등학교 4학년부터 고등학교 2학년까지 약 434만 명을 대상으로 실시한 '2014년 2차 학교폭력 실태조사' 자료에 따른 학교폭력 현황을 살펴보면 다음과 같다.

학교폭력 피해응답률은 1.2%로 2014년 1차 조사 대비 0.2%포인트 낮아져서 학교폭력 피해응답률은 지속적으로 감소하는 것으로 나타났다.

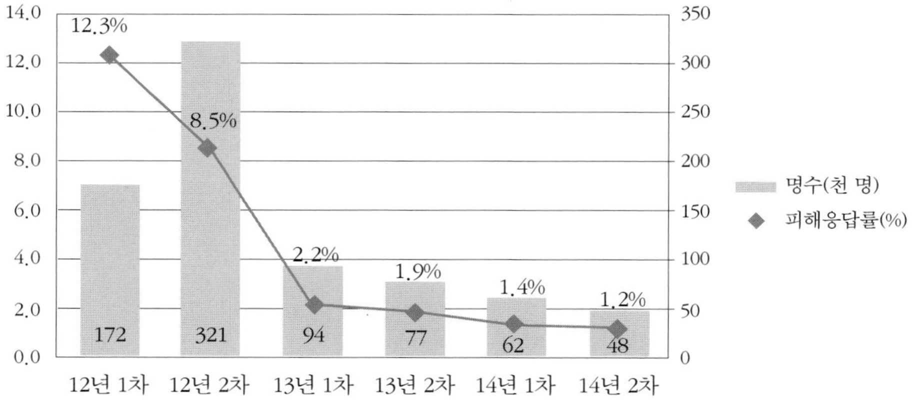

[그림 13-6] 2014년 2차 학교폭력 피해응답률

자료: 교육부, 한국교육개발원(2014).

학교폭력피해 유형의 남, 여 성별을 보면 언어폭력이 남, 여 모두 가장 높게 나타났으며, 여학생의 경우는 집단따돌림(22.3%), 사이버 괴롭힘(17.0%), 스토킹(7.7%) 등의 순으로 나타났고, 남학생은 폭행(15.5%), 집단따돌림(13.8%), 스토킹(11.4%) 순으로 나타났다. 피해유형에서 남학생은 폭행, 스토킹, 금품갈취의 상대적 비중이 높았고, 여학생은 집단따돌림, 사이버 괴롭힘 비중이 상대적으로 높게 나타나, 성별에 따른 피해 유형이 다름을 알 수 있다.

한편, 학교폭력 가해자 부분에서 살펴보면 가해자는 같은 학교 동급생이 72.1%로 가장 높았으며, 피해 장소로는 학교 안에서 발생한 비율이 74.8%로 교실 안이 45.0%로 가장 비중이 높은 것으로 나타났다.

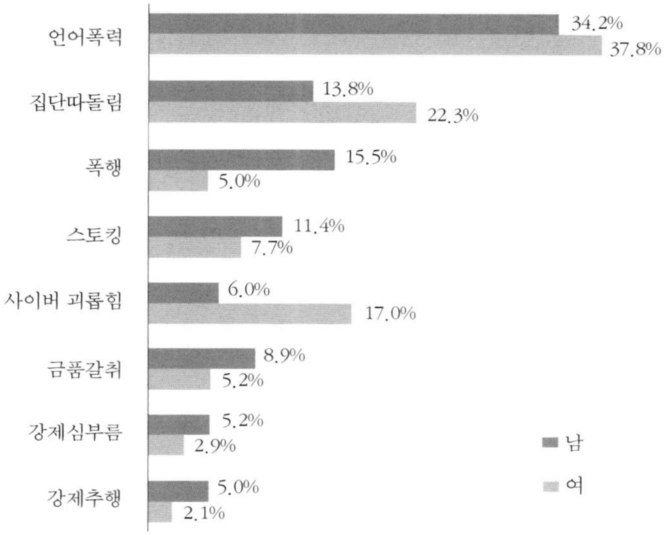

[그림 13-7] 학교폭력 피해 유형

자료: 교육부, 한국교육개발원(2014).

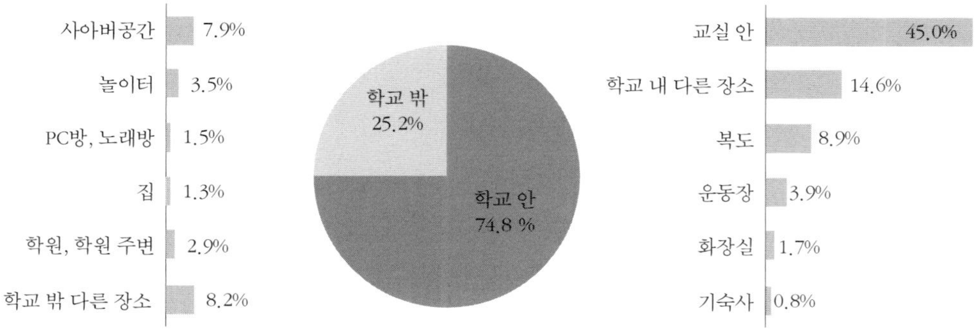

[그림 13-8] 학교폭력 피해 장소

자료: 교육부, 한국교육개발원(2014).

이처럼 학생들이 학교폭력을 하는 이유로는 장난으로 31.3%, 마음에 안 들어서 21.0%, 먼저 괴롭혀서 17.5%, 이유 없음 10.0% 등인 것으로 나타났으며, 이들이 학교폭력을 중단하는 이유로는 스스로 나쁜 행동임을 알게 되어서가 44.0%로 가장 비중이 높게 나타났다.

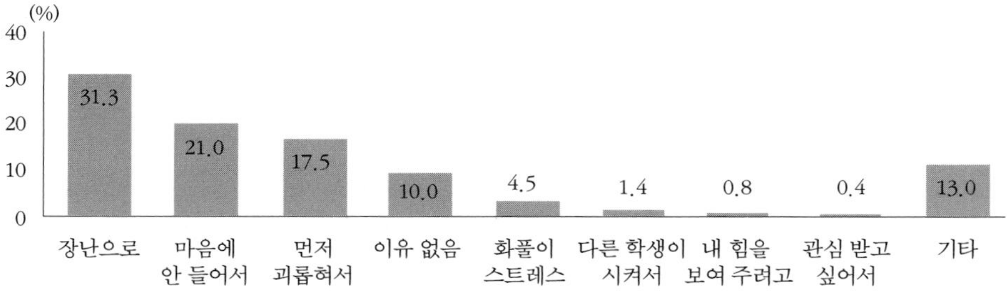

[그림 13-9] 학교폭력을 하는 이유

자료: 교육부, 한국교육개발원(2014).

아울러 폭력가해학생의 23.3%는 피해경험도 있는 것으로 응답하였다.

이와 더불어 학부모를 대상으로 학교폭력 인식을 조사한 바에 따르면 학부모의 43.2%가 학교폭력이 심각하다고 생각하고 있었으며, 학교폭력에 대하여는 주로 대중매체(40.9%)와 주위 사람(24.1%), 학교(18.4%), 자녀(15.8%) 등을 통해서 알게 되었다고 응답하였다. 이들의 78.7%가 자녀와 학교폭력에 대하여 대화한 경험이 있는 것으로 드러났다.

2) 학교폭력의 원인

학교폭력이 발생하는 원인으로는 여러 가지 다양한 요소들이 있겠지만, 2014년 학교폭력 실태조사에서는 학교폭력의 원인으로 가해학생의 인성 또는 가정환경 22.3%, 대중매체의 영향 20.3%, 나쁜 친구의 영향 16.0% 순으로 나타났다. 이를 바탕으로 학생들에게 가장 크게 영향을 끼칠 수 있는 학교폭력 원인을 학교환경과 가정환경, 유해환경을 중심으로 살펴 보면 다음과 같다.

첫째, 학교환경은 학생들이 대부분의 시간을 보내는 장소이지만, 학업성취에 대한 과다한 경쟁으로 스트레스가 매우 높고, 소수 성적우수자 위주의 교육과정과 교사와 학생 간 그리고 학생들 간의 비인격적인 인간관계 형성, 정서교육 및 의지력 훈련 기회 부족, 형식적인 생활지도교육 등이 학교폭력을 유도하는 원인으로 작용하고 있다(김근홍 외, 2013).

둘째, 가정환경에 있어서 부모의 지지와 칭찬을 통해 자아정체감이 성립되는 시기에 가정의 불화를 경험하면 비행이나 탈선의 가능성이 높은데, 가정에서 부모로부터 폭력을 경험하거나 목격하게 되면, 공격성 수준이 높고 이후에 폭력적 관계를 형성하는 경우가 많다. 또한 부모의 이혼이나 갈등, 방임, 가정의 부도덕 등으로 가정에서 적절한 보호와 정서적인 안정을 얻지 못하는 학생들이 학교폭력에 노출될 가능성이 높다(고성호 외, 2008).

셋째, 유해환경에 대해서는 주변의 유해환경에 대한 접근 가능성에 대한 것으로 유해업소나 야한 사진, 성인만화 및 도서, 인터넷이나 스마트폰을 이용한 유해매체 접근을 들 수 있다. 특히, 학생들이 이런 유해환경에 접촉하는 기회가 많을수록 문제행동을 유발하는 것으로 나타나는데, 인터넷이나 게임 중독에 빠져 현실세계와 가상세계를 구분하지 못하고 행동하거나, 영화나 드라마 등을 통하여 폭력을 모방하기도 한다(한국청소년정책연구원, 2013b).

3) 학교폭력의 대책방안

학교폭력은 피해학생들에게 심각한 우울, 불안, 보복성 폭력 등의 후유증으로 학업을 포기하게 하거나, 자살에 이르는 등의 폐해를 나타내고, 가해학생들에게는 향후 사회적 범죄로 귀결되는 악순환의 고리가 형성되어 안전한 사회구현의 저해요인으로 작용할 가능성이 높다. 또한 학교폭력으로 인한 학부모들의 불안과 분쟁 등으로 인해 사회적 비용이 증가하게 되는 요인이 된다. 이와 같은 학교폭력에 대해 피해자와 가해자인 학생들의 개인적인 차원을 넘어서 사회문제로 인식하고 전 사회적인 대응체계 구축이 필요하다. 이를 위하여 학생들이 성장하고 학습하며 가장 많은 영향을 받고 있는 학교, 가정, 지역사회를 통한 학교폭력 대책방안을 모색하여 보면 다음과 같다.

첫째, 학교폭력 예방 및 근절을 위한 범국민적인 캠페인을 추진하는 것이다. 언론과 시민단체가 연계하여 학교폭력 예방 캠페인을 추진하고, 학교폭력과 연계된 가정과 사회 전반적인 폭력문화 개선을 위해 각종 온 · 오프라인 매체를 활용한 홍보를 실시한다. 또한 기초지방자치단체, 지역시민단체, 경찰청 등 지역사회 유관기관의 협력 네트워크를 형성하여 다양한 폭력문화 개선 활동을 적극적으로 전개해 나가는 것도 필요하다.

둘째, 가정의 역할 및 교육기능을 강화하는 것이 중요하다. 즉, 학교폭력 예방을 위해서는 먼저 가정이 건강해야 하는데, 이를 위해 지자체나 교육청에서는 학생의 발달적 특성에 맞는 학부모교육 이수를 의무화하고, 가족관계 개선 프로그램이나 가족관계 유대감 프로그램 등을 운영하는 것이다. 또한 가정에서의 인성교육 실천을 위해 학교에서 이루어지고 있는 인성교육에 대한 정확한 정보를 알려 주고 가정과 학교에서 학생 지도의 일관성을 유지하는 것이 필요하다.

셋째, 지역사회의 역할과 책무성 강화다. 학부모와 지역사회의 자발적인 참여를 통해 학교폭력 예방을 위한 범사회적 협력체계를 강화해야 한다. 이를 위한 지역 학교폭력 협의체 운영과 유관기관들과의 협력을 바탕으로 청소년보호 책임자 지정제도를 운영하고, 학교폭력에 대한 사회적 의식과 책임감을 함께 통감하며 학부모와 지역상인 조합 등이 중심이 되는 자율적인 민간 학교폭력 예방 활동을 강화하는 것이다.

제5절 아동 · 청소년 문제의 원인

일반적으로 아동 · 청소년 문제의 원인은 많은 학자들의 의해 여러 가지 요인으로 연구되고 논의되는데, 크게 세 가지 측면에서 생각해 보면 생물학적 원인과 심리학적 원인, 사회학적 원인으로 구분해 볼 수 있다(한국청소년정책연구원, 2013b).

첫째, 생물학적 원인에 있어서는 문제행동을 하는 아동 · 청소년의 생리적 구조에서 문제를 찾으려 하는 것인데, 생물학적 입장에서는 문제행동을 하는 사람이 태어날 때부터 정상적인 사람과는 다른 유전인자를 가지고 있다고 보며, 이는 문제행동을 하는 아동 · 청소년의 신체적 특성이나 생김새 등을 통해 알 수 있다는 것이다.

둘째, 심리학적 접근에 있어서는 개인적 동기나 성격적 · 정서적 특성에서 문제행동의 원인을 찾으려고 하는 것이다. 심리학적 측면에서 문제행동이 정상인과는 다른 성격이나 정서적 특징 때문에 나타나는 것이라고 보며, 문제행동을 하는 아동 · 청소년은 성격검사나 정서적 측면에 대한 검사를 통해 알 수 있다는 것이다.

셋째, 사회학적 측면에 있어서는 비행과 같은 문제행동의 원인을 사회구조적 측면에서 설명해 보려 한다. 사회학적 입장에서는 가정환경이나 가족 또는 그 외의 구성원과의 관계, 사회 · 경제 · 문화적 환경 등으로 인해 아동 · 청소년의 문제행동이 나타난다고 생각하여, 사회구조 특성을 분석함으로써 아동 · 청소년의 문제 원인을 파악하고자 한다.

제6절 소결: 아동 · 청소년 문제의 대책방안을 중심으로

아동 · 청소년 문제는 그 유형에 따라 발생 원인이 다양하고 이에 대한 대책이 서로 다를 수 있다. 이와 동시에 아동 · 청소년은 발달과정에 있고 성인에 비해 사회환경에 더 많은 영향을 받으며, 합리적 사고와 종합적 판단 능력이 떨어지기 때문에 문제를 예측하고 대책을 세우기가 쉽지 않다. 따라서 한국청소년정책 추진방향을 바탕으로 아동 · 청소년 문제의 대책방안을 모색해 보고자 한다.

첫째, 아동 · 청소년 문제행동의 심리적 요인을 파악하기 위한 연구와 전문화된 프로그램 개발에 대한 지원과 국가적인 관심이 필요하다. 아동 · 청소년의 심리적 상태는 문제행동과 밀접한 관련이 있음에도 아직까지 가정환경적 요인이나 사회적 요인에 비해 연구가 매우 부족한 실정이다. 그동안 문제 아동 · 청소년들의 불안, 우울, 공격성 등에 대한 연구는 추진된 바 있지만, 문제행동이나 비행을 저지르는 청소년들의 정신적 상황을 종합적으로 파악한 연구는 매우 드물다.

둘째, 미래의 잠재적 비행 위험집단을 감소시키기 위해서는 사후 치료적 접근보다는 사전 예방적 접근에 대한 인식이 필요하다. 아동 · 청소년의 불안, 우울, 폭력, 분노, 자살과 같은 정신적 문제와 관련된 비행을 예방하기 위해서는 아동 · 청소년의 정신건강을 조기에 진단하고, 잠재적 위험군을 선별하는 과정이 필요하다. 이를 위해서는 문제청소년뿐만 아니라 일반 아동 · 청소년을 대상으로 하는 보편적 예방프로그램의 접근이 유용하다.

셋째, 아동 · 청소년의 발달단계에 따른 문제의 유형과 심각성 수준을 구분해야 한다. 아동 · 청소년들의 문제행동은 갑자기 발생하기보다는 개인 내 발달적 요인과 개인을 둘러싼 환경적 요인이 복합적 · 누적적으로 작용하여 취약한 시기에 표출된다. 그렇기 때문에 각 연령별, 발달단계에 적합한 예방교육이 제공되어야 한다.

넷째, 아동 · 청소년의 문제행동에 대한 지속적이고 장기적인 관리체계가 필요하다. 문제아동 · 청소년들에 대한 관리의 지속성을 위해서는 비행 청소년을 둘러싼 주변 사람들의 긍정적인 격려가 매우 중요한데, 개입 직후 비행 청소년의 행동이 긍정적으로 변화하였다 하더라도, 사회적 지지가 없으면 긍정적인 행동은 점차 줄어들어 이전으로 돌아갈 위험이 크기 때문이다. 따라서 이러한 행동을 지속적으로 강화해 주기 위한 부모교육이나 교사상담이 가정이나 학교 차원에서 지속적으로 이루어질 필요가 있다.

다섯째, 아동 · 청소년 문제에 대한 효과적인 예방과 위기개입을 위해서는 학교 기능 강화를 통한 적기 개입 및 지원을 위한 법적 · 제도적 보완이 필요하다. 현행 「아동복지법」과 「청소년복지지원법」, 「청소년보호법」, 「학교폭력 예방 및 대책에 관한 법률」과 「초 · 중등교육법」 등 아동 · 청소년 문제의 대응과 관련된 근거법 개정을 통하여 새로운 통합법률 또는 유기적인 법체계를 구성할 필요가 있다. 즉, 정책에 대한 통합적인 시각을 가지고 아동 · 청소년정책을 추진할 수 있도록 유기적인 조직체계를 갖추기 위해 예산정책 및 평가정책의 개선이 요구된다(한국청소년정책연구원, 2013b).

아동 · 청소년 문제는 과거와는 다른 복잡한 형태와 다양한 유형으로 지속적으로 증가하고 있으며, 문제 발생 연령의 저연령화도 계속 진행되고 있는 추세다. 이와 같은 문제들은 일어나기 전에 예방하는 것이 중요하지만, 일어난 문제들에 잘 대응하여 재발되지 않도록 하는 것도 매우 중요하다. 따라서 우리나라 미래의 자원으로서 아동 · 청소년의 건강하고 행복한 삶을 보장하기 위해서는 문제의 대책방안도 잘 실행되어야 하겠지만, 전 국민의 따뜻한 시선과 배려, 관심이 무엇보다 필요한 시기가 아닐까 생각한다.

참고문헌

고성호 외(2008). 사회문제. 도서출판 그린.
교육부, 한국교육개발원(2014). 2014년 2차 학교폭력 실태조사.
구은미, 박승혜, 윤영신, 이영미, 이혜경(2012). 현대아동복지론. 학지사.
구혜영(2013). 청소년 복지론. 신정출판사.
김근홍, 이정규, 박영란(2013). 사회문제론. 신정출판사.
미래창조과학부(2015). 2014년 인터넷중독 실태조사.
박용순, 문순영, 임원선, 이종호(2012). 사회문제론(2판). 학지사.
보건복지부(2014). 2013 아동종합실태조사.
여성가족부(2015). 2014 청소년종합실태조사.
진혜경(2012). 청소년 정책론. 학지사.
천정웅, 이지민, 성윤숙(2013). 청소년문제와 보호. 양서원.
최은영, 양종국, 김영근, 이윤희, 김현민(2014). 청소년 비행 및 약물중독 상담(제2판). 학지사.
통계청, 여성가족부(2015). 2015 청소년 통계.
하승민, 장미경, 김유진, 신현정, 김동호, 김소윤(2014). 아동복지. 태영출판사.
한국청소년정책연구원(2013a). 청소년 자살예방 정책연구.
한국청소년정책연구원(2013b). 청소년정책연구.

교육부 홈페이지(http://www.moe.go.kr).
보건복지부 홈페이지(http://www.mw.go.kr).
보건복지부 통계포털 홈페이지(http://www.stat.mw.go.kr).
여성가족부 홈페이지(http://www.mogef.go.kr).
한국청소년정책연구원 홈페이지(http://www.nypi.re.kr).

제14장 다문화사회 문제

제1절 개관

우리나라는 다인종 · 다문화 국가로 급속히 변화해 가고 있다. 다문화가족은 2013년 기준 75만 명 내외이며 매년 지속적으로 증가하여 2020년 100만 명을 예상하고 있다(여성가족부 다문화가족정책과, 2014). 그런데 이들 중 다수는 편견과 차별, 인권 침해를 경험하며 한국사회의 적응에 어려움을 겪고 있는 실정이다. 또한 외국인 이주민의 2세대 역시 언어 소통 및 학교 부적응의 문제와 함께 집단따돌림, 정체성 혼란, 정서장애를 경험하는 비율이 높아지고 있다. 우리 사회는 노동 현장, 학교, 지역 공동체에서 다문화적 공존과 상호존중이라는 과제를 풀어 내야 한다. 이러한 과제는 정부기관, 기업, 지역사회가 함께 고민하고 노력해야 할 사회적 문제다.

제2절 다문화사회 문제의 개념

1970년대 초에 처음으로 캐나다와 호주, 미국, 영국, 독일에서 다문화에 대한 연구 움직임이 나타났다. 그것에는 중점적인 세 가지 시각이 있는데 첫째, 문화적으로 구축된 세계에서 사람들이 살면서 생활 및 관계가 문화적으로 엮인다는 것이며, 둘째, 다른 문화는 더 나은 생활의 다른 시스템을 대표한다는 것, 셋째, 문화가 내부에 복수적이고 차별화된 것임을 잘 알고 있지만 사람들은 문화를 균일화하고 단 하나의 정체성을 부과하는 시도를 한다는 것이다(이경윤, 2014).

다문화사회란 기존의 단일문화와 대비되는 개념이다. 즉, 동일한 혈통과 문화를 추구하는 단일문화에 다른 문화들이 통합되어 하나의 사회 안에 각기 다른 집단들이 형성해 낸 문화가 혼용된 상태를 말한다(E-JOURNAL, 2014). 1908년 Israel Zangwill의 연극이름에서 유래한 인종의 용광로(Melting Pot)라는 용어가 처음 등장한다. 다민족 국가 미국은 용광로 혹은 샐러드 볼(Salad bowl) 이론을 중심으로 전 세계 민족의 교유한 문화들을 대거 유입, 흡수하고 이를 융합시켜 전 세계에 영향력을 미치는 초강대국으로 성장했다. 따라서 다문화란 각각의 이민자 문화가 서로 혼합, 동화되어 하나의 유일한 공통 문화를 형성해 가는 사회를 말한다.

불과 몇 년 전만 해도 우리나라는 단일민족, 단일국가라는 개념을 소중히 해 왔다. 그러나 글로벌시대가 도래하고 외국인노동자의 수와 국제결혼이 증가하면서 빠르게 다문화 사회체제로 들어서고 있다. 우리 사회에서는 각종 매스컴이나 신문, 세미나 등에서 다문화, 다문화사회, 다문화 가족 등의 용어 사용을 많이 볼 수 있다.

다문화주의의 이념은 1970년대에 서구 민주주의 사회에서 전면적으로 등장했고, 우리나라는 1980년대 말 이후에 다문화 민족국가와 소수집단 현상이 등장했다. 세계화가 진행됨에 따라 단일한 민족국가들이 가지고 있던 다양한 문화를 서로 인정하고 교류하기 위해 여러 문화를 존중하고자 하는 이론으로 여성문화, 소수파문화, 비서양문화 등 여러 유형의 이질적인 주변 문화를 제도권 안으로 수용하자는 입장을 이르는 말이다. 급속히 통합되는 현대 세계사회에서 여러 국가의 문화를 이해하고 자유롭게 접할 수 있는 문화의 다양성을 관리하기 위해 공식적으로 상호존중과 문화적 차이에 대한 관용을 중시한다. 결국 다문화란 "언어, 종교, 관습, 가치관, 국적, 인종, 민족 등 다양한 문화적 배경을 지닌 이민자 등이 사회구성원으로 참여하여 이루어진 사회를 일컬음"이라는 정의를 내린 것도 이러한 맥락에서 자연스럽게 이해될 수 있다(장지표, 2008).

그럼에도 불구하고 세계는 다문화사회 문제를 겪고 있다. 이러한 다문화사회 문제로는 폭동, 인종소요, 교육수준이 상대적으로 낮은 외국인들의 실업문제, 외국인 주거지역의 슬럼화, 현지인들의 외국인에 대한 혐오, 일자리를 둘러싼 갈등문제, 2세들의 사회적응문제 등으로 나타나고 있다. 이는 전 세계적으로 다문화사회가 도래하였음에도 인종적 · 문화적 차이로 인한 갈등은 심화되고 있음을 의미하며 다문화사회 문제는 사회갈등의 발현으로서 사회문제라 볼 수 있다. 결국 다문화로 인한 사회문제는 상당수의 사람들이 부정적인 영향을 받는 조건이다(원석조, 2013).

제3절 다문화사회 문제의 실태

1. 외국인 근로자

〈표 14-1〉에서 보면, 2014년 1월 현재 우리나라에 등록되어 있는 외국인은 985,327명으로 합법체류자는 891,078명이고 불법체류자는 94,249명으로 집계되고 있다. 이는 2013년 대비 전체적으로 6.0%가 증가한 수치다. 지역별로는 경기도가 315,668명으로 가장 많은 외국인이 있으며, 서울이 242,010명, 경남이 69,682명 등으로 집계되고 있다.

취업자격별 체류외국인 현황은 법무부(2014)에 따르면 〈표 14-2〉와 같다. 총체류자는 547,590명으로 이 중에서 합법체류자가 478,196명, 불법체류자가 69,394명으로 나타나고 있다. 취업자격별로는 전문인력 49,873명, 단순기능인력 497,717명으로 나타나고 있다. 전문인력 중 회화지도가 19,795명으로 가장 많았고 그다음은 특정 활동 18,227명, 예술흥행 4,869명, 연구, 교수, 전문직업, 단기취업, 기술지도 순으로 나타나고 있었다. 단순기능인력은 비전문취업이 246,554명, 방문취업이 238,972명, 선원취업이 12,191명으로 집계

표 14-1 등록외국인 연도별 증감추이 및 거주 지역별 분포현황

(단위: 명, %)

연도	등록외국인	합법체류자	불법체류자
2004년	468,875	379,018	89,857
2005년	485,144	378,095	107,049
2006년	631,219	524,562	106,657
2007년	765,746	658,468	107,278
2008년	854,007	760,546	93,461
2009년	870,636	786,907	83,729
2010년	918,917	840,372	78,545
2011년	982,461	899,613	82,848
2012년	932,983	840,421	92,562
2013년	985,923	890,286	95,637
2013년 1월	929,658	836,626	93,032
2014년 1월	985,327	891,078	94,249
'13년 대비 '14년 증감률	6.0↑	6.5↑	1.3↑

자료: 법무부(2014).

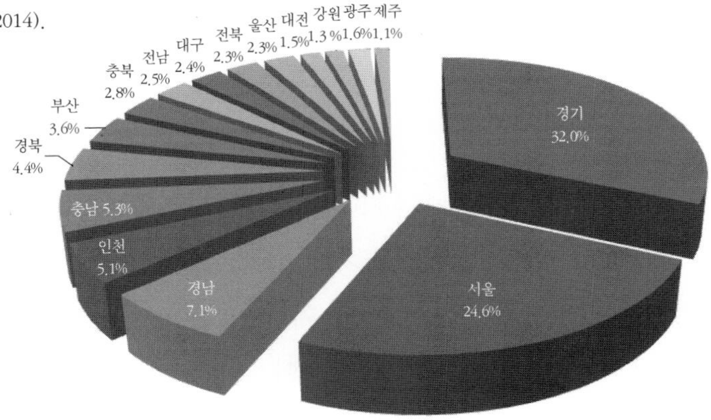

(단위: 명)

계	서울	부산	경기	강원	충북	충남주)	전북	전남
699,623	242,010	35,931	315,668	13,250	27,644	52,526	23,097	24,597
	경북	경남	제주	울산	대구	인천	광주	대전
	43,694	69,682	10,901	22,344	23,298	50,526	15,541	14,618

주) 세종특별자치시 2, 458명 포함.

되고 있었다.

● 표 14-2 ● 취업자격별 체류외국인 현황

(단위: 명)

구분		총체류자	합법체류자	불법체류자
총계		547,590	478,196	69,394
전문 인력	소 계	49,873	44,990	4,883
	단기취업	533	372	161
	교수	2,594	2,576	18
	회화지도[1]	19,795	19,714	81
	연 구	2,991	2,980	11
	기술지도	203	200	3
	전문직업	661	636	25
	예술홍행	4,869	3,346	1,523
	특정 활동[2]	18,227	15,166	3,061
단순 기능 인력	소계	497,717	433,206	64,511
	비전문취업[3]	246,554	192,924	53,630
	선원취업	12,191	7,730	4,461
	방문취업[4]	238,972	232,552	6,420

주) 1. 법무부장관이 정하는 자격요건을 갖춘 외국인으로서 외국어전문학원, 초등학교 이상의 교육기관 및 부설 어학연구소, 방송사 및 기업체 부설 어학연수원, 기타 이에 준하는 기관 또는 단체에서 외국어 회화지도 종사.
2. 대한민국 내의 공 · 사기관 등과의 계약에 따라 법무부장관이 특별히 지정하는 활동에 종사하는 사람.
3. 제조업, 건설업, 농업, 어업, 냉장냉동, 재료수집, 축산업 등.
4. 연고방취, 유학방취, 자진방취, 연수방취, 추첨방취, 변경방취, 만기방취, 기타 방취.

자료: 법무부(2014).

2. 결혼이민자 가족

우리나라에 거주하고 있는 다양한 집단의 외국인들 가운데 사회적 관심이 집중되고 있는 집단은 결혼이민자들이다. 결혼이민자는 국제결혼을 목적으로 이주해 온 외국인을 말하며, 주로 결혼 중개를 통해 유입된 이주여성에 대한 호칭이다. 결혼이민자는 국제결혼이주여성으로 불리기도 하며, 이들에 대한 정부의 지원책은 국내 남성과 결혼한 외국 여성, 그중에서도 자녀를 출산하거나 한국 국적을 취득한 여성 결혼이민자에 주로 초점이 맞추어져 있다.

안전행정부 결혼이민자 및 인지 · 귀화자 현황 조사에 따르면(〈표 14-3〉), 2013년 말 결혼이민자 수는 149,764명으로 남자가 20,887명, 여자가 126,704명으로 집계되고 있어 2007년 대비 약 41.3% 증가하였다.

표 14-3 결혼이민자 및 인지 · 귀화자 현황 (단위: 명)

연도	계			결혼이민자			혼인귀화자			기타 국적취득자		
	계	남	여	계	남	여	계	남	여	계	남	여
2013	281,295	45,348	235,947	149,764	20,887	126,704	83,929	4,264	79,665	49,775	20,197	29,578
2012	267,727	42,459	225,268	144,214	19,630	124,584	76,473	4,268	72,205	47,040	18,561	28,479
2011	252,764	22,878	188,580	141,654	18,561	123,093	69,804	4,317	65,487	41,306	16,947	24,359
2010	221,548	34,144	187,404	125,087	15,876	109,211	56,584	3,796	52,788	39,877	14,472	25,405
2009	199,398	30,988	168,410	125,673	15,190	110,483	41,417	2,047	39,370	32,308	13,751	18,557
2008	168,224	26,339	141,885	102,713	13,711	89,002	41,672	2,991	38,681	23,839	9,637	14,202
2007	142,015	21,905	120,110	87,964	12,497	75,467	38,991	2,624	36,367	15,060	6,784	8,276

자료: 안전행정부(2014).

최근 들어 결혼이민자 가족의 문제가 심각한 사회문제로 제기되고 있음에 따라 정부 차원에서 이들 가족의 사회통합지원정책을 다각도로 모색할 필요가 있다. 여성결혼이민자가족의 문제점은 큰 틀에서 두 가지로 정리해 볼 수 있는데(장혜경, 2006), 첫째는 결혼과정이며, 둘째는 결혼 후 한국 사회 및 가족관계에서의 적응 관련 사항이다. 현재 국제결혼은 다양한 루트가 존재하지만 영리를 목적으로 하는 알선업체의 주선으로 이루어지는 경우가 많아 이윤 추구가 우선시되는 불법적인 행위로 인해 결혼 당사자들에게 심각한 피해를 초래하는 사례가 많이 속출하고 있다. 또한 결혼 후 여성결혼이민자들은 한국 사회와 가족관계에서의 부적응, 가족 간의 갈등, 지원체계 부족, 경제적 어려움, 문화적 소외, 건강 등의 다중적 고통을 겪는 문제가 있다. 이러한 결과는 자녀교육과 안정적 사회인으로서의 생활에 걸림돌이 되고 있으며, 결혼생활의 불평등을 초래하고 있다. 이러한 생활상의 어려움으로 인한 다양한 문제점은 사회문화적 고립의 문제, 자녀양육 환경의 취약문제, 낮은 의료서비스 접근문제, 가정폭력문제, 사회적 편견의 문제 등이 있다.

여성가족부의 2012년 전국다문화실태조사에 따르면, 한국생활의 어려움으로 외로움을 호소한 결혼이민자(비교적 성공적인 결혼생활을 하고 있는 이주여성)도 4.6 포인트 증가하였고, 한국어 능력이 향상되고 취업이 늘어났음에도 불구하고 사회적 네트워크는 오히려 약화된 것이 문제점으로 나타났다(여성가족부 다문화가족정책과, 2013).

3. 한국 화교

화교(華僑)는 일반적으로 중국 본토 이외의 국가나 지역에서 거주하고 있는 중국계의 사람들을 가리키는 말이다. '화(華)'는 중국을 의미하며, '교(僑)'는 타국에서의 거주 또는 임시 거주를 의미한다. 지금 국내에 살고 있는 화교 1세들의 대부분은 중국 대륙에서 이민을 왔으며 국내에서 태어났지만, 대한민국의 국적법이 속인주의인 관계로 이들은 모두 중국 국적이다. 그러나 중국 국적을 가진 사람들 중 다수가 현지 국적으로 바뀌고 2 · 3세가 늘어남에 따라 지금은 현지 국적을 가진 사람이 대다수를 차지하게 되었다. 영어로는 'Overseas Chinese' 혹은 'Ethnic Chinese' 로 불린다.

한국 화교의 정확한 숫자는 알 수 없으나 2011년 5월 말 기준으로 약 22,917명으로 집계되고 있다.

화교들이 한국에 거주한 역사는 근 100년에 가깝다. 고종 19년(1882년), 조선을 돕기 위해 청은 3,000명의 병력을 파견하였다. 그 당시 청군과 함께 한국에 약 40여 명의 화상이 왔으며 이들이 한국 화교의 시작이라 할 수 있다. 본래 이들은 한국에 머물러 있는 청군을 도

● 표 14-4 ● 한국 화교 인구변화 (단위: 명)

연도	인구	연도	인구
1911	11,837	1950	17,443
1930	67,794	1970	34,599
1940	63,976	1992 (한중수교)	24,414
1942	82,661	2011	21,381

자료: 월간조선(2013년 2월).

와주기 위해 온 것이었는데 청군이 한국에 오래 머물게 됨에 따라 한국인과 교역을 하게 되었다. 서울과 인천을 근거지로 정착해 직물수입, 수입잡화, 옷감, 피혁, 조선 토산품의 수출 등 정기 여객선을 이용한 행상 등 여러 가지 사업을 할 수 있었다. 이 100년간의 한국 화교 발전을 동남아 화교들과 비교해 볼 때, 한국 화교들이 수적으로는 부족하지만 한국 사회에서 살고 있는 화교들은 한국 화교들만의 독특한 특징을 가지고 있다. 한국에 있는 화교들은 대부분이 음식점을 경영하고 있으며 한국의 서민계층과 밀접한 연관을 맺고 있고 왕래도 잦다. 한국인들은 중국인에 대한 인상이 매우 깊은 편이지만 중국인(화교)의 특성을 잘 알고 있지는 않다. 한국인들은 어디 출신이건 중국인이기만 하면 모두 중국의 풍속과 문화에 깊이 젖어 있다고 생각한다. 따라서 한국인의 눈에는 화교들의 모든 생활들이 한국인과 영원히 같아질 수 없는 것으로 비춰지기도 한다(http://kccci.or.kr/).

한국 화교 인구 중 88.7%가 한국에서 태어났으며 중국 본토 출신은 9.3%에 불과하다. 그러나 한국에서 소수민족으로 당하는 차별과 배제에 대해서 그들은 세계적인 난민에 빗대며 처우개선을 요구하고 있다. 평생을 한국에 살고 있지만, 영주권 신분으론 아무런 복지혜택도 받지 못하고 있으며, 65세 이상 화교노인들에게 노인기초생활보조금 지원 및 실버패스 어르신교통카드를 발급해 달라고 요구하고 있는 실정이다. 화교들은 대한민국 국민이 이행하는 4대 의무 중 군복무를 제외한 교육 · 납세 · 노동의 의무를 모두 이행하고 있으나 권리는 주어지지 않고 있다.

세계화 시대를 맞이해 외국인 정책을 재검토하려는 시도로 국내 화교의 문제가 자연스레 관심사로 등장하기 시작했다. 특히, 세계화의 흐름과 맞지 않는 국내 화교의 법적 지위문제가 구시대적 유산의 하나로 지적되면서 한국 화교에 대한 관심은 증가하는 추세다(정성호, 2004).

제4절 다문화사회 문제의 원인

국가에서 문제가 되는 문화적 · 종교적 갈등은 사실 소수자 무시로부터 나타나는 갈등임과 동시에 경제적 배제와 상당한 부분 중첩된다는 점을 알 수 있다. 한편으로 만약 우리나라의 현 상황과 같이 이민자들을 받아들인 사회가 이민자들이 온 사회보다 더 자본주의가 발달된 환경이라면, 이들이 겪는 갈등문제는 소수자 무시와 생활세계 물화(reification)[1]의 중첩영역에서 발생할 것이라는 추론도 가능하다.[2]

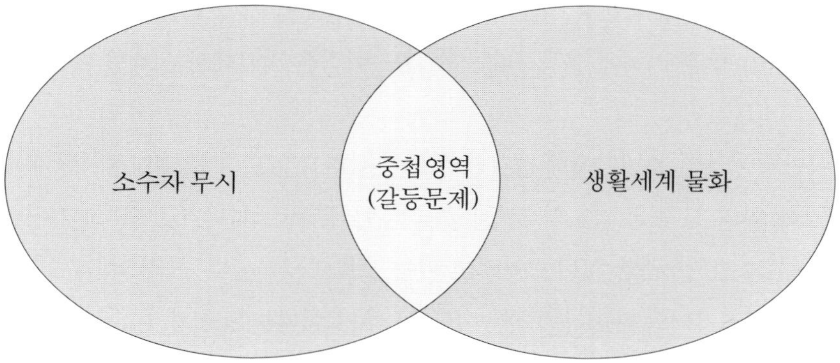

1) 인간의 행위나 사회적 존립상태가 특정 사회적 관계나 가치체계 안에서 자율성이나 주체성을 박탈당한 채 마치 인간 아닌(비인간적) 존재자나 물질처럼 취급되는상태(Marx, 2001).

2) 김성근 외(2013). 다문화사회에서의 사회갈등문제 실태분석 및 효과적인 대응방안 연구의 분석틀을 참고함.

1. 경제적 배제와 문화적 무시

1) 저소득 및 빈곤 문제

결혼이민자 가정의 경제적 어려움은 우리 사회에서 그들이 얼마나 경제의 주변부에 위치하여 경제적인 포섭에서 제외되고 있는지를 지적하는 부분이라고 할 수 있으며, 이러한 경제적 배제는 지속적인 문화적 무시를 유발할 수 있는 단초를 제공한다는 점에서 더욱 문제가 될 수 있다.

2) 자녀들이 경험하는 갈등 문제

결혼이민자 가정은 수입이 낮은 관계로 맞벌이를 해야 하는 경우가 많을 것으로 생각할 수 있는데, 이러한 상황은 자녀들에게 있어서는 이미 그들 앞에 놓여 있는 정체성 확립의 어려움 이외에도 부모의 도움을 기대할 수 없다는 이중의 난관을 제시하게 된다(김효선 외, 2010). 결혼이민자 가정 자녀의 평균 재학률이 80% 정도이고, 중도입국 자녀의 평균 재학률은 이보다 한참 낮은 47%에 불과하다는 사실도 이러한 맥락에서 이해할 수 있다(최홍 외, 2010).

결혼이민자 가정은 자녀양육에 심각한 어려움을 겪고 있으며 그 심각성이란 우리가 생각하는 것보다 훨씬 더 높은 정도의 것임을 드러내는 결과로, 자녀가 1명뿐인 가정에서는 미취학아동을 돌봐 주는 사람 없이 양육하고 있는 것으로 나타났다. 특히 약 94%가 돌봐 주는 사람이 없는 가정자녀의 나이가 두 살 이하라는 사실이다(김성근 외, 2013). 취학 상태의 자녀라고 해도 이렇게 혼자 지내는 자녀는 가정에서의 훈육을 제대로 받을 수 없다는 문제와 더불어 친구들 혹은 가족들과의 상호작용을 통해 진행되는 사회화 과정에 어려움을 겪어 결국 문화적으로 무시되고 있는 그들의 현실을 다음 세대에도 재생산할 위험성이 있다는 점에서 커다란 사회문제로 제기된다. 이렇게 결혼이민자의 가정에서 자녀들이 겪는 문제는 결혼이민자 세대가 기본적으로 경험하는 사회적인 갈등을 다음 세대에 전달하며, 해결되지 않은 갈등은 점점 악화되리라는 점에서 심각한 사회갈등요소라고 할 수 있다.

2. 사회적 물화와 문화적 무시

1) 가정폭력 및 간섭과 통제의 일상화 문제

(1) 결혼이민자의 가정폭력 경험

국제결혼의 증가로 국제결혼 이혼현상도 2004년부터는 빠르게 증가하는 추세를 보이고 있다(김이선 외, 2010). 이주여성긴급지원센터의 자료에 의하면, 2012년 결혼이민여성 8,417명이 가정폭력문제로 상담을 받았으며, 이는 5년 전보다 5배 증가한 수치이며, 일반부부의 폭력보다 7.4%포인트 높은 47.7%로 조사되었다. 특히, 다문화가정 내에서의 폭력문제로 형사처벌 등 법적인 제재가 가해진 경우가 적지 않다는 연구결과가 나와 있다. 이러한 개인적 차원의 문제는 사회적 차원에서의 갈등문제로 나타날 여지가 있다.

(2) 간섭과 통제의 일상화

우리나라의 국제결혼 대부분은 브로커를 통해 이루어진다. 2,000~3,000만 원 가량의 돈을 입금하면 브로커는 필리핀, 베트남 등의 동남아시아에서 신부를 구해 신랑에게 데려오는 데 사흘 가량 걸린다. 이 때문에 신부를 사고판다는 의식이 강하다. 결국은 다문화가정의 남편과 시댁은 결혼이주여성을 소유물로 간주하게 되고, 이들을 간섭과 통제의 대상으로 여기게 되는 것이다. 특히, 김민정(2012)의 연구에 따르면, 다문화가정 여성이 외출 시에 나쁜 친구들과 어울리거나 잘못된 정보교환으로 인해 가출이나 도주로 이어질 수 있다는 생각에 남편과 시댁에서 외부출입을 제한하거나 억압하는 경우도 있음을 밝히고 있다.

(3) 문화적 무시

① 사회적 관계에서의 갈등문제

사회적 관계라 함은 주로 결혼한 이민자가 주변의 사람들과 맺는 관계를 의미한다고 볼 수 있다. 이민자는 이민자의 가족 및 친척 모임부터 학부모 모임, 지역 모임 등 다양한 모임에 참여한다. 특히, 결혼이민자의 경우 모국인과의 모임이 정보교환과 상호부조의 주된 역할을 하는 것(이선옥, 2007)과 우리나라 배우자나 배우자의 가족들이 모국인과의 모임에 가는 것을 그다지 반기지 않는 점(박경동, 2007)의 이중적 특성이 있다. 결과적으로 각종 모임에 참석하지 않는 비율은 결혼이민자 가정의 수가 시간의 흐름에 따른 변화 없이 80%(2012년 기준) 가까운 정도를 차지하는 것으로 나타나 지역사회와 결혼이민자의 통합이 과제로 남아 있음을 알려 줌과 동시에, 지역사회에 통합되지 못한 결혼이민자 가정과 지역사회 사이의 갈등이 드러나 사회문제의 원인으로 작용함을 보여 준다. 그리고 사회적 관계에서 또 하나의 문제는 결혼이민자들이 평소 받게 될 수 있는 차별의 정도에 있다. 차별을 경험하는 사람은 다양한 사회적 관계를 만들어 가는 것이 현실적으로 어려우며 잠재적인 사회갈등의 유인으로 작용할 수 있다. 또한 차별을 시정하여 줄 것을 요구하는 경우도 쉽지 않아 사회통합 정도가 높지 않은 점도 다문화사회 문제의 원인으로 귀결될 수 있다.

② 의사소통의 어려움 문제

언어는 자기를 표현하고 이해시키며 사회구성원으로서 함께할 수 있는 중요한 도구다. 따라서 의사소통의 문제는 상당히 넓은 범위의 문제와 연결되어 있다(김지영, 2011). 생활 전반에 대한 만족으로부터 부부 당사자 간의 관계와 배우자 부모와의 관계, 자녀의 교육문제 등 거의 모든 문제와 관계된다. 국내의 결혼이주여성들은 언어소통이 자유롭지 못하여 가족들에게 자신의 감정과 의사를 표현하고 전달하는 데 많은 어려움을 겪고 있다. 그리고 가부장적인 한국 농촌가정으로의 진입은 부부갈등, 고부간 갈등 등을 겪는 경우가 많은 것으로 보고되고 있다.

한국어 능력의 부족은 이웃이나 공동체와의 교류에도 영향을 미치고 있다. 김성숙(2012)에 따르면, 자녀들의 유치원 · 초등학교 자모회, 선생님 면담 등에 적극적인 참여가 어려운 경우가 많다고 보고되고 있다.

제5절 다문화사회 문제의 대책방안

단일민족의식을 강하게 가지고 살아온 한국 사회는 다문화사회로 급속하게 전환되고 있다. 최근 정부나 민간단체들은 새로이 유입된 다문화 집단들—이주노동자, 결혼이민자, 새터민 등—중 다수를 적응의 어려움을 경험하는 사회경제적 취약계층으로 인식하고, 다양하게 나타날 수 있는 갈등들을 방지하기 위한 서비스를 다각적으로 마련하여야 할 것이다. 특히, 이주노동자와 이주여성 및 새터민 등에 대한 관리문제를 통해 해결방안을 제시하고자 한다.

우선, 이주노동자의 법제적 및 문화적 접근문제는 다음과 같다.

첫째, 불법체류자문제 개선이 필요하다. 국내의 불법체류 외국인 노동력에 대한 수요와 체류를 용이하게 하는 사회적 조건이 불법체류의 요인으로 작용하고 있다. 고용허가제 실시 이후에도 외국인 불법체류 문제는 크게 개선되지 못하고 있다. 따라서 불법체류자의 자진 귀국을 유도할 수 있는 유인체계 도입, 불법체류자를 고용한 사업주에 대한 처벌과 단속 체계의 작동 등이 지속적으로 이루어져야 할 것이다.

둘째, 이주노동자의 사후관리 개선이 필요하다. 산업연수제에서 사후관리 대행기관들이 이주노동자의 인권보호 등에 소홀했다는 비판이 제기되고 있다. 고용허가제에서는 외국인 노동자의 사후관리가 거의 이루어지지 못했는데, 최근 제도 일원화 과정에서 사업주 단체들의 참여로 시민사회단체의 강력한 문제제기가 이루어지고 있다. 이에 사후관리 역할을 맡은 대행기관에 대한 엄중한 감시 체계가 확립되어야 할 것이다.

셋째, 외국인 노동자에 대한 인권보호 강화가 필요하다. 외국인 노동자에게는 특별한 사회정책이 부재한 실정이다. 불법체류 외국인과 그 자녀, 그리고 출입국 관리 당국에 의해 적발되어 보호시설에 수용되어 있는 외국인 등의 인권향상에 대한 관심을 기울여야 하며, 인권 사각지대를 없애려는 제도 개선 노력과 아울러 그에 대응하는 법적 실천이 이루어져야 할 것이다.

넷째, 일상생활 및 업무수행과 관련한 한국어 교육지원이 필요하다. 시민단체나 활동가 중심으로 이루어지고 있는 이주노동자에 대한 한국어 교육에 대하여 해당 노동자가 일하는 직장과 연관하여 업무가 원활히 수행될 수 있도록 국가적 차원에서 지원을 모색하여야 할 것이다.

다섯째, 한국 전통과 관련한 문화의 접근기회를 부여하여야 할 것이다. 한국을 알 수 있는 다양한 문화체험을 할 수 있는 기회를 부여하여야 한다.

이주여성에 대한 법제적 및 문화적 접근문제는 다음과 같다.

첫째, 국제결혼중개업 관리를 위한 법률제정 및 불법행위의 단속강화가 필요하다. 결혼중개업체의 불법행위에 대해서는 국제결혼 중개로 인한 피해사례를 상세히 파악하고, 탈법적인 국제결혼 중개 행위를 관리하는 별도의 입법을 추진하며, 결혼대상자에 대한 정보제공 확인 의무, 국제결혼 관련법 준수 의무 등을 규정하고, 이것이 국제결혼을 통해 발생하는 인신매매, 노동착취, 기타의 피해를 예방할 수 있도록 만전을 기해야 할 것이다.

둘째, 외교 채널을 통한 국가 간 협력체계 구축이 필요하다. 결혼이민자를 주로 송출하는 국가와의 외교 의제에 국제결혼 중개 관련사항을 포함하도록 하고, 주요 송출국에서 자국민 보호를 위해 운영 중인 상담, 교육, 정보제공 프로그램 등이 한국과 상호 연계하여 결혼이주여성에게 보다 정확하고 다각적으로 도움이 될 수 있도록 발판을 마련해야 할 것이다.

셋째, 실질적인 사회참여를 할 수 있는 기회를 제공해야 할 것이다. 경제생활과 관련한 직업교육 또는 본국에서 가졌던 직업을 국내에 활용할 수 있도록 기회를 제공하여야 할 것이다.

넷째, 한국어 교육의 심화과정 체계화의 필요성이다. 어느 정도 한국어를 구사하는 여성들은 자신에게 적합한 언어 프로그램을 찾기 힘들어 한국어 능력 향상에 어려움을 겪고 있음을 토로하고 있으며, 이러한 여성은 빠르게 증가할 것으로 전망된다. 이에 언어교육과 문화교육 등의 프로그램을 단계별로 개발하고 여성들이 각자의 수준에 맞게 교육받을 수 있도록 체계화되어야 할 것이다.

제6절 소결

다문화사회가 전개됨에 따라 이주민과의 일상적인 접촉이 증대하면서 일반시민들의 이주민에 대한 차별과 편견 역시 가시화될 것이다. 특히, 경제적인 불황과 고용의 불안정성이 심화되면 이주노동자들에 대해 가지고 있던 관용적인 태도도 사라져 정서적 거부감이나 경계심, 인종적 편견이 강화될 수도 있을 것이다. 이러한 요인을 감안한다면 향후 외국인에 대한 차별이 증가하여 사회적 통합을 저해하는 심각한 갈등이 야기될 수 있다. 결혼이주여성의 장기적인 거주가 본격화되고 다문화가정의 자녀들이 성장하면서 학교와 지역사회 등에서 일상적인 차별과 갈등이 본격적으로 가시화되면서 이러한 우려는 점차 현실화되고 있다(장미혜 외, 2008). 따라서 다문화사회로의 이행과정에서 발생할 수 있는 사회문제를 해소하고 사회통합을 이루기 위해서는 전반적인 다문화적 감수성을 증진하고 다른 문화에 대해 관용적 태도를 보이는 다문화 역량을 강화하는 것이 요구되고 있다.

참고문헌

김민정(2012). 다문화여성의 사회적 관계망 분석. 한국생활과학회지, 21, 469-488.

김성근(2013). 다문화 사회에서의 사회갈등문제 실태분석 및 효과적인 대응방안 연구. 한국행정연구원. KIPA 연구보고서 2013-36.

김성숙(2012). 자녀의 유아교육기관 적응 과정에서 결혼이주여성이 겪는 어려움. 유아교육연구, 32, 241-264.

김이선, 마경희, 선보영, 최오림, 이소영(2010). 다문화가족의 해체 문제와 정책과제(2010-02). 여성가족부.

김지영(2011). 다문화사회를 위한 피해자학 연구의 방향. 피해자학연구, 19, 33-49.

김효선, 이미숙, 조현주(2010). 한국 사회의 이주 외국인 현황 및 개선 방안: 이주 여성 및 이주노동자를 위한 한국어 교육을 중심으로. 2010 Seoul Pax Forum 발표 논문.

박경동(2007). 다문화가족 형성과 갈등에 대한 연구: 한국의 광주전남지역 사례를 중심으로. 한국사회학회 사회학대회 발표 논문.

법무부(2014). 출입국 · 외국인정책 통계월보. 2014년 1월호.

안전행정부(2014). 외국인주민현황조사.

여성가족부 다문화가족정책과(2013). 지난 3년간 다문화가족의 초기 한국생활 적응이 진전. 보도자료.

여성가족부 다문화가족정책과(2014). 다문화가족 관련 연도별 통계. 2014년 5월 자료.
원석조(2013). 사회문제론(제4판). 양서원.
월간조선(2013년 2월).
이경윤(2014). 다문화시대 문화를 넘어 그리고 한국. 아담북스.
이선옥(2007). 한국에서의 이주노동운동과 다문화주의. 한국에서의 다문화주의: 현실과 쟁점(pp. 21-56). 오경석 외 공저. 한울아카데미.
장미혜, 김혜영, 정승화, 김효정, 조소영(2008). 다민족 · 다문화사회로의 이행을 위한 정책 패러다임 구축(II) 역량 증진을 위한 정책 사회적 실천 현황과 발전 방향(총괄보고서). 한국여성정책연구원.
장지표(2008). 사회통합프로그램 이수 인센티브제. 다문화 사회통합프로그램 구축 방안 마련을 위한 공청회 발표 논문. 한국외국어대학교.
장혜경(2006). 여성결혼이민자가족의 실태와 정책과제. 한국자치행정연구, 5(5), 96-110.
정성호(2004). 화교. 살림.
최홍, 이동원, 박준(2010). 다문화사회 정착과 이민정책 CEO Information (Vol. 756). 삼성경제연구소.
허준영(2012). 서독의 동독이탈주민 통합정책에 관한 연구. 한국행정학보, 46(1), 265-287.

E-JOURNAL(2014). *E-JOURNAL*. 2014년 7월호(월간). 스탠다드미디어.
Marx, K.(2001). 자본론. 제1권 제1책. 김수행 역. 비봉출판사.

통일부 홈페이지(http://unikorea.go.kr).
http://kccci.or.kr.

제15장 새터민 문제

제1절 개관

새터민은 북한에서의 삶을 포기한 채 중대한 결단을 내리고 남한 사회에서 생활해야 할 운명을 스스로 선택한 사람들이다. 이들은 김일성 사망 이후 계속되는 경제침체와 마이너스 경제성장, 자연재해로 인한 식량난 가중, 가정 및 사회윤리의 파괴, 황금만능주의의 만연, 반체제사회에 대한 불만표출, 사회일탈현상 등의 원인으로 대량 탈북을 감행하고 있으며, 이로 인한 심각한 사회문제를 양산하고 있다. 이와 같이 생사의 기로에서 한국으로 입국한 북한탈출 주민들의 안정적인 정착과 한국 사회에 대한 적응은 미래 통일한국의 희망을 밝게 하는 매우 중요한 일이라 할 수 있다. 그렇기 때문에 정부와 사회도 이들이 우리 사회의 일원으로 자립과 자활 의지를 가지고 안정적으로 정착하도록 하는 데 많은 노력을 기울이고 있다. 그러나 새터민들이 경제적, 문화적, 사회적 차이점을 극복하고 온전히 우리 사회에 적응, 정착하기에는 아직 갈 길이 멀어 보인다.

따라서 이 장에서는 새터민들에 대한 개념과 현황, 문제점, 지원정책 등에 대하여 살펴보고 이들이 성공적으로 정착하여 생활할 수 있는 대책방안을 강구해 보고자 한다.

제2절 새터민의 개념

새터민은 '새로운 터전에서 삶을 시작하는 사람'이라는 뜻을 가진 순수한 우리말로서 '북한이탈주민'이란 용어를 대신하여 2005년부터 통일부에서 권장하여 사용하고 있다. 그동안 일반적으로 북한을 탈출한 사람들은 탈북 난민, 망명자, 귀순자, 탈북자, 탈북주민, 귀순북한동포, 남한 이주 북한동포, 북한출신 남한 이주자, 북한탈출주민, 월남자 등의 이름으로 불리었다. 그러나 1997년 「북한이탈주민의 보호 및 정착지원에 관한 법률」을 개정하면서 북한이탈주민을 북한에 주소, 배우자, 직계가족, 직장 등을 두고 있는 자로서 북한을 벗어난 후 이국의 국적을 취득하지 아니한 자를 의미한다고 규정하였다(「정착지원법」 제2조). 이처럼 새터민은 북한의 경계선을 떠나 한국을 새로운 터전으로 삼고 살아가는 북한에서 온 주민으로 정의해 볼 수 있다.

이에 여기에서는 통일부에서 국민의 의견수렴을 거쳐 사용을 권장하고 있는 '새터민' 이란 용어를 주로 사용하였으며 법률적 용어인 '북한이탈주민'이라는 낱말도 상황에 따라 함께 사용하였다.

❖ 새터민은 다문화가족인가요?

- 대한민국의 영토는 한반도와 그 부속도서로 한다(「헌법」 제3조).
- 새터민은 민족공동체의 일원이자 「헌법」이 규정한 대한민국 국민으로 「재한외국인 처우 기본법」에 의거하여 지원을 받는 결혼이민자 및 귀화자 등 다문화가족과는 근본적으로 구분되어야 합니다.
- 새터민들이 상이한 문화와 체제 아래 생활하였다는 점에서 다문화적 성격을 일부 가지고 있지만 남북한 통합이라는 관점에서 볼 때 본질적으로 다문화가족이라고 보기 어렵습니다.
- 특히, 새터민은 남북한이 통일되면 고향으로 되돌아가 통일한국을 건설하는 데에 있어 선도역할을 할 통일자원입니다.

– 통일부(2015b), 북한이탈주민 거주지 정착지원 매뉴얼

새터민들은 다음과 같은 특징을 가지고 있다.

첫째, 죽음을 각오하고 사선을 넘은 이들이기에 자신의 의지를 적극적으로 실천하려는 의지가 강하며 통일의 전위세력으로서의 소명의식도 가지고 있다.

둘째, 강한 자의식을 갖고 있는 반면, 의사결정 과정을 경시하는 경향을 보이고 있다.

셋째, 탈북에 성공했다는 사실에 대하여 강한 자긍심을 가지며 죽음을 넘어선 만큼 정부의 보호와 지원에 대해 높은 기대감을 가지고 있다.

넷째, 심리적으로는 남한 사회에서 정체감의 혼란을 느끼며 정착과정에서 사기와 착취의 경험으로 인해 타인에 대한 불신감과 정서적으로 불안감이 높다.

다섯째, 신변노출을 거부하지만 경제적 성취욕구는 강하다.

[탈북 과정의 고초(두만강 도하)]

[탈북 과정의 고초(중국 공안 적발)]

자료: 자유아시아방송(RFA, 2014. 9. 4.)(좌), 통일부 공식 블로그(http://blog.unikorea.go.kr)(우)

제3절 새터민의 실태

통일부(2015a)의 자료에 의하면 북한을 탈출해 국내에 입국한 새터민은 2015년 3월 말 현재 총 입국자 27,810명으로 파악되었으며, 성별 입국자 수는 여성이 19,508명, 남성이 8,302명으로 여성의 비율이 70%로 남성에 비해 월등히 높은 것을 볼 수 있다. 이처럼 여성의 비중이 높은 원인으로는 여성이 제3국(특히, 중국)에의 접근성과 적응성이 남성보다 유리하고, 한국 사회에서도 취업이나 독립생활 등 적응력에서 유리하기 때문인 것으로 분석된다.

표 15-1 새터민 입국현황('15년 3월 말 입국자 기준) (단위: 명, %)

구분	~'05	'06	'07	'08	'09	'10	'11	'12	'13	'14	'15 3월	합계
남	3,430	515	573	608	662	591	795	404	369	304	51	8,302
여	4,269	1,513	1,981	2,195	2,252	1,811	1,911	1,098	1,145	1,092	241	19,508
합계	7,699	2,028	2,554	2,803	2,914	2,402	2,706	1,502	1,514	1,396	292	27,810
여성 비율	56	75	78	78	77	75	70	72	76	78	83	70

자료: 통일부(2015a).

새터민의 연령별 현황을 〈표 15-2〉에서 살펴보면, 30대가 8,067명, 20대가 7,646명으로 20~30대가 전체의 58%를 차지해 다른 연령대보다 높은 비율을 보이는 것을 알 수 있다. 특히나 0~60세 이상 분포를 보면 아동과 청소년, 노인에 이르기까지 적지 않은 수를 나타내고 있는 것을 알 수 있는데, 이는 가족단위의 탈북과 입국의 사례가 늘고 있는 추세임을 나타낸다고 볼 수 있다.

표 15-2 새터민 입국자 연령별 현황('14년 10월 말 입국자 기준) (단위: 명)

구분	0~9세	10~19세	20~29세	30~39세	40~49세	50~59세	60세 이상	계
남	592	1,508	2,236	1,924	1,171	441	308	8,180
여	593	1,789	5,410	6,143	3,275	990	870	19,070
합계	1,185	3,297	7,646	8,067	4,446	1,431	1,178	27,250

자료: 통일부(2015a).

또한 북한에서 거주할 당시의 직업별 현황을 〈표 15-3〉에서 살펴보면, 무직부양자가 13,015명으로 제일 많은 비중을 나타내고, 다음으로 노동자가 10,432명, 봉사분야가 1,066명, 군인 717명 등의 순으로 나타났다. 이를 통해 알 수 있듯이. 무직부양층과 노동자층이 대부분을 차지해 인적 자원 면에서 직업계층은 아주 취약한 것으로 보인다.

● 표 15-3 ● 재북 직업별 현황('14년 10월 말 입국자 기준) (단위: 명)

구분	관리직	군인	노동자	무직 부양	봉사 분야	예술 체육	전문직	비대상 (아동 등)	기타	계
남	341	622	3,541	2,988	69	72	198	301	48	8,180
여	107	95	6,891	10,027	997	164	420	271	98	19,070
합계	448	717	10,432	13,015	1,066	236	618	572	146	27,250

자료: 통일부(2015a).

새터민의 정착 실태에 있어서는 2014년 북한이탈주민 실태조사 결과, 탈북민 67.6%가 남한 생활에 만족한다고 응답하였으며, 만족 이유로는 일한 만큼 소득을 얻을 수 있어서(43.5%), 하고 싶은 일을 할 수 있어서(43.0%), 북한보다 경제적 여유가 있어서(42.0%) 순으로 답하였다. 〈표 15-4〉를 보면 국내정착 지표는 지속적으로 개선되고 있는 것으로 나타나고 있으나, 일반국민 평균수준에는 미치지 못하고 있음을 알 수 있다. 또한 재입북이나 위장망명, 범죄 등 다양한 부적응 사례도 공존하고 있다(통일부, 2015b).

● 표 15-4 ● 탈북민 정착 관련 주요 지표 (단위: %, 만 원)

구분	'07년 탈북민	'12년 탈북민	'14년 탈북민	'14년 전체국민
고용률	36.9	50.0	53.1	60.8
실업률	22.9	7.5	6.2	3.2
생계급여수급률	63.5	40.8	32.3	2.6('13년)
월 평균소득	106.4	137.7	147.6	223.1

자료: 통일부(2015b).

제4절 새터민의 정착문제

새터민들의 국내정착에서 나타나는 여러 가지 문제점들 중 가장 중요하다고 생각되는 측면을 중심으로 경제적 문제와 사회문화적 문제, 건강문제에 대하여 살펴보면 다음과 같다(박희도, 2012).

1. 새터민의 경제적 문제

새터민이 사회적응에서 겪는 어려움 중 공통적으로 느끼는 것이 경제적 측면의 어려움이라 할 수 있다. 즉, 사회적응의 물적 토대가 되는 경제적 적응이 잘 이루어지지 않으면 심리적 적응도 어렵게 되고 이는 심각한 사회문제로 대두될 수 있기 때문인데, 심리적 안정이나 건강상태의 경우는 그들이 벌고 있는 돈의 액수가 가장 큰 영향을 미치는 요인으로 조사되고 있다. 이처럼 중요한 경제기반의 확립과 자립에 있어서 새터민은 열악한 취업구조를 가질 수밖에 없는데, 이는 새터민의 북한 거주 시의 직업별 현황에서 볼 수 있듯 많은 새터민들의 직업 중에는 노동자나 무직이 많은 수를 차지하고, 새터민들이 주로 취업할 수 있는 직종이 식당 서빙, 주유소, 공사장 막일 등으로 특별한 지식이나 기술이 필요 없는 단순노무직에 종사하는 경우가 대부분이기 때문이다. 또한 새터민의 대부분이 남한의 언어나 기술, 학력 등 여러 면에서 취업경쟁력이 떨어지고, 단순노무직의 경우 계약직 형태로 취업이 되어 임금이나 복지 수준도 현저하게 낮기 때문에 직업에 대한 만족도나 안정성이 떨어질 수밖에 없는 것이 현실이다.

특히, 새터민의 경우는 자본주의 경제체제에 대한 경험이 부족하여 안정된 경제기반 마련을 위한 직업의 선택이나 돈의 관리와 같은 경제적 측면의 기술이 많이 부족한 것으로 보이며, 북한에서의 능력이나 자격이 남한 사회에서 유용하게 쓰이는 경우도 드문 것으로 드러났다. 이로 인하여 남한 사회에서도 안정된 직업을 찾기 어렵고 이직을 반복하거나 실업상태의 결과를 보이며, 이런 열악한 취업구조로는 실업이 발생되는 것은 당연한 결과다.

2. 새터민의 사회문화적 문제

새터민들은 취업과 관련한 경제적 적응의 어려움과 마찬가지로 사회문화적 적응에도 어려움을 가진다. 이들은 직장동료나 대인관계에서 언어나 가치관, 사고방식 또는 사회제도 등의 사회문화적 차이에 따른 어려움을 겪고 있는데, 이들이 사용하는 어투, 어휘, 뉘앙스가 우리 사회와 많이 다르기 때문에 언어를 불편 없이 사용하고 소통하기까지는 상당한 시간이 걸리기 때문이다. 즉, 새터민들은 남한 사회에서 겪는 문화적 충격도 크지만 언어의 차이로 인한 의사전달이 어려운데, 남한에서는 영어와 외래어를 많이 사용하고, 이해하기 어려운 전문용어들과 한자해독 능력의 부족에서 오는 어려움도 매우 크다고 볼 수 있다.

또한 새터민에 대한 남한 사람들의 인식태도도 이들을 어렵게 하는 요인으로 작용하는데, 남한 주민들은 새터민을 개성과 개별성을 가진 개인으로 인식하지 않고 하나의 동질적인 집단으로만 인식하는 경향이 높으며, 새터민들에 대해 태도와 행동 간의 이중성을 보이고 있다. 관념적 차원에서는 새터민의 사회정착을 위한 정부지원에는 동의하지만, 자신에게 직접적인 피해와 비용 부담을 주는 것에 대해서는 반대 성향을 보이고 있으며(박희도, 2012에서 재인용), 남한 주민들이 탈북자라는 고정관념(북한에 대한 부정적 태도)을 가지고 이들을 대하기 때문에 새터민들은 차별받고 열등시되는 느낌을 받는다는 것이다. 즉, 대부분의 탈북자들은 대한민국 사람으로 새롭게 인정되기를 원하지만, 이들의 상당수가 자신이 남한 정부나 주민들로부터 이방인, 열등국민, 귀찮은 존재로 인식되고 있다고 느끼고 있다는 것이다. 같은 민족으로 남한 사회에 대한 기대치가 높았던 새터민들은 남한 사람의 인식차이를 경험하면서 심리적 좌절감을 경험하는 경우가 많은데, 이러한 심리적 좌절감은 인간관계나 사회문화적 측면에서 적응을 어렵게 하는 문제로 나타난다.

3. 새터민의 건강문제

최성근(2011)에 따르면 국내 정착하는 새터민들의 건강문제는 안정적인 정착을 위협할 정도로 심각한 상태에 이르고 있는 것으로 보인다. 이들은 신체적인 질병만이 아닌 정신적인 건강이 크게 악화되어 있는 것으로 나타났는데, 이는 새터민들의 상담과정에서 불안, 열등감, 우울, 피해의식, 외상 후 스트레스 장애, 대인민감성 등 다양한 정신적 문제들이 드러나고 있음을 통해 나타났다. 이는 새터민들이 북한 생활에서 겪은 큰 충격과 함께 탈북 이후 중국 공안 등 보안 당국으로부터의 은둔 및 도피생활, 제3국에서의 물리적 · 정신적 학대 경험, 급격한 주거 및 생활환경의 변화(탈북→제3국 체류→수용소→국정원→하나원) 등이 원인이 된 것으로 보인다.

특히, 국경지방에서 북한 여성들이 중국으로 인신매매를 당하여 학대를 받기도 하고, 심지어 가난 때문에 팔려가 노예 생활을 경험하면서 받은 충격으로 인해 심각한 정신과적 질환을 앓게 되는 경우도 있다. 또한 이러한 과정에서 여성들이 원치 않는 임신과 낙태를 겪고, 성적 학대까지 당하면서 심각한 산부인과 질환을 앓게 되는 경우가 많다. 그러나 탈북 과정에서 적절한 치료를 받지 못하여, 하나원에 입소하는 여성들 가운데 절반가량이 산부인과 질환을 갖고 있는 것으로 조사되고 있다. 이처럼 새터민들은 북한을 탈출하여 중국이나 제3국을 거쳐 남한으로 오는 동안 오랜 도피생활에서 체포당할 위험, 식량과 물의 부족, 추위나 더위 등 물리적 열악함, 신체적 상처나 손상, 극단적으로는 죽음의 위기까지 경험하게 됨으로써 신체적 · 정신적 건강문제가 심각하게 나타날 수 있다고 본다.

제5절 새터민 지원정책

오늘날 새터민 2만 7천 명 시대와 함께 이들의 국내 정착 과정에서 발생되는 여러 가지 다양한 현상과 문제점들에 대하여, 새터민들이 안정적이고 지속적인 지원과 통합적인 서비스를 받을 수 있도록 하는 것이 무엇보다 필요하다 하겠다. 이에 대하여 새터민의 정착지원을 위한 사업을 1997년 「북한이탈 주민의 보호 및 정책지원에 관한 법률」 제정 이후 현재 범정부적인 정책으로 복지 전 영역에 걸쳐 시행 중이며, 통일부 및 여러 부처 사업이 동시에 진행되고 있다.

새터민지원사업의 특성은 시설보호, 거주지보호, 사후지원 등의 3단계로 진행되고 있는데 그 내용은 다음과 같다.

첫째, 시설보호의 경우, 사회적응 교육으로 기본교육과 지역적응교육을 실시하고 있다.

둘째, 거주지보호의 단계에서는 정착금 및 주거지원, 취업지원, 사회보장 제공 및 교육지원 등이 이루어지고 있다.

셋째, 사후지원 단계에서는 하나센터, 전문상담사, 정착도우미 등 전문적인 상담서비스 제공을 통해 새터민들의 사회정착을 위한 생활 및 상담 지원이 제공되고 있다.

새터민지원사업을 바탕으로 한 사회보장, 의료지원, 교육지원, 취업지원, 정착금지원, 관리 및 지원체계 사업에 대하여 살펴보면 다음과 같다(보건복지부, 2014).

1) 사회보장

새터민에 대한 사회보장 부문의 지원은 생계급여지원, 국민연금 특례, 남북하나재단의 생활안정 지원 등으로 구성되어 있다.

- 생계급여지원은 「정착지원법」 제26조에 따라 이루어지는 지원으로 5년의 범위 내에서 수급 특례가 적용된다.
- 국민연금 특례는 거주지 보호 결정 당시 50세 이상 60세 미만인 새터민(북한이탈주민)에게 국민연금 수급기간인 10년을 채우지 않더라도 노령연금을 수급할 수 있도록 하는 제도다.
- 남북하나재단은 경조사지원(결혼 1인 15만 원, 사망 1인 30만 원), 출산장려금지원(가정당 35만 원), 산모 신생아 도우미 지원, 무연고 장제비 및 납골안치 지원 등을 제공하고 있다.

2) 의료지원

새터민은 「북한이탈주민의 보호 및 지원에 관한 법률」 제25조 및 「의료급여법」에 따라 의료급여 1종 수급자로 지정된다.

- 수급자 선정에 있어서 소득인정액 기준이나 부양의무자 기준 등에 특례가 적용되며, 특례 적용기간도 제한이 없다(단, 취업특례는 5년).

아울러 남북하나재단에서도 입원 기간이 2일 이상이고 본인부담금이 10만 원 이상인 환자를 대상으로 의료비를 지원하고 있다.

- 일반 질환의 경우 본인부담금의 30~40%(1인 연 2회 200만 원 한도), 만성 · 중증 · 희귀성 질환의 경우 본인부담금의 50%(횟수 상관없이 700만 원 한도)를 지원한다.

이외에 지방자치단체의 맞춤형 방문보건사업을 통한 건강관리, 무료 건강검진 서비스 등이 있다.

3) 교육지원

교육지원은 여러 부처에서 행해지고 있는데 부처별 지원내용을 살펴보면 다음과 같다.

- 통일부: 중 · 고등학생, 대학생을 대상으로 학비지원, 북한에서 취득한 자격에 상응하는 국내 자격인정, 특례입학 자격 부여 등이다.
- 남북하나재단: 장학금지원, 통일미래리더육성(멘토링, 해외연수, 남북대학생 활동지원 등), 화상영어 및 학습지 지원, 탈북학생 전담코디네이터 운영, 탈북청소년 교육시설지원, 진로진학 등이다.
- 교육부: 멘토링 및 교과보충, 진로 및 직업교육, 방과후 특성화 교실운영, 전담(상담)교사 배치 등이다.
- 한국교육개발원: 탈북청소년 교육업무 지원, 교원대상연수, 탈북청소년 맞춤형 교재개발 및 보급, 멘토링(HOPE 프로그램) 등이다.

4) 취업지원

취업지원에 대한 부처별 지원내용을 살펴보면 다음과 같다.

- 통일부는 하나원의 기초직업훈련과 취업촉진을 위한 각종 장려금과 고용지원금을 지원한다.

- 남북하나재단은 취업지원센터 운영(취업알선, 직업훈련 등)과 사회적 기업 설립지원, 창업지원, 영농정착지원 등을 지원한다.
- 고용노동부는 취업보호담당관 운영(55개 고용센터)과 직업훈련, 취업성공 패키지를 운영한다.

5) 정착금지원

정착금은 통일부가 새터민의 안정적인 정착을 유도하기 위해 지원하는 것으로 기본금(1인 700만 원~7인 3,200만 원), 장려금(직업훈련, 자격취득, 취업), 가산금(고령, 장애, 장기치료, 한부모 가정), 주거지원금(1인 1,300만 원~5인 이상 2,000만 원) 등이다.

6) 관리 및 지원체계

통일부 중심의 지원체계로 다수의 행정기관 및 지방자치단체, 남북하나재단, 민간단체 등이 참여하고 있으나, 대단히 복잡한 체계로 전달체계는 구축되어 있으나, 실제 효율적으로 기능하고 있다고 보기는 어렵다.

제6절 새터민 문제의 대책방안

현재 통일부에서는 새터민을 지원하고 안정된 국내정착을 위해 여러 가지 제도적인 지원을 펼치고 있다. 이를 토대로 새터민 문제의 대책방안을 모색해 보면 다음과 같다.

첫째, 새터민의 취업지원 개선방안을 통한 안정적인 경제기반 확보가 중요하다. 새터민의 안정적인 경제기반 마련을 위하여 일자리 개수의 확대보다는 그들의 근로능력에 맞는 '맞춤형 일자리' 개발이 필요하다. 또한 단기간에 이루어지는 직업훈련보다는 훈련기간을 연장하여 여러 가지 직업을 경험하고, 자신의 적성에 맞는 직업을 찾도록 직업훈련의 방향을 개선해 나갈 필요가 있다.

둘째, 새터민 취약계층에 대한 차별화된 지원의 확대가 필요하다. 통일부(2013)의 북한이탈주민 정착지원 실무편람에 따르면, 탈북여성은 구직 시 육체적 어려움(52.4%), 육아문제(22.2%) 등을 호소하고 있는 것으로 나타났다. 이처럼 급증하고 있는 여성 및 청소년, 아동, 노약자 등의 새터민(북한이탈주민) 중에서도 취약한 계층에 대한 차별화된 지원의 확대가 필요할 것으로 생각된다. 따라서 사회복지단체와 연계를 통하여 탁아 및 육아 서비스 제공이 확대되도록 유도하고, 여성고용을 보장하는 탈북여성고용할당제와 여성 가장의 취업을 지원하기 위한 여성고용지원금 제도 등을 추진하는 것도 바람직할 것으로 보인다. 또한 취업이 불가능한 고령자나 출산 및 육아 등에 노출된 여성, 건강상 어려움이 있는 새터민 각각에 대한 그에 맞는 생계비지원이 필요하다. 또한 이런 여성들의 문제를 함께 공감할 수 있는 여성단체들의 참여가 중요하다. 아울러 새터민 아동 · 청소년의 수준과 학력에 맞는 특수교육과정이 필요하고 이런 교육을 생활 주변에서 받을 수 있는 기관을 마련하는 것 또한 중요하다.

셋째, 새터민의 합리적 의료이용과 의료욕구 충족을 위한 사례관리 강화와 지역단위의 정신건강관리서비스 확충이 필요하다. 새터민의 전반적인 건강증진을 위한 의료혜택의 확대와 정기 건강검진서비스, 청소년 및 여성 건강증진 사업 등의 추진이 필요하며, 이들의 수요에 맞는 의료서비스 지원과 인력확대를 추진함으로써 이들이 불편함 없이 이용할 수 있도록 해야 한다. 또한 하나원 출소 이후에도 정기적인 건강검진서비스 제공 및 여성들이 지닌 각종 산부인과 질환과 인신매매나 학대 등의 외상경험의 치료를 위한 탈북여성에 맞는 정신과 진료서비스 확대가 시급하며, 이 또한 정부와 민 · 관 협력을 통하여 보다 폭넓은 의료서비스를 제공하도록 해야 한다.

제7절 소결

새터민들의 국내 정착 20년째를 맞으며 그동안 꾸준한 증가를 보여 오던 새터민의 수는 현재 약 3만 명에 다다르고 있다. 그러나 사선을 넘은 새터민들이 민주주의와 자본주의의 땅, 자유대한민국에 도착을 했지만 이 땅에 적응하며 제대로 살아 내기란 그리 쉽지만은 않아 보인다.

새터민들의 안정적인 국내 정착을 위하여 국가 차원에서 여러 가지 제도적인 지원과 서비스를 제공하고 있지만, 이들의 성공적인 정착과 자립을 위해서는 무엇보다 이들을 바라보는 한국 사회 전반의 따뜻한 시선과 마음이 더욱 필요하다는 생각이다. 새터민들이 정착과정에서 겪는 가장 큰 심리적 장애요인은 자신들에 대한 한국 사회의 편견과 선입견, 무시하는 분위기로서, 새터민들의 사기와 의욕을 꺾고 소외감과 좌절감을 조장 · 확대하고 있다. 따라서 우리 사회는 새터민들에 대해 보다 긍정적인 시각과 인식을 가지고 이들을 같은 국민이자 지역의 이웃으로서 받아들이고 안아 주는 자세가 무엇보다 중요하다.

또한 새터민들이 한국 사회에서 성공적으로 정착하고 경제적으로도 자립한 사례들을 대내외적으로 널리 홍보하여 한국 사회에서의 새터민의 이미지를 개선하고 새터민들 스스로도 자존감과 자신감을 가질 수 있도록 하는 한편, 북한의 주민들에게도 '남북이 통일되면 우리도 차별 없이 잘살 수 있겠구나.' 라는 기대와 희망을 심어 주도록 하는 것도 필요하다.

참고문헌

김양희, 신미녀(2014). 북한이탈주민의 남한사회적응을 위한 코치프로그램 사례연구. 북한학보, 39(1), 45-72.
김태현, 이문숙(2009). 사회문제론. 교문사.
박용순 외(2012). 사회문제(제2판). 학지사.
박희도(2012). 새터민 적응에 대한 지원정책연구. 고려대학교 정책대학원 석사학위논문.
보건복지부(2014). 북한이탈주민지원사업 심층분석 평가에 관한 연구.
자유아시아방송(RFA). 2014. 9. 4.
주은주, 오정수(2011). 새터민에 대한 지역사회주민의 사회적 지지 영향요인. 사회과학연구, 22(2), 96-128. 충남대학교 사회과학연구소.
최성근(2011). 북한이탈주민 정착 실태와 개선방안. 통일경제, 제2호.
통일부(2013). 북한이탈주민 정착지원 실무편람.
통일부(2015a). 북한이탈주민정책.
통일부(2015b). 북한이탈주민 거주지 정착지원 매뉴얼.

북한이탈주민지원재단(남북하나재단) 홈페이지(http://www.koreahana.or.kr).
통일부 홈페이지(http://www.unikorea.go.kr).

제16장 성과 사회문제

제1절 개관

우리 사회는 오래전부터 유교적 전통에 의해 성(性)에 관한 문제에 대해서는 터부시하고 수치스러운 것으로 여겨 감추거나 금기시해 왔다. 그러나 급속한 경제발전과 서구문명의 유입으로 말미암아 성 관련 문제들이 사회적 논의 대상으로 부각되기 시작하였다. 한편으로 한 개인이 사회생활을 영위함에 있어서 이러한 문제 역시 도외시될 수는 없다.

따라서 이 장에서는 성 관련 사회문제를 사회규범과 그 사회의 가치 또는 사회의 영향력 있는 사람들에 의해 용인될 수 없는 성 관련 행동들 중 성일탈이라 할 수 있는 성매매, 성폭력을 살펴보고, 최근 우리 사회의 섹슈얼리티(sexuality)에 대한 논쟁의 새로운 화두 중 성적 다양성이라 할 수 있는 동성애 문제를 다룬다.

제2절 성(性)의 개념

성(性)이란 인간이 타고나는 것으로, 인간은 성과 분리될 수 없는 성적 존재다. 일반적으로 성을 논의할 때 섹스(sex), 젠더(gender)로 표현된다. sex는 생물학적 성으로 신체적 특성에 의해 형성된 성별 구분을 지칭할 때 사용된다. 반면 gender는 사회문화적으로 형성된 사회적 성으로 주로 사회적 불평등을 논의하는 데 사용된다. sex로 지칭되는 생물학적 성과 gender로 지칭되는 사회적 성 개념은 분석적인 개념일 뿐 서로 상호작용하면서 다양한 성 관련 행동을 나타낸다.

성(性)의 또 다른 개념의 하나인 섹슈얼리티(sexuality)는 19세기 이후에 만들어진 용어로 sex보다 포괄적인 의미로서 사용되며, 일반적으로 우리말로는 성성(性性)이라는 조어로 번역되고 있다. 성성은 성교, 성관계 등의 구체적 성행위 등을 지칭하지만 동시에 성적 욕망, 성적 정체성 등을 포괄한다(박귀영 외, 2014).

sexuality에 대한 담론은 몸과 성, 그리고 사회의 관계에 대한 논쟁의 중심에 놓여 있다. sexuality는 더 이상 재생산 기능을 수행하는 성스러운 차원의 성 개념도 아니고 쾌락을 위한 동물적인 본능으로서의 성 개념도 부정한다. 그렇다고 타고난 생물학적 특징을 거부하고 사회적으로 나타나는 남녀에 대한 불평등한 차별만을 논의의 대상으로 삼지도 않는다. 이 모든 개념들은 서로 영향을 주고받으면서 개인의 정체성과 같은 가장 미시적인 사회현상으로부터 타인과의 육체적이고 사회적인 관계, 나아가 사회통제와 억압, 산업과 문화 등과 같은 거시적이고 구조적인 현상까지 모든 차원을 관통하면서 우리의 삶에 직접적으로 영향을 미치는 사회적 사실인 것이다(김광기 외, 2010).

제3절 성매매

성매매는 인류 역사상에서 가장 오래된 사회문제 중 하나이지만, 우리나라의 경우 사회에서 성매매에 대한 관심을 가지기 시작한 것은 성매매 산업의 규모가 팽창하면서 정부차원에서 성매매가 단순히 경제력이 없는 여성들의 부도덕한 윤락행위가 아니라 사회적 차원에서 해결해야 하는 구조적인 문제라고 인식되기 시작한 2000년대 이후라고 볼 수 있다.

2002년 1월 29일 군산시 개복동 성매매업소에서 화재 참사로 14명의 여성이 업주의 감금 속에 빠져나오지 못하고 안타까운 죽음을 맞이하자, 성매매업주와 성매매알선자에 대한 엄벌의 필요성, 성매매 억제를 위한 실질적인 정책 마련 및 인권의 사각지대에 있는 성매매여성의 인권보호에 대한 국민적 여론이 형성되었고 여성계를 중심으로 성매매 관련법 규정에 대한 적극적인 개정활동으로 인해 「윤락행위 등 방지법」을 폐지하고 「성매매 알선 등 행위의 처벌에 관한 법률」과 「성매매 방지 및 피해자 보호 등에 관한 법률」이 2004년 3월 2일 통과되었다. 전자가 성매매에 관여한 여성들을 모두 범죄자로 규정하고 이들에 대한 처벌 위주의 내용을 가지고 있는 반면, 후자는 이들에 대한 구조적인 착취를 방지하고 성매매 산업에 종사하는 여성들을 보호하는 방향의 대책을 마련하는 계기가 되었다(김광기 외, 2010).

성매매를 지칭하는 용어로는 윤락행위, 매춘, 매매춘 등이 있다. 우리나라에서는 과거 '매춘' 이라는 용어를 주로 사용하였다. 이는 성을 파는 여성의 문제를 부각했기 때문이다. 그러나 최근에는 성을 파는 여성에게만 한정짓지 않고 성을 구매하는 남성이 공존하고 있음을 나타낸다는 의미에서 '매매춘' 또는 '성매매'라는 용어를 사용한다. 성매매에 관한 정의는 사회경제적 관계의 변화와 함께 인간의 성에 대한 개념에 따라 변화한다. 즉, 성매매의 기본적 요소인 교환관계에서는 '성 서비스' 에 초점을 두고 그러한 서비스를 둘러싼 관계가 어떻게 변화하는지에 주목하여 성 서비스의 제공자, 그것을 사는 수요자, 그리고 그를 관리하는 자로 구성되는 사회관계로서 이해되어야 한다(김영화 외, 2013).

❖ 성매매 알선 등 행위의 처벌에 관한 법률

제1조(목적) 이 법은 성매매 알선 등 행위 및 성매매 목적의 인신매매를 근절하고, 성매매피해자의 인권을 보호함을 목적으로 한다.

제2조(정의) ① 이 법에서 사용하는 용어의 정의는 다음과 같다.

1. '성매매'라 함은 불특정인을 상대로 금품 그 밖의 재산상의 이익을 수수 · 약속하고 다음 각목의 어느 하나에 해당하는 행위를 하거나 그 상대방이 되는 것을 말한다.

가. 성교행위

나. 구강 · 항문 등 신체의 일부 또는 도구를 이용한 유사성교행위

❖ 성매매 방지 및 피해자 보호 등에 관한 법률

제1조(목적) 성매매를 방지하고 성매매피해자 및 성을 파는 행위를 한 자의 보호와 자립의 지원을 목적으로 한다.

제2조(정의) 이 법에서 사용하는 용어의 정의는 다음과 같다.

1. '성매매'라 함은 성매매 알선 등 행위의 처벌 및 방지에 관한 법률 제2조 제1항 제1호에 규정된 행위를 말한다.

1. 성매매 실태

여성가족부의 '2010년 성매매실태조사'에 따르면, 서울 강남지역(역삼 · 삼성 · 논현 · 대치동)에서 성매매가 가능할 것으로 추정되는 업소는 총 1,445곳, 그리고 역 주변에는 수만 장에 달하는 '오피스텔 성매매' 광고 전단이 배포되고 있지만, 이에 따른 구체적인 수와 실태를 파악하지 못하고 있는 실정이다. 그리고 여성가족부가 발표한 '2013년 성매매실태조사'에 따르면, 전업형 성매매의 대표적 유형인 유리방이 21개로 2010년 대비 2개 감소하였고, 전체 집결지 수는 총 44개로 2010년 대비 1곳이 줄었지만, 성매매 업체 수는 2.9%(52개), 종사 여성 수는 3.8%(186명) 증가한 것으로 보고되었다. 전업형 성매매 집결지는 유리방, 맥 · 양주집, 방석집, 여관 · 여인숙, 쪽방 · 판자촌, 휘파리[1] 등 6개 유형이다.

「성매매특별법」 시행 전후의 성매매 유형 변화를 살펴보면, 「성매매특별법」 시행 이전에는 집결지 중심의 전업형 성매매가 음식숙박업, 오락 및 문화서비스업, 개인 및 가사서비스업 등의 3차 서비스 산업을 하는 업소에서 음성적으로 이루어지는 성매매인 '산업형 성매매(겸업형 성매매)'로 변화하였다. 산업형 성매매, 즉 겸업형 성매매는 업소의 서비스를 매개

1) 업주가 소유한 원룸이나 주택에 여성이 머물면서 성매매를 하는 것.

로 업소 내 또는 업소 밖에서 이루어지는 성매매로 최근에는 업소에서 종사여성을 직접 고용하는 방식보다는 보도방 등 인력공급업체로부터 고객의 수요에 따라 일시적으로 공급받는 방식으로 성매매를 알선 · 매개하는 형태로 변화하였고, 심지어 보도방협회까지 생겨났으며, 조직폭력배가 성매매알선에 개입하여 조직화되기에 이르렀다(강월구 외, 2015).

여성가족부가 발표한 '2013년 성매매실태조사' 에 따르면, 남성들의 주된 성 구매 경로는 안마시술소와 집결지, 유흥주점이며, 이 중 안마시술소가 26.3%, 집결지가 26.1%, 유흥주점이 23.4% 순이었으며, 10회 이상 성 구매자 대상 분석결과 미혼과 기혼 간의 차이가 없었다. 또한 더 심각한 것은 최근 청소년 성매매가 급증하고 있다는 것이다. 청소년 성매매가 증가하는 이유는 스마트폰을 통해 성매매에 접근하기 쉬워졌기 때문으로 풀이된다. 2010년 경찰청 자료에 따르면 청소년이 최초로 성매매에 유입되는 경로 중에서 인터넷 채팅이 78.4%를 차지했으나, 현재는 스마트폰이 청소년의 성매매 도구로 전락하였다.

❖ 스마트폰 '즉석만남' 앱, 은밀한 청소년 성매매 도구로 전락

즉석만남 채팅 앱(애플리케이션)이 10대 청소년들의 은밀한 성매매 도구로 활용되고 있어 논란이다. 최근 기하급수적으로 늘어나기 시작한 스마트폰 즉석만남 앱은 그 숫자가 7백여 개에 달한다.

가입자만 50만 명으로 추정되는 즉석만남 앱은 실명인증 절차가 없고 이름과 나이를 임의대로 입력할 수 있다. 성매매 관련 키워드 검색도 어렵지 않다.

경찰이 스마트폰으로 이루어지는 성매매까지 단속하기 어렵다는 현실적인 문제도 즉석만남 앱이 청소년 성매매 도구로 전락하는 데 한몫한 것으로 보인다.

10대여성인권센터 조진경 대표는 "10대 성매매 급증은 물론 성매매에 가담하는 청소년의 나이가 갈수록 저연령화되는 것도 문제" 라고 말했다.

전국에서 많게는 수천 건 즉석만남으로 포장된 성매매가 암암리에 이루어지는 것에 대해 전문가들은 "10대 성매매 전담 부서 신설 등 새로운 법망과 안전장치를 마련해야 한다." 며 우려의 목소리를 내고 있다.

- 이슈타임(2015. 3. 18)

❖ 제자식 성매매시키는 비정한 캄보디아 부모들 '충격'

'제 딸을 팝니다.'

KBS 1TV 〈세계는 지금〉은 9월 27일 방송될 2014년 연속기획 '꿈을 빼앗긴 아이들' 을 통해 불법적인 아동 노동과 인권 유린의 현장을 안방에 전한다.

〈세계는 지금〉의 취재 결과, 유흥업소에 출근하는 캄보디아 소녀들을 발견했다. 캄보디아의 수도 프놈펜, 시내에서 차로 십여 분 거리에 위치한 외곽에는 유흥업소들이 빽빽하게 밀집해 있었다. 유흥업소 안은 밖과 차단된 밀폐된 방들로 이루어져 있었다. 식사가 나오자 잠시 후 대기하고 있던 소녀들이 방 안으로 줄지어 들어왔다. 낯선 남자들과 술을 마시며 자연스럽게 대화를 나누는 소녀들, 심한 경우에 손님들은 소녀들에게 단순한 술 접대뿐만 아니라 잠자리를 요구하기도 했다. 그렇게 일한 대가로 소녀들은 120불(한화 약 12만 원)을 벌었다.

아이들에게 성매매를 시키는 이들은 다름 아닌 부모들이었다. 캄보디아의 가난한 부모들은 500~1,000달러가량의 돈을 받고 자신의 아이들을 성매매 현장으로 내몰고 있었다. 문제는 만연해진 아동 성매매 현상이 결국 성폭행으로 번지고 있다는 것. 성폭행의 대상으로 남자아이들도 예외는 아니었다. 캄보디아 아동 성범죄 피해자의 절반은 남자아이이고, 마찬가지로 생활비를 빌미로 접근해 성폭행으로 이어지는 경우가 대부분이었다. 캄보디아의 고질적인 문제로 자리 잡은 아동 성매매, 그러나 가난한 생활이 끝나지 않는 한, 아이들은 계속해서 성매매 대상이 될 것이다.

– 뉴스엔미디어(2014. 9. 26)

1) 성매매특별법 시행 후 처벌 현황

「성매매특별법」 시행 이후 서울중앙지방검찰청에 따르면, "2005년 전국적으로 약 15,000명의 성매매사범이 적발된 것을 시작으로 2009년 76,000명으로 최대 수준을 보였으나, 이후 2013년 약 17,000명, 2014년에도 하향 추세가 그대로 유지되고 있다."고 한다(서울중앙지방검찰청, 2014).

「성매매특별법」 시행 이후 성매매사범 단속 건수는 줄어들고 있는 반면, 현장의 실태조사에서는 변종 성매매가 기승을 부리고 있다고 지적되고 있다. 성매매사범은 구공판비율이 낮은 반면, 구약식이 많고, 기소유예 비율이 압도적으로 높은 것이 특징이다. 이는 업주의 경우 실제 영업규모를 파악하지 못하고 벌금으로 처벌하는 비율이 높다는 것과 성구매 남성과 성매매 여성은 원칙적으로 교육조건부 기소유예로 처분된다는 것이 성매매사범을 엄단하고 있다라고 평가하기 어렵다. 결국 「성매매특별법」 시행 이후 성매매사범에 대한 구공판 비율이 10%에 미치지 못하고 있다.

표 16-1 성매매사범 처분 현황(전국) (단위: 명)

연도	처리합계	기소		불기소		
		구공판 (비율)	구약식 (비율)	기소유예 (비율)	성매매 보호송치 (비율)	기타 (비율)
2010	30,389	1,338 (4.4)	4,506 (14.8)	18,037 (59.4)	247 (0.8)	6,261 (20.6)
2011	22,502	1,174 (5.2)	4,331 (19.2)	12,019 (53.4)	213 (0.9)	4,765 (21.2)
2012	19,186	1,294 (6.7)	4,537 (23.6)	9,006 (46.9)	258 (1.3)	4,091 (21.3)
2013	17,918	1,524 (8.5)	5,024 (28.0)	7,246 (40.4)	233 (1.3)	3,891 (21.7)
2014 (1~7월)	10,181	1,285 (12.6)	2,748 (27.0)	3,675 (36.1)	109 (1.1)	2,364 (23.2)

자료: 황은영(2015)에서 재구성.

2. 성매매 원인

성매매 발생 원인 중 하나는 자본주의 사회에서 자본주의적 가치관이 왜곡되어 성도 돈으로 살 수 있다는, 즉 성을 하나의 상품으로 일반화한다는 것이다. 성의 상품화는 인간의 성을 물상화하고 여성의 성을 대상화한다. 즉, 여성의 성을 남성의 성욕의 대상으로 취급해 온 가부장제의 전통이 성의 상품화 현상에 의해 심화된다.

성의 상품화와 더불어 각종 성산업이 발달하면서 성의 개방화가 급속도로 진행되고 있다. 성 개방화는 우리 사회에서 여성의 성을 상품화하는 데 충분조건이 된다. 성 개방화는 성에 대한 쾌락 추구와 성의 중요성이나 책임에 대한 무감각 등의 부정적인 결과를 가져왔고, 이로 인해 미성년부터 시작해서 주부에 이르는 다양한 계층의 여성이 성산업에 유입될 가능성을 높였다. 이는 자본주의 가치관의 왜곡 현상인 성 개방화와 성 상품화가 성매매를 조장하고 있음을 나타내는 것이다(변화순 외, 1993). 또한 성 개방화가 성윤리의식을 약화시켜 성을 사고파는 것에 대한 윤리적인 죄책감을 덜게 하여 성매매를 촉진시키는 원인이 되고 있다.

경제적 요인 역시 성매매 원인으로 대두되고 있는데, 성매매 여성이 되는 동기 중 가장 큰 요인은 돈을 벌기 위한 것이다. 2014년 10월 큐리오스 인터내셔널이 주최한 국제심포지엄 '인신 · 아동 성매매 문제해결 논의'에서 "성매매 업종에 종사하는 여성들 대부분은 경제적 원인으로 성매매로 연결된 사람"이라고 하였다. 특히, 경기불황, 가족해체 등으로 인해 가출청소년이 증가하고 있는데, 가출 이후 청소년들은 가족에 의존할 수 없어 잠자리 걱정, 생계비, 유흥비 마련 과정에서 겪는 경제적 어려움 등으로 인하여 성매매의 유혹에 쉽게 빠져들고 있고, 특히 인터넷, 스마트폰의 익명성, 비대면성, 편리성으로 인하여 성매매에 무방비상태로 노출되고 있다(한국여성인권진흥원, 2014b).

또 다른 요인으로는 성매매가 가능한 공간이 범람하고 있다는 것이다. 성매매가 가능한 곳으로 인식되는 유흥주점 외에도 주택가에까지 범람하고 있다.

3. 성매매 대책방안

성매매 문제를 해결하기 위해서는 성매매 문제를 개인적인 측면에서보다는 적극적으로 사회적 · 국가적으로 대처해야 한다는 것이다. 앞서 성매매 원인에서 살펴본 바와 같이, 성매매의 알선 고리는 자본주의 가치관 왜곡 및 자본주의의 이윤 추구적인 속성과 결부되어 있기 때문에 성매매 여성을 통해 경제적 이익을 추구하고 있는 성 서비스 산업에 대한 심도 있는 대책을 마련해야 한다. 이에 성매매사범의 특징을 직시하여 업주에 대한 엄단, 영업수익의 환수를 통해 성매매로 이익을 얻을 수 없다는 것을 명확히 구축할 필요가 있다.

성매매 여성은 성매매의 산업구조에 들어간 이상 온전한 자유의사에 의해 성매매를 한다고 보기는 어려운 실태를 감안하여, 탈성매매를 위한 자활 및 프로그램을 연계하는 협력을 강화하여야 한다. 즉, 상담서비스, 쉼터, 교육, 자활 등 관련기관 간 공식적 협의체 구축을 통해 합의 및 조정, 연계, 협력을 도모하여 홍보, 공동사업을 강구할 수 있다. 그리고 자발적이든, 강제적이든 유해업소를 벗어난 성매매 여성들이 빠른 시간 내에 안정적으로 사회에 복귀할 수 있도록 직업훈련, 교육기회 부여, 개인보건교육 등의 사회적응훈련 프로그램이 현실적으로 마련되어야 한다.

우리 사회에 성매매에 무방비로 노출되어 있는 청소년의 경우 성매매 예방의 중요성은 재차 강조해도 무리가 아니다. 청소년 성매매를 예방하기 위해서는 성에 대한 바른 이해를 갖도록 하는 것이 필요하다. 이에 이미 청소년들이 인터넷 등에 의해 성에 대한 많은 정보를 가지고 있음에도 불구하고 성매매에 대한 지식은 높은 수준이 아니며, 매우 혼란스럽고 유동적이다. 따라서 청소년 성매매 예방을 위한 청소년 관련 전문가를 대상으로 보다 체계적인 교육을 통해 청소년들이 성매매에 대한 올바른 이해를 할 수 있도록 해야 한다.

그리고 성매매 청소년에 대한 개입은 통합적이고 개별적으로 이루어져야 한다. 가령 가정환경(부모와의 관계 등), 성매매 기간 및 횟수, 성매매로 인한 피해 정도, 사법처리단계, 심리적 상태 등에 따라 다양한 특성을 가지고 있으므로 개별적으로 개입해야 한다.

마지막으로 온라인상의 인터넷 유해환경을 개선하고 안전한 인터넷 환경을 조성하기 위해 보다 적극적인 인터넷 안전망 구축을 위한 대책이 필요하다.

제4절 성폭력

성폭력에 대한 개념이나 접근은 시대적 변화에 따라 차이가 있을 수 있으나, 「성폭력범죄의 처벌 등에 관한 특례법」을 중심으로 정의한다면 성폭력이란 성(性)적인 행위로 타인에게 육체 및 정신적 손상을 주는 물리적 강제력으로 강간이나 강제추행뿐만 아니라 언어적 성희롱, 음란성 메시지 및 몰래카메라 등 상대방 의사에 반하여 가해지는 모든 신체적 · 정신적 폭력을 포함한다. 여성가족부(2010)에 따르면, 성폭력은 "성을 매개로 해서 상대방의 의사에 반해 이루어지는 모든 가해행위"로서 성희롱이나 성추행, 성폭행 등이 이에 포함된다. 그리고 인터넷을 통해 음란물을 보내는 등의 사이버 성폭력과 일방적으로 전화를 하거나 쫓아다니는 스토킹도 넓은 의미의 성폭력이라고 할 수 있다. 즉, 성폭력은 상대방의 동의 없이 성적 행위를 하거나 성적 행위를 하도록 강요 · 위압하거나 유인하는 행위로 성을 매개로 한 신체적 · 언어적 · 정신적 폭력을 포함한다.

우리나라는 성폭력범죄에 대한 사회적 인식개선과 성폭력에 대한 사회적 개입의 필요성이 촉구됨에 따라 1994년 「성폭력범죄의 처벌 및 피해자 보호 등에 관한 법률」이 제정된 이후, 성폭력을 예방하고 성폭력 피해자 보호 및 지원을 강화하기 위한 정부와 민간의 다각적인 노력들이 지속되어 왔다. 그리고 2012년 성폭력 범죄에 대한 친고죄[2] 폐지 등의 내용을 담은 관련 법률 개정안이 가결되어 피해자와 합의했더라도 형사처벌을 하는 것이 가능해졌고 강간의 객체도 아동 · 청소년으로 확대되었으며, 이에 대한 성범죄 처벌도 한층 강화되었다. 이 법률에 의해 성폭력 지원서비스는 여성긴급전화 1366, 통합지원센터, 성폭력상담소, 피해자 보호시설 등의 대표적인 위기개입 지원체계와 의료 · 심리치료서비스, 사회복지서비스, 법률구조서비스, 검찰 및 경찰 서비스로 구성된다(전종설 외, 2014).

1. 성폭력 실태

여성가족부(2014a)에서 3년마다 실시하는 2013년 성폭력 실태조사에 따르면, 성폭력 피해상황을 8가지 유형으로 조사한 결과, 지난 1년간 성폭력 피해율은 가벼운 성추행 1.4%, 심한 성추행 0.2%, 강간미수 0.03%, 강간 0.1%, 성희롱 0.9%, 음란전화 등 27.8%, 성기노출 1.7%, 스토킹 0.2%로 나타났으며, 평생 동안의 성폭력 피해 경험을 살펴본 결과, 가벼운 성추행 9.9%, 심한 성추행 1.1%, 강간미수 0.5%, 강간 0.4%, 성희롱 5.3%, 음란전화 등 51%, 성기노출 21.3%, 스토킹은 1.7%로 나타났다. 이러한 결과 평생 동안의 신체적 성폭력

2) 범죄의 피해자나 고소권자의 고소가 있어야 공소를 제기할 수 있는 죄.

피해율은 10.2%로 추정되며, 이는 10명당 1명은 평생 1회 이상의 신체접촉을 수반한 성폭력을 경험한 것으로 해석할 수 있다.

2010년의 성폭력 실태조사 결과와 비교하면 전반적으로 성폭력 피해율은 낮아졌음을 알 수 있는데, 성추행 · 강간 발생비율은 2010년 2.9%에서 1.5%로 감소하였으며, 평생 발생비율도 19.6%에서 10.2%로 감소하였다.

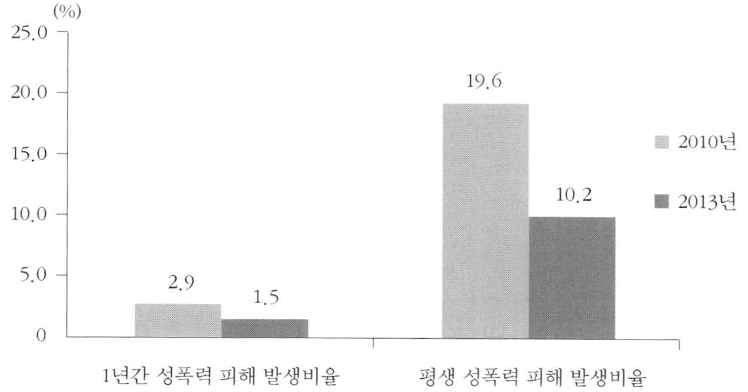

[그림 16-1] 2010년과 2013년 성추행 · 강간(신체적 성폭력) 피해율 비교

자료: 여성가족부(2014a).

성폭력의 유형을 살펴보면, 성추행에 대해 '가벼운' 또는 '심한'과 같은 용어를 사용하고 있는데 법적인 기준은 아니다. 법적으로 문제가 되는 추행 행위에 대해서 일반인이 응답하기 용이한 방식으로 성추행 개념을 제시한다.

- 가벼운 성추행: 고의로 상대방의 가슴, 엉덩이, 음부 등을 건드리거나 일부러 몸을 밀착시키는 행위
- 심한 성추행: 상대방의 뜻을 무시하고 키스, 성기 접촉, 애무 등 강제로 추행하는 행위
- 강간미수: 상대방의 뜻을 무시하고 강제로 성관계를 하려고 했으나 실패한 경우를 의미
- 강간: 상대방의 뜻을 무시하고 강제로 성관계(성기삽입)를 하거나 구강, 항문 등 신체 내부에 성기를 넣거나 성기, 항문에 손가락 등 신체 일부 혹은 도구를 넣는 것을 의미

- 성희롱: 직접적인 신체 접촉 없이 말이나 몸짓으로 상대방을 성적으로 괴롭히거나 모욕을 주는 행위
- 음란전화, 문자, 메일 등: 광고나 스팸전화, 문자, 메일까지 포함하는 음란성 문자, 메일, 전화를 말함
- 스토킹: 상대방의 의사에 반하여 의도적으로 계속 따라다니면서 정신적 · 신체적 피해를 입히는 행위
- 성기노출: 공공장소나 사람들 앞에서 성기를 고의적으로 노출하거나 돌아다니는 행위

여성가족부의 2013년 성폭력 실태조사에 따르면, 성폭력 첫 피해 연령은 30~40%가 아동 · 청소년 시기에 처음 발생하고, 가벼운 성추행의 경우 여성은 모르는 사람에 의한 비율이 높았으나 남성은 아는 사람의 비율이 높았다. 대체로 성폭력의 정도가 심해질수록 아는 사람의 비율이 높아져 강간의 경우 60.1%가 평소에 알던 사람에 의해 발생한다. 가벼운 성추행의 경우 여성은 71.4%로서 주로 대중교통시설에서 발생하고, 여성 성희롱의 경우 발생 장소는 상업지역 (28.7%), 직장(27.4%), 대중교통시설(23.4%) 순이었다.

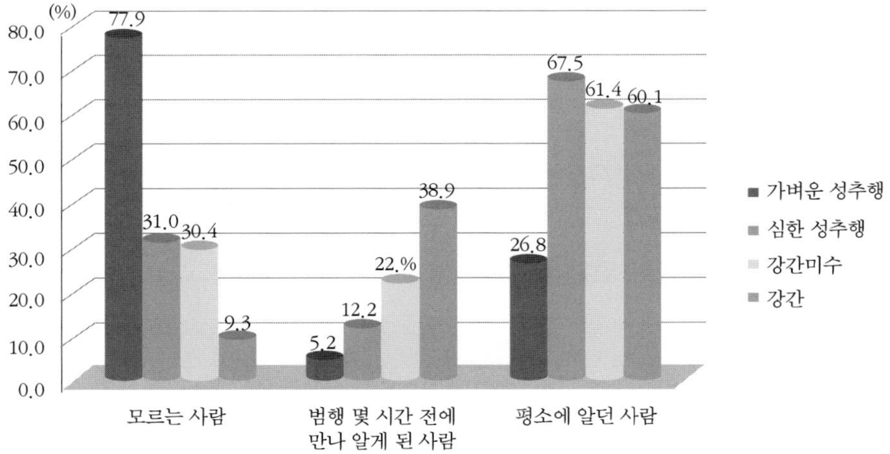

[그림 16-2] 성추행 · 강간(신체적 성폭력) 가해자 유형

자료: 여성가족부(2014a).

성폭력 피해에 따른 대응은 경찰이나 피해자 지원기관에 직접적으로 도움을 요청하는 비율은 낮은 편이며, 피해상황에서 '자리를 옮기거나 뛰어서 도망침' 57.7%, '그냥 있음' 28.5%였다. 이에 비해 남성의 경우 '그냥 있음'이 41.6%로 여성보다 높게 나타났다. 성폭력 피해 경험 당시 그냥 있었던 이유는 여성의 경우 '소용이 없을 것 같아서'가 51.3%, '남이 알까 봐 창피해서' 40.7% 순이고, 남성의 경우도 여성과 같이 '소용이 없을 것 같아서'가 34.4%로 가장 많은 비율을 차지했으나 여성과의 차이점은 '남이 알까 봐 창피해서'는 5.9%에 불과했고, '그 행동이 성폭력인지 몰라서'가 42.8%로 높게 나타났다.

2010년 성폭력 실태조사와 비교하면 '그냥 있음' 응답이 30.6%이었으나 2013년 조사에서는 28.5%로 감소하였고, 2010년 조사에서는 '자리를 옮기거나 도망침' 응답이 27.7%, '소리지름' 응답이 13.2%였던 것에 비해, 2013년 조사에서는 각각 57.7%, 18.5%로 높아졌다.

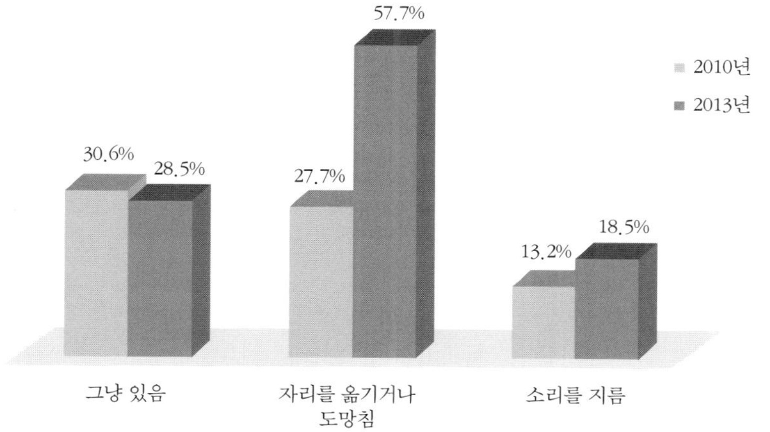

[그림 16-3] 2010년, 2013년 성폭력 피해자의 폭력 대응 비교

자료: 여성가족부(2014a).

성폭력 피해자들은 신체적 영향뿐만 아니라 정신적으로도 영향을 받는다. 신체적 성폭력 피해 경험이 있다는 응답자 중 23.1%가 정신적 고통을 경험했고, 여성의 경우 피해유형에 따라 가벼운 성추행의 경우 19.3%가 정신적 고통이 있었고, 강간피해까지 당한 경우에는

100%가 정신적 고통이 있는 것으로 나타났다(여성가족부, 2014a).

❖ 여성가족부 "내년에 군 성폭력 실태 공동조사 추진"

여성가족부는 19일 군대 내 성폭력 대책을 마련하기 위해 내년에 국방부와 공동으로 군 성폭력 실태조사를 추진하겠다고 밝혔다.

여성가족부는 이날 국회 '군 인권개선 및 병역문화혁신특위'에 제출한 자료에서 이같이 언급하고 대규모 집체교육 중심으로 벌여 온 성폭력예방교육도 직급별 및 소규모 단위 맞춤형 교육방식으로 추진하겠다고 보고했다.

또 군대 내 성폭력 피해자에 대한 지원을 활성화해 민간 성폭력 상담소의 상담지원을 받을 수 있도록 하고, 무료법률지원사업과의 연계체계를 구축하며, 중장기적으로 군 병원 내 피해자 지원센터를 신규로 설치하는 방안도 검토하겠다고 밝혔다.

- 연합뉴스(2014. 11. 19)

1) 성폭력 처벌 현황

박근혜 정부 4대악 국정과제에 성폭력이 포함됨에 따라 수사 인력 집중투입, 친고죄 폐지에 따른 지하철 등 공중장소추행의 단속화, 성적 목적 공공장소침입죄 등 새로운 성범죄 유형 처벌 등에 따라 성폭력범죄 건수는 2013년을 기점으로 증가하였다. 처분을 보더라도, 성폭력범죄자의 신상등록제도 확대로 구공판 비율이 증가하고 구약식기소가 대폭 감소하였으며, 교육조건부 기소유예가 증가한 것을 알 수 있다. 성폭력사범 처분 현황은 〈표 16-2〉와 같다.

2. 성폭력 원인

성폭력 가해자가 성폭력을 행하는 원인을 밝히기 위해 학자들은 여러 가지 이론적 접근을 시도하였다. 성폭력에 관한 초기 행동주의 이론들은 고전적 조건화 과정으로 일탈적 성

● 표 16-2 ● 성폭력사범 처분 현황(전국) (단위: 명)

연도	처리합계	기소		불기소		
		구공판 (비율)	구약식 (비율)	기소유예 (비율)	성매매 보호송치 (비율)	기타 (비율)
2010	20,931	5,029 (24.0)	3,834 (18.3)	731 (3.5)	6,157 (29.4)	5,180 (24.7)
2011	21,844	4,978 (22.8)	4,453 (20.4)	885 (4.1)	5,959 (27.3)	5,569 (25.5)
2012	23,016	5,296 (23.0)	4,807 (20.9)	1,003 (4.4)	5,590 (24.3)	6,320 (27.5)
2013	27,165	8,632 (31.8)	3,403 (12.5)	2,623 (9.7)	3,656 (13.5)	8,851 (32.6)
2014 (1.-7.)	15,973	5,742 (36.0)	999(6.3)	2,574 (16.2)	244 (1.5)	6,378 (40.0)

자료: 황은영(2015)에서 재구성.

행동의 습득과 유지에 대한 설명을 Pavlove 이론에 적용하여 설명하려고 했었다.

다음으로 개인의 생물학적 이론에 입각하여 본 인간의 공격적 행동은 뇌의 이상에 근거하여 여러 영향을 주는 단계들을 거친다고 한다. 최근에 연구되는 가해자 생물학적 요인은 생화학적 요소의 변화 또는 호르몬 등의 변화와 같은 생물학적 요소가 강간 등의 성폭력을 증가시킨다는 것이다(이상현, 2005).

그리고 또 다른 성폭력 원인으로는 과거 성폭력경험, 반사회적 성격, 공격적 행동경향과 더불어, 신체적 또는 언어적 학대경험이 관련이 깊다고 하며 생물학적인 원인보다는 양육의 질과 성격적인 영향이 더 크다고 주장하였다. 즉, 부모의 냉담함으로 정서적 학대를 받았던 성장환경은 공격적 성적 환상과 함께 반사회적이고 공격적인 행동으로 연결되어 성폭력을 행한다. 또한 어린 시절의 불안정애착으로 자기신뢰감이 발달하지 못하고, 여성에 대해 부정적 태도를 갖거나, 성인과의 관계에 대한 두려움을 느끼는 등 사회적 기술이 발달하지 못하여, 위협적이지 않은 어린이를 매력적으로 보거나 성인여성을 향해서는 공격적인 태도를 취하게 되는 것이다(Seto & Lalumiere, 2010).

그 외 성차별적인 사회구조로 인해 가정이나 직장, 학교에서 '여성-남성' 간에 '지배-복종'의 위계관계가 발생하며, 이는 자신보다 낮은 위치에 있는 사람을 함부로 대해도 괜찮다는 잘못된 생각을 낳는다. 그리고 왜곡된 성문화로 인해 향락, 퇴폐문화 등이 여성의 가치를 오직 '성'으로만 다루는 선정적인 광고 등에서 여성을 성적 대상으로 보게 되고, 성폭력을 미화시킨다(여수성폭력상담소 홈페이지).

3. 성폭력 대책방안

성폭력의 경우에는 사건 중심으로 여론의 집중적인 관심을 받고 친고죄 폐지와 성폭력범죄의 신상등록제 전면시행으로 다른 어느 분야보다 혁혁하게 발전하고 있음에도 불구하고, 성폭력 피해자의 일시보호를 위한 시설의 지속적 확충과 더불어 민간보호소 등에 보호위탁제도 등을 운용하고 보호시설과 특별조치를 지속적으로 마련해야 한다.

여성가족부(2014a)의 2013년 성폭력 실태조사에 의하면, 성폭력 방지 정책 1순위는 '가중처벌 등 가해자에 대한 법적 조치 강화' 였고, 이어서 'TV 등 공익광고를 통해서 관련 법 및 서비스 홍보' '폭력 허용적 사회문화의 개선' 등의 순으로 나타났다. 이러한 결과를 반영하여, 우리 사회는 피해자 지원서비스 홍보를 위하여 공익광고를 확대하여야 하며, 성폭력이 발생하였을 때 상담전화를 용이하게 이용할 수 있도록 각종 매체를 통한 홍보가 요구된다. 그리고 그에 따른 상담인력의 전문성 강화도 요구되는데, 상담전문가들의 전문성 교육과 상담에 대한 기본 소양을 갖춘 전문가 양성이 필요하다. 또한 성폭력에 대한 사전예방을 위해서 성폭력에 대한 사회적 인식개선 및 일선 교육기관에서의 성폭력 방지에 대한 교육을 의무 및 필수 교육과정으로 실시해야 한다.

CCTV를 확대 설치하는 등 시스템 보완도 요구된다. CCTV의 경우 사생활 침해라는 부분에 있어서 거부반응 또한 적지 않지만, 범죄에 대한 두려움을 감소시키는 효과가 있고, 다른 한편으로 범죄발생 위험 감소와 범죄예방 효과를 증가시키는 효과가 있을 수 있으므로 사각지대를 중심으로 성폭력 발생을 예방하기 위해서 CCTV를 설치할 필요가 있다.

성폭력 가해자의 재범방지를 위한 노력도 필요하다. 보통 성폭력이 발생하면 대부분의 경우 들끓는 사회적 비판 여론으로 가해자를 덮어 놓고 처벌하게 되는 경우가 많다. 물론 일부에서는 우리나라가 성폭력 가해자의 처벌강도가 턱없이 약하다는 여론도 있다. 범죄에 따른 처벌강도를 높이는 것도 숙고할 부분이지만, 재범 발생률을 방지하기 위해서는 처벌과 더불어 가해자 지원을 위한 각종 상담프로그램의 개발 및 지속적인 관리 등 다양한 방향에서의 노력이 병행되어야 할 것이다.

제5절 동성애

동성애란 여성이나 남성이 같은 성을 가진 사람에게 성적인 매력을 느끼는 것을 말한다. 동성애는 일반적으로 호모섹슈얼리티(homosexuality)라고 불린다. 호모섹슈얼리티(homosexuality)라는 용어는 1869년 Karl Maria Kertbeny라는 헝가리 의사가 프러시아의 반동성애법 철폐를 주장했던 한 소책자에서 처음 사용되었다.

남성의 동성애는 우라니즘(uranism) 또는 게이, 여성의 경우는 동성애에 빠졌던 그리스의 여성 시인 Sappho의 이름을 따서 사피즘(sapphism) 또는 Sappho가 태어난 레스보스 섬의 이름을 따서 레즈비언(lesbian)이라고도 한다. 흔히 트랜스젠더와 혼동하기도 하는데, 트랜스젠더는 자신의 육체적 성이 정신적 성과 반대라고 생각하는 성전환증에 가까운 경우로서 동성애와 구별된다(조선자 외, 2015). 하지만 박철현(2010)은 보다 넓은 개념으로 동성애에 동성애와 이성애를 모두 즐기는 양성애자, 그리고 남성에서 여성으로 성전환수술을 한 성전환자 등을 포함하고 있다.

동성애에 해당하는 행위는 인류 역사와 더불어 존재해 왔고, 지금도 보편적으로 존재하고 있지만, 19세기 이전까지 동성애는 도덕적 비난의 대상이었고 강력한 법적 처벌의 대상으로 간주되었다. 그런 이유로 동성애는 19세기 말에 이르러, 동성 간 에로티시즘을 놓고 시각의 획기적 전환이 이루어진다. 즉, 과거 'sodomite'로 분류되던 것이 '동성애(the homosexual)' 범주로 만들어졌다(함인희, 2003).

우리나라에서도 동성애가 공공의 담론으로 등장하기 시작한 시기는 1990년대 이후 동성애자들의 인권 단체 또는 동호회 형식의 모임들이 생겨나면서부터라고 할 수 있다. 이러한 노력에 의해 우리나라는 1995년 6월 26일 '한국동성애자인권운동협의회'가 창립되었고, 2001년 11월 24일부터 시행된「국가인권위원회법」제30조 제2항 본문에 따라 '성적 지향'을 이유로 한「헌법」제10조(행복추구권), 제11조(평등권), 제21조(표현의 자유) 등을 침해하는 것으로 판단하여 인권보호의 대상으로 포함하였다. 2002년 4월에는「영화진흥법」및「공연법」의 영상물등급위원회의 심의기준에도 동성애 항목이 삭제되었다. 인권위의 권고(2003. 4. 2)로「청소년보호법 시행령」제7조에서는 청소년 유해매체물로 규정된 영역에서 '동성애'를 삭제하여 개정하였다(한국청소년상담복지개발원, 2003).

1. 동성애 실태

우리나라에서 전체 인구 중 동성애자가 어느 정도 존재하는가에 대한 현황을 가늠할 수 있는 자료는 사실상 입수하기 어렵다. 20세기 후반부터 LGBT[3] 운동이 활발히 일어나면서 2001년 네덜란드가 동성(同性)결혼을 최초로 합법화했다. 이후 2015년 2월 현재까지 전 세계 16개국에서 개인의 행복추구권과 평등권 등 인권과 시민권에 기초하여 동성결혼을 전면적으로 혼인의 형태로 포섭하고 이를 법적으로 시행하고 있다(위키백과 홈페이지).

우리나라의 경우 한국갤럽이 2013년 전국 성인 남녀 1,224명에게 동성결혼을 법적으로 허용하는 것에 대해 찬반을 물어본 결과, '찬성' 25%, '반대' 67%로 나타났다. 동성결혼에 대한 설문조사도 나왔는데 이에 대해서는 따로 그래프를 제시하고 있지는 않지만 20대 가운데서는 57.5%, 60대는 92.4%가 동성결혼에 대해서 거부감이 든다고 응답하였다.

동아일보와 재단법인 아산정책연구원이 전국의 성인 남녀 1500명을 대상으로 실시한 '2013년 국민의식조사'에서 동성애와 동성결혼에 대한 의식조사를 실시한 결과, 동성애자에 대해서 거부감이 든다는 의견은 20대가 57.5%, 60대는 91.7%, 거부감이 들지 않는다는

---

3) LGBT는 성소수자 중 레즈비언(Lesbian), 게이(Gay), 양성애자(Bisexual), 성전환자(Transgender)를 합쳐서 부르는 단어다(위키백과 홈페이지).

● 표 16-3 ● 동성결혼 허용 연대표

연도	나라 및 일자
2001	네덜란드(4월)
2003	벨기에(6월 1일)
2005	스페인(7월 3일), 캐나다(7월 20일)
2006	남아프리카공화국(11월 30일)
2009	노르웨이(1월 1일), 스웨덴(5월 1일)
2010	포르투갈(6월 5일), 아이슬란드(6월 27일), 아르헨티나(7월 22일)
2012	덴마크(6월 15일)
2013	브라질(5월 16일), 프랑스(5월 18일), 우루과이(8월 5일), 뉴질랜드(8월 19일)
2015	룩셈부르크(1월 1일), 슬로베니아(일자 미정)
2017	핀란드(3월 1일 예정)

자료: 위키백과 홈페이지(http://ko.wikipedia.org).

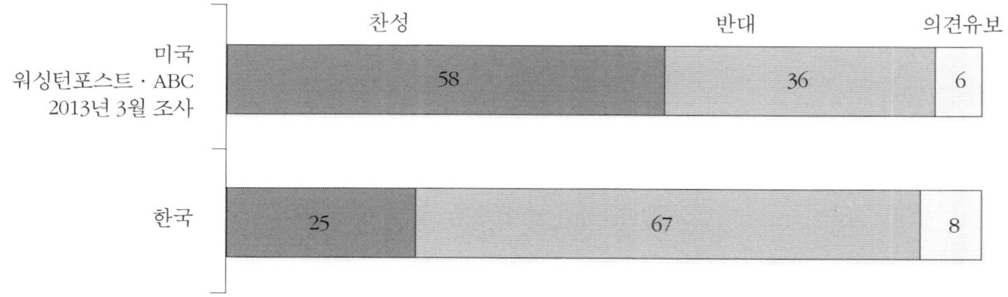

[그림 16-4] 동성결혼 법적 허용에 대한 찬반(단위: %)

자료: 미디어붓다(2013. 4. 18).

응답은 20대가 42.5%, 60대가 8.3%로 나타나, 연령이 증가할수록 거부감이 든다는 의견이 높게 나타났다.

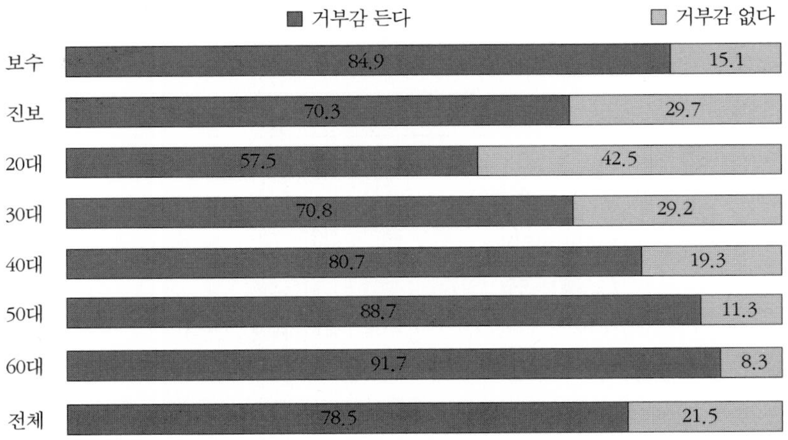

[그림 16-5] 동성애자에 대한 인식(단위: %)

자료: 동아일보(2013. 10. 31).

2. 동성애 원인

동성애의 원인을 밝히는 본격적인 연구는 19세기부터 시작되었고, 지금도 활발히 연구되고 있다. 동성애 원인론은 크게 선천설과 후천설로 나뉘며, 선천설은 동성애자들에 대한 인권운동을 하는 단체들이 지지하며 국가법을 제정하는 데 많은 영향을 주고 있다. 반면 동성애의 성적 경향을 이성애적 경향으로 바꾸고자 여러 기법을 연구하는 학자들은 동성애의 원인을 후천설로 본다(윤가현, 1990).

1) 선천성 원인

동성애의 원인이 선천성 요인에 기인한다는 이론은 생물학적 연구방법론을 통해서 동성애의 원인을 밝히고 있다. 이러한 생물학적 연구에는 유전학적, 내분비학적, 뇌의 해부학적 연구로 분류할 수 있다.

첫째, 1950년대 시작된 유전학적 연구는 1952년 F. Kallmann의 연구에서 일란성 쌍둥이가 이란성 쌍둥이보다 동성애 일치율이 높다는 보고를 하였다. 즉, 표집된 37쌍 일란성 쌍둥이들은 모두가 동성애자인 반면, 26쌍의 이란성 쌍둥이는 4쌍만이 동성애자였다. 하지만 표집된 대상이 정신병원과 교도소 수감자들이었기 때문에 일반화시키기는 어렵다. 이후 많은 연구자들이 쌍둥이 연구를 시도하였지만, 연구결과들이 100%가 아니기 때문에 유전학적인 요인이 동성애의 완전한 원인이라고 말하기는 어렵다.

둘째, 호르몬의 영향 때문인가를 확인하는 내분비학적 방법이다. 이는 호르몬의 영향으로 태아기 동안 중추신경계의 구조와 기능에 이상이 생기면서 여성 호르몬 또는 남성 호르몬이 부족하여 남성이 여성적, 여성이 남성적 성적 지향을 지니게 된다는 주장이다. 하지만 많은 연구에서 호르몬 구성이 동성애자와 이성애자 간에 차이를 보이지 않았으며 게이나 레즈비언에게 각각 테스토스테론과 에스트로겐을 주입하여도 성적 지향이 바뀌지는 않았다(윤가현, 1990).

셋째, 뇌의 해부학적 요인이 동성애자와 이성애자 간에 차이가 있다는 입장으로 남성 동성애자들이 남성 이성애자들보다 시상하부가 더 작고 여성의 크기와 비슷하다는 결과를 나타냈다. 하지만 표집대상자가 10명이며 그들이 에이즈나 범죄로 사망했으며, 여성 동성애자의 경우는 설명하지 못해 일반화하기에는 무리가 있다.

2) 후천성 원인

동성애의 원인이 후천성 요인에 기인한다는 이론은 정신분석학적 이론, 학습이론으로 분류할 수 있다.

첫째, 정신분석학적 이론은 20세기 전반에 등장하였다. 정신분석학의 창시자인 Freud에 의하면 인간은 남성성과 여성성을 모두 지니고 태어나며 성장하는 과정 속에서 가족 등에 의해 이성애와 동성애 구분 없이 성적 지향이 굳어진다고 주장하였다. 남성 동성애자들은 유년기 시절에 소위 오이디푸스 콤플렉스(Oedipus complex)를 극복하지 못하고 거세 불안이 증가하여 이성애적 성향으로 발전하지 못하고 동성애적 성향을 지니게 된다고 주장하였다. 따라서 Freud는 이성애만을 정상적인 성적 경향으로 보고, 동성애를 성적 발달이 정지되어 생긴 미성숙한 상태라고 보았다. 이후 후기의 정신분석가들은 Freud와는 약간 다른 이론을 전개하여 동성애를 설명한다. 그들은 Freud와 마찬가지로 동성애가 생의 초기 경험에서 비롯된다고 주장하지만, 개인이 양성적인 존재로 태어난다는 Freud의 주장에 반대하여 정상적인 이성애 관계에서 벗어난 것으로 재개념화하였다.

둘째, 학습이론은 사회심리학적 관점에서 개인의 정체성이 발달하는 문제로 보고, 동성애자들이 유년기 시절에 동성과의 만족스러웠던 경험 또는 이성과의 만족스럽지 못한 경험을 함으로써 동성애자가 된다는 주장이다. 이는 한 사람이 겪은 직접적 · 간접적인 성에 대한 경험들이 성적 경향을 가지거나, 성관계를 맺는 데에 큰 영향을 미친다고 말한다(윤가현, 1998).

제6절 소결

백과사전에 따르면, 성적 자기결정권이란 "개인이 사회적 관행이나 타인에 의해 강요받거나 지배받지 않으면서, 자신의 의지나 판단에 따라 자율적이고 책임 있게 자신의 성적 행동을 결정하고 선택할 권리로서, 모든 사람은 자신이 원하지 않는 성적 행위를 거부하고 반대할 수 있는 권리를 지니므로 상대가 원하지 않는 성적 행위는 아무리 사소한 것일지라도 강요해서는 안 된다."고 명시되어 있다. 따라서 개인의 의사에 반하여 성적인 접근을 행하는 성폭력은 개인의 성적 자기결정권 침해의 일종이다. 성폭력은 피해자에게 신체뿐만 아니라 정신적으로도 큰 상처를 남기고, 피해자들은 스스로 죄책감이나 수치심을 동반하면서 또 다른 피해를 입고 있다.

성폭력 피해자는 즉각적이면서도 지속적인 도움과 보호를 필요로 한다. 그러므로 궁극적으로 성폭력 피해자를 보호하기 위한 제도적 개선을 이끌어 내기 위해서 성폭력 피해자는 국가와 형사사법기관, 기타 지원기관으로부터 충분한 원조를 받고 더욱 보호될 필요가 있다.

최초로 성매매를 합법화한 나라는 1984년 호주의 빅토리아 정부이며, 국가가 성매매를 승인하여 이를 직업으로 인정하면서 세금을 받는 '공창제'를 시행 중인 나라는 호주, 스위스, 독일, 뉴질랜드, 오스트리아, 터키, 네덜란드, 헝가리, 미국, 멕시코, 벨기에 등이다. 반면 우리나라와 같은 금지주의 국가에서는 성매매를 금지하고 없애려는 노력이 지속되고 있다. 우리나라는 2004년 시행된 「성매매처벌법」에서 "성매매, 성매매 알선 등 행위 및 성매매 목적의 인신매매를 근절하고, 성매매 피해자의 인권을 보호함을 목적으로 한다."라고 명시하고 있다.

하지만 성매매 피해자의 인권 증진을 달성하자는 목적보다는 '처벌'이 성매매정책의 주요 수단이 되고 있다. 이러한 처벌은 수요와 공급이 존재하는 한, 성매매를 더욱더 음성적으로 몰아 신종 성매매까지 등장하게 만든다. 따라서 성매매를 근절하기 위해서는 법적인 제재와 동시에 성 수요자, 공급자, 중개자, 일반인, 정책집행자 등 다양한 대상에 대한 교육과 홍보가 지속적으로 이루어져야 할 것이다.

동성애에 대한 사회인식은 시대와 문화에 따라 다르다. 하지만 개인의 성적 지향을 타인에 의해 바꿀 수는 없다. 우리 사회가 보다 선진화된 사회로 발전하기 위해서는 소수의견에 귀 기울여 보다 신중하게 검토하고, 소수의 인권이 존중되도록 하는 것이 무엇보다 중요하다고 하겠다. 그러기 위해서는 우선 국민적 합의가 중요해 보인다. 왜냐하면 그들도 우리 사회의 시민으로서 차별받지 않고 똑같은 권리를 누려야 한다는 긍정론과 자라나는 청소년들의 성정체성의 혼란과 잘못된 성의식을 부추길 수 있는 우려가 있다는 부정론이 팽팽히 맞서고 있는 현실에서 동성애에 대한 국민적 합의 없이 인권 헌장이 추진되기에는 무리가 있어 보인다.

현재 우리 사회는 동성애에 대한 정확한 실태와 현황을 파악하기 어려워 접근하기가 더더욱 어렵다. 이는 동성애자 개인적 차원에서 동성애자라고 알려졌을 때 그들이 받을 피해와 차별로 인해 낙인을 유발하므로 동성애자임을 드러내기를 꺼려하기 때문이다. 그러므로 동성애자에게 낙인을 유발시켜 조명하지 말고, 어느 정도 가능성을 타진할 수 있는 행위자로 자리매김함으로써 담론을 제기할 수 있는 방안을 모색할 필요가 있다.

참고문헌

강월구, 김용화, 김재련, 서규영, 신진희, 이희애, 차혜령, 최금숙(2015). 성매매처벌법 위헌심판 제청 관련 전문가 좌담회. 한국여성인권진흥원.

김광기, 김대희, 김왕배, 김정선, 김정희, 문창진, 연성진, 이경용, 장세진, 전신현, 정진주, 조영태(2010). 현대사회문제론. 파란마음.

김영화, 권신영, 최영진(2013). 현대사회와 여성복지. 양서원.

뉴스엔미디어(2014. 9. 26).

동아일보(2013. 10. 31).

미디어붓다(2013. 4. 18).

박귀영, 김정옥, 백경숙, 유가효, 조희금, 홍계옥, 홍상욱(2014). 가족과 젠더. 양서원.

박철현(2010). 사회문제론. 박영사.

변화순, 원영애, 최은영(1993). 가정폭력의 예방과 대책에 관한 연구. 한국여성개발원.

서울중앙지방검찰청(2014). 성매매특별법 시행 10주년 세미나.

연합뉴스(2014. 11. 19).

여성가족부(2010). 2010 성매매실태조사. 서울대 여성연구소.

여성가족부(2013). 2013 성매매실태조사. 한국형사정책연구원.

여성가족부(2014a). 2013년 성폭력 실태조사.

여성가족부(2014b). 2013 성매매실태조사. 한국여성인권진흥원.

윤가현(1990). 성심리학. 학지사.

윤가현(1998). 동성애의 심리학. 학지사.

이상현(2005). 범죄심리학. 박영사.

이슈타임(2015. 3. 18).

전종설, 신선아, 심혜선(2014). 성폭력 피해자 지원체계 및 서비스 실태와 개선방안: 성폭력 상담소 및 보호시설 종사자를 중심으로. 보건사회연구, 34(3), 505-537.

조선자, 이승남, 임형기, 조정연(2015). 군형법 제92조의5 동성애 처벌조항 폐지를 위한 소고. 인권법연구, 1, 281-301.

한국청소년상담복지개발원(2003). 청소년 동성애를 향한 사회학적 성찰. 청소년 상담문제연구 보고서.

함인희(2003). 청소년 동성애를 향한 사회적 고찰. 청소년의 고민: 내가 동성애자인가요?. 한국청소년상담원.

황은영(2015). 여성폭력 범죄의 통계와 사법적 처분에 대한 비판적 고찰. 저스티스, 146(3), 633-637.

Kallmann, F. (1952). Twin and sibling study on Homosexuality. *American Journal of Human Genetics*, *4*, 136-146.

KBS뉴스(2015. 4. 3).

Seto, M. C., & Lalumiere, M. L. (2010). What is so special about male adolescent sexual offending? A review and test of explanations through meta-analysis. *Psychological Bulletin, 136*(4), 526-575.

여수성폭력상담소 홈페이지(www.yshuman.or. kr).

위키백과 홈페이지(http://ko.wikipedia.org/).

다음백과사전 홈페이지(http://100.daum.net/).

제17장 신상털기 문제

제1절 개관

인터넷은 초기에 사적인 표현의 공간에서 공적 및 사적 정보의 자유로운 작성 그리고 공유를 위한 영역으로 확대되었다. 이렇게 인터넷에서 자유롭게 작성되고 공유되는 정보에서 프라이버시(privacy) 정보(신상정보) 또한 예외가 될 수 없다는 현실과 마주하고 있다. 정보산업의 발달과 인터넷의 기술 발달에 따라 개인정보를 포함한 모든 정보가 인터넷을 통해 추적되고, 검색되고, 공개되는 경향을 낳고 있다. 개인정보 단위에서 다양한 인접 정보와의 융합을 통해 검색의 확장성이 현저하게 높아지고 있다. 이러한 문제점으로는 사생활 침해, 마녀사냥, 정의의 심판인 것처럼 둔갑하여 옹호하는 입장도 있다는 것이다.

우리는 공유와 참여의 web 2.0 시대에 살고 있으며 프라이버시는 더 이상 존재하지 않는다고 선언한다. 누구든 타인의 사생활정보를 쉽게 볼 수 있고 공유할 수 있다. 인터넷의 발달로 인해 공유와 참여가 일상화되고 다종다양한 모바일 서비스의 발달로 프라이버시는 보편적인 권리로 절대화하기 어려운 환경을 맞이하고 있다. 따라서 비밀로서의 프라이버시를 넘어 새롭게 재규정하지 않을 수 없게 되었다(Solove, 2007). 이러한 맥락 속에서 현재 한국

사회가 접하고 있는 인터넷상에서의 신상털기 현상을 살펴보고자 한다.

제2절 신상털기 문제의 개념

신상털기는 '신상(身上)'과 '털기'의 합성어로 특정인의 신상 관련 자료를 인터넷 검색을 이용하여 찾아내어 다시 인터넷에 무차별 공개하는 사이버 테러의 일종이다. 중국에서는 인육검색(人肉搜索)[1]이라고 불린다(서울신문, 2010 3. 24). 네티즌들이 온라인 정보 체계를 바탕으로 특정인의 신상정보를 찾아내고 이를 유포시켜 사생활 침해가 이루어져서 사회적으로도 큰 파장을 일으키고 있다(한국경제, 2011. 12. 21). 이는 개인의 명예를 심각하게 훼손하고 정보보호에 관한 법률을 위반하는 명백한 불법행위다(SBS뉴스, 2011. 6. 28).

우리나라의 경우 민주화과정에서 공권력에 대한 불신과 시민사회정의 의식이 높아지면서 문제가 되는 특정인은 지위고하를 막론하고 신상정보를 공개하여 검증해야 한다는 의식이 매우 강하다. 이러한 맥락하에서 개인의 신상정보를 공개하고 확인하는 적극적이고 행동주의적인 경향이 우리 인터넷 사회의 주요한 특징으로 자리 잡고 있으며 신상털기란 이름으로 분류되고 집단행동의 부정적인 측면과 개인정보수집 일상화라는 현상과 마주하고 있다.

신상털기 현상은 일반적으로 특정 사이트를 인터넷 시민들이 직접 만들거나 특정 네트워크(인터넷 포털이나 SNS)에 기반을 두고 있다. 그리고 특정 개인의 신상정보를 적극적으로 수집하고 집단적으로 가공할 뿐만 아니라 다양한 사이트를 통해 정보를 적극 전달하고, 특정 개인의 미니홈피나 소속된 기관의 홈페이지에 특정 사실을 게시하여 정서와 심리 및 명예, 관계, 경제 면에서 피해를 가하는 집단행동으로 알려져 있다. 현재 신상털기라는 개념은 정리되지 않은 채 두 가지 측면으로 묶여 있는데, 첫째, 특정한 개인에 대한 인신공격의 문제

---

1) 2006년 중국의 인터넷에서 등장한 신조어로 인터넷 검색을 이용해 찾은 특정인의 신상 관련 사진이나 글, 동영상 등을 또다시 인터넷에 무차별 공개하는 사이버 테러의 일종이다. 2008년 12월 최고인민법원은 인육검색을 사이버 폭력이나 사생활 침해를 유발시키는 심상치 않은 현상이라고 정의하고 있다.

로 그러한 정보의 공개가 정보의 내용이 가리키는 당사자에게 어떠한 영향을 미쳤는가에 대한 영역, 둘째, 개인적인 프라이버시 침해의 문제로 정보 프로파일링에 의해 드러난 정보의 종류 및 관계된 영역이다(서이종, 손준우, 2011). 지금까지의 신상털기란 용어는 주로 사이버 명예훼손이나 사이버 언어폭력의 예로 분류(이정기, 우형진, 2010)되거나 더 넓은 의미의 사이버 폭력의 개념 범주로 분류(유상미, 김미량, 2011)되고 있다. 결과적으로 신상털기란 개념은 인터넷 공간상의 특수성으로 인한 부정적 확산의 측면이지만 현실공간에서 개인정보의 공개를 통한 명예훼손과 다르지 않다.

제3절 신상털기 문제의 실태

우리 사회에는 신상털기라는 무서운 형벌이 존재한다. 불특정 다수의 네티즌들은 어떠한 행위에 대해 도덕적인 판단을 내리고, 그들의 판단하에 문제가 있다고 생각되는 대상을 추적하여 그의 신상정보를 인터넷상에 공개한다. 네티즌들의 이런 왜곡된 정의감은 너무 지나친 경향이 있다. 한국인터넷진흥원(KISA)에 따르면, 국내의 인터넷 이용자의 약 67%가 신상털기에 참여한 경험이 있는 것으로 나타났고, 그중 95% 이상이 인터넷을 통해 대상의 신상정보를 찾아본 경험이 있는 것으로 나타났다. 결과적으로 신상털기는 하나의 문화처럼 자리 잡혔다(우원재, 2015).

신상털기에 대해 네티즌 사이에서는 '돌 던지는 관음증' 이라는 신조어까지 생겨났다. 즉, 어떤 사건에 연루된 사람의 신상을 밝혀 널리 세상에 알린다는 말로, 이런 행위는 남들보다 더 많은 정보를 가지고 있다는 우월감을 과시하는 것으로 볼 수 있다.

신상털기를 통해 공개된 신상정보는 연락처는 물론이고 직업, 학력, 병원기록, 주변 관계인 등 개인적인 것까지 포함하고 있어 사생활을 철저하게 훼손할 수 있다. 특히, 더 심각한 문제는 이런 신상정보를 바탕으로 하여 많은 사람들이 현실 공간에서 희생자가 된다는 것이다.

내 똥은 내가 치운다 개매너

자료: 투데이픽 홈페이지(http://todaypic.tistory.com/394)

신상털기는 2005년 '개똥녀 사건'[2] 때 처음으로 이슈화되기 시작하였다. 이 사건은 인터넷의 영향력을 실감하는 계기가 되었으며, 인터넷 시대에는 어느 누구든지 순식간에 사회적으로 널리 알려질 수 있다는 사실을 다시 한번 확인시켰다. 또한 이 사건은 워싱턴포스트

2) 서울 지하철 2호선에 탑승한 한 여성이 데리고 탄 애완견의 배설물을 치우지 않자, 이 여성의 사진과 나중에 애완견을 데리고 사진 속의 주인공이 내린 다음 어떤 할아버지가 개의 배설물을 치우는 사진, 이렇게 사진 두 장과 이 상황을 설명한 글이 인터넷에 올려졌다. 이 사진과 글은 2005년 6월 5일부터 여러 사이트에 퍼졌고, 인터넷 뉴스 사이트에 실리면서 폭발적으로 퍼져 나갔다. 이 사진을 접한 대부분의 누리꾼들은 사진 속의 주인공에 대해 분노했고, 사진 속의 주인공에게 '개똥녀'라는 별명을 붙이고, 애완견을 데리고 탄 여성의 사진을 공개적으로 유포하여 신원을 알아내기 위해 조직적으로 행동하기도 했다. 주인공의 홈페이지로 오해한 싸이월드 미니홈피에 욕설을 남기기도 했고, 실제 주인공을 흉내 내 거짓 사과문을 써서 장난을 치기도 했다.

에 기사가 실리면서 세계적으로 알려지게 되었다(http://ko.wikipedia.org/wiki/).

그리고 2009년 11월 9일 방송된 〈미녀들의 수다〉 프로그램에 출연한 한 여대생의 발언 때문에 세상이 들썩했다. 그녀는 남자들이 갖추어야 할 조건을 언급하면서 신장이 180cm 이하인 사람은 루저(loser)[3] 아니냐고 말한 것이다. 인터넷은 뜨겁게 달아올랐고, 그 여대생은 루저녀라는 이름으로 불리기 시작했다. 키가 작았던 역사 속의 인물들을 희화화하거나 할리우드 스타나 스포츠 선수들을 총망라해 키 작은 사람들에 대해 '루저' 타이틀을 붙이는 것이 유행처럼 번졌다(김서중, 2009). 이러한 관심의 증폭은 루저녀의 사생활 침해까지 이어졌다. 루저녀의 성형 전 사진이 나돌고 루저녀 주변 사람들이라는 불확실한 증언의 글이 인터넷을 달구었다. 이처럼 인터넷 논란이 커지자 루저녀는 "사려 깊지 못한 발언으로 물의를 일으켜 죄송하다."고 사과하고, 〈미녀들의 수다〉 제작진과 진행자도 이러한 사실을 간과하였던 점을 사과하는 사태에까지 이르게 되었다. 그러나 여기서 끝나지 않았다. 루저에 해당하는 한 사람이 언론중재위원회에 손해배상 조정을 신청하였다. 이것을 시작으로 언론중재위원회에 따르면 프로그램으로 입은 정신적 피해를 이유로 총 78건, 최저 10만 원에서 최고 38억 2,000만 원의 손해배상 청구가 접수되었다고 한다. 물론 대다수가 기각되었으나 그중 일부는 조정 심리까지 들어갔다고 하니 대단한 사건이 되고 말았다.

또한 "키 작은 남자는 루저(패배자)라고 생각한다."고 발언한 여대생의 소속학교인 홍익대학교 입시정보 사이트에 "루저는 안받습니다."라는 글이 올라와 논란이 일었다. 특히, 이 글은 해킹을 통해 접속한 뒤 작성한 것으로 드러났다(중앙일보라이프, 2009. 11. 24). 그리고 티셔츠에 그림을 인쇄해서 판매하는 인터넷 쇼핑몰업자가 생겨났다. 둘 중 키가 180cm 이상이라는 '위너'는 표시창을 뚫고 올라와 있다.

3) 패배자, 실패자, 손해 보는 사람. 속어로는 범죄자, 전과자, 실패자, 불량품이라는 뜻이 있다. 언론에서 쓸 때는 단순히 승부에서 진 사람이나 팀을 부를 때 쓰는 말이지만, 개인이 개인에게 이 말을 한다면 자존심에 큰 상처를 주는 명백한 모욕이다.

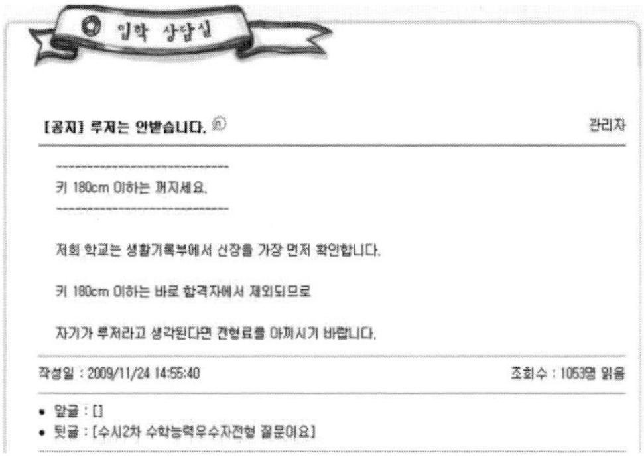

입학 상담실

[공지] 루저는 안받습니다. 관리자

키 180cm 이하는 꺼지세요.

저희 학교는 생활기록부에서 신장을 가장 먼저 확인합니다.

키 180cm 이하는 바로 합격자에서 제외되므로

자기가 루저라고 생각된다면 전형료를 아끼시기 바랍니다.

작성일 : 2009/11/24 14:55:40 조회수 : 1053명 읽음

- 앞글 : []
- 뒷글 : [수시2차 수학능력우수자전형 질문이요]

홍익대학교 해킹을 통해 작성된 글과 관련 상품(일명 루저티)

자료: 이재설(2009).

'서태지-이지아' 소송 사건의 경우 지금까지 모든 신상털기의 결정판이라고 해도 과언이 아니다(한계레21, 2011. 5. 3). 각 포털 사이트의 유명 카페 등에는 관련 글들이 속속 올라왔다. 기사를 접한 누리꾼들은 대형 포털 사이트를 중심으로 '서태지-이지아' 검색 버튼을 눌렀다. 둘에 관한 지난 뉴스가 등장했다. 이지아가 2009년 서태지 콘서트에 갔다는 기사가 검색됐고, 이어 둘에 관해 올라온 글이 몇 건 나왔다. 네이버와 네이트, 다음의 지식 검색 사이트에 둘의 관계를 예견이라도 한 듯한 글이 각각 한 개씩 발견됐다. 이 글에 나온 이지아의 본명과 가족, 서태지와의 관계 등이 검증 없이 퍼져 나갔고, 관련 페이지는 순식간에 누리꾼들이 들러 가는 '성지'가 되었다. 지금도 '성지'가 된 게시물에 댓글을 남기며 자신이 소원하는 바를 적는 '성지순례'는 계속되고 있다. 검색을 통해 이지아와 서태지의 지난 관계에 관한 것이라면 사소한 댓글까지 수집됐고, 이지아가 딱 한 번 출연한 적 있는 한 케이블 채널의 리얼 다큐멘터리 프로그램을 내려받아 서태지와의 연관성을 뒤졌다. 그렇게 해서 서태지가 2009년 공식 홈페이지에 올린 사진 속 하트 모양 조명에 그려진 그림과 이지아가 이 프로그램에서 '나의 마스코트'라고 밝힌 그림이 일치한다는 사실이 걸려들었다. 집단지성(?)의 힘이었다.

서태지와 이지아의 관계는 빛의 속도로 엔터테인먼트의 영역이라는 블랙홀로 빨려 들어갔다. 이 둘을 잇는 또 하나의 코드는 둘의 이름으로, 서태지의 영문 이름 'Seotaiji'를 거꾸로 하면 '이지아의 발가락(I jia toes)'이 나온다는 이야기다. 순식간에 '이름 미스터리'로 둔

갑해 세상에 공표됐다. 첫 기사가 보도된 지 채 5시간도 지나지 않아 이지아의 초등학교 사진이 떴다. 이지아가 한국에서 살던 당시의 이름이 공개되자 그의 초등학교 동창이라는 한 누리꾼이 이지아의 초등학교 졸업 사진을 찾아 인터넷에 올렸다. 사진 속 여자아이 아래에는 이지아의 본명이라고 알려진 이름이 적혀 있었다. 이지아가 탤런트 송창의와 같은 반이었다는 얘기도 나왔다. 당연히 '성형설'도 뒤따랐다. 그리고 '이지아 그녀는 누구인가?'라는 부제를 단 사이트로, 뉴스나 게시물 등을 통해 불거진 의혹을 일목요연하게 정리한 이지아닷컴(lee-zia.com)이 첫 보도 다음 날 문을 열었다. 서태지와 이지아 사건은 유명인을 둘러싼 신상털기의 과정을 낱낱이 보여 준다. 거대한 떡밥을 받아 든 누리꾼은 자신과 대중의 호기심을 충족시키겠다는 목표 아래 발빠르게 움직였다. 언론은 누리꾼을 신상털이의 주범으로 지목하면서도, 둘과 관련된 문서를 앞다투어 공개하며 누구보다 앞장서서 적극적으로 이들의 개인정보를 공개했다. 게시판에 올라온 이지아의 초등학교 졸업 사진은 케이블 채널의 뉴스 프로그램에도 등장했다. 포털 사이트는 늘 그랬듯 루머의 확산과 개인정보 복제를 무심한 듯 시크하게 독려했다. 신상털기는 어느 커뮤니티 사이트의 더 이상 할 일 없고 개념 없는 '잉여인간' 들만의 놀이가 아니다. 언론도 하고, 정부도 하고, 기업도 한다. 물론 개인도 한다. 점차 대량화되고 대중화된 신상털기는 이제 전 국민의 놀이이자 정부와 기업의 취미생활로 자리 잡았다.

〈표 18-1〉은 신상털기와 관련하여 이슈화된 사건들을 종합해 보았다.

● 표 18-1 ● 신상털기 사건의 전말

사건	사건개요	신상털기
개똥녀 사건	2005년 애완견의 배설물을 치우지 않고 자리에 앉아 있는 여성의 사진과 나중에 애완견을 데리고 사진 속의 주인공이 내린 다음 어떤 할아버지가 개의 배설물을 치우는 사진, 이렇게 두 장의 사진과 이 상황을 설명한 글을 인터넷에 올렸다. 이 사진과 글은 2005년 6월 5일부터 여러 사이트에 퍼졌고, 인터넷 뉴스 사이트에 실리면서 폭발적으로 퍼져 나갔다.	누리꾼들은 사진 속의 주인공에게 '개똥녀'라는 별명을 붙이고, 애완견을 데리고 탄 여성의 사진을 공개적으로 유포하여 신원을 알아내기 위해 조직적으로 행동하기도 했다. 주인공의 홈페이지로 오해한 싸이월드 미니홈피에 욕설을 남기기도 했고, 실제 주인공을 흉내 내 거짓 사과문을 써서 장난을 침

신정아 학력위조 사건	동국대학교와 2008 광주 비엔날레에 지원할 때 신정아는 1994년 캔자스대에서 서양화와 판화로 학사학위(BFA)를, 1995년 같은 대학에서 경영학 석사(MBA)를, 2005년 예일대에서 미술사로 박사학위를 받았다고 기재하였으나 실제로는 중경고등학교를 졸업하고 캔자스대(미국 The University of Kansas 서양화) 학부과정을 중퇴한 사건	이 사건의 여파로 학력위조가 커다란 사회문제로 떠올랐으며, 다른 문화계 인사들의 허위 학력까지 드러나서 문화계가 발칵 뒤집히는 등 엄청나게 문제화됐던 사건. 연예인 쪽으로 화살이 돌아가는 사태가 일어남
루저녀 사건	2009년 11월 9일, 〈미녀들의 수다〉라는 KBS 프로그램에서 당시 홍익대학교 경영학과 3학년에 재학 중이던 여대생이 "내 키가 170cm라서 180cm 이상의 남자를 원한다." "키는 경쟁력이다. 키 작은 남자는 루저라고 생각한다."라고 발언했고, 네티즌들이 흥분해서 "키 180cm 미만의 남자들은 루저"라는 발언으로 조합해서 사건이 퍼져 나감	루저녀 사건에 대한 관심의 증폭은 루저녀의 사생활침해까지 이어졌음. 루저녀의 성형 전 사진이 나돌고 루저녀 주변 사람들이라는 불확실한 증언 등의 글이 인터넷을 달굼
4억 명품녀 사건	2010년 10월 케이블 방송에 출연, 몸에 걸친 것만 4억 원이라고 말해 이른바 '4억 명품녀'라는 별명이 붙은 사건	방송 내용과 관련이 없는 사생활이 언론을 통해 연일 중계되었으며, 일부 네티즌에 의해 명품녀의 개인정보가 공개됨. 네티즌은 불법 증여 의혹을 제기했고, 국세청은 세무 조사에 착수함. 또한 방송 조작 논란이 일자 방송통신심의위원회는 심의에 착수. 김씨의 거주 형태, 이혼 경력은 물론 전남편과 남자친구, 부모 등 주변 사람들까지 거론. 김씨의 주민등록번호, 쇼핑몰 구매내역, 전화번호까지 올라옴
서태지-이지아 사건	2011년 4월 이지아가 서태지에게 위자료 및 재산분할을 요구하는 소송을 제기했다. 액수는 위자료 5억 원에 재산분할 50억 원까지 총 55억 원이었음	사건의 전말을 망라하며 이지아의 모든 것을 파헤친 '이지아닷컴'(http://www.leezia.com/)이 등장했다. 이지아닷컴은 순식간에 방문자가 몰리며 사이트가 마비됐으며 곧 인기 검색어 상위권에 랭크됨

박시후 성폭행 사건	2013년 2월 새벽, 후배 소개로 술자리에 동석한 연예인 지망생 A씨를 성폭행한 혐의로 피소된 사건	A씨는 사건이 공개된 직후부터 마녀사냥식 신상털기에 시달림. A씨의 이력이라고 주장되는 글은 물론, A씨의 평소 행동, 과거 행적에 대한 내용이라고 포장된 글까지 확산. 인터넷 포털 사이트 검색창에 박시후를 입력하면 A씨라고 나오는 이름과 사진 외에도, A씨에 대한 확인되지 않은 정보 수백 건이 등장
윤창중 성추행 피해자 신상털기	2013년 5월 대통령 대변인이 대통령의 미국 순방에 따라나섰다가 현지에서 채용된 인턴 여직원을 성추행하고 도망친 사건	정확한 정황에 대한 확인이 되지 않은 상태에서 피해자로 추정되는 여성의 이름과 사진이 유포됨
조현아 땅콩회항 사건	2014년 12월 대한항공 부사장(당시)이 승무원의 마카다미아 너트 제공 서비스를 문제 삼아 항공기를 램프 유턴 시킨 뒤 사무장을 강제로 내리게 할 것을 요구하고, 기장이 이에 따름으로써 항공편이 지연된 사건. 땅콩 리턴, 땅콩 유턴, 땅콩 회항 사건 등으로 불림	대한항공 이륙 지연 사건, 땅콩회항 문제가 제기된 이후 대한항공 여승무원의 신상이 온라인을 통해 그대로 공개됨
인천 보육교사 아동 폭행사건	2015년 1월 인천의 한 어린이집에서 여교사가 김치를 남겼다는 이유로 네 살배기 여아를 폭행하는 모습이 담긴 폐쇄회로(CCTV) 영상이 공개되면서 파문이 확산된 사건	일부 누리꾼들은 해당 전화번호로 심한 욕설을 퍼붓거나 문자를 남겼음. 하지만 이 전화번호는 실제 해당 보육교사와 전혀 관계가 없는 초등학교 2학년생의 전화번호였음
중동호흡기증후군(메르스) 사건	중동호흡기증후군(Middle East Respiratory Syndrome: MERS)은 박쥐로부터 유래한 베타 코로나바이러스. 낙타나 박쥐 등의 동물이 바이러스의 주요 매개체로 추정. 국내에서 2015년 5월 21일 사우디아라비아 등을 거쳐 바레인을 방문한 68세 남성이 첫 확진자가 되었고 감염자 수가 늘어남에 따라서 임시휴교령을 내리고 병원이 폐쇄되고, 전통시장, 외식·관광 매출감소 등 지역경제 전반에 사회적인 파장을 일으킨 사건	대전의 한 의사는 자녀들의 이름, 학교, 학원 정보까지 털림. 경남지역 첫 확진자 가족은 욕설 전화에 곤욕을 치름. 대구의 첫 메르스 확진 환자인 공무원 A씨의 신상이 노출되어 각종 인터넷 커뮤니티에는 메르스 의심 환자 발생 동향이라는 대구시의 보도자료와 함께 A씨의 이름과 직위, 담당 업무에 대한 정보가 올라옴. "○○○이 격리 전까지 목욕탕도 가고 회식도 한 무개념 공무원이 맞느냐?" 며 격한 반응을 쏟아 냈고, "○○○아들이 ○○중학교에 다닌다." 는 의혹도 퍼트림. 이후 대구 공무원은 해임됨

제4절 신상털기 문제의 원인

1. 온라인 기사 선정적 제목 뽑기

언론은 명예훼손이나 사생활 침해 등의 인권침해 방지를 목적으로 어떤 내용의 대상이 되는 자를 A양, B군 등의 익명으로 보도한다(이재진, 2004). 그러나 기사 제목에 이니셜을 사용할 경우 독자들에게 궁금증과 호기심 및 흥미를 유발할 수 있다. 실제로 낚시성 기사제목의 활용실태 연구(김선진, 2010)에 따르면, 의문유발형 제목 사용이 69%로 가장 높았고, 두 번째로 선동적, 감정적, 외설적, 과장적 표현의 사용이 26%로 높은 제목 사용방식임을 밝히고 있다. 실제 사례로 2013년 박시후가 연예인 지망생을 강간한 혐의로 피소되었고 이 사건과 관련하여 '박시후와 A양 사건'에 관한 기사가 인터넷 사이트에 올랐다. 네티즌들은 "A양이 누구죠? 네티즌 수사대의 힘을 보여 주세요."라는 기사 댓글을 통해 그와 관련된 다른 기사들을 계속적으로 검색한다. 이러한 신상털기식 마녀사냥을 심각한 사회문제로 인식하게 된 것은 대상범위가 연예인과 같은 공인으로부터 점차적으로 확대되어 일반인에게까지 무차별적으로 이루어지고 있기 때문이다.

2. 스마트폰과 소셜네트워크 서비스

네티즌들에게는 스마트폰과 소셜네트워크 서비스, 그리고 나날이 진화하는 검색엔진서비스 세 가지 형태가 존재한다. 몇 년 전만 해도 '네티즌수사대'가 집단적 성격으로 많은 네티즌들의 힘을 합쳐 특정인들의 정보를 알아냈다면, 현재는 이와 같은 수단을 활용하여 한 개인이 약 10분 정도의 시간을 투자하여 '신상털기'가 가능해진 것이다.

보편화된 스마트폰의 사용은 소셜네트워크 서비스의 이용을 증가시켰고, 결과적으로 네티즌들은 방 안 컴퓨터에 앉아서 활동하는 것을 벗어나 언제 어디서나 검색하고 활동이 가능하다. 이러한 두 매체의 주요 기능 중에 하나인 위치서비스와 공개된 실시간 개인의 활동내용을 악용하여 '신상털기'에 적극 활용하는 것이다. 소셜네트워크 서비스는 짧은 정보를 제공하지만 그 속에는 이용자의 위치와 이용 아이디가 공개되어 있어 '신상을 터는 가해자'가 활용하기에는 요긴한 정보가 되는 셈이다.

3. 과도하게 진화하는 검색엔진

스마트폰과 소셜네트워크 서비스로는 짧은 정보밖에 알 수 없으므로 개인정보를 알아내는 것에는 한계가 따른다. 따라서 네티즌은 더욱 폭넓고 깊은 정보를 알아내기 위하여 포털의 검색엔진을 적극적으로 활용한다. 특히, '구글링' 을 통한 정보는 국내 검색엔진을 포괄하고, 그 이상으로 엄청난 양의 정보를 제공하고 있다. 더욱이 구글은 분산되어 있고, 검색결과에 제대로 오르지 못한 정보까지 문서화시켜 검색결과에 오르게 하는 크롤링 기능까지 추가하였다. 이러한 기능들을 바탕으로 알아내고자 하는 특정인의 아이디 혹은 실명을 검색하면 그가 웹상에서 작성해 놓은 글을 비롯하여 전반적인 인터넷활동을 단시간에 알아낼 수 있는 것이다. 이 정도만의 검색도 많은 정보에 접근할 수 있는데, 최근에는 코글(cogle)이라는 사이트까지 등장하였다. 이 사이트는 신상털기를 부추기는 것처럼 각 유명 사이트의 아이디를 검색할 수 있도록 카테고리화시켜 더욱 쉽고 간단하게 타인의 신상정보에 접근할 수 있게 하였다.

제5절 신상털기 문제의 대책방안

디지털 기술과 네트워크로 대표되는 정보통신환경의 변화가 이용자들에게 편리한 서비스를 제공해 주고 국가의 경제와 사회 발전에 기여하고 있는 점은 간과할 수 없지만, 불특정 다수의 개인들은 다양한 위험을 동반하고 있다. 이러한 디지털 사회의 위험은 인위적이며, 개인적이고, 계산된 피해를 유발한다. 특히, 개인정보 유출은 여러 가지 다양한 경제적 · 사회적 피해를 유발한다.

온라인 다툼의 '폭력성'은 이제 도를 넘은 지 오래다. 특정 교사 비난은 기본이고, 동급생끼리 트위터, 페이스북, 카카오스토리 등을 이용해 '왕따' 시키고 허위사실을 유포하여 피해자 학우가 자살하거나 정신과 치료를 받는 등의 심각한 범죄가 연일 인터넷을 장식하고 있다. 인터넷 이용자의 가해행위를 사전에 예방하기 위해서는 사후 규제의 형태보다 사전에 사이버폭력이 발생하지 않도록 이용자 대상의 교육과 홍보활동을 하는 것이 근본적인 대책이다.

정부는 이용자 스스로가 인터넷 자정활동에 참여할 수 있는 민간 차원의 교육 홍보 단체가 활성화되도록 지원함과 동시에 민간영역에서 담당하기 어려운 공교육 부문이나 국제 협력 활동 등에 힘을 쏟으며, 민간과 협력해 나가야 한다. 더불어 청소년, 학부모 등 다양한 계층의 이용자가 각각의 시각과 방식으로 스스로 건전한 인터넷 환경 조성에 참여할 수 있도록 다양한 장이 만들어질 필요가 있다. 인터넷은 빠르게 변화하는 구조적 · 기술적 특성상 정부 규제로 그 역기능에 신속하게 대응하는 데에 한계가 있다. 정부 규제는 다양한 형태로 존재하는 인터넷 서비스에 대한 규제 기준을 세부적으로 설계하기가 쉽지 않아, 포괄적인 내용을 담을 수밖에 없다. 하지만 이러한 입법의 한계점은 표현의 자유를 억압할 가능성이 있고, 인터넷 이용자 및 규제 대상자의 저항이 높다. 또한 국경이 없는 인터넷 서비스의 특성상 정부 규제는 해외 서비스까지 포괄할 수 없어, 법 적용에 한계가 있으며, 인터넷의 방대한 정보량을 고려할 때 제대로 된 감독이나 단속이 불가능하다. 이렇게 사이버폭력에 대한 공적 규제에 한계가 있다는 인식을 공유하며, 이러한 한계점을 극복하기 위해 인터넷 사업자 스스로의 자율규제가 필요하다는 점에도 이견이 없다.

국가 간의 자율규제에 대한 개념 및 접근방식은 상이하며, 각 기관이 가지고 있는 법적 권한 및 기관의 성격에도 차이가 있다. 대표적인 자율규제기구로 꼽히는 미국의 사이버팁라인과 영국의 IWF, 독일의 멀티미디어 자율규제기구의 경우 기관의 성격이나 법적 권한, 예산 운용 등에서 차이가 있으나 공통적으로 공적 규제기관과의 유기적인 공조체계를 유지한다. 즉, 심의 결정은 독립적으로 수행하되, 심의 결정에 대해 효력 있는 제재 방법을 가지고 있는 것이다. 따라서 자율규제 활성화를 위해서는 공적 규제의 권한을 어느 정도 자율규제 기구에 이양할 필요가 있다. 적절한 역할 분담을 통해 현재 미흡하게 이루어지고 있는 유해정보 및 불법정보 규제의 실효성을 높이고, 권리침해 정보 규제의 명확성을 높여야 한다. 이를 위해서는 규제 대상이 되는 콘텐츠 종류, 그리고 행정기관과 사업자 간의 결합 강도와 방식 등을 고려하여 여러 모델이 제시될 수 있다. 아직 우리나라의 자율규제 시스템 형태에 대해 주도적 모델은 성립되어 있지 않으며, 향후 관련 연구와 사회적 합의를 통해 한국형 자율규제 모델을 형성해 나가야 할 것이다.

제6절 소결

현대사회는 인터넷과 디지털 중심의 사회로서 핵심기술인 ICT의 기술적 발전 속도가 매우 빨라졌다. 특히, 스마트폰, 태블릿 PC 등 스마트기기를 통하여 언제 어디서나 정보통신망에 접속하여 정보통신서비스를 제공받을 수 있는 스마트 환경이 급격히 확산되고 있다. 이러한 현상에 편승하여 예전에는 접해 보지 못하였던 새로운 위험들이 부각되기 시작했다. 단순한 사생활의 침해가 아니라 재산에 대한 위협, 나아가 생명에 대한 위협을 초래할 수 있게 된다. 결과적으로 개인정보의 보호는 스마트 환경에서 우리가 풀어야 할 가장 중요한 과제 중 하나가 된다. 개인정보처리자의 개인정보 수집 및 처리에 따른 보호수준은 높아졌으나 신상털기로 인한 개인정보 유출사건의 발생 등 피해는 심화되는 현상이 나타나고 있다. 그런데 이것은 한번 생성된 콘텐츠나 개인정보가 쉽게 지워지지 않고 인터넷상의 기억으로 남는 인터넷의 특성에 기인한 것이다.

'인간에게는 잊혀질 권리(right to be forgotten)'라는 권리가 있으며 이를 법제화해야 한다는 주장이 나오고 있으며 실제로 2012 EU Regulation안에서는 이를 제한적으로 도입하고 있다. 신상털기는 당사자뿐만 아니라 제3자에게까지 그 피해가 미치고 있다. 이러한 개인정보에 대한 침해는 과거와는 비교도 할 수 없을 정도로 심각성이 크고 광범위하며 회복되기도 어렵다. 물론 자유로운 정보 및 의견의 교환이라는 인터넷의 핵심적 장점이 침해될 수도 있다는 우려가 있지만 개인정보를 침해당한 피해자들의 심대한 고통뿐만 아니라 일반인들의 잠재적인 공포를 줄여 주기 위해서라도 이에 대한 규제 대책이 시급히 마련되어야 할 것으로 본다.

참고문헌

김서중(2009). '루저녀 사건': 왜곡된 사회 인식의 돌출. 언론중재, 겨울.

김선진(2010). 낚시성 기사제목의 활용실태 연구. 디지털디자인학연구, 10(4), 283-293.

서울신문(2010. 3. 24.).

서이종, 손준우(2011). "신상털기" 현상과 배태된 프라이버시: 일상화된 정보 프로파일링과 공사의 경계변동. 국가인권위원회 2011년 제1차 정보인권 세미나 발표자료.

우원재(2015). 당신은 정의의 심판자인가. 자유주의(http://jyjy.kr/archives/159)

유상미, 김미량(2011). 사이버 폭력의 원인에 대한 구조모델의 제시와 검증. 컴퓨터교육학회논문지, 14(1), 23-33.

이재진(2004). 연예인 관련 언론소송에서 나타난 한 · 미 간의 위법성조각사유에 대한 비교연구. 한국방송학보, 18(3), 7-55.

이정기, 우형진(2010). 사이버 언어폭력 의도에 관한 연구: 사이버 명예훼손/모욕행위 인식, 연령, 계획행동이론 변인을 중심으로. 사이버 커뮤니케이션학보, 27(1), 215-251.

조선일보(2013. 3. 7).

중앙일보라이프(2009. 11. 24).

한국경제(2011. 12. 21.).

한겨레21(2011. 5. 3).

SBS뉴스(2011. 6. 28, http://news. sbs.co.kr/news/endPage.do?news_id=N1000938822&plink=OLDURL).

Solove, D. J. (2007). *The future of reputation: Gossip, rumor, and privacy on the Internet*. Yale University Press.

위키백과 홈페이지(http://ko.wikipedia.org/wiki).

투데이픽 홈페이지(http://todaypic.tistory.com/394).

찾/아/보/기

〈인명〉

〈내용〉

저 / 자 / 소 / 개

● **지은구(Ji, Eun Gu)**_사회복지학 박사
현 계명대학교 사회복지학과 교수

〈주요 저서 및 역서〉
『사회복지경제학연구』(문화관광부선정 우수학술도서, 청목출판사, 2003)
『사회복지프로그램개발과 평가』(학지사, 2005)
『사회복지행정론』(청목출판사, 2005)
『자본주의와 사회복지』(청목출판사, 2006)
『사회복지조직연구』(청목출판사, 2006)
『사회복지평가론』(학현사, 2008)
『지역사회복지론』(공저, 학지사, 2009)
『사회서비스사례조사연구』(공저, 청목출판사, 2009)
『사회복지서비스 재정지원방식』(공저, 청목출판사, 2009)
『바우처와 복지국가』(학술원선정 우수학술도서, 공역, 학지사, 2009)
『사회복지재정연구』(집문당, 2010)
『사회복지서비스의 특성과 이용자재정지원』(문화체육부선정 우수학술도서, 공저, 나눔의 집, 2010)
『비영리조직 성과관리』(나눔의 집, 2012)
『비영리조직변화연구』(청목출판사, 2012)
『프로그램평가와 로직모델』(공역, 학지사, 2012)
『사회복지경제분석론』(청목출판사, 2013)
『사회복지경제와 측정』(도서출판 민주, 2014)
『복지국가와 사회통합』(공저, 청목출판사, 2014)

〈주요 논문〉
Eun-gu, Ji. (2006). A study of the structural risk factors of homelessness in 52 metropolitan areas in the U. S. *International Social Work, 49*(1), 107-117 외 다수

- **장현숙(Jang, Hyun Soog)**_사회복지학 박사 수료
  현 강산 원격평생교육원 사회복지학과 교수

  〈주요 역서〉
  『프로그램평가와 로직모델』(공역, 학지사, 2012)

- **김민주(Kim, Min Joo)**_사회복지학 박사
  현 계명대학교 사회복지학과 BK21 플러스 지역사회통합인재양성사업단 연구교수

  〈주요 저서〉
  『사회복지프로그램개발과 평가』(공저, 공동체, 2009)
  『사회복지개론』(공저, 공동체, 2010)
  『사회복지행정론』(공저, 형설출판사, 2011)
  『장애인복지론』(공저, 공동체, 2012)
  『사회복지현장실습』(공저, 형설출판사, 2012)
  『복지국가와 사회통합』(공저, 청목출판사, 2014)

  〈주요 논문〉
  「노인요양시설 서비스품질척도 타당도 연구」(2014), 「지역사회복지관 성과관리측정척도 타당도 연구」(2014), 「사회복지사가 인지하는 사회적 자본 지표개발과 타당도 연구」(2014) 「돌봄 서비스 제공인력의 이직의도에 미치는 영향에 관한 비교연구」(2015) 외 다수

- **이원주(Lee, Weon Ju)**_사회복지학 박사
  현 대구공업대학교 사회복지경영계열 교수

  〈주요 논문〉
  「노인의 여가활동 유형과 생활만족도와의 관계」(2010), 「한국형 고령친화도시 점검척도 개발연구」(2013), 「지역사회복지관 서비스 품질관리척도 개발연구」(2013), 「달서구 노인친화도시조성계획」(2013), 「돌봄 여성노동자의 감정노동수행정도와 직무지속의사와의 관계에서 있어 대인관계의 매개효과」(2013), 「노인요양시설 성과측정모형개발연구」(2014), 「지역사회복지관 성과관리측정척도 타당도 연구」(2014), 「노인요양시설 서비스품질 향상을 위한 자가점검관리척도 개발연구」(2015), 「노인요양시설 서비스 품질이 이용자 만족과 선택의도에 미치는 영향」(2015)

최신사회문제론

Current Social Problems

2015년 9월 25일 1판 1쇄 발행
2021년 3월 25일 1판 5쇄 발행

지은이 • 지은구 · 장현숙 · 김민주 · 이원주
펴낸이 • 김 진 환
펴낸곳 • (주) 학지사
04031 서울특별시 마포구 양화로 15길 20 마인드월드빌딩 5층
대표전화 • 02) 330-5114 팩스 • 02) 324-2345
등록번호 • 제313-2006-000265호
홈페이지 • http://www.hakjisa.co.kr
페이스북 • https://www.facebook.com/hakjisabook

ISBN 978-89-997-0803-9 93330

정가 19,000원

저자와의 협약으로 인지는 생략합니다.
파본은 구입처에서 교환하여 드립니다.

이 도서의 국립중앙도서관 출판시도서목록(CIP)은 서지정보유통지원시스템 홈페이지(http://seoji.nl.go.kr)와 국가자료공동목록시스템(http://www.nl.go.kr/kolisnet)에서 이용하실 수 있습니다.
(CIP제어번호: CIP2015024262)